Otto Dobslaff
Mutismus in der Schule

psychosozial reprint

Otto Dobslaff

Mutismus in der Schule

Erscheinung und Therapie

Psychosozial-Verlag

Bibliografische Information der Deutschen Nationalbibliothek
Die Deutsche Nationalbibliothek verzeichnet diese Publikation
in der Deutschen Nationalbibliografie; detaillierte bibliografische Daten
sind im Internet über http://dnb.d-nb.de abrufbar.

Neuauflage der Ausgabe von 2005
(Edition Marhold im Wissenschaftsverlag Volker Spiess GmbH, Berlin)

E-Mail: info@psychosozial-verlag.de
www.psychosozial-verlag.de

Umschlaggestaltung: www.imaginary-world.de
ISBN 978-3-8379-2292-9

Inhaltsverzeichnis

Anmerkung: Alle in dieser Publikation verwendeten Personenbezeichnungen gelten gleichwertig für weibliche und männliche Personen.

Einleitung

Mutismus ist in ausgeprägter Form eine recht seltene Sprechstörung. Das hervorstechende Symptom dieser Störung ist das aktuelle, situationsbedingte und vom Willen weitgehend unabhängige Sprechunvermögen, obwohl der Betroffene über die erforderliche lautsprachliche Kompetenz verfügt. Mutismus tritt in der Mehrheit vor allem im frühen Alter auf, ist aber auch im späteren Alter anzutreffen. Eine besondere Form ist der so genannte Schulmutismus.

Das Erscheinungsbild führt in der Schule zur Einengung des kognitiven und sozialen Aktionsfeldes des Schülers. Wichtige Sprachfunktionen werden durch das Nicht-Sprechen nicht bzw. nicht mehr in vollem Maße realisiert. Dies kann bei längerem Wirken nicht ohne negative Folgen auf die Persönlichkeitsentwicklung bleiben, was ein sonderpädagogisches Handeln erforderlich machen. Vielfältige schulische Entwicklungsdefizite können entstehen, so dass der sonderpädagogische Förderbedarf über die Beeinflussung des Hauptsymptoms hinausgehen wird.

Ein über eine längere Zeit hinweg andauerndes Schweigen belastet nicht nur die Entwicklung des betroffenen Schülers, sondern oftmals auch die soziale Harmonie in der Klasse. Bei den meisten Lehrern und Mitschülern ruft dieses Verhalten massive Verunsicherung hervor und provoziert beispielsweise Hilflosigkeit oder Unverständnis, Ablehnung, gar Wut. Der Gesprächspartner spürt seine Machtlosigkeit, er erlebt, dass diese Störung mit den „üblichen" Mitteln nicht mehr zu beeinflussen ist.

Die Anwesenheit eines mutistischen Schülers stellt für alle eine ungewohnte Lernbedingung dar. Die Voraussetzungen für das schulisch organisierte gemeinsame Lernen in der Gruppen- und Frontalarbeit, für die gleichberechtigte Teilnahme aller am heuristischen oder katechisierenden Unterrichtsgespräch sind nicht mehr in vollem Maße gegeben. Das hauptsächliche Unterrichtsmittel in den unteren Klassen, das Unterrichtsgespräch, kann vom Lehrer nicht für alle bzw. nicht von allen Schülern uneingeschränkt gebraucht bzw. eingesetzt werden. Übliche Lehrmethoden müssen verändert werden, was auch zur Einschränkung der methodischen Vielfalt der Unterrichtsgestaltung des Lehrers führen kann.

Hinzu kommt, dass der Schulmutist für seine Rehabilitation spezifische soziale und kommunikative Bedingungen in der Klasse und im Unterricht benötigt. Auch dies verlangt Veränderungen in der Unterrichtsgestaltung. Insofern kann sich aus dem Schweigeverhalten sehr schnell ein vielschichtiges Problem entwickeln. Aus der zunächst sonderpädagogischen Aufgabe wird schon bald ein allgemein pädagogische. Die Schule kommt nicht umhin, sich diesen Problemen zu stellen. Man kann ihnen nicht ausweichen, denn es sind Probleme des schulischen Alltages. Die Erscheinung ist komplex und vielschichtig, und entsprechend muss die pädagogisch-therapeutische Vorgehensweise zur Beseitigung bzw. Minderung sein. Für den Lehrer stellt sich die Frage: Wie und in welchem Maße soll, kann oder muss er am therapeutischen Prozess mitwirken?

Ein Sprechunvermögen ist vor allem eine kommunikative Verhaltensstörung und hat eine starke neurotische Prägung. Der mutistische Schüler zeigt ein pathologisches Reiz-Reaktions-Muster und ist nicht mehr in der Lage, dieses von selbst zu durchbrechen. Fachkompetenz ist erforderlich. Auf Grund der neurotischen Prägung war und ist der Mutismus, einschließlich des Schulmutismus, Gegenstand der Kinderpsychiatrie und der Kinderverhaltenstherapie. Und dies soll auch nicht angezweifelt werden. Diese Experten sind allein zuständig für die Deblockierung der Initialhemmung, die Ermittlung der verursachenden Konfliktkonstellation und der speziellen Angstfaktoren, für die Bereinigung bzw. kognitive Aufarbeitung der auslösenden Konflikte und für die Besprechung der lähmenden Angstfaktoren. Die Deblockierung der Sprechhemmung bzw. die Desensibilisierung erfolgt meistens mit Hilfe so genannter In-sensu-Verfahren. Leider zeigt sich bei vielen Schulmutisten, dass diese Verfahren allein nicht ausreichend sind, um stabile Therapieresultate zu erzielen. Der Übergang von der ambulanten psychotherapeutischen Förderung zur Schulalltagspraxis gelingt oftmals nicht bzw. nur unzureichend. Ergänzende Therapie- bzw. Fördermaßnahmen scheinen in vielen Fällen notwendig zu sein.

Die Ursachen für das Entstehen mutistischer Verhaltensweisen sind multifaktorieller Art, wobei zweifellos die psycho-sozialen Faktoren einen großen Anteil am Zustandekommen haben, sowohl als Auslöser als auch als Mitverursacher. Exogene Faktoren wirken auf Funktionssysteme, wobei schwach entwickelte für das Entstehen negativer Funktionsmuster besonders anfällig sind. Deshalb müssen alle direkten und indirekten Funktionsstörungen im komplexen Förderkonzept bedacht werden.
Mutismus ist aus sprachtherapeutischer Sicht eine Störung der Sprechkommunikation, und zwar mit Parallel- und Folgesymptomen, die zum Teil ebenfalls dem Gegenstand der Sprachbehindertenpädagogik, Logopädie zuzuordnen sind, beispielsweise Stimmprobleme, Probleme in der Prosodik, Auffälligkeiten im Bereich der nonverbalen Zeichengebung. Insofern sollten kommunikative und sprechfunktionale Sachverhalte nicht aus dem Kanon der möglichen Funktionsursachen ausgeschlossen, sondern mit einbezogen werden.
Wenn der Schulmutist bei Überforderungen in Bereichen der expressiven Kommunikation, insbesondere beim Sprechen, Fehlreaktionen zeigt, ist zu vermuten, dass er hier besonders große Probleme (labile Funktionssysteme) zu haben scheint. Sollte sich das bestätigen, dann ist im komplexen Rehabilitationsprozess auch die Fachkompetenz des Sprachtherapeuten gefragt.

Nun versagt die Sprechkommunikation des Schülers nicht in irgendeiner Situation, sondern ausschließlich in schulischen bzw. in unterrichtlichen Anforderungssituationen, und zwar vor allem bei kognitiv-kommunikativen, sozial-kommunikativen, emotional-sozialen und sprechgestalterischen. Dies deutet darauf hin, dass die aktuellen konkreten schulischen Kommunikationsbedingungen als Mitverursacher und/oder Mitauslöser (auch) in Betracht gezogen werden müssen.
Die kommunikativen Anforderungen scheinen auf Grund der aktuellen Voraussetzungen des Schulmutisten eine permanente Belastung und Bedrohung darzustellen, und

vor allem wirken sie permanent, was dem Lernen von Fehlverhaltensweisen sehr entgegen kommt. Insbesondere in den unteren Schuljahren ist das Unterrichtsgespräch das hauptsächliche Unterrichtsmittel. Die Wissens- und Fähigkeitsvermittlung, die Leistungsermittlung, das Lehren und Erziehen ist im Klassenverband ohne Lehrgespräch kaum vorstellbar. Die besondere kommunikative Anforderungsstruktur in der Schule erweist sich somit für das Entstehen und die Manifestierung des neurotischen Schweigeverhaltens als äußerst günstig. Will man dem Störungsbild den Nährboden entziehen, dann kann man das schulische Bedingungsgefüge nicht unberücksichtigt lassen.
Wird eine Zustandsveränderung des Schülers angestrebt, muss von der therapeutischen Logik her zunächst eine Veränderung der aktuell bestehenden kommunikativen Anforderungsstruktur in der Schule erfolgen. In einem ursachenorientierten Therapiekonzept müssen die sprech-kommunikativen Anforderungen in der Schule somit eine gewisse zentrale Stellung einnehmen. Erforderlich sind eine Veränderung des Lehrerverhaltens, der Unterrichtsgestaltung und der individuellen Führung des Mutisten. Dies ist nur möglich, wenn die unterrichtenden Lehrer aktiv in das Therapiegeschehen einbezogen werden. Als erste Maßnahme sollten die anhaltenden sprech-kommunikativen Überforderungen unterbrochen werden. Belastendes muss möglichst eliminiert, zumindest gemindert werden. Ferner müssen die kommunikativen Anforderungen dem aktuellen Vermögen des Mutisten angepasst werden.

Vor allem geht es aber um die Überwindung der Sprechangst und die Entwicklung der Sprechkompetenz. Nach unserem Verständnis wird Sprechangst vor allem in der gesteuerten Konfrontation mit den Angstfaktoren überwunden, in unserem Falle mit der kommunikativen Anforderungsstruktur der Schule. Folgt man dieser Prämisse, dann müssen auch die Regelpädagogen in das Therapiekonzept aktiv mit einbezogen werden, denn Sprechgestaltungskompetenz erwirbt man nur durch Training dieser Kompetenz im jeweiligen sozialen Anforderungsfeld.
Die schulischen Kommunikations- und Anforderungsbedingungen sollten aber nicht nur korrigiert, das heißt dem aktuellen Vermögen des Schülers konsequent angepasst werden, sondern im weiteren Verlauf so verändert werden, dass sie das Wirkungsfeld sprachtherapeutischen Tuns bilden. Dies ist erforderlich, denn die schulischen Bedingungen sind stabil und wirken langfristig und kontinuierlich. Dies sind organisatorische Bedingungen, die unbedingt für eine Einstellungs- und Haltungsänderung und für eine Verhaltensänderung im Rahmen der Umerziehung notwendig sind.
Für die verhaltenstherapeutisch orientierte Umerziehung müssen beispielsweise die unterrichtlichen Sprechanforderungen anders, das heißt nach therapeutischen Gesichtspunkten strukturiert, modifiziert und durch spezielle Aufgaben angereichert werden. Die unterrichtlichen Kommunikationsanforderungen sind vom Lehrer so zu gestalten, dass sich der Mutist damit produktiv auseinander setzen kann, denn eine Sprechverhaltensstörung wird vor allem aktiv überwunden. Der Mutist muss sich regelmäßig mit strukturierten Sprechanforderungen auseinander setzen und diese bewältigen.

Der Regelpädagoge muss in enger fachlicher Zusammenarbeit mit dem Sprachtherapeuten und dem Psychologen dieses Problem konkret für jede Unterrichtsstunde

lösen. Dabei stellt sich die Frage, ob die Regelpädagogen aber auch die Sprachtherapeuten über die hierfür erforderliche Sach-, fördermethodische und Prozesskompetenz verfügen. Die von uns durchgeführte diesbezügliche Praxisrecherche zeigt leider ein wenig erfreuliches Bild:
Insgesamt zeigt sich unter den Lehrern und Sprachtherapeuten, die mit dem Problem Schulmutismus konfrontiert werden, eine große Hilflosigkeit, die sich zum einen darin äußert, das Problem in einen anderen Bereich hineinzuschieben. Schüler mit Schulmutismus werden nach unserer Erhebung sowohl in der Regelschule (Hauptschule, Gesamtschule, Gymnasium) als auch in Förderschulen unterrichtet.
Es kommt zu Umschulungen des Schülers, mal ist es ein einfacher Wechsel des gleichen Schultyps, mal ist es eine Umschulung in eine Förderschule (Förderschule für Verhaltensgestörte, Lernbehinderte oder Sprachbehinderte). Kaum ein Schultyp erwies sich für die Beschulung und Rehabilitation als günstig, denn es fehlen entsprechende schulische Konzepte, um das fehlerhafte Grundschema im Sprechverhalten zu durchbrechen. Meistens führen die entstandenen Leistungsrückstände dazu, dass der Mutist in eine Förderschule für Lernbehinderte kommt. In unserer Erhebung im Land Brandenburg und in Berlin fanden wir die meisten mutistischen Schüler in der Förderschule für Lernbehinderte.
Für viele Regelpädagogen und Sonderpädagogen entsteht durch den Schulmutisten eine Problemlage, der sie oftmals nicht gewachsen sind. In Diskussionsrunden kam dieser Frust immer wieder zum Ausdruck. Einig waren sich die befragten Praktiker dahingehend, dass Kinder mit Schulmutismus eine fachspezifische Hilfe benötigen, denn von selbst kommen die Schüler aus ihrer Misere nicht heraus. Allein durch gutes Zureden oder durch eine verstärkte Zuwendung kann eine verfestigte psychogene Sprechblockierung nicht beseitigt werden. Zwar lässt sich im Einzelfall auch beim Schulmutismus eine Spontanremission feststellen, aber dies scheint die berühmte Ausnahme zu sein.
Die Unsicherheit der Lehrer führt dazu, dass in den meisten Fällen eine spezielle sonderpädagogische Förderung gar nicht einsetzt. Man hofft darauf, dass sich das Problem von allein löst. Häufig werden die mutistisch reagierenden Schüler dem Schulpsychologen erst dann vorgestellt, wenn sich das Problem zugespitzt hat.
Im Rahmen der integrativen Beschulung wird häufig der Sprachheilpädagoge, Logopäde (im weiteren Text dafür der Sammelbegriff Sprachtherapeut) mit der Betreuung und Förderung des mutistischen Schülers beauftragt. Nach unserem Verständnis fällt die Bewertung und Veränderung von schulischen Sprechanforderungen, die Strukturierung und Realisierung des Sprechförderprozesses noch am ehesten in den Kompetenzbereich der Sprachbehindertenpädagogen. Aber auch hier zeigt sich in vielen Fällen, dass die hierfür notwendige fördermethodische Kompetenz fehlt. Auch die Kenntnis dieser Problemlage hat schließlich zu diesem Forschungsvorhaben geführt.

Die Analyse der Sachlage ergibt, dass das Phänomen Schulmutismus sowohl als medizinisch-psychologisches, allgemein pädagogisches als auch spezielles sprachheilpädagogisches Problem angesehen werden muss. Das Störungsbild verlangt die Mitwirkung aller dieser Fachkompetenzen. Es kann der Sache nur dienlich und für das

Therapiegeschehen nur hilfreich sein, wenn mehrere Fachwissenschaften ihren theoretischen Beitrag zum Phänomen Schulmutismus und zur Organisierung des Rehabilitationsprozesses leisten. Dieser würde an theoretischer Substanz gewinnen, was sich letztendlich positiv auf die kooperative Zusammenarbeit und den Förderprozess auswirken würde.
Ein Problem der therapeutischen Praxis ist die Bestimmung bzw. Abgrenzung der eigenen speziellen Kompetenz gegenüber den anderen beteiligten Fachkollegen. Im konkreten Therapiegeschehen kann es sowohl bei der therapeutischen Zielbestimmung als auch bei den Förder- bzw. Therapieinhalten sowie den Mitteln und Methoden der Förderung zu Überschneidungen kommen.
Die vorliegende Publikation widmet sich deshalb diesem Problem besonders aus sonderpädagogisch-sprachheilpädagogischer Sicht. Eine sprachheilpädagogische Positionsbestimmung im Hinblick auf Schulmutismus wird zwangläufig spezifische Akzente setzen, beispielsweise andere als die der Verhaltenstherapie Diese Akzentuierung ist von uns auch gewollt, ohne dabei die Vielschichtigkeit des Problems einengen und unzulässig vereinfachen zu wollen. Damit soll keineswegs eine Zuständigkeits- oder Kompetenzdebatte ausgelöst , sondern vielmehr der eigene Blick für die Problematik geschärft werden. Wenn nachfolgend besonders das Sprachtherapeutische und Sonderpädagogische im Rahmen der Regelschule herausgestellt wird, soll damit bezweckt werden, dass der pädagogische und sprachtherapeutische Aufgabenbereich besser erfasst bzw. bedacht wird.

Vor dem Hintergrund der geschilderten Problematik stehen in der vorliegenden Publikation zwei Sachverhalte im Mittelpunkt: Zum einen soll die Phänomenologie und Ätiologie des Schulmutismus stärker aus sprachtherapeutischer Sicht diskutiert werden. Zum anderen soll ein ganzheitlicher, sprachtherapeutisch orientierter Förderansatz für schulmutistische Kinder vorgestellt werden, der bereits exemplarisch erprobt worden ist und sich in den Grundpositionen bewährt hat. Dargestellt werden soll ebenso das komplexe Zusammenwirken der psychotherapeutischen, der sprachtherapeutischen und der pädagogischen Kompetenzen.

Grundlage unserer Analyse zur Kennzeichnung der Population der Schulmutisten, zur Wesensbestimmung und dem verursachenden Bedingungsgefüge waren 46 Kinder mit Schulmutismus. Mehr als 15 Jahre wurde recherchiert. Trotz dieser beachtlichen Anzahl von Probanden brachte die Analyse in den wesentlichen Aussagen zur Symptomatik und Verursachung im Vergleich zu den bisher in den einschlägigen Publikationen beschriebenen kaum neue Grunderkenntnisse. Dies kann auch nicht anders sein, denn vom Wesen her hat Schulmutismus keine andere Qualität als andere mutistische Formen. Entsprechend unseres Betrachtungsstandpunktes wurde allerdings die Analyse der kommunikativen, insbesondere der sprech-sprachlichen Kompetenz vertieft, was die eine oder andere Präzisierung oder Ergänzung zu den bisherigen diesbezüglichen Erkenntnissen brachte.
Das Hauptanliegen dieser Publikation soll nicht die Darstellung der Analyseergebnisse zur Symptomatologie und Ätiologie des Schulmutismus in der Form eines Forschungs-

berichtes sein. Auf statistische Berechnungen und Signifikanzprüfungen soll deshalb weitgehend verzichtet werden. Vielmehr soll die Tendenz in der Symptomentwicklung und den verursachenden Bereichen aufgezeigt werden. Grundlage für die vielschichtige Beschreibung der Schulmutisten bilden zunächst eigene umfangreiche therapeutische Erfahrungen in der schulischen, klinischen und ambulanten Praxis. Ergänzend erfolgten dazu in den letzten zehn Jahren zielgerichtet empirische Erhebungen zur Symptombeschreibung, Symptomentwicklung und zu den funktionellen Ursachen. Im Mittelpunkt soll die Darstellung der pädagogisch-therapeutischen Intervention stehen.

Im ersten Kapitel erfolgt eine kommunikationsorientierte Gegenstandsbeschreibung. Ausgehend von der Definition Mutismus wird der Schulmutismus näher umschrieben. Auf der Grundlage unserer Recherchen werden Untergruppen analog der kommunikativen Stressoren benannt und das Wesen der schulmutistischen Erscheinung skizziert. Wer den Anspruch einer symptom- und ursachenorientierten Vorgehensweise bei der speziellen Förderung von Schulmutisten erhebt, sollte sich zuvor ein genaues Bild über diese Erscheinung machen. Deshalb wird im zweiten Kapitel eine Kennzeichnung besonders der Kommunikation der Schulmutisten vorgenommen. Neben der Darstellung der nonverbalen und stimmlich-prosodischen Besonderheiten wird ausführlich der Sprechakt analysiert.
Im dritten Kapitel geht es um die verursachenden Bedingungen des Schulmutismus und die Pathogenese des Erscheinungsbildes. Zur Erfassung der vermuteten Ursachen und der pathogenetischen Faktoren wurden wiederum umfangreiche empirische Untersuchungen vorgenommen, die allerdings nicht alle im Detail dargestellt werden. Auch hier geht es uns mehr um eine Trendkennzeichnung. Dazu wurden insgesamt 46, vorwiegend jüngere Schüler mit mehr oder weniger stark ausgeprägten mutistischen Zügen (Schulmutisten) aus der Region Berlin/Brandenburg erfasst und analysiert. Dies erscheint uns eine beachtliche Stichprobengröße zu sein, wenn man diese Zahl im Verhältnis zur Grundgesamtheit sieht.
Die Datenerfassung erfolgte in vielfältiger Form: Dokumentenanalyse, gelenkte Anamnesegespräche, Schüler- und Lehrergespräche, Befragungen mit Hilfe von Fragebögen, die teilnehmende Beobachtung bzw. Hospitation, Prozessanalysen, und in einigen Fällen erfolgten auch testmethodische Überprüfungen. Von den mutistischen Schülern wurde so zum einen das Symptom- und Ursachenprofil ermittelt und zum anderen, wie Lehrer sich ihnen gegenüber verhalten und wie die Eltern, Erzieher und Lehrer die Effizienz der unterschiedlichen therapeutischen Interventionen, die zur Anwendung kamen, beurteilen.
Schließlich wird im vierten Kapitel das System der pädagogisch-therapeutischen Intervention in der Förderung von Kindern mit Schulmutismus erläutert. Das grundsätzliche Bestreben ist dabei, vor allem ein der spezifischen Diagnose entsprechendes Konzept zur lautsprachlich-kommunikativen Rehabilitation des Mutisten zu finden, wobei besonders das ganzheitliche und ökologische Vorgehen herausgestellt wird.

Das Förderkonzept ist primär aus der und für die sonderpädagogische Praxis entstanden. Ausgangspunkt war das Erleben, dass die Rehabilitation von Schulmutisten

offensichtlich nicht mit allgemein pädagogischen Mitteln und auch nicht allein mit ambulanten psychotherapeutischen Interventionen zu bewerkstelligen ist. Dazu bedarf es spezieller Hilfen bzw. des Zusammenführens unterschiedlicher Kompetenzen.
Im vorgestellten Konzept werden nicht nur Formen der so genannten normalpädagogischen Einflussnahme verdichtet, sondern durch sprachheilpädagogische und verhaltenstherapeutisch orientierte Sachverhalte ergänzt. Damit enthält das angezielte Förderkonzept zur Rehabilitation von Schulmutisten sowohl allgemein erzieherische und sprachtherapeutische als auch psychotherapeutische und zum Teil sozialpädagogische Aspekte.
Trotz der Akzentsetzung auf pädagogische und sprachtherapeutische Interventionen kann nicht oft genug gemahnt werden, dass der Rehabilitationsprozess von Schulmutisten im Verantwortungsbereich der Psychologen liegt, und dass alle Phasen des pädagogisch gestalteten Förderprozesses in der Schule, trotz aller Eigenständigkeit, mit dem Psychologen besprochen werden müssen.

Die über Jahre gewonnenen praktischen sprachtherapeutischen Erfahrungen wurden durch Aussagen aus der Fachliteratur verdichtet, ergänzt und präzisiert. Es folgten mehrere Diskussionsrunden mit Kinderverhaltenstherapeuten, Sonderpädagogen und Sprachtherapeuten, aber auch mit betroffenen Regelschullehrern. Die vielen praktischen Hinweise wurden bedacht und in das Konzept eingearbeitet.
Schließlich wurde das Konzept auch erprobt. Auf Grund der Seltenheit des Vorkommens und der Vielfältigkeit der Erscheinungsbilder und der Unterschiedlichkeit der konkreten schulischen und psychotherapeutischen Bedingungslage konnte die Erprobung im Schulalltag allerdings nur exemplarisch sein. Eigentlich handelt es sich um eine Menge von Einzelfallstudien.
Weil die Erprobung des Förderkonzeptes nicht gleichzeitig an mehreren Einrichtungen erfolgen konnte, war sie auch nicht immer in der gleichen Form durchführbar. Auch wurden die Schüler nicht immer in allen Teilbereichen gefördert. Trotz aller Verschiedenheit brachte jede Erprobung Erkenntnisse und Erfahrungen, die alle in das vorliegende Förderkonzept einflossen.
Vielfach wurde mit den Praktikern der Anspruch nach individueller Förderung der mutistischen Schüler diskutiert, denn gerade die Genese der einzelnen Schulmutisten hat ja gezeigt, dass sie weniger für das allgemein Pädagogische ansprechbar sind und der Prozess insofern stärker individualisiert sein muss. Obwohl sich im gruppenstatistischen Sinne viele Ähnlichkeiten bei den Symptomen von Schulmutisten ergeben, hat dennoch jedes mutistische Kind sein individuelles Profil und seine individuelle Verursachung und Pathogenese. Ohne dies negieren oder für die therapeutische Bedeutsamkeit herabsetzen zu wollen, lassen sich nach unserer Erfahrung trotz der Vielfalt der mutistischen Erscheinungen und der Unterschiedlichkeit zwischen den einzelnen mutistischen Schülern dennoch konzeptionelle Verallgemeinerungen und Verallgemeinerungen im Hinblick auf therapeutische Strategien vornehmen.
Aus der Sicht der Praktiker ist eine solche Vorgabe einer therapeutischen Konzeption immer hilfreich, denn ein Konzept lässt sich vom Praktiker eher abwandeln als ein neues zu entwickeln. Trotz der relativ streng strukturierten Ganzheitlichkeit und der

schon erheblichen Komplexität handelt es sich bei dem vorgestellten Förderkonzept dennoch um ein offenes Förderkonzept, dass durchaus für andere Erfahrungen und Methoden offen und damit veränderbar ist. Dies hat überzeugend die erwähnte Praxiserprobung gezeigt. In diesem konzeptionellen Rahmen konnte auch dem berechtigten Anliegen nach individueller Förderung problemlos Rechnung getragen werden. Das Förderkonzept enthält Freiräume für individuelle Aktivitäten sowie spezifische Akzentsetzungen und es ermöglicht Modifizierungen der verschiedenen Fördermaßnahmen und der zur Anwendung kommenden Therapiemethoden.

Der vorgestellte Förderansatz besteht aus drei Säulen: die psychotherapeutische, die schulpädagogische und die sprachheilpädagogische Säule. Im Kapitel vier erfolgt eine ausführliche Darstellung und Kommentierung der Struktur der Säulen. Benannt werden jeweils die Teilziele, die speziellen Inhalte und die fördermethodischen Vorgehensweisen bei der Realisierung der Teilziele. Deutlich soll dabei vor allem auch das Zusammenwirken von Psychologen, Regelpädagogen und Sprachbehindertenpädagogen werden.
Das Förderkonzept wird im Wesentlichen erläutert und gewertet. Eine therapeutische Effizienz und Relevanz kann im Moment nur vom Erfahrungswert her begründet werden, denn Therapievergleiche fanden bisher in unserem Versuch nicht statt und konnten deshalb auch nicht erörtert werden.

Zum Schluss möchte ich allen ehemaligen Studenten der Fachrichtung Sprachbehindertenpädagogik der Universität Potsdam und der Humboldt-Universität Berlin sowie den Sprachheillehrern, Lehrern und Psychologen, also all denjenigen, die in unterschiedlicher Weise und in unterschiedlichem Maße an der Ergebnisgewinnung beteiligt waren, meinen herzlichen Dank aussprechen. Es war ein langes und schwieriges Unterfangen, was von dem Einzelnen viel Engagement und Arbeit verlangt hat. Ferner gilt mein Dank meiner Mitarbeiterin, Frau Dr. Steffi Tollkühn, für die redaktionelle Berabeitung des Manuskripts, und auch Herrn Markus Spreer möchte ich für Zuarbeiten und für die Bildgestaltung recht herzlich danken.
Es bleibt zu hoffen, dass die Mühen sich gelohnt haben und dass andere Kollegen davon im sonderpädagogischen Alltag profitieren werden.

Berlin, Dezember 2004

Otto Dobslaff

Kapitel 1
Mutismus – Schulmutismus – Sprechscheu

1 Mutismus – Schulmutismus

Mutismus ist die Bezeichnung für ein Phänomen, bei dem Personen trotz vorhandener Sprachkompetenz die Lautsprache nicht bzw. nicht uneingeschränkt situativ gebrauchen können. Die Bezeichnung „Mutismus" wurde im Jahre 1934 von Tramer geprägt und als „das Nichtsprechen bei Menschen" definiert. Beeinträchtigt ist dabei die Lautsprachverwendung. Die Sprache wird zwar beherrscht, sie kann jedoch – nach Tramer – auf Grund abnormer oder krankhafter Zustände nicht verwendet werden.
Beim Mutismus stehen demnach nicht die Mängel bei den sprachstrukturellen Leistungsparametern (auf der phonetisch-phonologischen, der lexikalisch-semantischen, der syntaktisch-morphologischen und der pragmatisch-kommunikativen Sprachebene) im Vordergrund für das lautsprachliche Unvermögen, sondern es handelt sich dabei um ein psychisch-bedingtes Nichtsprechen-Können, denn Hör- und Sprechvermögen und Sprachverständnis sind in ausreichendem Maße vorhanden.
Im kommunikativen Akt kann auch ein Nicht-Sprechen einen Aussagewert haben. Das heißt, Schweigen kann kommunikativ gebraucht werden. Eine kommunikative Handlung kann zunächst aus objektiv-rationalen Gründen durch Schweigephasen geprägt sein. Man schweigt auf Grund einer mangelnden Zeichenkompetenz bzw. einer mangelnden kognitiven oder kommunikativen Fähigkeit. Man hat nichts zu sagen oder man kann es nicht so sagen, wie man möchte (mangelnde Beherrschung der Sprache bei Ausländern, das Nicht-sprechen-Wollen bei hochgradigen Stotterern oder bei ausgeprägter Palatolalie). Oder man schweigt, weil man nichts zum Sachverhalt weiß, dazu sagen will oder sagen darf. Aber auch aus Gründen einer subjektiven Betroffenheit kann man schweigen. Letzteres kann bis zur Sprechblockierung führen. Grund hierfür ist eine mehr oder weniger ausgeprägte emotional-volitive Instabilität. Die Lautsprache kann nicht mehr uneingeschränkt ziel-, situations- und partnergerecht verwendet werden.
Es ist anzunehmen, dass die emotional bedingte Äußerungsblockierung mehr oder weniger komplexer Art ist. Der Betroffene ist im Moment einer konkreten sprachlichen Anforderung nicht in der Lage, eine lautsprachliche Äußerung ziel- und bedingungsgerecht zu planen. Manche Personen scheinen in dieser Hinsicht recht störanfällig zu sein.
Eine aktuelle Sprechblockierung kann unterschiedliche Gründe haben, beispielsweise auch kognitiv-kommunikative. In einem Falle kann der Vollzug blockiert sein, im anderen ist der Zugriff auf Denk- oder Sprachinhalte behindert. Äußerungen von befragten Mutisten deuten auf solche Annahmen hin. Einzelne schilderten, dass ihnen die „Kehle wie zugeschnürt" war, der „Kloß im Hals" wurde immer „größer". Andere äußerten sich im Sinne eines gedanklichen Chaos. Wurden sie aufgefordert, einen Bericht zu geben

oder ein Gedicht aufzusagen, dann hatten sie einen „Filmriss" (vgl. auch Strunk (1980), Saloga (1983) und Ehlers (1996).
Lautsprachliches Agieren und Reagieren unterliegt den Prinzipien der Rückkopplung, so dass die „äußere" Blockierung auch zeitweilig die perzeptive Leistung beeinträchtigen und der Betroffene zeitlich begrenzte Verständnisprobleme haben kann. Auch die koordinierte Verwendung der unterschiedlichen Botschaften (Austausch von Informations-, Prozess- und Beziehungsbotschaften) ist im aktuellen Prozess nicht uneingeschränkt möglich. Offensichtlich handelt es sich um eine komplexere Blockierung des lautsprachlichen Kommunikationsgeschehens.
Aber nicht nur der verbale Zeichenaustausch ist davon betroffen. Die Blockierung scheint in den meisten Fällen die gesamte Kommunikation zu umfassen. Die gesamte natürliche Zeichengebung des Mutisten – seine Prosodik und seine nonverbale Zeichengebung – werden mehr oder weniger stark in Mitleidenschaft gezogen, und zwar im Sinne von Parallel- und/oder Folgesymptomen. Auch hier kommt es zu Blockierungen oder zu einem veränderten Kommunikationsverhalten. Zu beobachten sind unter anderem eine verzerrte, unnatürliche Mimik und Gestik (beispielsweise eine Art „läppisches Grinsen"), besonders auch eine Verarmung der Ausdrucksmimik, ein verändertes Blickverhalten (Blickscheu, Blickflucht), Erröten, Schweißausbrüche, eine steife, verkrampfte Körperhaltung, verspannte und eingeschränkte Körperbewegungen, verändertes Raumverhalten u.a. Es kann vorkommen, dass der Mutist regelrecht „erstarrt" und wie „eingefroren" wirkt, sich Schweißperlen auf der Stirn sammeln und die Gesichtshaut fleckig wird oder, ganz im Gegenteil, dass sich seine motorische Unruhe (besonders im Bereich der Fein- bzw. Handmotorik) stark steigert.
Bei den stimmlich-prosodischen Parametern kommt es zum Unvermögen oder zur Einengung der Formenvielfalt. Zu beobachten ist die Unfähigkeit, die Ausdruckskraft der Stimme und die Akzentsetzung (melodische, dynamische und temporale Modulation) uneingeschränkt zu gebrauchen. Wiederholt zeigt sich Flüstern, so dass eine psychogene Aphonie nicht ausgeschlossen werden kann. Auch das Husten, Lachen, Weinen geschehen fast lautlos bzw. stimmlos. In Situationen, in den das Kind spricht, lässt sich häufig eine prosodische Verarmung bzw. Einengung beobachten. Das Sprechstimmfeld ist eingeengt, der Stimmeinsatz behaucht, die Stimme belegt und die Lautstärke gemindert. Auf Grund dieser Tatsachen sollte man bei ausgeprägtem Mutismus von einem mehr oder weniger komplexen kommunikativen Unvermögen ausgehen.

Ein Mutismus kann total oder elektiv (selektiv, partiell) sein. Diese graduelle Unterteilung stammt von Tramer (vgl. Bahr 1998, 11). Bei einem totalen Mutismus besteht über einen längeren Zeitraum hinweg ein völliges Unvermögen, die Lautsprache auch bei wechselnden Kommunikationsbedingungen uneingeschränkt zu gebrauchen. Es fehlen sämtliche phonische Leistungen, was auch für das Lachen und das Husten gilt. Ein solches Kind wird also auch in der Schule nicht sprechen.
Der elektive Mutismus wird in der Internationalen Klassifikation psychischer Störungen als gesonderte Kategorie unter der Überschrift „Störungen sozialer Funktionen mit Beginn in der Kindheit und Jugend" aufgeführt. Hierbei handelt es sich um eine Störung, „die durch eine deutliche, emotional bedingte Selektivität des Sprechens charak-

terisiert (ist). Das Kind zeigt seine Sprachkompetenz in einigen Situationen, in anderen definierten Situationen jedoch nicht. Meistens tritt die Störung erstmals in der frühen Kindheit auf, mit ungefähr gleicher Häufigkeit bei beiden Geschlechtern. Meist ist der Mutismus mit deutlichen Persönlichkeitsbesonderheiten, wie Sozialangst, Rückzug, Empfindsamkeit oder Widerstand, verbunden. Typischerweise spricht das Kind zu Hause oder mit engen Freunden, ist jedoch in der Schule oder bei Fremden mutistisch. Es können auch andere Muster (einschließlich des Umgekehrten) auftreten." (WHO 2000, F94.0).

Der elektive Mutist schweigt also in Abhängigkeit vom subjektiv empfundenen Belastungsgrad der kommunikativen Bedingungen. Zu beobachten sind beispielsweise Abhängigkeiten von Personen (zum Beispiel Gespräch mit autoritären Erwachsenen), von Räumlichkeiten bzw. Örtlichkeiten (Stätten, die anspruchsvolle kommunikative Anforderungen stellen), vom Inhalt der Kommunikation, wenn die Kinder inhaltlich-thematisch überfordert sind oder ihnen das Thema peinlich bzw. unangenehm ist, aber auch von der Art der Gesprächsführung. Ähnelt das Gespräch mehr einem Verhör oder geht es um emotional belastende Erlebnisse, dann kann dies ebenfalls zum Sprechversagen führen. Auch Kombinationen von belastenden Bedingungen sind denkbar.
Ein Mutist bleibt grundsätzlich kommunikativ. Dies gilt für beide Ausprägungsgrade. Es kommt zu spontanen kommunikativen Kompensationshandlungen. Typisch ist das Antworten mit nonverbalen Zeichen oder der Schriftspracheinsatz.

Mutistisches Verhalten kann auch Parallelsymptom von anderen Primärerkrankungen sein. Bei einer psychotischen Affektstörung kann es beispielsweise zum Zerfall des Sprechantriebes auf Grund einer Depression kommen. Bei einer durch Vergiftung (Alkohol- oder Drogenmissbrauch) erzeugten Psychose kann ebenfalls mutistisches Schweigen auftreten, ebenso bei Schizophrenie, bei Hysterie und bei bestimmten Stoffwechselerkrankungen. Länger anhaltendes Schweigen kann auch Ausdruck massiver sozialer Kontaktstörungen sein. So kann bei länger andauerndem Hospitalismus der kindliche Sprech- und Äußerungsantrieb so weit zerfallen, dass zum Schluss anhaltendes Schweigen übrigbleibt. In all diesen Fällen zeigt sich eher ein totaler Mutismus, kaum ein selektiver.

Spricht das Kind zwar im häuslichen Milieu, aber ausschließlich in der Schulsituation nicht, spricht man von Schulmutismus. Darunter soll ein funktionell bedingtes, länger andauerndes, partielles oder totales Unvermögen verstanden werden, die normale sprechsprachliche Kommunikation nach der üblichen kommunikativen Ausführungsgewohnheit im Kommunikationsbereich der Schule stabil zu gebrauchen, obwohl sowohl sprachperzeptive als auch Sprechfähigkeiten in ausreichendem Maße für die unterrichtliche und außerunterrichtliche lautsprachliche Kommunikation vorhanden sind. Schulmutismus kann in unterschiedlichem Ausmaß auftreten. In Abhängigkeit von diesem Ausmaß ist die soziale Wirksamkeit des betroffenen Schülers in der Klassen- bzw. Schulgemeinschaft eingeschränkt. Viele Betroffene leiden darunter.
Zeitlicher Höhepunkt des Auftretens von Schulmutismus ist das frühe Schulalter. Nach

unserer Erfassung tritt er jedoch keineswegs nur in der Schuleingangsstufe (7. bzw. 8. Lebensjahr) auf, wie oftmals dargestellt wird. Es gibt auch Fälle im mittleren Schulalter, vereinzelt sogar in der fortgeschrittenen Abiturstufe.

Beim Schulmutismus handelt es sich um ein selektives abweichendes lautsprachliches Kommunikationsverhalten des Kindes und er ist demzufolge erst einmal in die Kategorie „elektiver Mutismus" einzuordnen. In Bezug auf die schulische Lokalisation und/oder die erwachsenen Lehr- bzw. Kontaktpersonen und/oder die kommunikativen Anforderungen und/oder die inhaltlich-thematischen Anforderungen ergeben sich aber unterschiedliche Abhängigkeiten und Ausprägungsgrade. Danach soll unterschieden werden:

a) Komplexer umgebungsbezogener Schulmutismus

Hier spricht das Kind im gesamten Schulbereich nicht, weder in den Klassen- bzw. Fachräumen noch außerhalb dieser. Das Schweigen ist also eng mit der schulischen Lokalisation verbunden, denn außerhalb des Schulgeländes, beispielsweise beim Zusammentreffen während des Hausbesuches oder beim Treffen auf der Straße mit einzelnen Lehrern oder anderen Kindern, kann sich die lautsprachliche Blockierung lösen und es kann durchaus elementar lautsprachlich kommunizieren. Diese konsequente lokale Verweigerung ist charakteristisch, was vereinzelte lautsprachliche „Ausrutscher" nicht ausschließt.

b) Schulpersonenbezogener Schulmutismus

Typisch bei einem schulpersonenbezogenen Mutismus ist, dass das Kind in der Schule in der Regel zu keiner erwachsenen Person spricht, die Forderungen an es stellt. Dabei kann es auch Ausnahmen geben. Manchmal finden einzelne Erwachsene (bevorzugter Lehrer, Sozialarbeiterin oder Küchenfrau) Kontakt.

Meistens spricht das Kind jedoch mit den Mitschülern, wobei die Spannbreite recht unterschiedlich sein kann: einzelne Mutisten sprechen nur mit ihren Schulfreunden und zu den anderen Mitschüler sprechen sie nicht. Dabei ist das Verhalten recht konsequent. Der Mutist setzt bei Schülerkontakten selbst dann nicht seine Lautsprache ein, wenn er mit ihnen allein ist und kein Lehrer zuhört. Dabei ist es grundsätzlich gleich, wie eng sein Kontakt zu den Mitschülern ist oder ob er sich in einer großen oder kleinen Gruppe befindet. In einigen Fällen wird auch außerhalb des Schulgeländes das Schweigen gegenüber bestimmten Mitschülern oder Lehrern aufrecht erhalten.

c) Partieller Schulmutismus

Der partielle Schulmutismus ist gar nicht so selten. Er wird oftmals als solcher nicht erkannt. Zwei Merkmale kennzeichnen den partiellen Schulmutismus:

- Die Blockierung zeigt sich nur im Hinblick auf bestimmte objektive Kommunikationsbedingungen, das heißt gegenüber bestimmten Lehrern oder bestimmten Anforderungen usw.
- Die Blockierung zeigt eine gewisse Dynamik, das heißt, sie tritt phasenweise in Erscheinung.

Beim partiellen Schulmutismus „verschlägt" es dem Kind (zeitweilig, aber jeweils über einen längeren Zeitraum hinweg) die Lautsprache. Es scheint im Moment objektiv nicht sprechen zu können. Typisch sind beispielsweise folgende Situationen im Schulalltag:

- Das Kind spricht nur in bestimmten räumlichen Situationen der Schule, in anderen nicht, beispielsweise spricht es auf dem Schulhof, in der Turnhalle nicht, im regulären Klassenraum spricht es, nicht aber im Zimmer des Schulleiters usw.
- Das Kind spricht in der Schule nur mit bestimmten Personen, mit anderen nicht, beispielsweise nicht mit dem Schulleiter, aber mit der Küchenfrau, der Sekretärin und dem Hausmeister usw., nicht mit allen Mitschülern, sondern nur mit wenigen.
- Das Kind spricht nur in bestimmten Unterrichtsfächern nicht, auch wenn andere Lehrer vertreten. So war dies bei einem Jungen, der konstant nicht im Musik- und Sportunterricht vor der Klasse sprach, gleich welcher Lehrer unterrichtete.
- Das Kind spricht nur bei bestimmten lautsprachlichen Anforderungen vor der Klasse nicht, beispielsweise beim Gedichtsprechen, bei jeder mündlichen Leistungskontrolle, gleich ob die Sachinhalte gekonnt wurden oder nicht.
- Das Kind setzt die Lautsprache nicht ein, um bestimmte persönliche Wünsche, Beschwerden usw. vorzutragen. In einem Falle nässte das Kind lieber ein, nur um nicht zu fragen, ob es zur Toilette gehen darf. Ein anderes Kind verzichtete deshalb auf das Trinken. Dieselben Schüler zeigten beim handlungsgestützten Sprechen oder bei einer Gegenstandsbeschreibung oftmals weniger Sprechhemmungen.
- Das Kind beteiligt sich konsequent nur bei bestimmten Themen nicht am Gespräch in der Gruppe bzw. in der Klasse. So blieb ein Kind bei Erlebnisberichten, die sich auf häusliche Ereignisse bezogen, grundsätzlich stumm, selbst wenn der vertraute Lehrer oder der Psychologe fragte.

2 Mutismus – Sprechscheu

Oftmals wird zwischen Mutismus und Sprechscheu (Logopudie) unterschieden. Die dafür gegebene Begründung erscheint uns auf Grund unserer Befunde nicht ganz logisch. Der Unterschied besteht nach Bahr (1998) vor allem darin, dass Sprechscheu beim Sprechen *vor* anderen Menschen auftritt, Mutismus hingegen im Kontakt *mit* anderen Menschen. In der Regel trifft dies aber nicht zu. Die mit den Mutisten erstellte Angstpyramide zur kognitiven Angstbewältigung lässt eine solche Unterteilung nicht erkennen. Die Bedingung – vor anderen zu sprechen – wird durchaus von den meisten Mutisten als belastende Größe empfunden, und keineswegs immer als niedrigere Belastung eingestuft als mit anderen zu sprechen. Sie empfinden in solchen Kommunikationssituationen ähnlich wie in anderen Angstsituationen ein antizipatorisches Angsterleben, einschließlich der Begleitsymptome, was ihnen das Sprechen unmöglich macht. Auch in dieser Hinsicht zeigt sich ein Vermeidungsverhalten. Wir konnten in unserer Untersuchungspopulation keinen Schulmutisten finden, der keine Angst hatte, vor anderen Menschen laut mit anderen zu sprechen, wenn dabei die kollektive Aufmerksamkeit auf ihn gerichtet war. Schon das Sprechen mit der Mutter vor dem Therapeuten oder das stimmhafte deutliche Sprechen im Unterricht mit dem Schulfreund ist ihnen nicht möglich.

Wenn es vielen Menschen nicht leicht fällt, ungehemmt vor und mit anderen fremden Menschen zu sprechen, dann stellt sich die Frage, welche Kriterien zutreffen müssen, damit man von einer Kommunikationsstörung im Sinne einer Behinderung wie dem Mutismus sprechen kann. Das Symptom der Sprechverweigerung bzw. des Verstummens ist an sich noch keine Abweichung vom Üblichen, keine Auffälligkeit, denn eine kurzzeitige Unterbrechung des Redeflusses oder eine Verweigerung der Äußerung muss als eine ganz normale kommunikative Verhaltensweise gesehen werden. Man kann solche Verhaltensweisen wiederholt in vielfältigen Alltagskommunikationen beobachten. Beide Formen sind bewährte rhetorische Mittel, denn durch ein kurzes Unterbrechen entsteht beispielsweise ein gewisser natürlicher, rhetorischer Redezugzwang, der den Partner drängt, das Gespräch fortzuführen.
Das Schweigen kann aber auch unangenehm auf den angeschwiegenen Dialogpartner wirken. In diesem Falle erzeugt Schweigen wiederum eine mehr oder weniger starke Spannung, die nach Auflösung drängt. Der Sprecher, der den Dialog initiiert hat, sieht sich gezwungen, das Schweigen zu interpretieren. Das ist deshalb kompliziert, weil Schweigen keine eindeutige semantische Kodierung besitzt, sondern nur auf dem Hintergrund des situativen Kontextes bewertet bzw. interpretiert werden kann. Schweigen kann in Abhängigkeit vom Kontext sowohl Zustimmung als auch Ablehnung bedeuten, oder auch ausdrücken, dass der Schweigende etwas zu verhüllen oder zu verheimlichen hat. Nur der kommunikative Kontext entscheidet, wann ein Schweigen angezeigt, das heißt zweckgerichtet ist und wann nicht.
Auf Grund seiner allgemeinen Dialogerfahrung wird der Dialogpartner ein länger anhaltendes und sich wiederholendes Schweigen als Indikator für eine aktuell missglückte Kommunikation zwischen beiden Partnern ansehen. Wird das Schweigen wiederum von allen als eine Antwortmöglichkeit akzeptiert, dann wäre ein Nicht-Schweigen, wenn es niemals auftreten würde, genau so auffällig wie ein anhaltendes Schweigen. Eine Unterbrechung des Redeflusses ist also eine „normale“ Erscheinung, denn sie erfüllt verschiedene kommunikative Funktionen. Es lassen sich beispielsweise unterscheiden

- die Ankündigungs- oder Bekräftigungspause, um eine bestimmte Aussage herauszustellen,
- die syntaktisch definierte Pause mit der Funktion der Gliederung der Strukturierung der Aussage,
- die semantisch definierte Pause mit einer speziellen Aussagefunktion, denn in diesem Falle wird das Schweigen kommunikativ interpretiert,
- die pragmatisch definierte Pause mit der Funktion, den Monologkontext zu strukturieren.

Diese Schweigephasen haben für den Partner eine erkennbare Logik und werden sogar als kommunikative Hilfe verstanden. Es lassen sich auch scheinbar unlogisch platzierte Schweigephasen im Dialoggeschehen finden, die bei genauerer Betrachtung aber keineswegs unlogisch platziert sind. So kann beispielsweise eine abrupt gesetzte, scheinbar unpassende Pause eine große rhetorische oder disziplinierende Wirkung haben, denn sie erzeugt beim Kommunikationspartner eine Spannung und steigert seine Aufmerksamkeit. Situativ kann der Redner damit eine große kommunikative Wirkung erzielen. Selbst wenn die Antwort ausbleibt, der Partner sich abwendet und kommentarlos geht, ist dies in einer bestimmten Kommunikationssituation eine Art „normale" Antwort. Kurze Schweigephasen im Dialog sind rhetorisch, semantisch und denkhygienisch sinnvoll und beleben unter Umständen den Dialog, denn sowohl Redner als auch Zuhörer unternehmen auf Grund der empfundenen „Störung" recht schnell Versuche einer „Entstörung". Das Schweigen des Partners veranlasst den Sprecher, die funktionale Redundanz auszuweiten, weitere Erklärungen zu geben. Das Schweigen des Sprechers wiederum regt zu Zwischenfragen an usw. Insofern ist das kommunikativ benutzte Schweigen auf einem Kontinuum zwischen Normalität und Abweichung zu sehen. Selbst ein übermäßig ausgedehntes Schweigen erzielt eine große kommunikative Wirkung, denn es kann den Angeschwiegenen massiv verunsichern, bei ihm sogar ungewollte Handlungen auslösen. Die schweigende, vermeintlich schwächere Person gewinnt so zeitweilig die Kontrolle über die sprechende, stärkere Person und sichert sich damit die Aufmerksamkeit.

Wenn das Schweigen an sich als Erscheinung keine hinreichende Größe für die Wesensbestimmung des Schulmutismus darstellt, muss das Phänomen Schweigen in Kommunikationsprozessen weiter differenziert werden. Offensichtlich wirkt Schweigen dann dialogzerstörend, wenn es einen noch als normal empfundenen Zeitrahmen überschreitet. Dieser ist nicht durch objektive Zeitangaben bestimmbar. Die Umstände bestimmen die subjektiven Vorstellungen über das zu akzeptierende Zeitmaß. Außer der unangemessenen Schweigedauer könnte ein weiterer Aspekt für die Bestimmung des Abweichenden der Umfang und die Zweckmäßigkeit der Schweigepause sein.
So ist in den meisten kommunikativen Alltagssituationen der abrupte Abbruch, die Verweigerung des Gesprächs bei Beibehaltung der nonverbalen Zuwendung untypisch. Häufen sich abrupte Dialogabbrüche und sind die Pausen zunehmend unplatziert und übermäßig lang, dann kann dies auf eine zeitweilige Blockierung hindeuten. Ein anderer Aspekt könnte sein, ob der schweigende Partner Entstörungsversuche unternimmt. Im Normalfalle kommt es nämlich – ausgenommen vielleicht bei zugespitzten Konfliktsituationen – zwischen den Kommunikationspartnern recht schnell zu Entstörungsversuchen, wenn eine „Kunstpause" entsteht.
Kinder mit schulmutistischen Tendenzen unternehmen weder selbst solche Entstörungsversuche noch reagieren sie auf solche positiv. Die gewohnten Formen der verbalen Entstörung oder die metakommunikative Steuerung funktionieren hier nicht mehr. Die Pause wird von ihnen ausgedehnt und der Erwartung des Dialogpartners wird nicht entsprochen. Der Mutist agiert oder reagiert schließlich gar nicht mehr lautsprachlich und die lautsprachliche Kommunikation mit ihm bleibt über längere Zeit einseitig. Und diese paradoxen Dialogsituationen häufen sich.

Ein weiteres Merkmal ist, dass bei Kindern mit Schulmutismus die ausgedehnte und unzweckmäßige Sprechverweigerung konstant in der gleichen Kommunikationssituation auftritt. Es genügt ein geringer Reiz, um die Sprechblockierung auszulösen. Dieser steht meist in keinem Verhältnis zu der massiven Reaktion des Schweigens. Dies deutet auf eine neurotische Prägung des Verhaltens hin. Auch klingt die Angst, die zur Sprechblockierung geführt hat, in der Regel langsamer ab. Es ist kaum zu beobachten, dass ein betroffenes Kind nach einem massiven kommunikativen Negativerlebnis sofort mit anderen Personen sprechen konnte. Bei diesen Schülern verschwindet das Schweigen auch nicht von selbst bzw. nur sehr langsam mit zunehmender Vertrautheit der Person oder der Situation. Es unterliegt immer weniger ihrem Willen. Hinzu kommt, dass der zeitliche Rahmen, um sich mit den Kommunikationsbedingungen vertraut zu machen, bei ihnen ungewöhnlich lang ist. Das Kind ist allein nicht mehr in der Lage, sich den kommunikativen Bedingungen anzupassen.
Ein weiteres wichtiges Kriterium für die Bestimmung der Auffälligkeit ist, ob die Schweigephase im Dialog vom Sprecher bewusst platziert wird und es sich um ein gesteuertes Verhalten handelt. Dies ist beim Mutisten offensichtlich nicht mehr der Fall. Seine Reaktion auf bestimmte kommunikative Anforderungen unterliegt im zunehmenden Maße nicht mehr seinem Willen. Schließlich tritt das Schweigen willensunabhängig auf. Der Mutist kann nicht mehr bestimmen, ob, wann und wie lange er schweigt.
Der Schüler wird zunehmend mehr von der Angst beherrscht. Kommunikative Anforderungssituationen bestimmen mehr und mehr sein Sprechverhalten und nicht mehr er selbst. Dies bleibt nicht ohne Folgewirkungen auf andere psychische Prozesse, beispielsweise auf seine Sprachwahrnehmung, auf die Bewertung der Situationen bzw. der Angstfaktoren und auf die inhaltliche Dekodierung. Die Reflexion der Sachlage verliert an Objektivität und wird immer paradoxer. Eine objektiv harmlose Situation bringt schon den harmonischen Wechsel zwischen psychischer Anspannung und Entspannung bzw. zwischen den Erregungs- und Hemmungsprozessen durcheinander. Schließlich reicht ein geringer Auslösereiz, um eine massive, unangemessene Sprechblockierung zu erzielen.
Das Zurückfinden zum psychischen Gleichgewicht ist nicht mehr möglich. Der betroffene Schüler braucht übermäßig lange Zeit, um wieder die innere Erregung abklingen zu lassen und zu entspannen. Deshalb lernt er im Unterricht stets mit einem erhöhten Kraftaufwand, steht ständig unter höchster Anspannung und ist schneller erschöpft, müde und schlapp. Solche Belastungsaspekte können für den Betroffenen zum zusätzlichen Problem werden.

Neben der zunehmenden Willensunabhängigkeit, der Häufigkeit des Auftretens der Sprechverweigerung, der Dauer der Schweigephase, der Stabilität dieser Reaktionsweise, der zunehmenden paradoxen Reiz-Reaktions-Konstellation und der situativen Angemessenheit des Mittels ist auch zu bedenken, welche Auswirkung das Schweigen in der jeweiligen konkreten kommunikativen Anforderungssituation auf die Entwicklung des Schülers und auf die Gruppe hat. Von der Auswirkung her ist Schweigen nicht gleich Schweigen. In bestimmten kommunikativen Anforderungssituationen kann die Sprechverweigerung gravierendere negative Auswirkungen auf den Schweiger oder auf den Hörerkreis haben als das Schweigen in zehn anderen lapidaren Schweigesituationen. So ist die Sprechverweigerung im Unterricht sicherlich schwerwiegender als das Schweigen in den Pausen.

Aus der Sicht der Schule stellt sich die Auswirkung des Schweigens anders dar. Entsprechend ihrem gesetzlichen Auftrag muss die Schule die Möglichkeiten für eine optimale schulische Entwicklung aller Kinder sichern. Sind diese Möglichkeiten nicht mehr uneingeschränkt gegeben, sind Sondermaßnahmen erforderlich. Das Verstummen des Schülers in der Schule wird unseres Erachtens erst dann zur Behinderung, bzw. erfordert sonderpädagogischen Förderbedarf, wenn eine Doppelbelastung entsteht, das bedeutet, wenn

- die schulische bzw. Persönlichkeitsentwicklung des betroffenen Schülers beeinträchtigt ist und/oder bei ihm einen Leidensdruck hervorruft sowie
- das anhaltende Schweigen des Kindes zur sozial-kommunikativen Belastung für Mitschüler und Lehrer wird und/oder
- das Schweigen die Gestaltung des Unterrichtsprozesses belastet und insofern langfristig negative Auswirkungen auch auf das Lernen der Mitschüler hat.

Natürlich könnten auch kommunikationsästhetische Aspekte mit herangezogen werden, um die Erscheinung sozial zu werten.

Eine solche doppelseitige Betrachtung bringt zweifellos eine gewisse Dynamik in die Bewertung des Phänomens, vor allem auch im Hinblick auf die Herausbildung und Verfestigung der mutistischen Verhaltensweise. Sie lässt eine Wesensbestimmung aber nicht einfacher werden.

Wenn Mutismus als dynamische Größe aufgefasst wird, also als ein Phänomen, welches sich im kommunikativen Entwicklungsprozess herausbildet und stabilisiert, dann ist anzunehmen, dass sich auch Früh- bzw. Übergangsformen zeigen. Ein mutistisches Verhalten hat meistens Vorläufer. Frühsymptome könnten beispielsweise Formen der kommunikativen Unsicherheit sein, die sich vor allem dann zeigen, wenn das Kind mit neuen kommunikativen Bedingungen konfrontiert wird oder wenn die soziale Stütze „Mutter" fehlt.
Als Frühsymptome können eine ausgeprägte Kontaktscheu oder gar eine zeitlich begrenzte Sprechverweigerung (mehr als eine Woche, aber in der Regel nicht länger als drei Monate) gelten, und zwar im Zusammenhang damit, dass das Kind dafür sogar in zunehmendem Maße auch gravierende Nachteile in Kauf nimmt (Verzicht von Bedürfnissen, soziale Isolation usw.). Werden solche Frühsymptome nicht erkannt, kann der Verfestigung auch nicht präventiv begegnet werden.
Recherchen bei unserer Versuchspopulation ergaben, dass nur bei ganz wenigen Kindern (0,5%) präventive Maßnahmen im Vorschulalter erfolgten, obwohl recht viele als extrem schüchtern eingestuft wurden. Kommunikativ labile Kinder sollten nach unserer Meinung keineswegs gleich „therapeutisiert" werden, aber Formen der Prävention scheinen durchaus angezeigt zu sein. Das intermittierende Auftreten der Sprechverweigerung

deutet darauf hin, dass die Spontanremissionsrate im frühen Schulalter noch recht hoch ist und die kommunikativ labilen Kinder noch unter „normalen“ Kommunikationsbedingungen ihre Sprechkompetenz wieder erlangen könnten. Zur Verfestigung der mutistischen Verhaltensweise kommt es in der Regel erst dann, wenn die überfordernden Kommunikationsbedingungen massiv sind und über einen längeren Zeitraum kontinuierlich wirken und wenn vor allem das kommunikativ labile Kind keine Hilfe zur Überwindung seiner Kommunikationsprobleme erhält.

Schüler scheinen für das Entstehen mutistischer Verhaltensweisen dann prädestiniert zu sein, wenn bei ihnen eine mehr oder weniger komplexe Handlungsunsicherheit auftritt. Diese allgemeine Handlungsunsicherheit im Zusammenhang mit einer anhaltenden und deutlichen Tendenz zum Rückzugs- und Vermeidungsverhalten bei den nonverbalen als auch den verbalen Äußerungsformen sehen wir als ein relativ stabiles Früherkennungsmerkmal an. Hierbei ist nicht das Symptom an sich von besonderer Wichtigkeit, sondern viel mehr der Ausprägungsgrad (Häufigkeit und Merkmalsstärke) und die Entwicklungstendenz.

Die Unsicherheit bei allgemein schüchternen Schülern ist nicht in allen schulischen Situationen gleich stark. Bestimmte Situationen scheinen den Schüler stärker zu belasten als andere. Analysiert man solche Situationen, dann kristallisieren sich gewisse schulische Belastungsfaktoren heraus, die bei diesen Kindern schnell, häufig und in übermäßigem Maße zur allgemeinen Handlungsunsicherheit führen. Charakteristisch sind beispielsweise folgende Faktoren: sobald sie sich beobachtet fühlen, mit autoritären Personen sprechen, wenn sie in bestimmten Räumlichkeiten der Schule sprachlich agieren sollen, bei bestimmten Sprechaktivitäten u.ä.

Bei dem Phänomen einer allgemeinen Sprechscheu lassen sich qualitativ ähnliche, nur graduell unterschiedliche Faktoren feststellen. Sprechscheue Kinder scheinen besonders für das Entstehen mutistischer Verhaltensweisen prädestiniert zu sein. Die Gefährdung spiegelt sich vor allem in der Entwicklungstendenz der Symptome und der Manifestierung der pathologischen Bedingungslage wider. Hierbei gelten vor allem folgende Tendenzen:

- **Eine zunehmende Manifestierung zeigt sich in einer zunehmenden Stabilität der Erscheinung.**

In temporaler Hinsicht kommt es zur größeren Regelmäßigkeit regressiver Verhaltensweisen im Gesamtverhalten, zum prompteren Auftreten der Symptome und zur Zunahme ihrer Häufigkeit. Auch aus dem intermittierenden Auftreten von regressiven Sprechverhaltensweisen entsteht mit zunehmender Tendenz eine Regelmäßigkeit. Solche Phasen dehnen sich tendenziell systematisch aus, werden häufiger und dauern länger an bis sich schließlich eine durchgängige Sprechverweigerung einstellt. Die Sprechpausen werden nun kaum noch aus rhetorischen Gründen platziert, sondern sind zunehmend fehlplatziert.

Hinzu treten die Attribute der Stabilität der Erscheinung und die Konsequenz in der Symptomatik. Ein sprechscheues Kind reagiert mit einer gewissen Instabilität von re-

gressiven Äußerungsweisen (zum Beispiel verweigert es mal die Antwort, mal flüstert es, dann spricht es mal wieder mit normaler Zimmerlautstärke).
Ein solcher Symptomwechsel kann innerhalb eines Unterrichtstages einsetzen oder größere Abstände umfassen. Mal spricht das sprechscheue Kind beispielsweise im Unterricht bei einem bestimmten Lehrer streckenweise flüsternd, dann wieder gar nicht, dann wieder nur mit leiser Stimme. Ein Kind mit zunehmendem mutistischen Verhalten „stabilisiert" im pathogenetischen Prozess seine regressiven Symptome. Es kommt zur größeren Symptomstabilität, und zwar bei relativ konstanten äußeren kommunikativen Bedingungen.

- **Die Tendenz zur zunehmenden Manifestierung mutistischer Symptome zeigt sich zugleich im Zerfall der natürlichen Zeichengebung.**

Im Prozessverlauf (Pathogenese) kommt es bei einer Vielzahl der zunächst sprechscheuen Schüler allmählich auch zu einem reaktiv bedingten Zerfall anderer kommunikativer Kompetenzen. Zerfall bedeutet in diesem Falle Funktionszerfall, also Vereinseitigung und Verarmung der Ausdrucksmittel, so dass diese immer weniger in der üblichen Ausführungs- und Perzeptionsgewohnheit gebraucht werden. Ob dieser reaktiv bedingte Zerfallsprozess zu einem durchgängigen Merkmal bei allen Mutisten wird, kann gegenwärtig nicht mit Bestimmtheit gesagt werden. Aber offensichtlich kann sich ein Mutismus auch „einschleichen", er muss keineswegs immer ad hoc entstehen.

Zerfallstendenzen könnten ein Früherkennungszeichen für einen entstehenden Mutismus sein. Der Zerfall zeigt sich tendenziell beispielsweise in folgender Weise:

Zerfall im Hinblick auf die Äußerungslänge
In zunehmendem Maße wird in kommunikativen Belastungssituationen die Äußerungslänge geringer. So berichteten Eltern oder Pädagogen, dass die Kinder sich im Vergleich zu früher (vor der Sprechverweigerung) kaum noch zusammenhängend äußerten. Die Antworten wurden einsilbiger oder wechselten mit nonverbalen Antworten. Dies trifft allerdings nicht generell zu, denn in unbelasteten Situationen (zum Beispiel zu Hause oder bei den Großeltern) zeigt sich weiterhin die Fähigkeit der zusammenhängenden Rede. Es handelt sich also dabei nicht um einen Kompetenzzerfall der sprachstrukturellen Fähigkeiten.

Zerfall der Äußerungsbereitschaft
Auffallend ist, dass immer weniger freiwillig geantwortet wird. Beobachtet werden kann dies in vielfältigen unterrichtlichen und außerunterrichtlichen Situationen. Die Kinder reagieren von selbst auf indirekte oder direkte Aufforderungen der Erwachsenen im Gespräch zunehmend weniger. Und wenn sie reagieren, dann ist es kaum eine längere Äußerung. Oftmals wird nur mit Kopfnicken geantwortet. Auch erfolgt eine Einengung der Vielfalt der Dialoge. So sind Widerspruch bzw. Widerrede kaum noch zu hören, ebenso das argumentative Agieren, um Bedürfnisse durchzusetzen oder um auf das Verhalten anderer Einfluss zu nehmen. Auch wird kaum noch nachgefragt.

Der Zerfall bezieht sich vor allem auf die kommunikative Eigenaktivität, also auf das offensive lautsprachliche Agieren, was schließlich dazu führt, dass das Kind nur noch bei direkter Aufforderung redet.
Ein solcher Zerfall ist von gravierender negativer Wirkung auf die Persönlichkeitsentwicklung, denn damit versiegt die Quelle der kommunikativen und kognitiven Entwicklung.

Zerfall im Hinblick auf den Redefluss
Zu beobachten ist in einigen Fällen eine Zunahme von Redeflussstockungen, aber nicht im Sinne eines „klassischen" Stotterns. Es kommt vermehrt zu einer falschen Pausenplatzierung, was häufig als tonische Blockierung angesehen wird, zur übermäßigen Ausdehnung der Pausenlänge und vermehrt zum Gebrauch unvollständiger Sätze. Das Kind redet streckenweise in Form von Wortgruppen, gar von Signal- bzw. Stützwörtern, allerdings auch nicht immer fließend, sondern eher zögerlich. Die lautsprachlichen Reaktionen oder Aktionen werden immer einsilbiger und die Phasen der Verweigerung nehmen zu und werden ausgedehnter.

Zerfall im Hinblick auf die Ausdrucksmotorik
Vom Zerfall betroffen ist mehr oder weniger auch die gesamte Ausdrucksmotorik. So kommt es zur zunehmenden mimischen Verarmung und zum Erstarren des Gesichtsausdrucks. Bei einigen Kindern entwickelt sich ein fast maskenhaftes Verlegenheitslächeln („läppisches Grinsen"), welches oftmals mit einer zunehmenden Labilität des Augenkontaktes einhergeht. Das Kind bleibt zwar noch grundsätzlich in der Lage und bereit, den ausdrucksgeprägten Blickkontakt herzustellen und eine Zeit lang zu halten, aber es hält zunehmend weniger dem kommunikativen Druck stand, der vom Blickkontakt ausgeht. Die Folge ist zunehmende Blickscheu und Blickflucht.
Im Bereich der Gestik treten in kommunikativen Anspannungssituationen verstärkt rudimentäre Reflexe auf, wie der Zupf-, Reib-, Waschreflex, was auf eine vorhandene übermäßige Anspannung (Dauerspannung) hindeutet. Bei einzelnen Kindern hat es den Anschein, dass sie regelrecht „erstarren", wenn sie zum Sprechen aufgefordert werden.
In anderen Fällen versucht sich das Kind zu „verstecken". Es hält die Hände vor das Gesicht oder es presst sich an den Körper der Mutter oder verschwindet ganz hinter ihrem Rücken. Auch im symbolischen Festhalten erkennt man die erhöhte innere Anspannung bzw. das äußere kommunikative Erstarren. Die Kinder kneten an ihrem Taschentuch, „halten" sich symbolisch an Gegenständen oder an ihrer Kleidung fest.

Zerfall im Hinblick auf den Gebrauch der Prosodik
Es erfolgt allmählich eine Einengung des prosodischen Feldes. Sprechrhythmische, sprechmelodische und sprechtemporale Monotonie sind mehr und mehr kennzeichnend. Die zunehmende Monotonie führt zur anhaltenden Flüsterphase (Stimmlosigkeit), was schließlich im Schweigen endet. Anfangs sind die Kinder noch bei emotional-kommunikativer Überforderung in der Lage, die innere übermäßige Anspannung „los zu lassen" und zum prosodischen Normalzustand zurückzufinden. Dieses befreiende Loslassen-Können von der Enge ist schließlich nicht mehr zu beobachten.

Zerfall hinsichtlich des Gebrauchs kommunikativer Durchsetzungsstrategien
Schon in früher Kindheit wiesen die sprechscheuen Kinder in geringerem Maße offensive Durchsetzungsstrategien auf und die wenigen extensiven Äußerungs- und Durchsetzungsformen gingen im Verlaufe der Zeit bei ihnen noch weiter zurück. Dafür kamen oftmals mehr verdeckte Missfallensbekundungen zum Einsatz, zum Beispiel Zerstörungen an Gegenständen oder ein stärker ausgeprägtes aggressives nonverbales Verhalten.

Zerfall der sozial gerichteten Spiel- und Lerntätigkeit
Mit dem zunehmenden regressiven Sprechverhalten ging häufig auch eine allgemeine Veränderung im Spielverhalten einher. Die Kinder zogen sich vom Gruppenleben mehr und mehr zurück, isolierten sich zunehmend vom gemeinsamen (kooperativen) Spiel und Lernen in der Gruppe. Bei einigen wurde festgestellt, dass sie sich in den Unterrichtspausen wiederholt allein im Gebäude versteckten, um nicht in der großen Pause auf den Schulhof gehen zu müssen.

Die beschriebenen Verhaltensweisen und Zerfallstendenzen können als mögliche Frühsymptome eines Schulmutismus interpretiert werden. Zumindest charakterisieren sie jene Kinder, die stärker gefährdet sind, einen Schulmutismus zu entwickeln. Dies schließt nicht aus, dass Schulmutismus auch bei anderen Kindern entstehen kann, die nicht zuvor im Hinblick auf ihr soziales oder kommunikatives Verhalten auffällig waren.

3 Wesen der mutistischen Verhaltensweisen

Eltern und Pädagogen bewegt die Frage: Was konnte eine Veränderung des normalen Sprechantriebes bewirken? Dem mutistischen Verhalten in der Schule können durchaus unterschiedliche Beweggründe zugrunde liegen. Diese müssen bedacht werden, denn daraus ergeben sich wichtige Hinweise auf die therapeutische Herangehensweise. Einige der uns relevant erscheinenden hypothetischen Annahmen sollen nachfolgend kommentiert werden.

- **Das mutistische Reagieren kann Ausdruck einer massiven und/oder anhaltenden Überforderung in der Schule sein**

Der Überforderungshypothese messen wir einen recht hohen Stellenwert bei. Die schulischen Anforderungen sind kognitiv, kommunikativ und in sozialer Hinsicht recht anspruchsvoll und stellen für den mutistisch prädestinierten Schüler eine neue Qualität dar. Sie unterscheiden sich hinsichtlich des Inhalts, der Form und der Gestaltungsweise in wesentlichen Teilen gravierend von den bisherigen Anforderungen an das Kind, beispielsweise von denen im Elternhaus. Für diese neue Art von Anforderungen verfügt das Kind über unzureichende Erfahrungen.
Die Überforderung in der Schule kann durch unterschiedliche Sachverhalte hervorgerufen werden. Eine relevante übergreifende Anforderung stellt die sprech-kommunikative Anforderung dar. Das vermittelte Lernen im Klassenverband zum Erwerb der Kultur-

techniken, von Wissen und Fähigkeiten erfolgt im frühen Schulalter vorwiegend in Form von Gesprächen. Auch die Wissensüberprüfung erfolgt in diesem Alter vorwiegend vor der Klasse in mündlicher Form.

Die Inhalte und die Art der Unterrichtsgestaltung stellen für das Kind ein hohes Anforderungsniveau dar und sie könnten deshalb vom mutistischen Schüler schnell als unüberwindbare Barriere empfunden werden. Eine dominant schulisch bedingte Sprechverweigerung könnte deshalb vor allem auf die Überforderung bei folgenden Anforderungen zurückgeführt werden:

Sprech-kommunikative Anforderungen in der Schule
Diese Anforderungen sind vielschichtig. Einzuordnen sind hier beispielsweise solche Anforderungen wie:

- das Äußern von Gefühlen, von Bedürfnissen sowie Wünschen,
- das Beschreiben von konkret-situativen eng umschriebenen Sachverhalten in der aktuellen Situation bis hin zu den Beschreibungen aus der Vorstellung heraus,
- das verallgemeinernde Beschreiben von komplexeren Sachverhalten aus der Vorstellung bzw. Erinnerung heraus,
- die Bewältigung bestimmter Sprechleistungsstufen (Echosprechen oder freie Rede),
- die Anwendung bestimmter Kommunikationsverfahren (Nacherzählung, Bericht),
- die Bewältigung bestimmter Sprachfunktionen (beispielsweise der Einsatz der Sprache zur Mitteilung bzw. zum Informationsaustausch oder zur Regulierung des Verhaltens von anderen, das Bewerten von Sachverhalten und Verhaltensweisen),
- die Realisierung bestimmter Sprechverhaltensstrategien (Gestaltung eines stark emotional geprägten Disputes).

Aber auch Anforderungen im Hinblick auf die sprachstrukturellen Ebenen (phonetisch-phonologische, lexikalisch-semantische, syntaktisch-morphologische und kommunikativ-pragmatische Fähigkeiten) können zu einer aktuellen Überforderung führen und eine Sprechverweigerung auf Grund einer psychischen Blockierung bewirken.
Charakteristisch für eine solche Annahme ist, dass die betroffenen Schüler nur bestimmte Sprechanforderungen konstant verweigern, eben jene, von denen sie sich überfordert fühlen. Negativerfahrungen spielen wiederum eine wichtige Bedingung für den Erwerb des Fehlverhaltens.

Sprech-kognitive Anforderungen in der Schule
Hierbei handelt es sich primär um den Austausch bzw. das Abfragen von Wissen, häufig sogar mit Prüfcharakter. Das dabei auftretende Schweigen ist oftmals in erster Linie Ausdruck des Nicht-Könnens im Sinne von Nicht-Wissen. Diesbezügliche Anforderungen sind zunächst vor dem Hintergrund der subjektiven Voraussetzungen (Wollen, Können) und des kognitiven Bedingungsgefüges des Schülers zu sehen. Eine Sprechverweigerung, die anhaltend in dieser Konstellation auftritt, ist dann primär als Zeichen des Kindes zu interpretieren, dass es sich aktuell in der Schule allgemein oder speziell in einem Unterrichtsfach kognitiv bzw. leistungsmäßig überfordert fühlt. Für diese An-

nahme spricht, dass die Sprechverweigerung bei einigen Schülern nur in einigen Unterrichtsfächern oder bei einigen speziellen kommunikativen Anforderungen in diesem Unterrichtsfach (mündliche Leistungskontrolle) auftritt.
Der sonst produktive Widerspruch für die Lernbereitschaft zwischen dem Sollen (emotionale, soziale, kognitive Anforderungen) und dem Wollen oder Vermögen (Können) ist in solchen Fällen für das Kind unüberwindbar geworden. Die gewohnten Reaktionsweisen reichen für die Konfliktbewältigung nicht mehr aus, so dass es nach einer anderen effektiven Lösung sucht und diese im Schweigen findet. Auf Grund ihrer speziellen Dispositionen reagieren diese Kinder durch ausgeprägtes regressives Sprechverhalten. Andere Schüler würden in dieser Situation vielleicht mit Weinen, aggressiv oder durch Weglaufen reagieren. Die anhaltende leistungsmäßige Überforderung allein wird nicht linear zum Schulmutismus führen, aber im Gesamtensemble kann dies ein begünstigender Faktor sein.
Neben diesen objektiven Anforderungsparametern ergibt sich auch noch ein subjektiver Aspekt, nämlich wie diese Anforderungen vom Lehrer an den Schüler herangetragen und wie die Äußerungen des Schülers bewertet werden. Die Art und Weise der Dialoggestaltung des Lehrers, sein Auftreten, sein möglicherweise mangelndes Empathievermögen oder etwa mangelnde soziale Kompetenz können zusätzlich zur Belastungsgröße für den Schüler werden.

Liegt die Annahme einer kommunikativ-kognitiven Überforderung zugrunde, tritt der Schulmutismus in der Regel nicht plötzlich in Erscheinung, sondern „er schleicht sich ein". Bei einer Teilgruppe der von uns untersuchten Schulmutisten war anfangs noch ein rudimentäres Bemühen da, den kognitiv-kommunikativen Anforderungen im Unterricht gerecht zu werden, dann traten zunehmend häufiger die Schweigephasen auf und/oder sie wurden ausgeprägter. Schließlich manifestierte sich bei einigen Schülern das Schweigeverhalten nur in bestimmten Konstellationen: nur in einem Fach bzw. in einigen Fächern oder nur gegenüber einem bestimmten Lehrer. Bei anderen Schülern war genau der gegenteilige Sachverhalt zu beobachten.
In diesem Prozess wirkt das Mittel der Selbstverstärkung. Jede Sprechverweigerung in einer Versagenssituation prägt das weitere Sprechverhalten und setzt die Sprechbereitschaft systematisch herab, so dass schließlich bereits bei geringen schulischen Anforderungen die Äußerung verweigert wird. Für die partielle Leistungsverweigerung ist die Dialogverweigerung geradezu prädestiniert.
Das Unterrichtsgespräch ist in den ersten Jahrgangsstufen die übliche und vorherrschende Form der Leistungsüberprüfung im Unterricht. Ergo ist hierbei auch eine leistungsmäßige Überforderung am frühesten und am deutlichsten erkennbar. Auf die inhaltlichen Sprechäußerungen im Dialog muss der Lehrer auch prompt reagieren, denn aus der Bewertung der einzelnen Schüleraussage ergibt sich bei einer heuristischen Führung das weitere Unterrichtsgespräch. So bleibt es besonders bei leistungsschwachen Schülern nicht aus, dass es zu einer Häufung des mehr oder weniger negativ geprägten Feedback kommt.
Sowohl an der Äußerung des Schülers als auch am Lehrerfeedback erkennen die Mitschüler, ob eine Fehl- bzw. Minderleistung vorliegt. Daraufhin kann es zu unange-

passten Reaktionen der Mitschüler kommen, beispielsweise zum Auslachen, wenn sich jener Schüler lautsprachlich geäußert hat. Aus einem solchen wiederholten Negativerleben kann sich recht schnell Versagensangst herausbilden, was auch das Entstehen einer Vorab-Angst begünstigt. Angst wiederum kann zusätzlich die Leistungsschwächen verstärken und so kann es sogar zu einer kognitiven Blockierung kommen.
Der angstgesteuerte Schüler reagiert dann auf Zusprache des Lehrers nicht mehr oder nicht adäquat. Es kommt auf Seiten des Schülers verstärkt zur unkorrekten kommunikativen Reaktion, nicht nur in verbaler Hinsicht, sondern auch nonverbal wird in zunehmenden Maße falsch oder irritiert reagiert. Der Schüler macht bald einen allgemein hilflosen Eindruck. Der gesamte Lehrer-Schüler-Dialog ist mehr und mehr gestört
Um solche überfordernden Unterrichtssituationen für sich erträglicher zu machen, rettet sich der Schüler, indem er den Unterrichtsdialog für sich „einfriert" und das Sprechen verweigert. Nun erlebt er plötzlich bei den Lehrern und den hänselnden Mitschülern eine paradoxe Reaktion. Es kommt zu einer Umkehr im Verhalten: aus der Serie der Negativreaktionen entsteht eine größere Rücksichtnahme und eine verstärkte soziale Zuwendung. Der Schüler erlebt, dass er nun im sozialen Umfeld Mitleidsgefühle erzeugt und mehr Zuwendung erfährt. Dieses positive Erleben führt zu einer Verfestigung der neuen Strategie.
Der Verlauf der Entwicklung des Störungsbildes lässt darauf schließen, dass der Schüler nicht bewusst zu dieser Strategie gekommen ist und diese auch nicht bewusst anwendet. Sein mutistisches Verhalten ist hier das Resultat eines allmählichen Lernprozesses. Es handelt sich um ein erlerntes Vermeidungsverhalten, das das Kind möglicherweise so für sich annimmt: *Wenn ich nicht spreche, dann kriegt keiner mit, dass ich es nicht weiß und dann werde ich auch nicht ausgelacht oder getadelt, im Gegenteil – man wendet sich mir mehr zu und ich bekomme Verständnis.*
In solchen Fällen würde eine Harmonisierung der Anforderungsstruktur dem Schweigen die „Nahrung" entziehen. Uns sind Einzelfälle bekannt, in denen eine Umschulung in eine Schule für Lernbehinderte schon bald zu einem veränderten Sprechverhalten geführt hat. Der Schulmutismus war quasi ohne größere zusätzliche Maßnahmen überwunden. Dies könnte ein Hinweis darauf sein, dass eine anhaltende kognitiv-kommunikative Überforderung ein mit verursachender, zumindest ein verstärkender Faktor für das kommunikative Erstarren sein kann. Schweigen wäre in diesem Falle Ausdruck einer primär kognitiven Hilflosigkeit.

Sprech-soziale Anforderungen in der Schule

Die schulische kommunikative Umgebung stellt eine neue Belastung dar. Das Kind soll nun mit mehr oder weniger bekannten erwachsenen Autoritätspersonen, vor der versammelten Schülermannschaft, meist in einer exponierten Stellung im Raum (vor der Klasse) sprechen und muss die vielfältigen (und nicht immer wohlgearteten) Reaktionen von vielen Zuhörern verkraften. Belastend für den Schüler sind also auch bestimmte Positionen im Raum oder die Anzahl der Zuhörer, das Sprechen mit Autoritätspersonen usw.
Dem Schüler scheint seine aktuell sozial-kommunikative Kompetenz nicht ausreichend zu sein, um den sozialen Anforderungen in der Klasse gerecht werden zu können. Er

hat wiederholt erfahren, dass er autoritären Personen verbal nicht gewachsen ist und es oftmals besser ist, nicht zu widersprechen und sich zu fügen.
Ein solches Schweigen ist ein Zeichen eines verfestigten Gefühls der Ohnmacht. Dieses Reaktionsmuster bzw. diese Kontaktangst wurde in anderen sozialen Konstellationen herausgebildet und generalisiert, beispielsweise im Kontakt mit sog. autoritären Personen, die auf das Kind physische und/oder psychische Gewalt ausgeübt haben. Dies wird nun undifferenziert auf den bzw. die Lehrer übertragen.
Die Lehrer in der Schule erleben eigentlich nur das Resultat einer Fehlentwicklung. Sie sind hier in gewisser Hinsicht das Opfer, nicht die Ursache für die Sprechverweigerung im Unterricht. In solchen Fällen spricht das Kind auch außerhalb der Schule bzw. des Unterrichts nicht mit dem Lehrer. Verstärkt findet man eine solche Übertragung, wenn es sich um männliche Lehrer handelt.
Über das Schweigen will es sich unhörbar und damit „unsichtbar" machen. Das Kind nimmt dann für sich möglicherweise an: *Wenn ich meine Stimme, meine Äußerung „verkleinere", wenn ich flüstere oder gar nicht spreche, dann „verkleinere" ich mich dadurch selbst, und ich werde vom Lehrer und den Mitschülern in Ruhe gelassen und in der Situation übersehen.* In der Hoffnung, sich der Dialogsituation entziehen zu können, „verschwinden" diese Kinder akustisch und vermeiden auch den Blickkontakt zum Lehrer, der damit eine kommunikative Erwartungsspannung aufbauen könnte.

Typisch für eine solche Wesenform des Schweigens ist, dass die Sprechfähigkeit des Schülers relativ unabhängig von der Art des Themas bzw. Sachgebiets des Unterrichtsgesprächs blockiert. Das Sprechunvermögen ist primär darauf zurückzuführen, dass beispielsweise unerwartet erwachsene Personen auftauchten, die der Schüler nicht kannte oder die ihm sehr autoritär erschienen. Typisch ist folgendes Bild: lediglich zu Beginn des Dialogs kommt es zur totalen Blockade (sowohl zur Sprech- als auch zur nonverbalen Blockade, wie auch zur Blockade beim Sprachverstehen), dann aber, nach der sozialen Lockerung (Gewöhnung an diese Personen oder durch das Gruppensprechen), löst sich die Blockade. Es kann dann durchaus zur adäquaten nonverbalen oder schriftsprachlichen Antwort kommen. Es versagt vor allem die Stimmgebung, wobei die nonverbalen Reaktionen in vielen Fällen noch weitgehend adäquat sind. Solche personellen Anforderungen empfindet das Kind als große soziale Belastung, gar als Überforderung. Dies führt zur pathologischen Kontaktangst und zur Sprechblockierung. Das Bestreben dieser mutistischen Kinder ist es, sozial möglichst unbeachtet zu bleiben. Sie möchten weder erwähnt noch in den Mittelpunkt des Gruppengeschehens zur Demonstration gestellt werden, sondern möglichst immer unbeobachtet und im Hintergrund bleiben. Meist stehen sie beobachtend und scheu am Rande der Gemeinschaft und des sozialen Geschehens, gleich ob dies bekannte Erwachsene, gleichaltrige, ältere oder jüngere Kinder sind. Keiner soll sie näher kennen lernen. Kennen lernt man Personen, wenn sie sich äußern, wenn sie von ihren Interessen, Gefühlen, Kenntnissen berichten. Sie scheinen dies zu spüren, und deshalb schweigen sie.
Dieses Streben, nicht erkannt bzw. nicht beachtet zu werden, ist durchweg für die Schüler in ihrem gesamten Tun und Handeln in der Schule bestimmend geworden, also auch im Hinblick auf Kommunikation und auf das Sprechen mit den Mitschülern.

Es handelt sich vor allem um Einzelgänger. Sie meiden den Kontakt nicht nur zum Lehrer, sondern auch zu ihren Mitschülern. Sie neigen rundum dazu, sich selbst zu isolieren. Sie spielen allein, selbst in der Gemeinschaft, und ein kooperatives Tun bzw. Rollenspiel ist mit ihnen kaum möglich. Diese Kinder haben in der Regel in ihrer Grundstruktur erhebliche soziale Einordnungs- und Anpassungsprobleme. Es handelt sich im Allgemeinen um ängstliche, extrem schüchterne Kinder.
Die wenigen Einzelfälle, die wir davon in unserer Untersuchungsgruppe hatten, fielen bereits im Vorschulalter durch ihre extreme Schüchternheit auf. Einzelne hatten schon in der Kindertagesstätte große Anpassungsprobleme, so dass sie nach kurzer Zeit wieder aus der Tagesstätte herausgenommen werden mussten. Sie scheinen auf soziale Veränderungen äußerst sensibel zu reagieren. Eltern berichteten, dass allein die Ankündigung, dass sie nun bald in die Schule kommen, bei ihnen schon zur panischen sozialen Vorab-Angst führte.
Bereits eine zentrale Position im Raum vor den Blicken der anderen bringen diese Kinder in emotionale Nöte, in eine gewisse innere Verwirrung. Vor der Klasse zu stehen oder eine Position mitten im Kreis, zum Beispiel beim Singspiel, können sie kaum ertragen. Eine Position, in der ihr ganzer Körper zu sehen ist, führt dazu, dass sie sehr schnell am Körper und im Gesicht verspannen. Schon das Aufstehen vom Platz im Verlaufe des Unterrichtsgesprächs fällt ihnen offensichtlich schwer.
Ihre Körperhaltung ist dominant introvertiert. Sie grimassieren häufig und zupfen an ihrer Kleidung. Sie zeigen die Tendenz, sich vor anderen zu „verstecken", also sich hinter die Lehrerin zu stellen (was so aussieht, als ob sie schützenden Körperkontakt suchen) und sich festzuhalten, um dadurch inneren Halt zu bekommen. Die innere massive Erregung, die sich sehr schnell aufbaut, lässt buchstäblich den Ton im Hals ersticken. Wenn solche Kinder überhaupt sprechen, dann sehr leise, melodisch monoton, mit belegter Stimme oder sie flüchten schnell in den Flüsterton.
Wenn sich diese kommunikative Verhaltensstrategie für den Schüler auch in der Schule wiederholt „bewährt", dann kommt es zur Wiederholung und damit zur Verfestigung des Fehlverhaltens. Wenn er systematisch die Erfahrung macht, dass der Verzicht auf verbale Äußerungen sich im Moment als effektivste Strategie in dieser neuen sozialen Überforderungssituation darstellt, um sich aus der Situation „retten" zu können, dann wird er bald keine anderen Bewältigungsstrategien mehr einsetzen.

Die exemplarisch genannten schulischen kommunikativen Bedingungen können im Hinblick auf Schulmutismus als Auslöser, Mitverursacher, Verstärker aber auch als Bestandteil des pathologischen Bedingungsgefüges gelten, denn sie können das Störungsbild aufrecht erhalten.

- **Das mutistische Reagieren als Ausdruck einer allgemeinen Ablehnung der Schule**

Anzunehmen ist hierfür vor allem eine gesteigerte Verlustangst. Diese Schüler lehnen den Schulbesuch grundsätzlich ab, und zeigen ihre Ablehnung dadurch, dass sie in der Schule mit keinem oder nur mit den Lehrern nicht reden. Sie haben im Hinblick auf die Schule im Allgemeinen eine manifestierte negative Einstellung und Haltung. Als Ver-

stärker wirken hier sicherlich die noch häufig anzutreffende negative Einstimmung der Kinder auf die Schule. Vielen Kindern wird noch regelrecht Angst vor dem Lehrer oder der Schule gemacht. Mit dem „Schreckensregime“ Schule wird gedroht, wenn die Eltern zu Haus bestimmte Anforderungen durchsetzen, das Kind disziplinieren wollen. Eine solche Negativprägung könnte auch bewirkt haben, dass der Schüler von Schulbeginn an den Lehrer und die schulische Anforderungssituation mit einem massiven Angst- bzw. Bedrohungspotenzial belegt. Die durch Angst hervorgerufene Blockierungsschwelle ist dann sehr niedrig, so dass bereits eine geringe soziale Konflikt- oder Überforderungssituation in der Schule (verbaler Tadel, Kritik, das Übersehen einer Leistung u.ä.) eine massive Fehlreaktion nach sich zieht.
Nach unserer Recherche sind mutistische Schüler, die hier einzuordnen wären, äußerst selten, aber sie sind existent. In unserer Population fanden wir solche Fälle ausschließlich im ersten Schuljahr, und hier vor allem im ersten Halbjahr. Analysiert man diese Kinder, dann tendieren einige in Richtung soziale Verwahrlosung, andere wurden stark überbehütet und einige waren sozial retardiert.
Diese Schüler sind meistens Einzelgänger und Einzelkinder. Sie spielten und spielen vorwiegend allein. Ihre allgemeine Kontakt- und Äußerungsbereitschaft sowohl zu Gleichaltrigen als auch zu Erwachsenen ist deutlich unterentwickelt. Selbst wenn die Rahmenbedingungen ein Zusammenspiel fördern (Spielplatzsituation, Kindergeburtstag usw.), bleiben sie vorwiegend allein. Sie wollen nicht mit anderen Kindern zusammen spielen, wobei ihre soziale Kompetenz und ihr Durchsetzungsverhalten keineswegs so stark retardiert sind, dass sie sich nicht in der Gruppe von Gleichaltrigen behaupten könnten. Einzelne behaupten sich sogar recht rabiat (beißen), wenn sie gestört werden, so dass sie sogar vereinzelt als brutal und aggressiv beurteilt werden. Dieses Verhalten steht oft im Gegensatz zu ihrer Konstitution, denn sie sind meistens körperlich zart. Ihre kognitiven und sprachlichen Leistungen sind in der Regel weitgehend altersgerecht, so dass eine diesbezügliche Überforderung in der Schule ausgeschlossen werden kann.
Von der charakterlichen Grundtendenz her zeigt sich bei diesen Schülern entweder ein extrem starkes Streben nach sozialer Ungebundenheit oder die Nichtakzeptanz des Regelsystems Schule. Sie wollen noch nicht zur Schule gehen, akzeptieren nicht, dass sie nun in ihrer Spieltätigkeit und bei ihren Interessen eingeengt werden, dass der Lehrer alles bestimmt, was sie machen dürfen und was nicht. Ihre Sprechverweigerung könnte als Flucht vor Reglementierung, vor der Anstrengung, vor der Unterordnung und Anpassung und vor sozialer Verantwortung interpretiert werden.

Andere Kinder scheinen eher sozial retardiert, noch nicht „abgenabelt“ zu sein. Auf Grund ihrer Überbehütung im Elternhaus (meist Einzelkinder) verfügen sie über mangelnde soziale Erfahrungen bzw. über mangelnde soziale Kompetenz. Wenn sie die Bezugsperson mit anderen teilen müssen, dann entsteht bei ihnen ein übermäßiges soziales Defizitempfinden. Ihr Streben nach stärkerer sozialer Zuwendung ist überzogen. Auch zu Hause können sie nicht allein spielen, sondern nur mit der Mutter. Fehlt diese personelle Stütze, die direkte persönliche Zuwendung, dann spielen und beschäftigen sie sich nicht. Sie sprechen dann auch nicht mit anderen Kindern oder Erwachsenen.

Die Anpassung an die neue soziale Situation Schule ist diesen Kindern noch nicht gelungen. Sie vermissen die gewohnte soziale Zuwendung und fühlen sich von den Eltern allein gelassen, ja sogar bestraft für eine Sache, die sie nicht verstehen. Ihre seelische Not äußern sie dadurch, dass sie sich für Sprechkontakte zu anderen verschließen. Für ihr gesamtes Tätigsein im Unterricht brauchen sie eine starke personelle Zuwendung (soziale Stütze), ansonsten bleiben sie extrem passiv. Nur im gemeinsamen Tun erreichen sie die Unterrichtsziele. Selbständiges und eigenverantwortliches Tätigsein in der Gruppe bzw. in der Klasse ist ihnen kaum möglich.
Diese Kinder brechen im Allgemeinen nicht aus dem Regelsystem Schule aus. Sie laufen nicht weg, bleiben nicht dem Unterricht fern. Eigentlich sind sie – wenn sie in Ruhe gelassen werden – überangepasst und unauffällig. Gegenüber den Mitschülern oder Lehrern zeigen sie kein provozierendes Verhalten oder sind ihnen gegenüber offen aggressiv. Es handelt sich dominant um so genannte „artige" und schüchterne Schüler. So werden sie auch geduldet und kaum als verhaltensauffällig wahrgenommen.

Die Verlustangst scheint vor allem zur Ablehnung der schulischen Lernsituation, einschließlich der schulischen Sprech-Kommunikation, geführt zu haben. Das Kind hat die sozialen Veränderungen, die starke Reduzierung in der Zuwendung noch nicht verkraftet. Es befürchtet, noch stärker emotional-sozial vernachlässigt zu werden, noch weniger an liebevoller Behütung durch die geliebte und vertraute Bezugsperson zu bekommen, wenn es sich wie die anderen Kinder verhält. Die neuen, stärker allgemein ausgerichteten Zuwendungsformen in der Schule werden nicht akzeptiert. Mit der mutistischen Verhaltensweise äußert das Kind seine Sehnsüchte, das Verlorengegangene, das Gewohnte, Vertraute wieder zu bekommen, oder wieder mehr Beachtung an sich als Person zu finden. Die Sprechverweigerung in der Schule ist ein massiv vorgetragener Wunsch nach Ausgleich bzw. Herstellung des gewohnten sozialen Zustandes. Offensichtlich genügt die aktuelle Situation nicht dem gewohnten sozial-emotionalen Anspruch des Kindes. Letztendlich will das Kind wieder mehr im Mittelpunkt der Aufmerksamkeit der Erwachsenen stehen. Hinter dem Schweigen verbirgt sich somit oft ein überzogenes Mittelpunktstreben. Die verursachenden Faktoren für diese Form von Schulmutismus liegen eigentlich außerhalb der Schule.
In solchen Fällen scheint aktuell keine psychogen bedingte Blockierung des Sprechantriebs vorzuliegen. Es handelt sich wohl eher um eine Verhaltensweise, die zur Gewohnheit geworden ist. Diese Schulmutisten sprechen in den meisten Fällen in der Pause mit einigen Mitschülern bzw. sie reagieren sprachlich, wenn sie angesprochen werden. Der Kind-Kind-Dialog wird von ihnen jedoch sofort beendet, wenn der Lehrer auftaucht. Sie scheinen deshalb zu schweigen, um die alleinige Zuwendung zu bekommen. Es ist eine Art negative Auszeichnung, um sich in den Vordergrund zu stellen.

- **Das mutistische Reagieren kann primär Mittel sein, um eine kommunikative Unzulänglichkeit zu verbergen.**

Die mutistische Sprechverweigerung kann vom Schüler als Mittel genutzt werden, um kommunikative Unzulänglichkeiten zu verbergen. Einzuordnen ist hier vor allem das

mutistische Verhalten bei Kindern mit markanten Sprach-, Sprech- und Stimmstörungen. Es sind Fälle bekannt, in denen schwere Stotterer über mehrere Jahre im Unterricht oder bei einem bestimmten Lehrer nicht mehr gesprochen haben. Die Versagensangst und die Angst vor der Blamage haben zur Sprechverweigerung geführt. Eine „Ich-Kann-Nicht-Haltung“ kann schließlich zu einer manifestierten „Ich-Will-Nicht-Mehr-Haltung“ führen und zur Gewohnheit und zum prägenden Verhaltensmuster werden. Dabei werden auch schlechte Noten in Kauf genommen. Oftmals ist schwer auszumachen, ob es sich um eine aktuelle Sprechblockierung oder um ein Nicht-Wollen handelt.
In einem anderen Fall hat ein Schüler mit einer Leseschwäche grundsätzlich das laute Lesen vor der Klasse verweigert, gleich in welchem Unterrichtsfach er dazu aufgefordert worden ist. Seine Leseleistung war jedoch keineswegs so schlecht, dass er total versagen würde. Nach Aussagen des Schülers (6. Klasse) konnte er den Inhalt von schriftlichen Arbeitsanweisungen, von Sachaufgaben oder Lesetexte erschließen, aber er konnte nicht laut lesen, auch wenn er gewollt hätte. Seine Kehle sei dann wie zugeschnürt gewesen, die Stimme versagte einfach.
In solchen Fällen ist eine Entscheidung schwer zu treffen, ob der Schüler eine Minderleistung verbergen will oder ob tatsächlich eine psychogene Vollzugsblockierung vorliegt. Ähnlich gelagert ist auch das Problem bei Verweigerung, wenn es um das Vorsingen vor der Klasse oder um das Rezitieren geht.
Lehrer berichteten in Diskussionsrunden, dass solche Sprechverweigerungen auch bei Schülern mit Palatolalie (Kinder mit Lippen-Kiefer-Gaumen-Spalte) beobachtet werden konnten, selbst bei einem Schüler in der vierten Klasse mit einer extremen Sprachentwicklungsverzögerung („Babysprache“) trat ein solches Fehlverhalten auf. Der betroffene Schüler hatte offensichtlich schon ein Störungsbewusstsein, er gebrauchte häufig noch Kinderwörter und zeigte massive Lautfehlbildungen und Wortverdrehungen, die wiederholt Auslachen und Spott seiner Mitschüler ausgelöst hatten.

- **Das mutistische Reagieren kann Mittel sein, bestimmte Erinnerungen zu verdrängen.**

In diesem Falle wird das Verweigern als Hilfsmittel eingesetzt, traumatische Erlebnisse zu verdrängen. Diese Schüler schweigen hartnäckig, wenn bestimmte Themen direkt oder indirekt zur Sprache kommen, als ob ein Nicht-Mehr-Darüber-Reden schneller zur Verdrängung bzw. zum schnelleren Vergessen führt. Hierbei handelt es sich um Themen wie traumatische Erlebnisse in der Familie (Freitod), Alkoholmissbrauch, auch Missbrauch u.ä. Eine Sprechverweigerung, die sich nur auf solche Themen bezieht, belastet in der Regel den Unterricht kaum, weil diese Sachverhalte kaum im Unterricht thematisiert werden. Vom Wesen her kann die Sprechverweigerung bei einer solchen Thematik durchaus auf eine psychogen bedingte Blockierung zurückgeführt werden.

- **Das mutistische Reagieren kann Ausdruck einer massiven und/oder anhaltenden Überforderung außerhalb der Schule sein.**

Das Schweigen ist in solchen Fällen wiederum als Hilferuf zu verstehen, wodurch das Kind einen Zustand verändern will. Die Schule ist in solchen Fällen nicht die Ursache für die Sprechverweigerung, sondern stellt das Podium dar, um das Unwohlsein mitzuteilen. Das Schweigen gegenüber dem Lehrer ist in diesem Falle nicht negativ motiviert. In der Schule erlebt das Kind soziale Zuwendung, Geborgenheit, Hilfestellungen und ein offenes Ohr für seine Probleme. Auf Grund dieser Erfahrungen betrachtet es den Schulbereich als Stätte, an der es deutlicher als sonst auf seine Notsituation aufmerksam machen kann. Es wählt dafür ein recht ungewöhnliches Mittel, welches eine große Signalwirkung hat: das Schweigen. Offensichtlich ist es momentan nicht anders in der Lage, auf seine Notlage aufmerksam zu machen. Einzuordnen sind hier Fälle des Missbrauchs oder einer massiven sozialen Vernachlässigung.

Ein besonderes Problemfeld in diesem Zusammenhang stellen jene Schulmutisten dar, die erst kurze Zeit in Deutschland sind. Auffallend in unserer Erhebung war, dass unter den schulmutistischen Kindern besonders viele sog. Migrantenkinder waren (9,6%). Diese hatten neben ihren Sprachschwierigkeiten offensichtlich auch noch andere grundsätzliche soziale Anpassungsprobleme. Sie kamen in der Regel aus einem kleinen Ort bzw. Dorf nach Deutschland und in ihrem früheren Wohnort wuchsen sie im Rahmen einer Großfamilie und einer kleinen, überschaubaren intakten Dorfgemeinschaft auf. Charakteristisch für die soziale Situation dieser Kinder war, dass sie dort zwar recht wenige, aber dafür intensive und enge sozial-kommunikative Kontakte hatten und auch hier in Deutschland nach wie vor im Rahmen ihrer Familie haben, allerdings vorrangig in ihrer Muttersprache. Diese spezifische Art der sozialen Geborgenheit ist zum großen Teil mit der Übersiedlung abhanden gekommen. Die Kinder leiden massiv unter diesem Kontaktverlust. Auf Grund der allgemein anders geprägten Stimmung in der Familie kann das Kind nicht mit den Eltern über seine Angst sprechen. Es weiß, dass seine Meinung nicht mit der Meinung der Eltern übereinstimmt, ein Heimweh diese sogar verletzen, gar traurig oder wütend stimmen könnte. Da es die Eltern nicht kränken, nicht verärgern will, schweigt es lieber darüber zu Hause.
Auslöser für das Verstummen in der neuen Gemeinschaft war nicht primär der „Kulturschock“, sondern von den Kindern wurde der Heimatverlust psychisch nicht bewältigt. Der Wechsel war zu gravierend für ihre Psyche. Und gerade in dieser Gemütslage passierte es in vielen Fällen (auch, weil es von den Eltern als zeitlich günstig angesehen wurde), dass der Wechsel aus der überschaubaren, stabilen „heilen sozialen Welt“ in eine anders strukturierte – vielleicht größere Stadt in Deutschland – fast mit dem Zeitpunkt der Einschulung zusammenfiel.
Der Verlust wird mit dem Ort Schule verknüpft, weil hier die Veränderungen am deutlichsten werden: andere Kinder, andere Sprache, andere Gewohnheiten. Mangelerfahrungen verunsichern bekanntlich allgemein und konkret fehlen dem Schüler die sozialen Erfahrungen mit dem Ort (große Stadt), der Schule und mit den Kindern in Deutschland. Manche negativ geprägten Reaktionen der Mitschüler auf Grund der „anderen“ Sprache verstärken das Ganze noch. Das Kind empfindet in seiner Situation den Schulbesuch anders, und zwar in dem Sinne: Nun komme ich erneut in eine andere „fremde“ Gemeinschaft. Es hat gesteigerte Verlustangst und zugleich ist es auf Grund der neuen Situation in hohem Maße sozial verunsichert. Es will diesen Wechsel nicht. Da es sich jedoch nicht dagegen wehren kann, kann es sich nur innerlich zur Wehr

setzen, sich gegenüber der Gemeinschaft durch Sprechverweigerung verschließen. Das Schweigeverhalten wird hierbei von der naiven Hoffnung genährt: Wenn ich in der Schule nicht spreche, dann werde ich für krank gehalten und kann zu Hause bleiben. Das Kind orientiert sich in all seinem Streben nicht hin zur Klassengemeinschaft, sondern von dieser weg.
In der Familie – im gewohnten Milieu – hingegen sprechen die Kinder problemlos mit allen Familienmitgliedern, auch mit Bekannten und Nachbarn. Ja, es ist zu Hause oftmals sogar eine gesteigerte Äußerungsbereitschaft festzustellen. Die Kinder holen quasi das an Gesprächen nach, was sie am Vormittag in der Schule entbehren mussten. Die Eltern sind deshalb oftmals ehrlich überrascht, wenn sie vom mutistischen Verhalten in der Schule erfahren, denn weder in der Familie noch zu Hause (zum Beispiel in Russland) zeigten bzw. zeigen ihre Kinder ein solches Verhalten. In der Regel ist bei diesen Kindern kaum eine spezielle Prädisposition für ein mutistisches Verhalten ausgeprägt vorhanden.

- **Das mutistische Reagieren kann Ausdruck einer Strategie sein, sich im Unterricht Vorteile zu verschaffen**

Dieses Verhaltensmuster kann ein verfestigtes Reaktionsverhalten auf das konsequente Anforderungsverhalten des Lehrers sein, wenn diese Anforderungen der aktuellen Interessenlage des Schülers widersprechen. Er will sich nicht fügen und reagiert nicht mit aggressiven Äußerungen, sondern mit regressivem Sprechverhalten. In diesem Falle wäre das gezeigte Schweigen alles andere als Schulmutismus, sondern eine anders gelagerte Verhaltensstörung. Ein solches Verhalten kann sich aber im Prozess der Mutismusentwicklung herausgebildet haben und ist nun dominant.

Schüler, die eine solche Verhaltensstrategie herausgebildet haben und relativ stabil verfolgen, sind zwar recht selten, aber sie kommen vor. Bei einzelnen nichtsprechenden Schülern hatten wir durchaus den Eindruck, dass die Trumpfkarte des Schweigens schon bewusst ausgespielt wurde, um sich Vorteile im Schulablauf zu verschaffen, beispielsweise um sich die Aufmerksamkeit und Zuwendung der Lehrer ohne Gegenleistung zu sichern, um Macht über Autoritätspersonen zu bekommen usw.
Aktuell zeigt sich tendenziell folgendes Bild: Das Kind verweigert im Unterricht konsequent die lautsprachliche Kommunikation, aber das sonstige Erscheinungsbild ist nicht „typisch“ für Mutismus. Sein Auftreten ist kaum von einer allgemeinen Ängstlichkeit und Zurückhaltung in der mündlichen Kommunikation geprägt. Oft sind diese Kinder in den Pausen oder außerhalb des Unterrichts „Vielredner“.
Auffällig ist die mangelnde Stabilität der Sprechverweigerung. Der Gegenstand wechselt, bei welchem das Kind verweigert: mal kommt es zur Verweigerung bei der Anforderung Mathematik, dann beim Sachunterricht oder im Musikunterricht usw. Der Schüler spricht beispielsweise noch beim Unterrichtsgespräch mit dem Lehrer oder vor der Klasse, aber das laute Vorlesen oder das Gedichtsprechen wird nun im weiteren Verlauf der Unterrichtsstunde verweigert. Man hat den Eindruck, dass sich der Schüler jeweils aus dem Unterrichtsangebot das aussucht, was ihm im Moment Spaß macht. Mal macht er überhaupt nicht mit, mal löst er die Aufgaben schriftlich, dann wieder

nicht, und zwar tendenziell relativ unabhängig vom allgemeinen kommunikativen Anforderungsniveau bzw. einer bestimmten sprech-kommunikativen Anforderung.
Sein Sprechverhalten ist im Hinblick auf den Inhalt, die Situation, die kognitiven oder kommunikativen Anforderungen insgesamt instabiler und inkonsequenter. Der Schüler scheint genau zu reflektieren, welche Anforderungen für ihn aktuell angenehm und welche weniger angenehm sind. Er legt sein „Aussteigen" selbst fest. Letztendlich bestimmt der Schüler, bei welchen Fragen des Lehrers er reagiert, und so bringt ihm sein Verhalten also einen unmittelbaren Vorteil.
Die erlebten Vorteile bestimmten die Herausbildung dieser Verhaltensstrategie. Entsprechend muss die Vorgehensweise zur Überwindung dieser Verhaltensstörung sein. Dem Schüler muss der Gewinn aus seinem Verhalten genommen werden. Das heißt beispielsweise, wenn mündlich die Leistung nicht kommt, dann muss von ihm dafür konsequent eine angemessene Alternative abgefordert werden, die tendenziell gegenüber der ursprünglichen Anforderung sogar leicht erhöht sein sollte.

Zusammenfassend sei festgestellt: Ein Schulmutismus kann grundsätzlich in allen Klassenstufen vorkommen. Bestimmte Lebensphasen sind jedoch besonders anfällig für das Auftreten mutistischer Verhaltensweisen. Von der Verteilung her zeigt sich eine Häufung im frühen Schulalter.
Der Schulmutismus kann sowohl von der Ausprägung, aber auch vom Wesen her recht unterschiedlich sein. Allen Wesensformen gemeinsam ist, dass es bei dem Schüler in einer bestimmten schulischen Situation zu einer langandauernden, mehr oder weniger psychogen bedingten Sprechblockierung bzw. Sprechverweigerung kommt, die durch äußere Faktoren ausgelöst und schließlich zur Gewohnheit geworden ist. Das situative Sprechunvermögen ist willensunabhängig.
Der Terminus langandauernd ist relativ zu sehen, denn die Zeitgrenzen sind sicher fließend. Das Zeitmaß muss vor dem Hintergrund des psychischen Gesamtzustandes des Kindes gewertet werden.
Zum Problem werden solche mutistischen Verhaltensweisen, wenn dadurch die Entwicklung des Betroffenen gefährdet ist bzw. sich bereits negative Auswirkungen im schulischen Leistungs- und Sozialverhalten zeigen oder wenn das Lernen in der Gruppe darunter leidet. Ein anhaltendes Schweigen im Unterricht kann ein relevanter sozialer Störfaktor sein, denn dadurch wird das wichtigste Unterrichtsmittel, der Unterrichtsdialog, vom Lehrer nur begrenzt einsetzbar. Beim Schüler ist besonders die Erkenntnis- und Regulationsfunktion seiner Lautsprache behindert. Der Informationsaustausch im Unterrichtsgespräch gelingt nicht uneingeschränkt. Dies muss langfristig negative Auswirkungen auf die schulische Entwicklung des mutistischen Kindes haben.

4 Prävalenz und Geschlechterverteilung

Mutismus ist eine relativ selten auftretende Störung, wobei der elektive Mutismus häufiger anzutreffen ist, als der totale. Verlässliche Angaben zur Häufigkeit auf der Grundlage umfangreicher empirischer Untersuchungen lassen sich in der Literatur kaum finden. Dies gilt insbesondere für die Population der Schulmutisten. Die Angaben zur Häufigkeit von Mutisten schwanken erheblich. Süss-Burghard (1999) nennt bei 7–9 Jahre alten Kindern eine Häufigkeit von 1 : 1000. Nach Schoor (2001) zeigen von 1000 Vorschul- oder Schulkindern ein oder zwei dieses ungewöhnliche Schweigen. Spieler (Untersuchung zitiert in Lambeck) fand bei 300 vorschulpflichtigen Kindern und Schulanfängern 5 bis 7 Schweiger (1,7–2,3%). Lóránd (1960) ermittelte lediglich 0,5% seines gesamten Patientengutes und Muchitsch (1979) gibt eine Häufigkeit gar von 7% der untersuchten Kinder an.

Nach unseren Recherchen sind Schüler mit schulmutistischen Tendenzen gar nicht so selten. Jedoch werden diese Kinder nicht als solche erkannt. Dieses Störungsbild, besonders dann, wenn es nur partiell in einigen Anforderungssituationen oder bei einzelnen Lehrern auftritt, ist den Regelpädagogen meist gar nicht bekannt. Befragungsmethoden, die lediglich nach dem Störungsbild fragen, greifen deshalb kaum, um die Häufigkeit zu ermitteln. Wir trafen wiederholt auf Fälle, in denen einzelne Kinder über mehrere Schuljahre hinweg mit einzelnen Lehrern im Unterricht nicht sprachen. Die Brisanz der Problematik ist häufig weder den Eltern noch dem Klassenlehrer bekannt. Selbst wenn sie bekannt war, wurde dies nicht als „tragisch" gewertet, so dass in der Konsequenz auch nichts zur Veränderung unternommen wurde.

Mutistische Kinder werden in der Regel in Beratungsstellen oder sozialpsychiatrischen Zentren erfasst. Wir ermittelten in den Jahren 1995 bis 2002 unter 1342 Schulkindern (1. bis 6. Klassenstufe) an Regelschulen und an Allgemeinen Förderschulen 16 Schüler (1,2%), die einen totalen oder partiellen Schulmutismus aufwiesen. In den Schulen für geistig Behinderte und für Sprachbehinderte fanden wir noch weitere 15 Schüler (1,1%). Erfasst wurde mit den Methoden der Hospitation und der vor Ort Befragung der Lehrer sowie mit einem sich anschließenden Gespräch mit den als mutistisch vermuteten Schülern. Diese Angaben sind allerdings auf Grund der lediglich regionalen Erfassung (Land Brandenburg) nicht repräsentativ. Das Flächenland mit der geringen Bevölkerungsdichte, wo mehr Kinder als gewöhnlich in sehr kleinen Dörfern und einzelnen Gehöften aufwachsen, ist sicherlich weniger günstig für die Herausbildung eines sicheren Kommunikationsverhaltens.

Die Häufigkeit des Auftretens mutistischer Kinder in der Schule zeigt eine abnehmende Tendenz hin zu den höheren Schuljahren. Wurden in der Altersgruppe 6;4 bis 8;3 (445 Kinder) noch 1,6% ermittelt, so sank die Zahl auf 1,2% in der Altersgruppe 8;4 bis 10;3 (675 Kinder). In der Altersgruppe 10;4 bis 12;3 (222 Kinder) war es nur noch 1 Schüler (0,4%).

Hinsichtlich der Geschlechterverteilung sind die Daten nicht eindeutig. Die Angaben schwanken erheblich. Einige gehen von einer ungefähr gleichen Verteilung aus (ICD-10), andere ermittelten eine Dominanz des männlichen Geschlechts, andere wiederum kommen zu einem gegenteiligen Erhebungsergebnis. Bei Kindern im Alter von 7–9 Jahren ermittelte Süss-Burghard (1999) ein Verhältnis von 2:1 zugunsten der Mädchen, auch Schoor (2001) nennt diese Verteilung. Wir ermittelten bei Schulmutisten ein Verhältnis von 1,5:1 ebenfalls zugunsten der Mädchen.

Kapitel 2

Kennzeichnung von Kindern mit Schulmutismus

1 Vorbemerkungen

Dem Sprechakt liegt ein System von Teilfähigkeiten zugrunde, wobei die einzelne Fähigkeit als Teilleistung in den gesamten Sprechakt mit einfließt. Zugleich ist der Sprechakt mehr oder weniger deutlich mit allen wichtigen komitanten und konsekutiven Persönlichkeitsbereichen sowie mit den anderen Zeichensystemen verbunden. Das bedeutet, nicht nur die einzelnen Subsysteme des sprechfunktionalen Systems, sondern auch kognitive, psychische, soziale Kompetenzfaktoren oder gar der physische Zustand haben Einfluss auf das aktuelle Sprechverhalten.

Die aktuelle Kompetenz im Sprechverhalten muss zunächst im Zusammenhang mit den anderen mitwirkenden Teilsystemen im Funktionskomplex gesehen werden. Das sprechfunktionale System besteht aus qualitativ unterschiedlichen Subsystemen, die einander bedingen, wobei dennoch jedes seine relative funktionale Autonomie hat. Auf Grund dieser funktionellen Einheit und der gegenseitigen Beeinflussung der Teilsysteme ist nicht auszuschließen, dass beispielsweise ein geringes Niveau in einem Teilsystem ein (mit)verursachender bzw. begünstigender Faktor für das Entstehen von pathologischen Sprechverhaltensweisen sein kann, zeitweilig sogar für die Gesamtleistung bestimmend. Da sich diese Teilsysteme nur durch Anforderungen entwickeln, kann umgekehrt auch angenommen werden, dass ein länger wirkendes gestörtes Sprechverhalten negative Rückwirkungen auf andere Teilsysteme haben wird. Die Hierarchie der Subsysteme kann sich im sprechfunktionalen System verändern, und zwar in Abhängigkeit von der Aufgabe und vom Funktionsniveau der Teilsysteme. Insofern ist die Gesamtstruktur des sprechfunktionalen Systems dynamisch.

Das aktuelle Sprechverhalten hängt aber nicht nur vom Niveau der sprechbedingenden Teilleistungen im engeren Sinne ab, sondern auch von dem kognitiven Vermögen, von der psychischen Stabilität und der sozialen Kompetenz. Diese bestimmen mit, inwieweit der Sprecher in einer konkreten Anforderungssituation seine Intentionen, Bedürfnisse und Wünsche äußern kann. Da sich Fähigkeiten bekanntlich nur in Bezug auf die gestellte Anforderung bewerten lassen, spielen die kommunikativen Anforderungen für die Bewertung des Sprechverhaltens eine wesentliche Rolle.

Das Niveau der Sprechhandlung wird auch vom Niveau der einzelnen benutzten Zeichensysteme bestimmt, so dass Probleme in einem Zeichensystem zu negativen Auswirkungen in den anderen führen können. Der Sprechakt wird im Normalfall mit dem verbalen, dem nonverbalen und dem stimmlich-prosodischen (ektosemantischen) Zeichensystem realisiert. Um eine größtmögliche rhetorische Wirkung zu erzielen, wirken diese Zeichensysteme koordiniert zusammen, und zwar entweder im Sinne der semantischen Übereinstimmung oder der gewollten Gegensätzlichkeit.

Erkennbar sind also vielfältige und qualitativ unterschiedliche funktionelle Mitwirkungen, woraus sich für den aktuellen Sprechakt stützende aber auch belastende Effekte ergeben können. Art und Grad sowie die Wirkungsdauer der einzelnen Belastungsaspekte, noch mehr ihre Konstellation untereinander, ergeben ein sog. Belastungspotenzial. Und umgekehrt sind es Art und Grad der Stützfaktoren, die entscheiden, ob das Belastende in vollem Maße zur Wirkung kommt. Dies ergibt wiederum das Potenzial für die Stützung. Die vielfältigen und vielschichtigen Wirkungsfaktoren erlauben es nicht, die Sprechblockierung auf eine einfache Kausalität zurückzuführen. Eine multifaktorielle Betrachtung ist angezeigt. Bedacht werden müssen sowohl organische, psychische und soziale Faktoren, in gleicher Weise aber auch das aktuelle Niveau der Subsysteme in den drei natürlichen Zeichensystemen.
Im Folgenden sollen nun ausgewählte sprechaktrelevante Aspekte beleuchtet werden, wobei bei der gruppenstatistischen Kennzeichnung vor allem die sprachheilpädagogische Sichtweise dominiert. Den Aussagen liegen vielfältige empirische Untersuchungen zugrunde.

2 Angstverhalten in Bezug auf die Bedingungen der Sprechkommunikation

Das generelle und spezifisch kommunikative Angstverhalten scheint für das Entstehen schulmutistischer Verhaltensweisen von grundlegender Bedeutung zu sein. Das aktuelle Angstverhalten der Kinder soll nach drei Aspekten analysiert werden:
die angelegte Ängstlichkeit, das situative Angstverhalten und das chronische Angstverhalten.

- **Die angelegte Ängstlichkeit**

Eine Neigung zur überzogenen Ängstlichkeit kann bereits angeboren sein. Diese vorhandene Disposition prägt das Verhalten des Kindes hinsichtlich der Auseinandersetzung mit der gegenständlichen und sozialen Umwelt, einschließlich der verbal-kommunikativen, und dominiert somit auch in beachtlicher Weise die Entwicklung der dafür erforderlichen Fähigkeiten. Die angelegte überzogene Ängstlichkeit ist deshalb nicht nur schlechthin als ein aktueller Charakterzug anzusehen, sondern wird zum übergreifenden Paradigma für die Beurteilung der Persönlichkeit des Kindes. Das gesamte Verhalten des Kindes scheint davon geprägt zu sein.
Nach Aussagen vieler Eltern trauten sich ihre Kinder beispielsweise im Hinblick auf körperlich-motorische Aktivität kaum etwas zu. Auf dem Spielplatz tollten sie kaum herum. Kreischen vor Freude beim Toben konnte kaum festgestellt werden. Klettern, springen, balancieren und dergleichen war im Kindergarten bzw. auf dem Spielplatz nicht ihre Welt. Selbst bei solchen Späßen wie Karussell fahren, ins Schwimm- bzw. Planschbecken gehen, mit Tieren spielen, Pferdereiten, im Bällchen-Bad bei McDonald u.ä. zeigten sie ein ängstliches Verhalten. Oftmals wehrten sie sich körperlich oder durch Schreien dagegen. Es dauerte meistens recht lange, ehe sie etwas Neues akzeptierten. Sie gingen eher auf Distanz und näherten sich nur zaghaft den Angeboten.

Die Hemmschwelle für neue Erkundungen war sehr hoch, so dass sie eher zuschauten als ausprobierten. Ihr Risiko- und Neugierverhalten war weniger stark ausgeprägt.
Die gesteigerte angelegte Ängstlichkeit prägte auch die Entwicklung ihres sozialen Verhaltens. So zeigte sich diese Zurückhaltung gegenüber Neuem auch gegenüber Personen. Wie die befragten Eltern berichteten, waren die meisten „schon immer ängstlich und schüchtern". Auch das in sozialer Hinsicht geringe Risiko- und Neugierverhalten (geringe Kontaktbereitschaft) ließ die Kinder gegenüber neuen sozialen Kontakten eher abwartend reagieren und drängte die soziale Verhaltensentwicklung stärker in Richtung engere Bindung an die Mutter. Auf dem Spielplatz unter anderen Kindern waren sie nicht die aktiven Partner. Bei Besuchen verhielten sie sich sehr zurückhaltend, wichen nicht von der Seite der Mutter, waren extreme „Mamakinder". Sie konnten nicht einmal für kurze Zeit allein gelassen werden. Passierte dies, dann reagierten sie extrem mit lautem langanhaltenden Schreien.
Einzelne Kinder reagierten selbst in der häuslichen vertrauten Umgebung überängstlich. Sie bekamen panische Angstzustände, wenn sie beispielsweise allein im dunklen Zimmer schlafen sollten, obwohl nebenan die Eltern zu hören waren. Einige spielten auch am Tage nicht gern allein im Zimmer, wenn die Tür verschlossen war. Ihre gesteigerte Trennungsangst verlangte nach Mutternähe. Diese angelegte Disposition führte schon frühzeitig zu einem verzerrten sozialen Bindungsstreben bzw. zum eingeengten Kontaktverhalten.
Einige Eltern, speziell die Mütter, erwähnten, dass auch sie als Kind recht ängstlich waren. So traute sich eine Mutter als Kind bis zum Ende ihrer Schulzeit nicht den kleinen Hofhund anzufassen, der – wie sie sagte – keineswegs gefährlich war. Andere erwähnten eine gesteigerte Angst vor bestimmten Räumen in der Wohnung. Eine Mutter berichtete, dass sie sich immer im Bett versteckt hat, wenn Besucher kamen usw. Solche Einzelfälle deuten auf eine erbliche Belastung des ängstlichen Grundtyps hin. Nachweisen können wir dies jedoch nicht.
Die angelegte überzogene Ängstlichkeit ist bei vielen mutistischen Kindern auch noch aktuell im Schulalltag festzustellen. Die Skepsis gegenüber Unbekanntem und Neuem scheint bei ihnen ausgeprägter zu sein als bei ihren Mitschülern. Ein Beispiel dafür zeigte sich im Sportunterricht in einer dritten Klasse. Die Lehrerin führte das Trampolin ein. Sie demonstrierte einige einfache Übungen. Alle Schüler der Klasse freuten sich auf die Sprungübungen und nahmen das Gerät im Sturm, lachten, kreischten, hatten offensichtlich Spaß daran. Nur das mutistische Mädchen verweigerte sich. Erst nach der fünften Sportstunde wagte es erste Übungen.

- **Situatives Angstverhalten**

Zunächst sei festgestellt, dass eine gewisse Vorsicht gegenüber Neuem und Unbekanntem richtig ist und keineswegs als auffällig eingestuft werden darf. Ein situatives Angstverhalten ist zum Schutz der Person notwendig und auch angeboren.
Uns interessiert in diesem Zusammenhang zunächst weniger das Phänomen situatives oder situativ kommunikatives Angstverhalten des Kindes an sich, sondern mehr der Aspekt, wie das Kind auf situative Furcht/Angst reagiert. Um das Reaktionsverhalten einschätzen zu können, muss bedacht werden, dass grundsätzlich subjektiv entschie-

den wird, was Angst hervorruft und in welchem Maße ein Sachverhalt beängstigt. Selbst wenn man die Subjektivität bei der Beurteilung und die Vorerfahrungen akzeptiert, kann man tendenziell bei mutistischen Schulkindern eine gewisse Spezifik in Bezug auf die Angstobjekte feststellen.
Zunächst ist auffallend, dass die Angstobjekte oft nicht altersgerecht sind. So hat ein mutistisches Kind in der dritten Klasse noch Angst vor dem Weihnachtsmann, ein Schulmutist in der zweiten Klasse will nicht allein im Zimmer schlafen, weil – wie er „glaubhaft" versichert – dann immer ein Gespenst kommt, ein anderer Schulmutist traut sich auch am Tage nicht in die Garage, weil er Angst hat vor Hexen und Riesen usw. Natürlich gibt es diese Erscheinung vereinzelt auch bei nicht mutistischen Kindern in diesem Alter, aber nach unserer Beobachtung nicht in dieser Häufung. Offensichtlich besteht bei den mutistischen Schulkindern von früher Kindheit an eine gesteigerte Angst gegenüber Unbekanntem und Fremdem. Hinzu kommt ihre Fähigkeit bzw. Neigung, sich in Angstsituationen hineinzusteigern. Die Tendenz der überzogenen Reflexion von realen oder fiktiven Angstsituationen scheint schon frühzeitig vorhanden zu sein. Und noch eine weitere Tendenz ist in Bezug auf das Angstobjekt festzustellen: Die Kinder haben mehr Angst vor Lebewesen (Tiere, Menschen) und fremder Örtlichkeit als vor Objekten. Markant spitzt sich der Angstzustand zu, wenn eine Kombination von unbekannten Orten und fremden Personen besteht. Bei den Angstpersonen handelt es sich meistens um „Machtmenschen" (Märchenfiguren, Fabelgestalten), wie beispielsweise der Weihnachtsmann, der Zauberer, die Hexe, der „schwarze Mann".
Es scheint, dass die frühere Angst vor diesen, meist fiktiven Machtmenschen auf reale Machtmenschen, in der Schule eben auf die Lehrer, übertragen wird. Und die Angst vor dem fiktiven unbekannten Ort, an dem Furchterregendes passierte bzw. passieren könnte, wird übertragen auf die Örtlichkeit der Schule, auf das Schulgelände insgesamt oder auf einzelne Klassenräume. Insgesamt sind diese Kinder in der Schule unsicherer und schüchterner. Gegenüber Neuem besteht bei den meisten eine größere Zurückhaltung. Neue Klassenräume werden von ihnen nie in der schülertypischen Weise „erobert". Bei Klassenfahrten waren sie nie die ersten, die die neue Situation neugierig erkundeten. Sie entfernen sich kaum von der Lehrerin bzw. Klasse und müssen diesbezüglich kaum zur Ordnung gerufen werden.
Eine übermäßige Ängstlichkeit vor Fremden und Unbekanntem zeigt sich nach Elternberichten auch aktuell noch zu Hause. Erscheint ein Fremder an der Wohnungstür, der dann mit der Mutter spricht, schaut das Kind nicht etwa neugierig hin, wer das ist und was sich da tut (wie es typischerweise Kinder in diesem Alter tun), sondern es bleibt abwartend im Zimmer. In Einzelfällen ließ schon das Schellen an der Tür das Kind regelrecht zusammenzucken, als erwartete es jemanden, vor dem es Angst hat. Noch bei einzelnen Schulmutisten der zweiten und dritten Klasse war es ein Problem, wenn sie allein in der Wohnung bleiben sollten.

Die Anamnesegespräche erbrachten, dass bei einigen der mutistischen Kinder schon im Vorschulalter gewisse Frühsymptome für die Sprechblockierung erkennbar waren. So zeichnete sich ihr Angstverhalten dadurch aus, dass sie auf Angstobjekte übermäßig stark reagierten, was auch aktuell noch feststellbar ist. Bereits im frühen Alter zeigt

sich ein unangemessenes Verhältnis in der Reiz-Reaktion-Konstellation. Verloren sie beispielsweise die Mutter beim Einkaufen im Supermarkt einen kleinen Augenblick aus den Augen, dann schrien sie laut (zum Teil richtige Schreianfälle), zitterten am ganzen Körper. Einige Eltern berichteten von panischer Verlustangst.
Panische Angstzustände traten bei einem anderen Schulmutisten wiederholt auf, wenn zu Weihnachten der Weihnachtsmann kam. Auf diese Tradition musste die Familie zu Weihnachten verzichten, denn selbst als dem Schulkind gesagt wurde, dass es keinen Weihnachtsmann gibt, man dies nur für die kleine Schwester macht, blieb das extreme Angstverhalten bestehen. Das Kind nickte zwar, als ob es dies verstanden hätte, dennoch erbleichte es und zitterte am ganzen Körper, als der „Weihnachtsmann" erschien. Die Besonderheit scheint darin zu bestehen, dass in solchen Angstsituationen sehr schnell panikartig reagiert wird. Es kommt nicht erst zu einer gewissen Abwartehaltung, nicht zu einer mehr oder weniger sachlichen Analyse der „Angstsituation", sondern zu einem übermäßigen und unkontrollierten Reaktionsmuster. Ihre allgemein psychische Labilität lässt sich auch daran erkennen, dass der übermäßige Erregungszustand bei ihnen offensichtlich auch länger anhält. Sie sind schwerer kognitiv zu beeinflussen und auch durch verstärkte Zuwendung schwerer zu beruhigen, so dass angenommen werden kann, dass die Erregung langsamer abklingt. Offensichtlich besteht bei den mutistischen Kindern eine verzerrte Reflexion der Angstsituation.
Den Eltern- und Lehrergesprächen konnte entnommen werden, dass sich die Art der Angstreaktionen im Vergleich zum frühen Alter stark verändert hat. Früher zeigte sich bei den Kindern eher ein Angstverhalten, das in Richtung Fluchtverhalten zu interpretieren ist (hysterische Schreianfälle, körperlicher Einsatz, Weglauf-Tendenz, ein Um-Sich-Schlagen). Das Kind hat sich ereifert, stimmlich, sprachlich oder motorisch „entladen". Im Schulalter hingegen traten weniger Fluchtverhaltensweisen auf, sondern eher Verhaltensweisen, die in Richtung „erstarren" gingen. Das Kind „drückte" die Angst eher in sich hinein. Sie versteckten und verkrochen sich eher in Angstsituationen oder „verkleinerten" sich symbolisch (körperlich zusammengekrümmt, Hände bedeckten das Gesicht). Die Veränderung wird im folgenden Beispiel deutlich: Eine Mutter berichtet, dass ihr Kind mit knapp vier Jahren einmal im Kaufhaus im Spielzimmer einen „höllischen Anfall" hatte. Trotz Absprache mit dem Kind und liebevoller Betreuung und obwohl auch andere Kinder anwesend waren, war es nicht möglich, das Kind 10 Minuten in der Kinderbetreuungsstätte im Kaufhaus allein zu lassen. Es schrie, rannte gehetzt umher, wehrte sich körperlich, so dass die Mutter per Funk gerufen werden musste. Eine ähnliche Situation trat vor einem halben Jahr auf (das Kind ist jetzt in der zweiten Klasse). Das Kind willigte widerwillig ein, allein zu bleiben, aber es „verkroch" sich quasi die ganze Zeit in einer Ecke, spielte an seinen Fingern herum, knetete das Taschentuch, es berührte aber kein angebotenes Spielzeug und machte auch keine Gruppenspiele mit.
Die erfassten Angstverhaltensweisen der Schulmutisten deuten darauf hin, dass die Disposition für pathologische Reaktionsmuster schon früh angelegt und verfestigt war. Das „Erstarren" in der verbalen Kommunikation scheint eine logische Fortführung von früh erlernten Verhaltensmustern zu sein.

- **Trennungsangst**

Traumatische Trennungserlebnisse scheinen als Auslöser für ein pathologisches Verstummen gar nicht so selten zu sein. Wenn das Kind nicht das nötige sichere Bindungssystem mobilisieren kann oder ein solches bei Trennung nicht zur Verfügung steht, dann kann daraus Angst vor weiteren Trennungen oder auch ambivalente Gefühle gegenüber der Wohnung oder den Eltern entstehen. Bei solchen Kindern, die nur zu Haus oder nur zu ihren Eltern, aber nicht außerhalb der Wohnung oder nicht zu Fremden oder in der Schule sprechen, kann eine übersteigerte Angst vor der elterlichen Trennung oder Angst, von zu Hause weg zu kommen, angenommen werden. Das Schweigeverhalten kann hier als Ausdruck einer verstärkten Suche nach Bindung und Sicherheit angesehen werden.

Bei 29 Kindern, das sind 63% der untersuchten Population, wurde von einer übergroßen Bindungsenge zwischen Mutter und Kind ausgegangen. 22 Kinder (48%) von unserer Stichprobe mussten im frühen Alter über einen längeren Zeitraum ins Krankenhaus, was bei ihnen „Spuren" hinterließ. Manchen Müttern schien, dass die Kinder nach der Entlassung „irgendwie verändert wirkten".

Über die Hälfte der untersuchten Kinder (52,2%) zeigten bereits in der Vorschulzeit ausgeprägte Trennungsängste. Sie schrien lange bei der Übergabe an die Erzieherinnen in der Kindereinrichtung. Sie brauchten viel Zeit, um sich halbwegs zu beruhigen und konnten nur schwer mit Spielsachen abgelenkt werden. Bei einigen Kindern war dies – nach dem längeren Krankenhausaufenthalt – das zweite traumatische Trennungserlebnis.

Auch andere relevante Trennungserlebnisse konnten aus den Protokollen zu den Anamnesegesprächen herausgefiltert werden. Genannt wurde beispielsweise bei 15,2% der Kinder ein Umzug in ein neues Stadtviertel bzw. in eine andere Stadt, wiederum bei 15,2% der Tod einer geliebten Person, ein längerer Heimaufenthalt bei 17,4%, ein Kulturwechsel (Übersiedler) bei 6,5% der Kinder.

Die Einschulung wird sehr häufig als auslösender Faktor für einen Schulmutismus angegeben. Dies ist naheliegend, denn es ist ein Ereignis, in dem die Vorab-Angst und das reale Erleben der zu hohen sprech-kommunikativen, kognitiven und sozialen Anforderungen, verbunden mit dem Trennungsgefühl (soziale Angst) zusammenfallen. Die Eltern gaben an, dass sich die meisten Kinder (87%) nicht auf den Schulbesuch freuten. Die Ursache könnte durchaus auch gesteigerte Trennungsangst sein, denn Schulbesuch bedeutet für das Kind zunächst, sich für bestimmte Zeiten von der Mutter und dem vertrauten häuslichen Milieu zu trennen. Allerdings sollte die Einschulung im Kontext mit den Trennungsereignissen in der Vorgeschichte gesehen werden.

Als ein verstärkender Faktor wirkt sicherlich auch die über lange Zeit im Elternhaus geformte Einstellung zur Schule. In den Elterngesprächen konnte wiederholt festgestellt werden, dass den Kindern direkt oder indirekt Angst vor der Schule gemacht worden ist, so in allgemeinen Gesprächen, in denen über die „schlechte" Schulzeit, über eigene strenge Lehrer berichtet wurde, welche die Eltern oder Großeltern früher erlebt hatten. Viele Mütter meinten, dass sie ihre Schulzeit nicht gut in Erinnerung haben. Diese Negativprägung wird sicherlich in den Gesprächen mit dem Kind weitergegeben. Meist enden solche Berichte mit dem (drohenden) Hinweis: „Du wirst schon

sehen..." Tendenziell wurden so die schulische Institution durch angstmachende, einschüchternde Bemerkungen als massives und diffuses Bedrohungsmittel und der Lehrer undifferenziert als „Buh-Mann" dargestellt. Die Charakterisierung der Schule als „Straf-, bzw. Gewalt-Stätte" prägte die Einstellung und Haltung zur Schule negativ. Auch wurde mit der Angst vor der Schule und dem Lehrer Erziehung im Elternhaus betrieben. Drohungen, wie „Na warte, wenn du erst in der Schule bist, da geht es anders herum!" oder „Dann ist die schöne Zeit vorbei!" oder „Der Lehrer wird dir schon das Still-Sitzen und Gehorsam beibringen!" usw., waren Gang und Gäbe, wenn die Kinder die Anforderungen nicht richtig zur Zufriedenheit der Eltern erfüllt hatten oder nicht „hören" wollten.
Über die Hälfte der in unserer Recherche erfassten Kinder wurden aufgrund ihrer sozialen Retardation ein Jahr vom Schulbesuch zurückgestellt. Sie hatten bereits bei der Untersuchung nicht gesprochen und so könnte auch die Zurückstellung die Meinung der Kinder gestärkt haben, dass es möglich ist, nicht zur Schule gehen zu müssen.
Vor dem Hintergrund der speziellen Dispositionen dieser Kinder muss davon ausgegangen werden, dass eine so aufgebaute Vorab-Angst auch ein begünstigender Faktor für das Entstehen des Schulmutismus sein kann.

- **Chronische Angstbereitschaft**

Eine weitere Auffälligkeit ist die chronische und gesteigerte Angstbereitschaft. Für das Entstehen einer chronischen Angstbereitschaft sind mehrere Faktoren von Bedeutung, beispielsweise die Menge der Angsterlebnisse und die bisherigen Angsterfahrungen.
Angsterfahrungen erwirbt das Kind im Umgang mit Angstobjekten. Sind die Bedingungen für das Kind kalkulierbar, dann können sich auf der Basis von positiver oder negativer Verstärkung stabile Erwartungen und Reaktionsmuster herausbilden. Zunächst kann davon ausgegangen werden, dass anhaltende und massive Überforderungssituationen bei Mutisten schneller zur Herausbildung von Negativerwartungen führen. Allerdings lässt sich im konkreten Fall schwer beurteilen, welche Ereignisse eine besonders prägende Negativwirkung hatten. Bekanntlich können formal gleiche Ereignisse auf den Einzelnen eine unterschiedliche prägende Wirkung haben, und zwar in Abhängigkeit von Lebensalter und Vorerfahrungen.
Besagen die kindlichen Erfahrungen, dass es stets den wiederkehrenden kommunikativen Anforderungen in der Schule nicht gewachsen ist (es sich bisher immer mehr oder weniger stark blamiert hat, wenn es sprechen sollte), dann bildet sich eine Haltung heraus, solchen Anforderungen aus dem Weg zu gehen, und zwar durch Schweigen. Wird dies zur Grundhaltung, dann entsteht zunehmend eine gesteigerte Angst, bevor das Angstereignis überhaupt eingetreten ist. Die Kinder wagen nichts mehr, werden übervorsichtig. Sie erwarten keine angemessene Anforderung mehr, alle schulischen Sprechanforderungen werden pauschalisiert und sie schweigen konsequent.
Dieser Vorgang ist zwar nicht auszuschließen, wird aber nicht der übliche sein, da die Anforderungsbedingungen eher vielfältig sind. Charakteristischer wird sein, dass die Schulmutisten auf Grund ihrer (negativen) Vorerfahrung die schulische Situation mit einer gesteigerten Begegnungs-Skepsis prüfen. Eine gesteigerte Begegnungs-Skepsis

wird im Allgemeinen als Schüchternheit bezeichnet. Die Schüchternheit zeigt sich besonders gegenüber Fremden und gegenüber Autoritäten, also Personen, die für das Kind eine gewisse emotionale Bedrohung darstellen. Nun muss eine Schüchternheit keineswegs immer pathologische Ausmaße annehmen. Die meisten schüchternen Kinder überwinden diese recht schnell, wenn ihnen die Bedingungen bzw. Personen vertraut geworden sind. Die Kinder, die in der Schule mutistisch reagierten, waren in den meisten Fällen ausgeprägt schüchtern und sie überwanden ihre Schüchternheit auch nicht mit Hilfe der üblichen pädagogischen Maßnahmen. Ihre Vorab-Angst hinsichtlich sozialer Kontakte schien ausgeprägter, so dass die neuen sozialen und kommunikativen Anforderungssituationen in der Schule bei ihnen in verstärktem Maße pathologische Erregungen bewirken. Bei ihnen scheint sich bereits eine pathologische Begegnungs-Skepsis entwickelt zu haben (vgl. auch Fundudis & Kolvin, 1981; in: Bahr 1998).
Die sozialen und kommunikativen Kontakte, die das Kind in der Schule erlebt, sind aus seiner Sicht weder konstant positiv noch konstant negativ, so dass die Anforderung und die Erfolgsaussicht nicht genau kalkuliert werden kann. Vom Kind müssen ständig neue Erwartungen aufgebaut werden. Dies führt zur erhöhten Besorgnishaltung, schließlich zur chronischen Ängstlichkeit. Chronische Ängstlichkeit lässt negativ geprägte Besorgtheitskognitionen entstehen, die dann wiederum zusätzlich die chronische Ängstlichkeit nähren. Die Kinder sind permanent massiv verunsichert, was zur gesteigerten Vorab-Angst führt.
Die gesteigerte Besorgniskognition, verstärkt durch erlebte Negativreaktionen, führt schließlich auch zur verzerrten Wahrnehmung der sozialen und sozial-kommunikativen Anforderungssituationen und der Reaktionen der anwesenden Personen. Ihre Wahrnehmung ist anders gerichtet. Schon bald richten sie ihre Aufmerksamkeit eher auf bedrohliche, anstatt auf neutrale oder gar positive Reize und sind permanent bestrebt, ihre Umgebung nach potentiellen Bedrohungen abzusuchen. Die Kinder befassen sich zunehmend mehr mit ihrer Angst und mit ihrem Versagen, und zwar in dem Sinne: wie reagieren die anderen, wenn ich versage, wenn ich mich blamiere, wie kann ich diese Situation vermeiden usw. Sie denken permanent darüber nach, was andere von ihnen meinen, wie andere reagieren, ob sie wieder überfordert sind usw.
Die erhöhte kommunikative Ängstlichkeit bezieht sich zunächst besonders auf soziale und lautsprachlich-kommunikative Sachverhalte, aber schon bald auf Kommunikationsorte und Inhalte. Es manifestiert sich allmählich eine komplexe kommunikative Besorgtheit und die gesteigerte Ängstlichkeit wird chronisch. Schließlich ist jegliche Kommunikation in der Schule massiv angstbesetzt. Schwarzer (1993) hat dieses Phänomen als so genannte „öffentliche Selbstaufmerksamkeit" beschrieben. Die Ängstlichkeit ist nun nicht mehr nur eine situationsspezifische Erscheinung, sondern ein generalisiertes und zeitstabiles Persönlichkeitsmerkmal (vgl. Bahr 1996, 1998). Damit ist für das Kind nicht mehr uneingeschränkt die Grundlage gegeben, mit einer positiven, zumindest neutralen Grundstimmung in einen Dialog einzutreten.
Die Schule ist nach Bahr (1998) ein Ort, an dem ein hohes Maß an „öffentlicher Selbstaufmerksamkeit" gegeben ist, wodurch die Schweigehaltung verstärkt wird. Ein solches Maß findet das Kind zu Hause nicht vor, was das wechselnde Sprechverhalten erklären könnte. Für diese These der extremen „öffentlichen Selbstaufmerksamkeit" spricht nach

Bahr (ebd.) die Tatsache, dass ein Sprechbeginn in der Schule immer erst dann möglich ist, wenn diese extreme Selbstaufmerksamkeit gebrochen ist.

Schulmutismus kann also als eine manifestierte überzogene und chronische Angstreaktion auf spezifisch schulische (soziale oder kommunikative bzw. sprech-kommunikative) Anforderungen interpretiert werden. Von therapeutischer Relevanz ist die Frage, welche Anforderungsbedingungen dies im einzelnen sind. Die Auswertung der Daten in unserer Versuchspopulation offenbart eine gewisse Häufung von schulischen Angstfaktoren. Es sind beispielsweise vor allem:

- Lokalisationsfaktoren,
- personelle Faktoren,
- sprech-kommunikative Anforderungen (Sprechleistung) und
- inhaltlich-thematische Anforderungen.

3 Verhalten bei Handlungsaktivitäten

Ein ausgeprägtes Neugierverhalten und eine darauf basierende Erkundungsaktivität sind Ausdruck eines gesunden Selbstbewusstseins und Selbstvertrauens. Je stabiler das Selbstvertrauen ist, umso handlungsaktiver und sozial offensiver ist das gesamte Verhalten des Schülers. Nun liegt es in der Natur der Dinge, dass sich Kinder nicht gegenüber allen Anforderungen in gleichem Maße handlungssicher fühlen. Bei bestimmten kognitiven oder motorischen Anforderungen fühlen sie sich unsicher, bei anderen wiederum nicht und sind deshalb hier aktiver. Sowohl die Handlungsstabilität wie auch die Aktivität weisen deshalb bei Kindern eine gewisse Variabilität auf, und zwar in Abhängigkeit von den jeweiligen Anforderungen. Unabhängig von dieser Variabilität lässt sich aber ein gewisses Grundmuster erkennen. Einige Kinder sind insgesamt recht selbstsicher und handlungsaktiv und zeigen eine erhöhte allgemeine Handlungssicherheit, andere wiederum sind allgemein labil und passiver. Letzteres begünstigt natürlich, dass regressive Verhaltensweisen schneller entstehen können. Es wird davon ausgegangen, dass eine allgemeine Handlungsunsicherheit und Handlungspassivität ein Parallel- bzw. Folgesymptom einer allgemeinen kommunikativen Unsicherheit ist bzw. auf diese Rückwirkungen hat. Es soll deshalb geprüft werden, wie die allgemeine Aktivität und Handlungssicherheit der mutistischen Schüler beschaffen ist.

Bei den meisten mutistischen Kindern scheint das gesamte Aktivitätsverhalten und nicht nur das kommunikative Verhalten von einer gesteigerten Kontakt-Skepsis geprägt zu sein. Einige zeigen bereits eine gesteigerte allgemeine Berührungsangst. Sie verweigern beispielsweise das Berühren von Tieren, von elektrischen Geräten, von rotierenden Maschinen oder das Hantieren mit bestimmten Dingen. Oftmals „verstecken" sie in solchen Situationen spontan ihre Hände auf dem Rücken. Ihr mangelndes Selbstvertrauen scheint das gesamte Aktivitätsverhalten geprägt zu haben. Unsicher sind einige bereits bei einfachen motorischen Aktivitäten, die ansonsten bei anderen Kindern in diesem Alter recht beliebt sind. Obwohl die Kinder bei motorischen Aktivitäten auf dem Spielplatz, im Schwimmbad, beim Fahrradfahren usw. sogar recht gewandt sind, zeigen sie sich meist sehr zurückhaltend, passiv und unsicher.

In der Literatur sind Beschreibungen zu finden, die als Aktivitätsstörungen interpretiert werden können. Interessant ist in dem Zusammenhang die Beobachtung von Ehlers (1996, 250f.), welche auf eine Blockade im Aktivitätsfluss mutistischer Kinder hinweist. Bestimmte Verhaltensweisen dieser Kinder sind demnach nicht als ein Rückzug infolge von Ängsten, sondern als eine motorische Initialhemmung zu bewerten. Ihren Beobachtungen nach sind die Kinder vor allem zu Beginn der Therapie zu keiner Aktivität in der Lage, sie bleiben einfach im Raum stehen und reagieren nicht auf die Worte der Therapeutin, obwohl sie den Sinn dieser Aufforderungen durchaus verstehen können. Die Autorin interpretiert diese Verhaltensweise als massive Blockierung der Selbstaktualisierungstendenz, die durch Dissoziationen als Folge einer unzureichenden Beziehungserfahrung ausgelöst ist.

Auch Hartmann (1997) findet innerhalb seiner Literaturauswertung Hinweise auf Aktivitätsstörungen bei mutistischen Kindern. Ebenfalls berichten Hill/Scull (1985) von einem Jungen, der durch seine „selektive Inaktivität" auffiel. Diese Inaktivität im grob- und feinmotorischen Bereich trat immer dann auf, wenn er sich beobachtet fühlte (vergleiche „öffentliche Selbstaufmerksamkeit"). Auch Lesser-Katz (1986) spricht von einer Kombination des Schweigens mit selektiver Inaktivität. Ein Schweigen ist im Rahmen einer gesamtpersonalen Blockierung zu bewerten, was sich auch in einer gestörten Körpersprache äußert.

Folgende Beobachtungen einer Lehrerin (Fallbeispiel, vgl. Barthel, 2001) seien an dieser Stelle hinzugefügt: Ein elektiv mutistischer Junge erhielt die Aufforderung, aus dem Spielzimmer ein Spiel seiner Wahl zu holen. Er nickte als Antwort auf die Aufforderung und ging los. Kurze Zeit später kam er wieder in den Raum zurück, ohne jedoch ein Spiel geholt zu haben und stand reglos an der Tür. Auf die Frage der Lehrerin, warum er kein Spiel geholt habe und ob er vielleicht nicht spielen mag, gab er weder eine sprachliche Antwort noch eine mimische Reaktion. Es schien, als hätte irgendetwas eine plötzliche Blockierung des bereits begonnenen Aktivitätsflusses ausgelöst, woraufhin er die Aktion abgebrochen hatte.

Interessant ist auch folgende andere Beobachtung: Derselbe Junge zeigt normalerweise keine Hemmungen, auf seinem Keyboard vorzuspielen. Einmal war er dazu jedoch nicht in der Lage. Der Grund dafür lag wahrscheinlich darin, dass er durch seinen Mutismus nicht mitteilen konnte, dass er an diesem Tag Geburtstag hatte. Die innerpsychischen Anspannungen, die daraus entstanden, lähmten jede andere Aktivität. Seine gesamten Bewegungen wirkten wie gelähmt, als hätte er Mühe, diese auszuführen. Bis auf das Achselzucken war er zu keinen weiteren nonverbalen Ausdrucksformen in der Lage. Die Klärung des Konfliktes brachte eine sichtbare Erleichterung, wobei seine vorherige Aufgeschlossenheit größtenteils sofort zurückkehrte (Lächeln, Ja- Nein-Gesten).

Offensichtlich führte der Konflikt zwischen Mitteilen-Wollen und Mitteilen-Können zur massiven psychischen Anspannung, die von ihm nicht aufgelöst werden konnten. Die

Blockade, die sich normalerweise nur im verbalen und teilweise im nonverbalen Bereich zeigt, wurde durch den situativen psychischen Konflikt verstärkt, so dass jegliche Interaktion unmöglich wurde und die gesamte Motorik beeinträchtigt schien. Die Folge war, dass sein gesamtes Verhalten den Charakter extremer Inaktivität zeigte. Es bestand eine Art Disengagement (vgl. dazu Bahr (1996, auch Zimmermann, 1983; in: Bahr 1998).

Zu einem blockierenden Handlungsunvermögen bzw. zur verstärkten Handlungsunsicherheit kommt es bei vielen Schulmutisten in bestimmten Situationen, beispielsweise:

- *Handlungsunsicherheit bei exponierter Position*

Sowohl die Hospitationsbeobachtungen und die Lehrerbefragungen als auch die beim Psychologen erstellte Angstpyramide weisen auf dieses Merkmal bei Schulmutisten hin. Die Schulmutisten zeigen eine zum Teil ausgeprägte Unsicherheit bis hin zur Handlungsblockierung, wenn sie in einer exponierten Stellung im Raum agieren sollen. Die Unsicherheit richtet sich auf jegliches Tun vor der Gemeinschaft, gleich ob es das Vorturnen, das Vorsingen, das Anschreiben an die Tafel usw. ist. Sobald sich der Schüler beobachtet fühlt („im Rampenlicht steht"), tritt die Unsicherheit zutage. Es scheint, dass in diesem Falle nicht die Tätigkeit die Unsicherheit auslöst, sondern die Ausführung durch personelle Bedingungen unsicher wird. Der Schüler kann offensichtlich die Spannung, die aus der Menge der Beobachter und der daraus resultierenden erhöhten Aufmerksamkeitsspannung entsteht, nur schwer ertragen. Die psychische Belastung, die von der exponierten Stellung ausgeht, führt bzw. begünstigt die Blockierung des Sprechaktes.

- *Handlungsunsicherheit in bestimmten personellen Konstellationen*

Bei anderen Schulmutisten sind es mehr die personellen Kontakte, die eine Sprechblockierung begünstigen. Wenn bestimmte personelle Konstellationen bestehen, dann ist der Schüler eigentlich bei allen Tätigkeiten verunsichert, insbesondere natürlich beim Sprechen. Die Handlungsunsicherheit ist generalisiert. Die Angstperson erscheint und das gesamte Tun des Schülers ist beeinträchtigt. Unsicherheitsauslöser ist in diesem Falle nicht die Menge der anwesenden Personen, sondern die „Qualität" dieser Personen. Dies kann die Fremdheit der erwachsenen Person sein oder der Geschlechterunterschied, aber auch das Alters- oder Autoritätsgefälle kann zur belastenden Größe werden. Ein klassisches Beispiel hierfür ist, dass das Kind zu Hause oder in der Förderstunde sein Gedicht hervorragend aufsagen kann, aber vor dem Deutschlehrer dann nicht mehr. Erst hier in dieser personellen Konstellation ist das Sprechen unmöglich.

- *Handlungsunsicherheit bei bestimmten Tätigkeiten*

Weder die Menge noch die „Qualität" der Personen verunsichert den Schüler, sondern die Unsicherheit tritt vor allem bei bestimmten lautsprachlichen Tätigkeiten auf, beispielsweise beim lauten Lesen, beim Vorsingen, beim Geschichtenerzählen oder beim Theaterspielen. Während des Förderprozesses konnten einige Schüler beispielsweise mehr oder weniger problemlos vor der Klasse etwas an die Tafel schreiben, aber den Tafeltext nicht mit der gleichen Sicherheit vorlesen. Andere Schüler hatten kein Problem vor der Klasse einen Witz vorzulesen, wenn sie aber ein Gedicht aufsagen sollten, versagten sie. Die Handlungsunsicherheit beim Sprechen äußert sich erst ab einem bestimmten kognitiven oder rhetorischen Anforderungsniveau bzw. der Sprechleistungsstufe. Einige Schulmutisten zeigten auch nach der Deblockierung eine gewisse Abhängigkeit von der Sprechleistungsstufe.

- *Handlungsunsicherheit in bestimmten räumlich-situativen Konstellationen*

Bei dieser Form bestehen die Sprech- bzw. Kommunikationshemmungen offensichtlich nur bei bestimmten territorialen schulischen Bedingungen. In der vertrauten Umgebung, zum Beispiel der Therapieraum beim Schulpsychologen, zeigt der Schulmutist relativ sichere Sprechverhaltensweisen, im Klassenraum hingegen schweigt er. Auch kann der Schüler in der „geschützten" Atmosphäre problemlos sein Gedicht vortragen, kann sogar ein Lied vorsingen usw. Es gibt Schulmutisten, die lange Zeit noch nach der Deblockierung in „Dienstzimmern" (Büro des Schulleiters, in der Arztpraxis) nicht in der Lage sind, zu sprechen. Ihr Sprechvermögen ist blockiert.

- *Handlungsunsicherheit im Hinblick auf die Bedeutsamkeit der Situation*

Hierfür ist das Sprechversagen in prüfungsähnlichen Unterrichtssituationen (mündliche Leistungskontrolle, Gedichtskontrolle) typisch. Bei einer sich anschließenden schriftlichen Überprüfung zeigt sich, dass es nicht die Unkenntnis war, die zum Verstummen veranlasste. Hat sich der Schüler „eingesprochen", dann kann er sich auch lautsprachlich äußern. Sicher ist so etwas selten, aber auch ein solcher Fall tauchte in unserer Recherche auf. Es handelt sich in solchen Fällen wahrscheinlich vor allem um eine vorübergehende Reaktion auf situative Zwänge.

Sowohl eine allgemeine Handlungsunsicherheit als auch eine kommunikative, insbesondere sprech-kommunikative Unsicherheit scheinen für die Entwicklung und das aktuelle Erscheinungsbild der schulmutistischen Kinder kennzeichnend zu sein. Allerdings ist bemerkenswert, dass das Aktivitätsniveau bei sachgerichteten Tätigkeiten nicht nur höher ist, sondern im Zusammenhang mit der sachgerichteten Tätigkeit auch ihre allgemeine Äußerungsbereitschaft und Äußerungsfähigkeit größer ist. Diesen Umstand gilt es bei der methodischen Gestaltung des Förderprozesses zu bedenken.
Wie unsere Elternbefragung ergab, war die allgemeine Handlungsunsicherheit für viele Kinder schon in der vorschulischen Zeit charakteristisch. Es fehlte ihnen oft eine gesunde allgemeine Risikobereitschaft und der für das Alter sonst typische Erkundungsdrang. Die allgemeine Unsicherheit ist auch aktuell noch für ihre Handlungen mehr oder weniger kennzeichnend. Die Handlungsunsicherheit prägte nicht nur ihre gesamte Aktivität im Entwicklungsprozess, sondern belastet auch aktuell die kommunikative Entwicklung.
Von den Lehrern und Eltern wurde eingeschätzt, dass 63,0% der untersuchten Schulmutisten ein geringes Selbstbewusstsein/ Selbstvertrauen haben. Sie wurden als gehemmt, selbstunsicher und scheu beschrieben. Ebenfalls wurden 63,0% der Schüler

eine geringe Kontaktbereitschaft bescheinigt. Da sich eine sprech-kommunikative Selbstsicherheit nur auf einem gesunden Selbstvertrauen aufbauen lässt, sollte ein Förderprozess für Mutisten unbedingt Maßnahmen zur Entwicklung der allgemeinen Selbstsicherheit enthalten.

4 Kognitiv-kommunikative Fähigkeiten

Eine verminderte Intelligenz kann als ein begünstigender Faktor für das Entstehen eines Schulmutismus angesehen werden, allerdings nicht im Sinne einer unbedingt notwendigen, sondern eher im Sinne einer möglichen (verstärkenden) Bedingung. Die Defizit-Hypothese lässt sich auch auf diesen Sachverhalt ausdehnen. Eine verminderte Intelligenz bzw. ein aktuelles Wissensdefizit führt dazu, dass das Kind für die Bewältigung der Unterrichtsanforderungen nicht über die entsprechenden kognitiven Kapazitäten verfügt und demnach schnell inhaltlich überfordert und verunsichert werden kann. Das Kind kann auf die Fragen des Lehrers nicht antworten oder es antwortet falsch. Ein wiederholtes Versagen ermutigt nicht unbedingt zu weiteren Äußerungen, besonders wenn dieses Versagen durch Gelächter der Anderen oder durch negative Lehrerbemerkungen dem Kind recht bewusst gemacht wird. Eine anhaltende kognitive Überforderung drängt das Kind eher in ein Rückzugsverhalten.
Nun kann es aber auch zu einer negativ geprägten Reflexion der Leistungen im Unterrichtsgespräch auf Grund eines überzogenen Anspruchsniveaus kommen. Das Kind redet sich ein, dass es im Unterricht „schlecht" ist, dort versagt und sich vor den anderen Schülern und vor den Eltern blamiert. Obwohl eine solche Negativeinstellung jeglicher objektiver Grundlage entbehren kann, führt sie letztendlich zum gleichen Dialogverhalten: aus Angst vor der angeblichen Blamage, aus der Befürchtung, nicht richtig antworten zu können, kann es zur Sprechblockierung kommen bzw. zum Verzicht auf eine Beteiligung an den Unterrichtsgesprächen.

Auf Grund der objektiven oder angenommenen Misserfolge lehnt das Kind das Unterrichtsfach oder überhaupt die Schule ab. Es ist durch Aufregung bzw. Versagensangst so stark blockiert, dass es sich nicht mehr äußern kann. Und schließlich will es sich auch nicht mehr am Unterrichtsgeschehen beteiligen. Die Sprechblockierung wird durch die Fehleinstellung und durch das Motivationsproblem verstärkt. Dies könnte erklären, warum das Kind entweder in allen Unterrichtsfächern, und zwar in den Unterrichtsabschnitten, wo es direkt oder indirekt um Leistungsermittlung geht, oder nur bei bestimmten inhaltlichen Anforderungen (in einigen Unterrichtsfächern) beim Sprechen versagt. Zumindest für einige Schulmutisten scheint eine Beziehung zwischen mangelnder Intelligenz und Sprechversagen zu bestehen. Doch ist diese Annahme berechtigt?

Die Angaben zur Intelligenz mutistischer Kinder sind in der Literatur uneinheitlich. Es wird – bezogen auf die Gruppe – vom Vorkommen tendenziell unterdurchschnittlicher Intelligenzleistungen, von Durchschnittswerten (Normalverteilung) als auch von tendenziell überdurchschnittlichen Leistungen berichtet. Gruppenstatistisch gesehen konnten einige Wissenschaftler in ihrer Untersuchung sowohl eine Negativverschiebung (vgl. beispielsweise Funke/Schlange/Ulrich (1978), Strunk (1980)) als auch eine Positivverschiebung (vgl. beispielsweise Kurth/Schweigert, Popella, in Hartmann 1978) feststellen. Im Allgemeinen weisen mutistische Kinder im Handlungsteil bessere Leistungen auf, was auch nicht verwundert. In dieser Hinsicht gibt es kaum widersprüchliche Aussagen.

Vom Wesen her widerspricht sich nicht die Konstellation Mutismus und Minderbegabung, aber eine überdurchschnittliche Intelligenz könnte genauso ein begünstigender Faktor sein, denn in einem solchen Falle könnte vermutet werden, dass das Kind beispielsweise eher und schneller Überforderungssituationen wahrnimmt oder eher dazu neigt, an sich selbst überzogene Leistungsansprüche zu stellen.

Bei der Intelligenzdiskussion muss auch auf folgendes Problem aufmerksam gemacht werden: Das mutistische Kind kann durch das Schweigen seine kognitiven Fähigkeiten nur bedingt zum Ausdruck bringen. Es kann sich nicht entsprechend darstellen und insofern auch nicht in Überprüfungssituationen (Testsituationen beim Psychologen, Leistungskontrollen in der Schule) sein eigentliches Leistungsvermögen offenbaren. Schnell ist deshalb ein Negativurteil über seine Fähigkeiten gefällt. Hier zeigen so genannte self-fulfilling-prophecy-Prozesse ihre Wirkung. Es kommt zu Halo-Effekten in der Negativbewertung. Ist die Einstellung zum Kind auf Grund seines sprachlichen Versagens negativ geprägt, kann das dazu führen, dass dieses Versagen auf andere Bereiche übertragen wird.
Um so sorgfältiger muss man deshalb bei der Beurteilung des Leistungsvermögens vorgehen. Eine Analyse der Zeugnisse besagt nur bedingt etwas zum eigentlichen Vermögen. Zensuren können nur tendenzielle Hinweise geben, da bei Schulmutisten mündliche Leistungen eher als mangelhaft eingeschätzt werden müssten und dies würde die Gesamtbewertung negativ beeinflussen. Auch eine andere Fehlerquelle ist wiederholt in der Schulpraxis festzustellen. Die Bewertung der mündlichen Leistung wird vorübergehend ausgesetzt. Dies verzerrt ebenso das wirkliche Zustandsbild, denn die Schulnoten könnten unter Umständen so besser ausfallen.
Auch die Anwendung von Testverfahren ist nicht unproblematisch. Hartmann (1997, 52) macht auf die Übereinstimmung in der Literatur hinsichtlich der auftretenden Probleme herkömmlicher Intelligenzprüfverfahren aufmerksam. Eigentlich könnten nur nonverbale Intelligenztests herangezogen werden, deren Ergebnisse meist nur eine Tendenz anzeigen, oder es wird nur eine spezielle Form der Intelligenz (beispielsweise aus dem Raven-Test: geometrische Kombinationsfähigkeit) überprüft.
Bedacht werden müssen ferner die bereits erwähnte allgemeine Handlungsunsicherheit und die auftretende Blockierung im Hinblick auf das Aufgabenverständnis. Bei der Bewertung der Intelligenz ist auch zu bedenken, dass eine Minderbegabung die Folge einer manifestierten mutistischen Erscheinung sein kann. Der Mutist zieht sich aus dem auf Dialoge basierenden Vermittlungsprozess zurück. Reed (1963) spricht in einem solchen Falle von einem „Rückzug vom Wettbewerb“. Ein anhaltender Rückzug aus dem Unterrichtsdialog zieht früher oder später fast zwangsläufig Wissensdefizite nach

sich, denn gerade die Lautsprache ist in den unteren Klassen das wichtigste Unterrichtsmittel für die Vermittlung von Informationen, für die Steuerung und Regulierung der Denk- und Tätigkeitsvollzüge. Das jüngere Schulkind lernt vor allem im heuristischen Unterrichtsgespräch und im dialogen Miteinander. Indem es sich äußert, Fragen stellt, bei Unsicherheiten nachfragt, durch eigene Formulierungen seine Gedanken ordnet und präzisiert, die Sachverhalte wiederholt und die Erkenntnisse mit seinen Worten zusammenfasst, erwirbt es Wissen und kommt zu Erkenntnissen. Kognitive Fähigkeiten spielen im leistungsorientierten Anforderungssystem unserer Schule für das Dialogverhalten eine große Rolle. Insofern scheint uns gerade dieser Aspekt im Hinblick auf die verursachenden oder begünstigenden Bedingungen von besonderer Relevanz zu sein. Die Sprechhemmung hindert daran, sich der Sprache als Aneignungs- und Steuerinstrument des Wissens zu bedienen. Durch ein längeres Ausschalten dieses Informations-, Erkenntnis- und Regulierungsmittels kann es langfristig zu einer Reduzierung des intellektuellen Niveaus kommen.

Spezielle Angaben zum Intelligenzniveau von Schulmutisten sind uns nicht bekannt. In unserer Population zeichnete sich eher die Tendenz einer leichten Minderbegabung ab. Hierzu gibt es mehrere Hinweise. Zum einen sind es die Ergebnisse aus psychologischen Untersuchungen (Befunde in den Unterlagen). Eine testmethodische Intelligenzbeurteilung lag allerdings bei den wenigsten vor, so dass uns die Basis für eine solide Aussage als zu gering erscheint. Die wenigen Angaben, die sich diesbezüglich in den Unterlagen finden ließen, zeigten allerdings eindeutig eine Negativverschiebung an:

intellektuelles Leistungsvermögen	**Anzahl**	**Prozent**
überdurchschnittlich	0	0%
durchschnittlich	5	41,7%
unterdurchschnittlich	7	58,3%

Ein weiterer Hinweis ergibt sich aus der Schulzugehörigkeit der Schüler. Um diese Aussagen zu relativieren, muss wiederum die o.g. Schwäche bei der Datenerhebung erwähnt werden. Die Schulmutisten, die wir erfassten, bestanden zu 63% aus der Population der Lernbehinderten, 13% aus der Population der Geistigbehinderten und 24% aus der Regelschule bzw. Sprachheilschule. Die Daten deuten auf eine Negativverschiebung, wenn man diese auf die Grundgesamtheit bezieht.

Eine Langzeitbeobachtung in unterschiedlichen kognitiven Anforderungen im Unterricht und die Auswertung der normalen Kontrollarbeiten scheint uns die beste Methode zu sein, die Intelligenz eines schulmutistischen Kindes zu beurteilen. Bewertet wird hier die Lernfähigkeit des Schulmutisten. Allerdings sollte dann die Leistungsbewertung zwischen den schulmutistischen Schülern und ihren Mitschülern nach gleichen Kriterien vorgenommen werden. Eine solche Erhebung konnten wir bei 22 schulmutistischen Kindern vornehmen.
Für die vergleichende Bewertung wurden deshalb vor allem schriftliche Arbeiten (Kontrolldiktate) zugrunde gelegt. Ergänzt wurde der Leistungsvergleich durch die Über-

prüfung der verbalen Merkfähigkeit (Zahlen- und Silbendiktat). Beurteilt wurde, wie der Schulmutist in der Lage ist, sich unter normalen schulischen Bedingungen Umweltwissen, orthographische und grammatische Kenntnisse anzueignen, mathematische Fähigkeiten zu erwerben, Sachverhalte zu gruppieren bzw. klassifizieren und sich mündlich Vorgetragenes kurzfristig einzuprägen.
Die Schüler aus der Schule für Geistigbehinderte wurden nicht mit Hilfe der schriftlichen Arbeiten überprüft. Hier galt die Aussage der Lehrer. Unter diesen 6 Schülern wurden allerdings drei im Verhältnis zum Klassendurchschnitt als überdurchschnittlich eingestuft. Jedoch wurden sie wiederum leistungsmäßig nicht so gut eingestuft, dass ihnen aktuell zugemutet werden konnte, eine Schule für Lernbehinderte zu besuchen.

Sicher lassen sich für unsere Vorgehensweise berechtigte methodologische Vorbehalte äußern, aber für die Bekräftigung einer Tendenz können die Ergebnisse dennoch herangezogen werden. Die Ergebnisse erbrachten wiederum eine Bestätigung der oben erfolgten Aussage über die Negativverschiebung. Im Einzelnen besagen die Daten Folgendes:

Etwa 80% der überprüften Schulmutisten zeigen bei der aktuellen Leistungseinschätzung in Bezug auf den Klassendurchschnitt mittlere bzw. leicht unterdurchschnittliche Leistungen. Das lässt vermuten, dass die Schüler durchaus den richtigen Schultyp besuchen. 20% lagen mit ihren Leistungen oberhalb des Klassendurchschnitts, aber keiner davon in der Spitzengruppe. Zur Auswertung kamen ein Deutschdiktat, eine Niederschrift (ab viertem Schuljahr) und zwei Kontrollarbeiten in Mathematik und in Sachkunde (ab drittem Schuljahr).

Im Hinblick auf das Sprachgedächtnis scheint es eine geringere Minderleistung zu geben. Der Leistungsunterschied ist aber nicht signifikant. Von den Schulmutisten wurden – gruppenstatistisch betrachtet – zum einen mehr Speicherfehler (Hörfehler) gemacht und zum anderen weniger Items gespeichert. Ob die Hörfehler nun auf eine objektive Lautdiskriminationsschwäche oder auf eine zentral bedingte Verarbeitungsstörung, gar auf eine psychogene Schwerhörigkeit zurückzuführen sind, kann gegenwärtig nicht beurteilt werden. Ähnlich verhält es sich mit der Interpretation der geringeren Merkfähigkeit. Auch hier könnte die Ursache in einer zeitweilig auftretenden psychogenen Hör- bzw. Aufnahmeblockierung liegen.

Wenn es bei den intellektuellen Leistungen der Schulmutisten tendenziell eine Negativverschiebung gibt, dann scheint sich die Annahme zu bestätigen, dass sie lange Zeit in der Regelschule in kognitiver Hinsicht überfordert, zumindest immer an ihrem äußersten Leistungsvermögen gefordert wurden. Diesbezügliche Versagenssituationen traten dort dann offensichtlich häufiger auf.

Aktuell kann man allerdings davon ausgehen, dass die schulischen kognitiven Anforderungen für die Schüler weitgehend angemessen sind, denn ansonsten wären sie nicht in der Mehrzahl im Leistungsmittelfeld der jeweiligen Klasse anzutreffen. Ihre Sprech-

blockierung belastet aktuell nicht – zumindest nicht in gravierendem Maße – ihre schulische Entwicklung. In Bezug auf den jeweiligen Schultyp scheinen die Schulmutisten auch eine angemessene Lernfähigkeit aufzuweisen. Sicherlich muss auch dieses wiederum mit der notwendigen Vorsicht kommentiert werden, denn es lässt sich schwer sagen, welches Leistungsniveau diese Schüler aktuell gezeigt hätten, wenn bei ihnen kein Schulmutismus bestehen würde.
Auch lässt sich schwer beurteilen, inwiefern sich ein verfestigtes negatives Selbstwerterleben und die darauf aufbauenden negativen Einstellungen und Fehlhaltungen belastend auf das gesamte aktuelle Leistungsvermögen auswirken. Sowohl die Negativmeinung der Umwelt als auch die eigene Negativmeinung über das Leistungsvermögen belasten die aktuelle Leistungsfähigkeit des mutistischen Schülers (vgl. die Ausführungen zur Wirkung des self-fulfilling-prophecy-Prozesses). Bei jedem Lernenden sind die Leistungsbereitschaft und das Lernverhalten von den Vorstellungen über die dafür zur Verfügung stehenden Fähigkeiten geprägt. Ist nun das Selbstbild negativ geprägt, dann erbringt der Lernende nicht die Leistungen, zu denen er eigentlich imstande sein könnte. Der Schulmutist scheint weniger geneigt zu sein, sein Sprechunvermögen durch herausragende Leistungen in anderen Bereichen zu kompensieren. Bei unseren Beobachtungen konnten wir ein solches Bemühen nicht erkennen. Typischer war eher die Ausweitung der Negativmeinung auf andere Leistungsbereiche. Die Schüler sind anfälliger, auch schneller in anderen Leistungsbereichen zu versagen.

5 Sprachperzeptive Fähigkeiten

Eine mangelnde Sprachwahrnehmungsleistung, insbesondere eine Hörfehlleistung, kann den Schüler ebenfalls im Prozess des gemeinsamen Lernens verunsichern. Tatsache ist, dass recht viele Kinder mit Schulmutismus in Hospitationen und auf Grund ihrer Tätigkeitsprodukte den Eindruck hinterlassen, dass sie Hör- bzw. Verstehensprobleme haben. Nach unserer Beobachtung könnten bei Schulmutisten vier Qualitäten von sprachperzeptiven Schwächen auftreten: ein mangelhaftes Sprachverständnis, eine Lautdiskriminationsschwäche im Sinne einer Retardation, eine zentral bedingte auditive Verarbeitungs- und Wahrnehmungsstörung und eine psychogene Hörblockierung.
Bei Übersiedler-, Ausländerkindern können mehrere Sachverhalte zusammentreffen. Verunsichert werden sie oftmals durch ihr eingeschränktes Sprachverständnis im Sinne einer mangelnden Kompetenz. Insbesondere ist bei ihnen das abstrakte Satz- und Kontextverständnis betroffen. Zum anderen sind sie noch nicht sicher in der deutschen Phonetik, so dass sie dadurch Verstehensprobleme aufweisen. Dies erklärt vielleicht auch, warum der Anteil dieser Kinder an der Population der Schulmutisten überdurchschnittlich hoch ist.
Aber auch bei den jüngeren schulmutistischen Muttersprachlern scheint eine Lautdiskriminationsschwäche gar nicht so selten zu sein. Dafür spricht die größere Häufigkeit von Artikulationsfehlern und auch von bestimmten Rechtschreibfehlern (Differenzierungsfehler). Zunächst wurde vermutet, dass ihre Rechtschreibleistung recht gut entwickelt sei, weil sie häufiger auf schriftliche Äußerungen zurückgriffen. Aber sie

wiesen keineswegs überdurchschnittliche Rechtschreibleistungen auf. Das Gegenteil zeigte sich meistens. In Bezug auf den Klassendurchschnitt konnte ebenfalls eine leichte Negativverschiebung festgestellt werden. Bei fünf Schülern (von 40 Schülern) bestand der dringende Verdacht einer Lese-Rechtschreibschwäche. Die Häufigkeit von 12,5% ist, bezogen auf die Grundgesamtheit, überdurchschnittlich hoch. Auch die Überprüfungsergebnisse mit Hilfe von Testverfahren, beispielsweise nach dem DLUT[1], deuten auf eine Diskriminationsschwäche hin.

Bei einzelnen Schulmutisten ist auch eine zentral bedingte auditive Verarbeitungs- und Wahrnehmungsstörung nicht auszuschließen. Wie hoch der Anteil der schulmutistischen Schüler mit einer solchen Störung ist, kann auf Grund unserer Erfassungsmethodik nicht genau bestimmt werden. Die Vermutung begründet sich dadurch, dass diese Schüler zum einen in Lernsituationen oder in Pausen, wenn der Lärmpegel doch ein bestimmtes Niveau hatte, beim Ansprechen wiederholt den Eindruck erweckten, dass sie nicht verstanden hätten. Äußerlich war das typische Bild wie bei allen Mutisten: sie lächelten auf Zuspruch verlegen, zeigten einen kurzen flüchtigen Blickkontakt, wirkten irritiert und schauten dann verlegen weg und schwiegen. Solche oder ähnliche Verhaltensweisen lassen sich sicher häufiger bei Schulmutisten beobachten.

Die Irritation im Verstehen könnte allerdings auch durch eine psychogene Hörblockierung erklärt werden. Sie kann jedoch auch Folge einer zentral bedingten auditiven Verarbeitungs- und Wahrnehmungsstörung sein. Was zur Annahme einer solchen führt, sind folgende Verhaltensauffälligkeiten: Zunächst wirkten mutistische Kinder in Anforderungssituationen stärker irritiert und konnten auch nicht adäquat der Aufforderung handeln. Die Irritation im Verhalten zeigt sich bei ihnen auch außerhalb von Anforderungssituationen, also beispielsweise in der Pause mit hoher Lärmbelastung. In Situationen, in denen keine Anforderungen gestellt werden, und wenn die Umgebung ruhig ist, handelte derselbe Schüler weitgehend richtig.

So sind die Rechtschreibleistungen dieser Schüler bei Diktaten in der Einzelsituation (geringer Lärmpegel) besser, das heißt, es treten vor allem weniger Verwechslungsfehler bei den stimmlosen Konsonanten auf.

Eine weitere Form der Dekodierungsschwäche scheint bei ihnen gar nicht so selten zu sein: die psychogen bedingte Hörstörung. Massive Angstzustände wirken komplex auf alle psychischen Prozesse. So können auch akute Angstzustände die auditive Wahrnehmung qualitativ beeinflussen. Es kommt hier zeitweilig regelrecht zur auditiven Wahrnehmungsblockierung, besonders bei großer kommunikativ gerichteter Wahrnehmung. In solchen Situationen, bei direktem Zuspruch, kann die Sprache des Lehrers nicht exakt differenziert, unter Umständen auch nicht dekodiert werden. Dies zeigt sich besonders dann, wenn die Situation spannungsgeladen ist, beispielsweise in Anwesenheit einer fremden Person im Unterricht.

Eine chronisch vorhandene Kommunikationsangst führt dazu, dass sich das Kind viel stärker mit der kommunikativen Situation bewusst oder unbewusst analytisch-bewertend auseinandersetzt. Die Aufmerksamkeit richtet sich stärker auf die Reaktionen der

[1] DLUT: Diagnostischer Laut-Unterscheidungs-Test. In: Fried, L. (1980): Laut-Unterscheidungs-Test für Vorschulkinder (LUT)

Kommunikationspartner, und dabei eher auf bedrohliche, anstatt auf neutrale, gar positive Reize. Sie neigen tendenziell dazu, ihre Umgebung nach potentiellen Bedrohungen abzusuchen. Die kommunikative Besorgtheit wird pathologisch, weil diese auch bei nicht vorhandener Gefahr auftritt. Daraus resultiert eine dauernde Anspannung, was das Entstehen von körperlichen und mimischen Verspannungen begünstigt.
Unter der übermäßig starken Gerichtetheit der Aufmerksamkeit können aktuell und situativ sprachperzeptive Fähigkeiten eingeschränkt sein, denn eine starke Erregung in einem kortikalen Zentrum (starke Konzentration auf das Verhalten der Dialogpartner) kann nämlich eine analoge Hemmung in anderen Zentren bzw. Funktionsbereichen herbeiführen. Eine zeitlich begrenzte psychogen bedingte Blockierung der Dekodierungsleistung von Außenreizen ist die Folge.
Die zeitweilige Funktionsbeeinträchtigung kann sich bereits in einfachen alltäglichen Dialogsituationen äußern. So war ein mutistisches Kind situativ nicht zu einer Begrüßung oder Verabschiedung fähig, vereinzelt sogar nicht einmal nonverbal. Es „überhörte" regelrecht Hinweise und Fragen und reagierte auch nicht auf nonverbale Zeichen. Die gesamte Zeichendekodierung schien blockiert, beispielsweise: die ausgestreckte Hand bei der Verabschiedung oder Begrüßung hatte keinen Aufforderungscharakter mehr, das hingehaltene Kleidungsstück als Zeichen für den nun folgenden Spaziergang wurde nicht als Signal registriert. Auf die Frage „möchtest du noch etwas trinken" in Verbindung mit der erhobenen Kanne wurde weder lautsprachlich oder nonverbal noch mit einer adäquaten Reaktion (mit dem Entgegenhalten der Tasse) geantwortet.

6 Nonverbale Kommunikationsfähigkeit

Zu dem nonverbalen Zeichensystem gehört neben Mimik und Gestik beispielsweise auch der Blickkontakt, die Bewegung im Raum (Proxemik), die Körperhaltung, die Nutzung der Distanzräume, die Pantomimik. Nonverbale Zeichen haben eine eigene Semantik, die im Kommunikationsprozess mit dem Aussagewert der anderen Zeichensysteme kombiniert wird. Dabei können sich die Zeichensysteme nicht nur in der Wirkung ergänzen, sondern sich auch in einem gewissen Grade gegenseitig kompensieren. Beispielsweise kann eine verbale Ausdrucksarmut im Hinblick auf rhetorische Wirksamkeit durch eine anschauliche Mimik und Gestik „kompensiert" werden. Eine körperliche Überlegenheit erlaubt einen „sparsameren" Einsatz anderer rhetorischer Mittel, um auf einen Partner zu wirken. Zu vermuten ist, dass ein Schüler, der durch seine Körpergröße und Körperkraft anderen überlegen ist, über eine größere so genannte nonverbal-kommunikative Vorab-Autorität verfügt, und auch in Konfliktsituationen andere Durchsetzungsstrategien einsetzen kann als kleine körperlich zarte Schüler. Anzunehmen ist, dass demzufolge ein solcher Schüler in Konfliktsituationen nicht so schnell regressiv reagieren wird. Ein sprachlich gewandtes Kind wiederum wird mehr seine verbale Stärke einsetzen, um sozial effektiv zu sein, und wird versuchen, mit dieser Stärke eine möglicherweise bestehende körperliche Schwäche auszugleichen. Im übertragenen Sinne gilt Ähnliches für geistig „pfiffige" Kinder oder für Kinder mit besonderen stimmlich-prosodischen Fähigkeiten.

Bei Schulmutisten fällt die nonverbale Zeichengebung zwar nicht völlig aus, sie weist aber mit zunehmender Ausprägung des Störungsbildes Auffälligkeiten auf. Es kommt zur Verarmung bzw. zum Zerfall des nonverbalen Zeichensystems (siehe oben), zum Rückfall in kleinkindhafte Formen und zu Kompensationserscheinungen. In kommunikativen Anforderungssituationen ist mehr oder weniger die gesamte Ausdrucksmotorik betroffen. Oftmals zeigt das Kind Blickscheu, gar Blickflucht, obwohl es sich dabei nicht um eine massive Verweigerung (Abwenden) des Augen- bzw. Blickkontaktes handelt, eher um einen irritierten, hilfesuchenden, schüchternen Blick. Das Kind wirkt scheu, sein Blick kehrt immer wieder zu den Augen der Erwachsenen zurück.
Bei einigen Kindern zeigt sich ein fast maskenhaftes Verlegenheitslächeln („läppisches Grinsen"). Dies kann als eine besondere Form der mimischen Verarmung, der Erstarrung des Gesichtsausdrucks angesehen werden. Bei einzelnen Kindern hat es sogar den Anschein, dass sie in der Mimik regelrecht „erstarren", wenn sie zur Kommunikation aufgefordert werden (funktionelle Amimie).
Die gesteigerte Dauerangst erzeugt eine innere übermäßige und andauernde Anspannung, die an ihrer Körperhaltung und ihren Mitbewegungen erkennbar ist. Im Bereich der Gestik treten in kommunikativen Anspannungssituationen verstärkt rudimentäre Reflexe auf, wie der Zupf-, Reib-, Waschreflex oder die Kinder kneten ihr Taschentuch, halten sich an Gegenständen oder an ihrer Kleidung fest, stützen sich ab usw. Dies sind äußere Merkmale einer kommunikativen Erstarrung. Das Kind versucht sich in kommunikativen Überforderungssituationen oftmals zu „verstecken". Es presst sein Gesicht an den Körper der Schutzperson (Mutter) oder verschwindet ganz hinter dem Rücken der Schutzperson. Auch im symbolischen Festhalten erkennt man die erhöhte innere Anspannung.

Nun sind schulmutistische Kinder – gruppenstatistisch gesehen – weder geistig besonders pfiffig noch recht sprachgewandt. Auch ist ihre Mimik und Gestik nicht auf einem solchen Niveau, dass Schwächen beim Gebrauch der verbalen Zeichen auch nur teilweise kompensiert werden könnten. Stellt sich nun die Frage, ob ihre Körperstatur so beschaffen ist, dass damit diese „Defizite" kompensiert werden könnten. In der Literatur werden Mutisten als körperlich oft retardiert, zumindest von der Konstitution her oftmals als klein, schwach und zart beschrieben. Es zeigt sich tendenziell das Bild eines sehr empfindsamen Kindes. Wie die nachfolgenden Erhebungsdaten ausweisen, gilt dies nur begrenzt für die von uns erfassten Schulmutisten.
Sogar der umgekehrte Fall ist zu beobachten: Einzelne Schulmutisten sind gegenüber ihren Alters- bzw. ihren Klassengefährten körperlich recht gut entwickelt. Dies gilt für 8,7% der von uns untersuchten Kinder. Dies würde zwar alternative Durchsetzungsstrategien begünstigen, aber diese Wirkung kann aufgehoben werden, weil ein solcher körperlicher Zustand eine Überforderung in anderer Hinsicht begünstigen kann. Körperlich große Kinder werden meist älter geschätzt und deshalb werden an sie auch häufiger höhere Anforderungen gestellt. Insofern kann eine Übergröße unter Umständen auch ein begünstigender Faktor für das Entstehen eines regressiven Sprechverhaltens sein. Die Kinder können so eher in eine sprech-kommunikative Überforderungssituation geraten, weil man ihnen auf Grund ihrer körperlichen Erscheinung einfach mehr zutraut, sie für älter und psychisch robuster hält.

Unsere Statistik bei Schulmutisten zur konstitutionellen Erscheinung zeigt im Einzelnen folgendes Bild:

Angaben zur Körpergröße bei Schulmutisten (n= 46)

	normal	zu klein	groß
weiblich:	13	12	–
männlich:	12	5	4
Summe:	25 (54,3%)	17 (37%)	4 (8,7%)

Die Einschätzungskriterien wurden in Bezug auf den Klassendurchschnitt definiert: „groß" bedeutet, die Kinder befinden sich von der Körpergröße her im oberen Drittel, „normal" im mittleren Drittel und darunter (unteres Drittel) gilt als „klein".
Nach dieser Festlegung zeigten 37% eine körperliche Schwäche, Zartheit, eine statomotorische Entwicklungsverzögerung und Asthenie. Körperfehlspannungen wiesen 89% der Schüler auf, davon waren die meisten unterspannt (70%) bzw. sie wiesen eine Mischkombination zwischen Verspannung und Unterspannung auf. Die Körperhaltung spiegelte diese Fehlspannung wider. 74% von ihnen hatten einen Rundrücken und/oder Hohlkreuz (Beurteilungsergebnis der Sonderpädagogen).

Angaben zur Körperfülle bei Schulmutisten (n= 46)

	normal	zu dünn	zu dick
weiblich:	10	9	6
männlich:	11	6	4
Summe:	21 (45,7%)	15 (32,6%)	10 (21,7%)

(Grundlage für die Bewertung bildete lediglich der Gesamteindruck. Exakte Messungen wurden nicht vorgenommen. Die Einschätzung erfolgte wiederum von Sonderpädagogen.)
Betrachtet man die körperlich kleinen und zarten Schüler aus der Population der Nichtmutisten, dann stellt man fest, dass diese andere Durchsetzungsstrategien entwickelt hatten, um sich gegenüber den körperlich überlegenen Schülern zu behaupten. Eine Vorab-Autorität, die aus der körperlichen Überlegenheit resultiert, besteht bei ihnen nicht, so dass sie geneigt sind, dieses Defizit anders auszugleichen. Sie nutzen meistens ihre geistige Überlegenheit oder sprachliche Gewandtheit. Nur ein kleiner Teil von ihnen wählte eine Strategie, die in Richtung Überanpassung, Unterwerfung, Dienern und Anbiedern sowie Rückzugsverhalten ging. Zeigt sich nun die Kombination von körperlich klein, zart und sprachlicher und kognitiver Schwäche, wie dies bei einem Teil der erfassten Schulmutisten der Fall war, dann kann vermutet werden, dass eine solche Kombination ein begünstigender Faktor für das Entstehen eines regressiven Sozial- und Kommunikationsverhalten darstellen kann. Zumindest kann sich in einer solchen Merkmalskonstellation eher ein regressives Verhalten herausbilden bzw. schneller manifestieren.

7 Stimmlich-prosodische Fähigkeiten

Stimme ist nicht nur die Voraussetzung für ein lautes Sprechen, sondern mit Hilfe unserer Stimme und der Prosodik drücken wir vor allem Gefühle, aber auch unsere Zweifel und unseren Willen aus und vermitteln unserem Dialogpartner wichtige Informationen. In der Stimme (in der faukalen Enge bzw. Weite, im Stimmein- und Stimmabsatz, im Stimmklang, in der Sprechtonlage, im Grad der Behauchtheit und Belegtheit) und in der Ausprägung der Prosodik (die melodische, temporale und dynamische Variation der Stimme) äußern sich sehr schnell und sehr markant emotionale Zustände. Anhaltende Einschränkungen reduzieren nicht nur die rhetorische Wirksamkeit und die so genannte Ektosemantik, sondern sie können auch ein Zeichen von physischen oder psychischen Erkrankungen sein. Insofern ist zu erwarten, dass schulmutistische Kinder häufiger als ihre Klassenkameraden Auffälligkeiten im stimmlich-prosodischen Bereich aufweisen.

In der Tat sind nach unseren Recherchen bei Schulmutisten stimmlich-prosodische Auffälligkeiten gar nicht so selten. Augenfällig sind psychogene Aphonie (stimmliches Versagen, Flüstern), funktionelle Dysphonie sowie Phonasthenie. Das Ausbleiben von jeglicher stimmlicher Äußerung, auch beim Weinen und Husten, ist markanter Ausdruck der hochgradigen stimmlichen Labilität. Stimmliche Teilsymptome einer psychogenen Dysphonie bzw. einer Phonasthenie treten bei Kindern mit Mutismus offenbar leichter, häufiger und stärker auf als bei vergleichbaren Mitschülern.

Solche Auffälligkeiten sind nicht nur zeitweilig, sondern haben sich manifestiert. In Teilbereichen der Stimme und Prosodik sind sie noch lange Zeit festzustellen, und zwar sowohl nach der Deblockierung, als auch in Kommunikationssituationen außerhalb der Sprechblockierung (partieller Schulmutismus). Wenn die Kinder sprechen, dann sind gehäuft ein verhauchtes Sprechen und ein behauchter Stimmeinsatz festzustellen. Sie sprechen auffallend sehr leise und überschreiten tendenziell ihre physiologische Sprechstimmlage. Zeitweilig tritt eine übermäßige faukale Enge, oft gekoppelt mit einer „Kloßbildung" im Hals auf, was auch zum verstärkten Räusperzwang führt. Nicht selten ist auch ein Stimmzittern (das Tremolieren) zu beobachten. Die im stimmlichen Bereich erkennbare Erregung klingt bei mutistischen Kindern auch langsamer ab. Kommt es bei ihnen nicht zur Sprechblockierung, kommt es jedoch häufig in akuten kommunikativen Belastungssituationen zu einer Symptomverstärkung im stimmlich-prosodischen Bereich.

Die prosodischen Fähigkeiten der Kinder waren schon vor der mutistischen Verhaltensweise auffällig. Einige Mütter berichteten, dass ihre Kinder früher (vor dem Mutismus) sehr ruhig waren. Keine schätzte die betroffenen Kinder zuvor als „vorlaut", „stimmgewaltig", als „Schreihals" und ähnliches ein, sondern eher wurden sie als „stimmlich piepsig", „zurückhaltend", „nicht aus sich herausgehend" charakterisiert.

Für die Fehlentwicklung förderlich und für die Therapie behindernd ist, dass die Kinder ihre Stimme nicht mehr als Mittel zur Entladung von inneren Spannungen nutzen können. Die Konflikte werden so eher nach innen gedrängt, was die Blockierung verstärkt und einer Konfliktverarbeitung entgegensteht. Lauthalses Schimpfen, Rufen, Weinen und Schreien, was der Entladung dienen könnte, ist meistens nicht mehr möglich. Zu Beginn der speziellen Therapiesitzungen zeigte sich, dass ein schnelles reflektorisches

Zurückfinden auf einen physiologischen Spannungszustand und eine mittlere Sprechstimmlage mit normaler Lautstärke kaum noch möglich waren. Die Stimmgebung blieb weitgehend unterspannt und kraftlos, oftmals auch in Teilbereichen überspannt. Sie sprachen lange Zeit piepsig, tremolierend und auffallend leise. Das gesamte stimmlich-prosodische Erscheinungsbild erweckt den Eindruck, dass sich das Kind übermäßig stark zurück nehmen oder sich in ein jüngeres Alter zurückstufen will (kleinkindhafte Stimme).
In diesem Sinne kann die Instabilität in diesem Zeichensystem sowohl als Folge- bzw. Parallelsymptom der allgemeinen kommunikativen Instabilität angesehen werden, wie auch als zusätzlicher labilisierender Faktor für die Dialoggestaltung. Die aktuellen stimmlich-prosodischen Fähigkeiten sind demzufolge wenig geeignet, die verbale Ausdrucksschwäche oder die verarmte nonverbale Zeichengebung zu kompensieren, sondern die kommunikative Hilflosigkeit wird durch die schwachen stimmlich-prosodischen Fähigkeiten noch verstärkt.
Auf Grund des aktuellen stimmlich-prosodischen Zustandsbildes der schulmutistischen Kinder und auf Grund der Bedeutung dieser Teilförderung für den gesamten Rehabilitationsprozess sollte eine spezielle Stimmtherapie Bestandteil des komplexen Förderprozesses sein.

8 Sprech- und Sprachfähigkeiten

Den Sprachtherapeuten interessiert naturgemäß vor allem, welchen Stellenwert das aktuelle lautsprachliche Niveau des Kindes im verursachenden und pathologischen Bedingungsgefüge hat. In der Mutismusforschung steht verhältnismäßig wenig Datenmaterial zur Kennzeichnung des Sprachniveaus von Schulmutisten zur Verfügung. Umfassende Untersuchungen fehlen weitgehend. Es geht um die Beurteilung sowohl lautsprachlicher Leistungsparameter (perzeptives und produktives Niveau der sprachstrukturellen Ebenen) als auch der lautsprachlichen Verhaltensparameter sowie der lautsprachlich bedingenden Faktoren, beispielsweise die sprech-technische, sprechkognitive oder sprech-psychische Stabilität.
Unsere diesbezüglichen Untersuchungen sind zwar recht komplex angelegt, dennoch sind sie nicht repräsentativ (vergleiche Aussagen zu den intellektuellen Fähigkeiten). Hinzu kommt, dass die Anamneseerhebung im Hinblick auf unsere Fragestellung nur wenig an Substanz brachte, da sich viele Eltern nicht mehr genau an sprachliche oder kommunikative Ereignisse in früher Kindheit erinnern konnten. Bei den Heimkindern fehlten jegliche Angaben. Auf Grund dieser forschungsmethodischen Schwächen tendieren wir insgesamt dazu, dass die Daten recht vorsichtig interpretiert werden sollten. Es geht uns nicht primär um prüfstatistisch gesicherte Darlegungen. Es soll lediglich der Trend aufgezeigt werden. Deshalb wird weitgehend auch auf quantitative Aussagen verzichtet. Dennoch können die gewonnenen Daten die Annahme weiter stützen, dass Sprachkompetenzprobleme das Entstehen eines Schulmutismus begünstigen können. Bei einigen Schulmutisten ist das mangelnde Sprachkompetenzproblem offensichtlich, insbesondere bei den mutistischen Nichtmuttersprachlern. Oftmals veranlassen sie schon

ihre noch vorhandenen phonologischen und prosodischen Auffälligkeiten dazu, das Sprechen zu verweigern. Hinzu kommen Ausdrucks- und Formulierungsschwächen, eine auffällige Wortverwendung und grammatische Unsicherheiten. Äußerungen von ihnen deuten darauf hin, dass sie sich sprachlich recht unsicher fühlen und dass dies mit oder überhaupt der Grund ist, vor oder mit anderen Personen in der Schule nicht zu sprechen. Sie wollen nicht auffallen und ausgelacht werden. Auf Grund der eindeutigen Sachlage soll aus der nachfolgenden Kennzeichnung diese Teilpopulation herausgenommen werden.

Zur Charakterisierung der lautsprachlichen Kompetenz von Schulmutisten orientieren wir uns im Wesentlichen an der Sprechakttheorie nach Austin (1972). Die lautsprachliche Kompetenz soll an Hand der sog. Loci- und Non-Loci-Variablen eingeschätzt werden. Um diese zu erfassen, wurden vor allem folgende Möglichkeiten genutzt:

- Erhebung der lautsprachlichen Anamnese
- Beobachtungen des Interaktionsverhaltens der Kontaktpersonen
- Erhebungen des Sprachstatus unmittelbar nach der Deblockierung des Mutismus
- Befragung und Beobachtung der betroffenen Schüler (teilnehmende Beobachtung in Schulsituationen) unmittelbar nach der Deblockierung des Mutismus
- Befragung der betroffenen Mitschüler und Lehrer

8.1 Die Loci-Variablen

Zu den Loci-Variablen gehören die Illokution, die Lokution und die Perlokution.

8.1.1 Illokution

Unter Illokution versteht man, wie die Äußerungen an den (die) Gesprächspartner gerichtet werden. Eingeschätzt werden soll, wie Schulmutisten im schulischen Kontext mit Sach-, Beziehungs- und Prozessbotschaften umgehen. Bereits die Sprechweise, in der der Mutist seine Botschaften an Lehrer bzw. Schüler richtet, weist Besonderheiten auf. Diese könnten als Parallel-, Früh- oder Folgesymptom interpretiert werden. Man unterscheidet dabei in Regulativa, Expressiva und Konstruktiva. In den Einzelfallstudien waren folgende Tendenzen erkennbar.

8.1.1.1 Regulativa

Die Regulierungsfunktion der Sprache soll hier weniger unter dem Aspekt der Selbstregulation verstanden werden, sondern besonders im Hinblick darauf, wie die Lautsprache vom Mutisten genutzt wird, um auf das Verhalten anderer Einfluss zu nehmen. Diese Regulativa beziehen sich auf das gemeinsame soziale Umfeld der Schule und regulieren die interpersonellen Beziehungen im Schulalltag. Beispiele hierfür sind: „Hör' auf damit!", „Lass mich durch!", „Schau mal her!", „Hört mal zu!", „Lass mich doch mal ausreden!". Der Gebrauch von solchen prozessregulierenden Botschaften (fordernd, bittend, feststellend) verlangt in vielen Situationen ausgeprägten Durchsetzungswillen und Durchsetzungsfähigkeit.

Auffällig sind zunächst Art und Umfang der von den Schulmutisten gebrauchten Regulativa. Offensive verbale Durchsetzungsformen konnten wir in keiner Auseinandersetzungssituation beobachten (Beobachtung des mutistischen Kindes in der Schulsituation über eine Woche, insbesondere das Pausenverhalten). In zwei Einzelfallstudien zeigten die beobachteten Schüler (noch im Zustand des Schweigens gegenüber den Lehrern) diesbezüglich folgende Merkmale: Ein aktiver regulativer Zeichenaustausch erfolgte ausschließlich mit nonverbalen Zeichen. Der Partner wurde angetippt, sanft zur Seite gedrängt, man wendete sich ab usw.
Kontakte zum Zweck der Regulierung des kommunikativen Verhaltens des Lehrers wurden vom Schüler nicht gesucht. Die mutistischen Schüler zeigten ein mangelndes lautsprachliches Selbstvertrauen. Interessant ist, dass die Mutisten selbst diesen Zustand gar nicht registrierten. In der Thematisierung dieser Verhaltensweise stellte sich heraus, das ihnen ihr Verhalten nicht bewusst war. Übrigens wurde auch von den Mitschülern dies nicht registriert. Sie akzeptierten die ausschließlich nonverbale Zeichengebung und reagierten auch entsprechend.
Aber nicht nur das offensive Agieren mit den Regulativa war auffällig, sondern auch ihre Reaktionen in der Konfrontation mit solchen. Wurden von den Mitschülern ihnen gegenüber massive verbale Regulativa eingesetzt, dann reagierten sie ebenfalls nur mit nonverbalen Zeichen. Sie zogen eher den körperlichen Einsatz vor als verbal zu kontern. Sowohl liebevolle als auch aggressive verbale Regulativa zeigten bei ihnen – formal gesehen – gleiche Reaktionen.

8.1.1.2 Expressiva

Expressiva sind sozial wertende Sprechäußerungen. Damit werden Beziehungsbotschaften vermittelt. In diesen Äußerungen kommen in stärkerem Maße Gefühle, Einstellungen und Haltungen des Sprechers gegenüber dem Gesprächspartner zum Ausdruck, Beispiele: „Hau ab, ich spiele nicht mit dir!“, „Ih!“, „Du bist ja dumm!“, „Blöder Heini!“, „Willst du meine Freundin sein?“, „Spielst du mit mir?“ u.ä. Die differenzierte Verwendung von wertenden Äußerungen drückt Sensibilität, Empathievermögen und Menschenkenntnis aus. Sicher drücken Schüler im frühen Schulalter gegenüber ihren Mitschülern Sympathie verbal kaum differenziert aus, Antipathie hingegen schon. Die hohe Emotionalität in solchen positiven Bekundungen führt häufig in diesem Alter zum Verzicht oder zur Plakativität der Formulierung.

Besonderheiten gab es bei den Mutisten weniger in der Art, sondern eher im Umfang der gebrauchten Expressiva. Formen der verbalen Auseinandersetzungen (lautes Streiten oder Beschimpfen) in den Pausen, in denen die mutistischen Schüler verwickelt waren, konnten wir nicht registrieren. Da wir aus der Ferne keine Sprechbewegungen und diesbezüglichen Körperhaltungen feststellen konnten, gehen wir zunächst davon aus, dass sie nicht stritten. Dieses Verhalten deutet auf eine erhöhte emotional-kommunikative Instabilität hin. Festzustellen waren hingegen nonverbale Bekundungen sowohl negativer als auch positiver Art. Das Wegschubsen von unliebsamen Kindern, gegen die Tasche des anderen treten, sogar das Schlagen, um sich zu wehren, konnte beobachtet werden.

Auch konnten wir bei ihnen keine verbalen Äußerungen registrieren, die positive soziale Gefühle ausdrückten. Wiederum wurden nur nonverbale Sympathiebekundungen registriert wie spontanes Umarmen eines Mitschülers, sogar das liebkosende Küssen bei einem Mutisten. Da diese Beobachtungen in Form einer teilnehmenden Beobachtung durchgeführt worden sind, und sich die Aussagen deshalb lediglich auf Einzelfälle und begrenzte Situationen beziehen können, ist dieser festgestellte Sachverhalt sehr vorsichtig zu werten.

Von einzelnen Lehrern wurde allerdings berichtet, dass ihre mutistischen Schüler durchaus in den Pausen auf dem Hof „herumschreien" und sich mit anderen streiten. Ob es bei Konflikten mit Gleichaltrigen oder Älteren dabei dominant zu „lautstarken" verbalen Auseinandersetzungen kommt, konnte von ihnen nicht angegeben werden.

8.1.1.3 Konstruktiva

Konstruktiva sind sachgerichtete Informationen, Feststellungen, Mitteilungen usw., die relativ emotionsschwach vermittelt werden. Tendenziell scheint es so zu sein, dass sich bei mutistischen Schülern die verbale Äußerungsbereitschaft erhöht, wenn die Emotionalität im Dialog reduziert ist. Dies lässt sich ablesen, wenn Konstruktiva in Unterrichtssituationen, in denen sie sprechen, zur Anwendung kommen.

Sachliche monologartige Aussagen, wie Ergebnisbenennung im Mathematikunterricht, Sachberichte mit fehlenden Bewertungen usw. scheinen den mutistischen Schülern weniger Probleme zu bereiten. Nach Aussagen der meisten Schulmutisten fällt ihnen das Sprechen leichter, wenn sie reale Dinge benennen oder beschreiben, diese dabei in der Hand halten, darauf schauen und die Inhalte der Aussagen zeigen können. Wenn sie sich am Gegenstand „festhalten" können, fühlen sie sich offenkundig wohler. Nonverbales Tun scheint also in solcher Konstellation weitgehend ungehemmt möglich zu sein, zumindest fällt das Agieren leichter.
Ähnliches lässt sich bei Sachmitteilungen in dialogen Unterrichtssituationen beobachten, in denen sie sich äußern. Die zunehmende Sicherheit äußert sich in der erhöhten Sprechbereitschaft und in dem sicherer werdenden Blick. Auch die Äußerungen sind länger. Körperliche Verspannungen sind in diesem Kontext deutlich geringer. Sowohl die befragten mutistischen Schüler als auch die Lehrer berichteten, dass der Mutist in solcher gegenständlich fixierten Gesprächssituation eher bereit und in der Lage ist zu sprechen. Unsere Beobachtungen können dies bekräftigen.
Für die unterrichtsimmanente verhaltenstherapeutisch orientierte Umerziehung des Schulmutisten ergeben sich daraus wichtige Anhaltspunkte. Es scheint für die Strukturierung der Sprechanforderungssituationen sinnvoll zu sein, zunächst sachzentrierte Äußerungen, die mit dem Handeln verknüpft sind, zu trainieren. Hier scheinen die Blockierungen am wenigsten verhärtet zu sein und insofern ist eine größere Erfolgssicherheit gegeben.

8.1.1.4 Sprechverhaltensweisen

Im Sprechverhalten zeigen sich zum einen das kommunikative Strategiewissen und zum anderen kommunikative Aktivitätsaspekte. Hier soll weniger das konkret-situative Sprechverhalten in der Schule beurteilt werden, sondern das verfestigte, verallgemeinerte Sprechverhalten, welches inzwischen charakteristisch für den Schulmutismus geworden ist.
Das Sprechverhalten von einzelnen Schülern mit Schulmutismus wurde in Form einer teilnehmenden Beobachtung analysiert. Ausgewählt wurden Situationen, in denen das Kind sprach, wie im Elternhaus, beim Psychologen in Anwesenheit der Mutter, in bestimmten schulischen Situationen oder später nach der Deblockierung der Sprechhemmung. Ergänzt wurden unsere Beobachtungen durch die Befragung von engeren Kontaktpersonen. Festgehalten wurde der Gesamteindruck. Folgendes Sprechverhalten konnte bei Schulmutisten festgestellt werden:

- *Ein retardiertes sprechkommunikatives Verhalten*

Es handelt sich hierbei primär um ein defizitäres Verhalten, ein qualitativ und quantitativ zurückgebliebenes, aber aufholbares Sprechverhalten. Die Defizite zeigen sich mehr oder weniger ausgeprägt in unterschiedlichen Kommunikationssituationen, gegenüber unterschiedlichen erwachsenen oder älteren Kommunikationspartnern und bei verschiedenen thematischen Inhalten. Der Schüler beherrscht in diesem Falle bestimmte Dialog- und Gestaltungsformen, die von der Umgebung seinem Alter entsprechend erwartet werden, einfach (noch) nicht, weshalb er beispielsweise von anderen als „Baby“, als distanzlos, dumm oder unerzogen beurteilt wird. Die Diskrepanz zwischen Realbild und Erwartung ist zu groß. Von den erwachsenen Kontaktpersonen bzw. in Einzelfallstudien wurden beispielsweise ermittelt:

- Das Kind gebraucht kleinkindhafte Anreden wie Onkel und Tante, ohne Anrede oder es duzt fremde Erwachsene.
- Es beherrscht in unzureichendem Maße die Höflichkeitsformen im Dialog, zum Beispiel der Begrüßung, der Entschuldigung, der Danksagung usw.
- Es kann nicht abschätzen, welche Wortwahl, welche Lautstärke situativ notwendig ist und gebraucht ungeniert Jargon- oder Schimpfwörter. Es ist in seinen Äußerungen vorschnell, direkter (oftmals verletzend) und ungehemmter (ähnlich dem Kindermund).
- Es kann nicht abschätzen, welche Inhalte es wem und wann erzählen kann.
- Es zeigt beim Dialogsprechen oder beim Monolog massive Verlegenheitsgesten nonverbaler Art, die es selbst gar nicht registriert.
- Es kombiniert retardierte Sprachverhaltensweisen mit vorschultypischen Zuwendungsbekundungen, es streichelt, liebkost, küsst die Hand des erwachsenen Gesprächspartners während des Dialogs oder will ihn dabei umarmen.
- Es spricht Fremde mit kleinkindhafter Stimmlage und Stimmführung an.

Natürlich sind die Merkmale je nach dem Sprachentwicklungsstand und dem Alter verschieden. Nicht der einzelne Sachverhalt ist hierbei das Auffällige. Entscheidend sind die Häufigkeit, der Gesamteindruck, die erhebliche Diskrepanz zwischen der Erwartung in

dem jeweiligen Alter (oder auf Grund der äußeren Erscheinung) und der Ausführungsgewohnheit. Der Grad dieser Diskrepanz bestimmt das Auffällige.
Die Ursachen für retardiertes Sprechverhalten sind vor allem in einer mangelhaften Erziehung zu suchen, und zwar im Sinne von Nicht-Wissen, Nicht-Können und mangelnder Erfahrung in lautsprachlichen Gestaltungsprozessen. Sie können aber auch als Ausdruck (Parallelsymptom) einer allgemeinen Sprachentwicklungsverzögerung gewertet werden. Zu bedenken ist ferner, ob sich in solchen Verhaltensweisen vielleicht schon ein Ansatz, ein Frühsymptom für regressive kommunikative Reaktionen im Sinne einer Flucht in kleinkindhaftes Verhalten zeigt. Will das Kind so vielleicht eine Schutzbedürftigkeit anmahnen? Sollte ein solches Verhalten nach dem Abklingen der Schweigephase noch konstant auftreten, deutet dies zweifellos auf eine retardierte Sprechverhaltensweise hin.
Oftmals provoziert ein solches Sprech- bzw. Kommunikationsverhalten bei den Mitschülern nicht immer positiv zu bewertende Reaktionen. Die Kinder werden zurecht gewiesen, kritisiert, korrigiert, lächerlich gemacht u.ä. Unter Umständen können solche Reaktionen die Herausbildung regressiver Sprechverhaltensweisen begünstigen.

- *Das Kompensationsverhalten*

Im Unterschied zu den oben genannten retardierten Sprechverhaltensweisen treten die Verhaltensweisen, die zur Kompensation eingesetzt werden, nur in unmittelbarer Abhängigkeit von einer konkreten sprechkommunikativen Anforderungssituation auf. Es scheint eine spezifische Form des Anpassungsverhaltens zu sein, um sich vor übermäßigen Sprechanforderungen zu schützen.
Der Sprechkontakt wird anders als üblich gestaltet, beispielsweise werden abweichende Gestaltungsformen verwendet. Die stimmlichen, nonverbalen und verbalen Formmittel sind der Absicht, dem Inhalt oder der kommunikativen Umgebungssituation nach unangemessen bzw. unüblich, unter Umständen sogar diametral entgegengesetzt. So sind in manchen Fällen die Art und Weise der lautsprachlichen Kontaktherstellung abweichend. Um die gewünschte Zuwendung und Aufmerksamkeit von den Lehrern zu erhalten, praktizieren die Kinder eine Art von übermäßiger positiver, aber auch von negativer Auszeichnung. So zeigt sich das Kind unerwartet besonders „lieb" und setzt dafür Mittel ein, die für das Alter nicht mehr typisch sind. Es streichelt beispielsweise plötzlich ohne Grund die Lehrerin, versucht sie zu umarmen oder küsst ihre Hand oder kuschelt an ihrer Hand usw. Das Kind verhält sich überangepasst, um in der konkreten Situation die gewünschte Zuwendung zu erhalten. Die Mittel, die es dabei einsetzt, sind allerdings ausschließlich nonverbaler Art.
Aber auch Formen der negativen Auszeichnung sind zu beobachten, manchmal sogar in unmittelbarer Nachbarschaft mit den positiven. Plötzlich erkennt man den sonst so „lieben" Schulmutisten nicht wieder. Solche Verhaltensänderungen fallen deshalb so auf, weil sie unerwartet auftreten. Die Kinder scheinen bewusst gegen die Gruppennorm bzw. gegen die von ihnen erwartete Verhaltensweise zu verstoßen, um aufzufallen, um „ausgeschimpft" zu werden. Einzuordnen sind beispielsweise solche Verhaltensweisen: Das Kind beginnt plötzlich die Tasche der Lehrerin „zu untersuchen", oder es schiebt bewusst ohne jeglichen Grund die Schulsachen vom Mitschüler vom Tisch, es beißt ohne

Konfliktgrund den Mitschüler u.ä. Vereinzelt kann es sich sogar verbal negativ auszeichnen.
Wir konnten bei einem schulmutistischen Kind nach der Überwindung der akuten Mutismusphase beobachten, dass es plötzlich ohne jeglichen erkennbaren Grund – fast wie provozierende Stichelei – halblaut wiederholt deftige Kraftausdrücke gebrauchte. Als die Lehrerin nicht reagierte, folgten ordinäre Beschimpfungen. Erst als die tadelnde Zurechtweisung der Lehrerin einsetze, grinste das Kind und hörte damit auf. Es führte aber dabei seine Tätigkeiten fort, so dass nicht der Eindruck einer bewussten Konfliktzuspitzung bestand. Die Lehrerin hatte den Eindruck, als ob der „ehemalige" Schulmutist die Wirkung seiner Sprache testen wollte. Derselbe Schüler zeigte auch Auffälligkeiten beim Dialogbeginn. Das Gespräch wurde mit nonverbaler Kontaktherstellung in übermäßiger, ungewohnter Art begonnen. Er zog an den Sachen oder am Arm, klopfte an die Brust oder auf die Schultern des Lehrers, um die Aufmerksamkeit zu erreichen.
Die mit überzogenen nonverbalen Mitteln hergestellte Aufmerksamkeit für den Dialog wird dann aber nicht entsprechend der massiven „Vorankündigung" genutzt. Stellt der Lehrer daraufhin zum Schüler eine große Erwartungshaltung her, dann bleibt häufig das Sprechen aus oder der Sprechbeginn verzögert sich erheblich. Manchmal bleibt es bei der Einleitung, und der Dialog wird abrupt abgebrochen (plötzliches Abwenden).
Abweichend kann auch die Durchführung des Gesprächs sein. Wieder sind es die nonverbalen Zeichen, die in unüblicher Weise eingesetzt werden. Zu beobachten ist die asynchrone, im Aussagewert sich diametral entgegengesetzte nonverbale Mittelverwendung. Zum einen zeigt sich eine (fast übermäßige) Partnerzuwendung, zum anderen eine nonverbale Zeichenverwendung, die einen größeren Distanzraum herstellen will. So wird beispielsweise die Blickflucht, die Blickkontaktverweigerung mit dem „Festhalten" des Gesprächspartners (Körperanlehnung, Handberührung, Anfassen) verknüpft. Die Blick- oder Körperabwendung weist deutlich auf das Herstellen von Distanz hin, zugleich wird der intime Distanzraum durch die räumliche Nähe und durch die Art des Körperkontaktes massiv durchbrochen. Die eingesetzten nonverbalen Mittel drücken den massiven inneren Konflikt des Kindes aus, die Diskrepanz zwischen „Ich möchte mit dir kommunizieren" und „Ich kann aber nicht mit dir kommunizieren". Ein solcher innerer Konflikt scheint die nonverbale Zeichengebung zu bestimmen. Selbst wenn es zum (meist stockenden) Gespräch kommt, bleiben solche nonverbalen Verhaltensweisen oftmals bestehen.

Auch die Beendigung des Gesprächs kann Besonderheiten aufweisen. Entsteht während des Gesprächsverlaufes eine zu hohe Erwartungsspannung, dann können unübliche Reaktionen auftreten. Einzuordnen wäre hier zum Beispiel das plötzliche Verstummen, wobei das Reden durch Verlegenheitslachen in Verbindung mit gutem Blickkontakt ersetzt wird, was manche Pädagogen oder Eltern als pure Provokation empfinden. Das Kind verharrt noch eine Zeitlang in der Position der Gesprächsfortführung (körperliche und psychische Zuwendungshaltung), so dass der Dialogpartner daraus eine Erwartungsspannung für eine beginnende Erwiderung interpretiert. Aber es kommt keine Antwort. In anderen Fällen beendet der Schüler abrupt das Gespräch durch Sich-Abwenden. Er dreht sich um und geht einfach weg. Für den Dialogpartner ist das Verhalten nicht erklärbar und wird als Missachtung angesehen. Meistens will der Schüler nur seine aktuelle sprechkommunikative Schwäche überspielen. Erkennbar ist in all den Situationen der Widerspruch zwischen: ich möchte, aber ich kann nicht.

Abweichend ist auch die Art und Weise, wie lautsprachliche Äußerungen eingesetzt werden, um innere psychische Anspannungen abzuleiten. Das übliche Verhaltensmuster für Kinder im frühen und mittleren Schulalter ist, dass bei gesteigerten inneren Anspannungen (Freude, Erwartung, beeindruckende positive oder negative Erlebnisse, Angst usw.) ihr Äußerungsantrieb gesteigert ist. Die lautsprachlichen Äußerungen werden intensiver (Schwatz-, Redesucht) und extensiver (lauter, schneller, mehr Mimik und Gestik usw.). Nur bei massiver innerer Anspannung kommt es in Einzelfällen zum kurzzeitigen Verstummen. Bei einigen mutistischen Kindern wurde auch nach der Deblockierungsphase beobachtet, dass sie in solchen Situationen eher zum „Erstarren“ neigten. Der gesteigerte Rededrang blieb aus. Zugleich äußerte sich ihre gesteigerte innere Anspannung in der extensiveren Nonverbalität, beispielsweise verstärktes Fingernagel-Knabbern, an den Fingern pulen, an den Haaren drehen, an den Fingern bzw. Daumen lutschen usw. Selbst in dieser Rehabilitationsphase wirkten Spannungen eher nach innen als durch Formen der Entladung (verstärktes verbales Kundtun, große nonverbale Aktionen).
Das therapeutische Problem dieser kompensatorischen Verhaltensweisen besteht darin, dass sich das (ehemals) mutistische Kind dadurch weiterhin in eine kommunikative Sonderstellung bringt. Es wird gemieden, was einen Rückfall in ein regressives Sprechverhalten begünstigen kann.

Sprechverhaltensweisen entwickeln sich im Dialog mit anderen, und falsche Sprechverhaltensweisen sind auch auf unangemessene Sprechverhaltensweisen der engeren Kontaktpersonen zurückzuführen. Dies muss für die engeren Kontaktpersonen des mutistischen Schülers Anlass sein, ihre Sprechverhaltensweisen kritisch zu überprüfen. Aus unseren Situationsanalysen lassen sich einige Kriterien herausarbeiten, die dem Lehrer eine Orientierung für die Selbstregulation seines Sprech- und Kommunikationsverhaltens geben können.

Vom Lehrer soll beachtet werden:

a) das Verhältnis von sprachlichem Agieren und Reagieren im Dialog
Der Lehrer sollte sich fragen, ob sich dieses Verhältnis bei dem Schüler in extremer Weise verschoben hat. Ist das der Fall, dann könnte das Sprechverhalten des Lehrers daran einen Anteil haben. Kommuniziert der Schüler im Lehrer-Schüler-Dialog zunehmend bzw. fast ausschließlich nur noch reagierend, dann sollte sich der Lehrer dahin gehend prüfen, ob er im Dialog mit dem Schüler eher zu offensiv, sogar Gespräch aufdrängend ist und ob er zu sehr abfordernd und bedrängend ist.

b) der Ausprägungsgrad des Sprechantriebs
Auch an der Äußerungsbereitschaft der Schüler kann der Lehrer erkennen, ob zwischen ihm und dem Schüler eine kommunikative Harmonie besteht. Natürlich ergibt sich

die Grundprägung dazu zunächst aus der Kommunikationssituation, so dass der Sachverhalt nicht an sich beurteilt werden kann. Dennoch, und zwar relativ unabhängig von der konkreten Kommunikationssituation, neigen bekanntlich einige Personen zur extremen Einsilbigkeit, andere zu einer zu großen lautsprachlichen Aktivität (sog. Logorrhoe). Das eigentliche Beurteilungskriterium ist, inwieweit der Spielraum innerhalb dieser Gestaltungsanlage vom Schüler ausgeschöpft wird. Fühlt sich der Schüler wohl, wird er akzeptiert, sogar gemocht, dann steigen das Selbstvertrauen und die Mitteilungs- und Gesprächsbereitschaft. Meiden Schüler eher die Gesprächssituation, dann zeugt dies von mangelnder sozialer und/oder kommunikativer Harmonie.
Auch ist in solchen Fällen zu prüfen, ob der Lehrer dem Schüler in ausreichendem Maße wirklich die Chance einräumt, eine eigene Meinung zu äußern. Vielleicht neigt der Lehrer unbewusst dazu, „Alleinunterhalter" und Selbstdarsteller zu sein und erstickt so die Äußerungsbereitschaft. Für die Beurteilung muss auch bedacht werden, dass der Sprechantrieb auch von der Art und dem Grad des auslösenden Impulses abhängig ist. Bei manchen Schülern ist die Initialhemmung groß. Sie brauchen eine direkte Aufforderung zur Äußerung. Bei anderen Schülern wiederum ist diese Hemmung recht gering. Bei ihnen „läuft der Mund von selber über, wenn das Herz voll ist".

c) der Umfang des sprachlichen Agierens und Reagierens des Schülers
Ein anderes Kriterium für die Beurteilung der Äußerungsbereitschaft ist der Umfang der Äußerung. Hat der Schüler vom Lehrer den Eindruck, dass bei ihm eine große Zuhörbereitschaft besteht, dann sind seine Äußerungen tendenziell auch länger. Extrem anhaltende Einsilbigkeit des Schülers kann auch das Resultat einer geringen Zuhörbereitschaft des Lehrers sein.

d) die Stabilität der Sprechbereitschaft des Schülers
Allgemein gilt: je stabiler sich die Äußerungsbereitschaft gegenüber dem Lehrer herausgebildet hat, desto geringer sind Schwankungen im Hinblick auf die Sprechbereitschaft. Die bisherige Kommunikationserfahrung ist dafür bedeutsam, ob der Schüler gegenüber dem Lehrer eine gleichbleibend gute Äußerungsbereitschaft zeigt. Ist der Schüler durch das Kommunikationsverhalten des Lehrers bisher nicht verunsichert worden, dann ist seine Sprechbereitschaft auch stabil. Diese Stabilität äußert sich unter anderem in einem gleichbleibenden Stil und Ton, beispielsweise ob die Freundlichkeit bzw. Sachlichkeit erhalten bleibt. Ein anderes Kriterium ist, ob sich der Schüler sprachlich zum Lehrer weiterhin „normal" verhält, auch wenn er sich in einer exponierten Stellung im Raum befindet oder zu bestimmten Leistungen aufgefordert wird. Das Spektrum für Instabilität reicht von zeitweiliger Verweigerung, oftmals verknüpft mit einem Ausweich- bzw. Vermeidungsverhalten, bis hin zu Formen des Kompensationsverhaltens, beispielsweise Clownerie.
Natürlich kommt es in Abhängigkeit von den kommunikativen Anforderungen zu gewissen Stabilitätsschwankungen. Ein Dialog unter vier Augen wird anders verlaufen als ein Dialog im Beisein anderer Schüler oder ein Dialog vor der Klasse. Bleibt trotz solcher kommunikativer Belastung die lautsprachliche Form des Schülers im Gespräch mit dem Lehrer stabil, dann ist dies eine gute Voraussetzung, den Lehrer als sog. Stützperson im Förderprozess einzusetzen.

Zusammenfassend sei Folgendes festgestellt: Auffällige Sprachverhaltensweisen sind bei Schülern mit Schulmutismus (vor und nach der akuten mutistischen Phase) häufiger und in ausgeprägterer Form anzutreffen als bei gleichaltrigen Schülern. Etwa die Hälfte der erfassten Schüler zeigte diesbezüglich tendenziell Auffälligkeiten. Bei den nicht mutistischen Mitschülern traten zwar auch solche Auffälligkeiten auf, allerdings deutlich seltener und weniger ausgeprägt. Erwähnenswert erscheint uns, dass die genannten Qualitäten sowohl bei Schülern mit unterentwickelten als auch mit altersgerechten sprachstrukturellen Leistungen auftraten.
Um Fehlinterpretationen vorzubeugen soll klar gestellt werden, dass die kommunikative Aktivität in starkem Maße von Geburt an angelegt ist. Keiner kann aus seinem Temperament heraus. Im Erziehungs- und Förderprozess muss es um die Ausschöpfung des vorgegebenen Potenzials gehen.

8.1.2 Die Lokution

Der lokutive Sprechakt ist durch das konkrete Äußerungsmaterial in einer konkret gegebenen lautsprachlich-kommunikativen Anforderungssituation gekennzeichnet, also durch den phonetisch-phonologischen, den pathischen und den rhetischen Akt. Unschwer lassen sich hier die sprachstrukturellen Fähigkeiten zuordnen.

8.1.2.1 Der phonetisch-phonologische Akt

Der phonetisch-phonologische Akt umfasst die phonologischen, stimmlichen und prosodischen Fähigkeiten. Hier soll lediglich die Stabilität der phonetisch-phonologischen Fähigkeiten gewertet werden. Nach unserer Recherche sind Kinder mit Schulmutismus in der Realisierung des phonetisch-phonologischen Aktes instabiler als ihre Mitschüler. Zum einen zeigt sich bei ihnen gehäuft – auch in den Situationen zu Hause oder bei anderen Lehrern (nicht nur den Angstlehrern) – eine instabile bzw. inkonsequente Lautbildung, so dass eine sog. psychogene Dyslalie nicht selten ist. In der Einzelsituation, in der sie durchaus mit dem Therapeuten oder der Kontaktperson sprachen, fingen sie beispielsweise an zu lispeln (meist Sigmatismus addentalis), wenn sie sehr aufgeregt waren.
Allerdings wies mehr als jedes zweite jüngere Kind mit Schulmutismus (54,3%) auch objektive Lautfehlbildungen sowohl phonetischer als auch phonologischer Art auf. Von der Lautfehlbildung waren durchaus mehrere Laute betroffen. Außerdem zeigten 4,3% der Schulmutisten ein behandlungsbedürftiges offenes Näseln.
Eine undeutliche Artikulation oder andere Sprechauffälligkeiten können nicht nur eine verstärkte Kritik für das mangelhafte Sprechvermögen hervorrufen, sondern beim Gesprächspartner auch zu mehr Rückfragen führen, was wiederum eine verstärkte Selbstbeobachtung des Sprechvorganges nach sich ziehen kann. In diesem Sinne kann diese artikulatorische Mangelleistung auch ein (mit-)verursachender bzw. ein verstärkender Faktor sein.

8.1.2.2 Der pathische Akt

Der pathische Akt ist unter anderem durch die Art der Wortwahl, die Treffsicherheit im Ausdruck, die Äußerungslänge sowie die Wortfindung (Flüssigkeit im Ausdruck) gekennzeichnet, aber auch, wie sicher die Grammatik verwendet wird. In dieser Hinsicht sind bei Kindern mit Schulmutismus häufiger Unsicherheiten bzw. Auffälligkeiten anzutreffen. Sprech- bzw. Sprachauffälligkeiten scheinen bei Schulmutisten eine ernstzunehmende Größe darzustellen. Hartmann (1997) wertet diesbezüglich die Literatur aus und stellt fest, dass es eine Verbindung zwischen dem Schweigen und Sprachauffälligkeiten gibt. Beispielsweise werden von Süss-Burghard (1999), Wilkins (1985, in Hartmann 1997), Rösler (1981, in Hartmann 1997) und Kurt/Schweigert (1972, in Hartmann 1997) für das Vorkommen von Sprachstörungen und einer Sprachentwicklungsverzögerung Prozentwerte von 30 bis 65 angegeben.

In unserer Population ermittelten wir 15,2% Stotterer (leichte bis mittelgradige), 69,6% Schüler mit grammatischen Schwächen und 76,1% Schüler mit dem Syndrom Sprachentwicklungsverzögerung. Süss-Burghard (1999) erwähnt noch eine leichte Verzögerung beim Sprechbeginn (Sprechbeginn mit durchschnittlich 13 Monaten).

Diese Daten stützen die bereits geäußerte Annahme, dass Sprachauffälligkeiten eine mögliche (Mit-)Ursache bzw. ein begünstigender Faktor für das Entstehen eines Schulmutismus sein können. Die Defizithypothese kann hier akzentuiert auf das mangelhafte sprachliche Bewältigungspotenzial bezogen werden. Insofern ist Schulmutismus auch als Ausdruck eines sprachlichen Überforderungsverhaltens zu sehen.

Neben dem bereits erwähnten Stottern zeigen beispielsweise einige Schulmutisten in Situationen, in denen sie sprechen, häufiger Redeflussblockierungen bzw. Redeflussunterbrechungen. Diese Unterbrechungen sind aber keine tonischen oder klonischen Spasmen, sondern zeigen sich in Formen des kurzzeitigen Verstummens (einer Art fehlplatzierter Pausensetzung mit leicht übermäßiger Pausenlänge). Zu beobachten ist ferner ein verzögertes Einsetzen der Äußerung im Sinne einer Initialhemmung. In einem solchen Falle beginnt das Kind verzögert, sagt wenige Worte und bricht dann die Äußerung ab. Die zwar richtig platzierten Pausen werden teilweise übermäßig ausgedehnt. Aus dem verzögerten Start kann schon bald eine Verweigerung entstehen.

Darüber hinaus kommt es auch zur falsch platzierten Redepause, wobei dies weniger den Anschein einer Wortfindungs- bzw. Wortaussprechblockierung hat, sondern es sich wiederum eher um eine Äußerungshemmung im Sinne einer Initialhemmung handelt. Nach einer solchen Pause kann es inhaltlich weitergehen, die gedehnte Pause kann aber auch ein anhaltendes Verstummen einleiten. Der Dialog wird so abrupt vom Schüler beendet.

Bei einigen etwas älteren mutistischen Schülern (ab dritte Klasse) war auffallend, dass sie bei den Lehrern, bei denen sie kaum Probleme mit dem Sprechen hatten, zuerst Tendenzen zur lautsprachlichen Verweigerung im Unterricht zeigten, wenn sie zu monologen Äußerungen aufgefordert wurden. Nach Aussagen der befragten Eltern und Kindergärtnerinnen, welche die Schulmutisten früher in der Kita betreut hatten, gab es solche Auffälligkeiten bereits vor dem Schulmutismus. Im Entwicklungsbericht von einem Schulmutisten wurde deshalb auch wiederholt der Verdacht auf Stottern geäußert. Besonders bei komplexeren monologen Anforderungen, wenn das Kind etwas zusammenhängend erzählen bzw. berichten sollte, war die Darstellung recht stockend. Der Verdacht rührt wahrscheinlich aus der Kombination von physiologischem Stottern und übermäßiger Schüchternheit. Ob dies bei allen Schülern mit Schulmutismus anzutreffen ist, konnte nicht ermittelt werden.

Durch das häufige Auftreten von abrupten Satzabbrüchen und Satzumstellungen, durch den stockenden Redefluss und die extreme Einsilbigkeit erscheinen die Äußerungen der Schüler oftmals auch recht dysgrammatisch. Die situative massive psychogene Sprechhemmung kann zu einer größeren grammatischen Unsicherheit führen. Natürlich ist auch eine mangelnde grammatische Kompetenz nicht auszuschließen. In der sprachtherapeutischen Einzelüberprüfung wurde im Beisein der Mutter die grammatische Kompetenz der Schulmutisten überprüft. Verwendet wurde für die Schüler der ersten Klasse die Methode des bildgestützten strukturierten Gesprächs. Die Schüler wiederholten aus den angebotenen Alternativen eine Form. Bei Schulmutisten der zweiten und dritten Klasse wurde die grammatische Kompetenz schriftlich geprüft. In Lückentexten sollten die jeweiligen grammatischen Konstrukte eingesetzt werden. Es bestätigte sich – gruppenstatistisch gesehen – die Tendenz zur Minderleistung.

Der pathische Akt wird bei Kindern mit Schulmutismus besonders in längeren Äußerungen schnell labil. Offensichtlich steigt dann der innere Erregungsdruck übermäßig stark an. Nicht nur die motorische Unruhe und die stimmlichen Unzulänglichkeiten nehmen dann zu, sondern der Redefluss zeigt in zunehmenden Maße Auffälligkeiten. Bei längeren Äußerungen beschleunigt sich beispielsweise das Redetempo, die Sprechmelodie flacht ab und es treten gehäuft „Verlegenheitspausen", Embolophonien und Embolophrasien sowie iterative Wortwiederholungen auf. Die gesteigerte innere psychische Anspannung führt auch zu gesteigerten muskulären Spannungen im Ansatzrohr, was zusätzlich zu Kompetenzproblemen in der Bewältigung der Lautstruktur führt. Verspannungen im Mund- bzw. Lippenbereich und das Lippenbeißen sind dafür sichtbare Anzeichen.

Bemerkenswert für die Gestaltung des Förderprozesses scheint uns folgender beobachtete Sachverhalt zu sein: Hatten sich die Schüler „eingesprochen" oder sprachen sie während der Einzeltherapiesitzung in Dialogen vor situativ konkretem Hintergrund, dann blieben sie sprachlich unauffällig. Deshalb wurden zu Beginn der Therapiesitzung kurze Äußerungen gefordert, dazu wurden entladende Gestik oder Handlungen praktiziert. So konnte der gewünschte Dialog bewältigt werden. Auch die geringe kognitive Anspannung wirkte positiv auf den lockeren „Plaudervorgang". Der Dialog gelang dann recht gut und auftretende Spannungen und Erregungen konnten stark reduziert werden. Begannen wir hingegen mit einem Bericht oder einer Nacherzählung, dann ergab sich ein anderes, leider das gewohnte Bild. In den Hospitationen (registrierende Beobachtung) zeigte sich Ähnliches: Wird die kommunikative Aufmerksamkeit vom Kind weg geführt, dann ist der pathische Akt deutlich stabiler. Eine geteilte Aufmerksamkeit beim Sprechen, durch manuelle Parallelaktivität hervorgerufen, dazu ein Sprechen mit der Gruppe oder zumindest aus der Gruppe heraus, reduziert erheblich den inneren Erre-

gungszustand. So erklärt sich teilweise auch, warum mutistische Schüler beim (mitsprechenden) Schreiben weniger aufgeregt, weniger blockiert sind als beispielsweise bei einer direkten laut- oder schriftsprachlichen, oder bei nonverbaler Kommunikation.
Nach unserer Langzeitbeobachtung bleibt aber der Sachverhalt bestehen, dass ehemals mutistische Schüler auch nach der Deblockierung der Sprechhemmung im Unterricht in bestimmten Anforderungssituationen weiterhin pathisch mehr oder weniger ausgeprägt labil bleiben. Ihre allgemeine Ansprechbarkeit bzw. die Äußerungsbereitschaft bleiben herabgesetzt. In Pausengesprächen mit ihren Schulfreunden fangen sie kaum die Gespräche an. Ähnliches kann im Elternhaus beobachtet werden. Auch hier reagieren die meisten Kinder eher defensiv. Selbst wenn der innere Druck zu Hause recht groß war, benötigten sie einen Anstoß, damit das „Herz und damit der Mund überlief".
Im Unterrichtsgespräch reagieren die meisten auch später bei allgemeiner Sprechaufforderung kaum oder verzögert, oftmals erst nach mehrmaliger oder nur bei direkter Aufforderung (Aussagen der Eltern, Lehrer), obwohl sie grundsätzlich schon in solchen Situationen sprechen. Oftmals verhalten sie sich so, als ob die Frage bei ihnen nicht ankommt. Sie scheinen in diesem Moment vielleicht auf Grund einer noch vorhandenen psychogenen Hörbeeinträchtigung den Inhalt der Frage nicht dekodieren zu können. In 20 Hospitationsstunden bei 6 Schulmutisten der unteren Klassen trat nicht einmal eine Situation auf, wo die Schüler sich bei allgemeinen Aufforderungen des Lehrers zur Äußerung meldeten bzw. unaufgefordert dazwischen sprachen. Sie waren nur bereit sich verbal zu äußern, wenn sie direkt namentlich dazu aufgefordert wurden. Oftmals war sogar eine mehrmalige Aufforderung notwendig.

8.1.2.3 Der rhetische Akt

Im Mittelpunkt steht hier der Referenz- und Sinnaspekt der Lautsprache in ihrem Verwendungskontext. Es zeigen sich die Fähigkeiten, die rhetorischen Gestaltungsmittel (die stilistischen, stimmlich-prosodischen und nonverbalen Stilformen) variabel zu handhaben, um den Bedeutungsgehalt der Aussage zu erhöhen. Rhetorische Mittel dienen dazu, den Sinngehalt von Teilaussagen zu verstärken und andere Teilaussagen von der Bedeutung her zurückzunehmen.
Das Problem besteht bei mutistischen Schülern darin, dass prosodische, nonverbale und stilistische Mittel, beispielsweise um Sachverhalte herauszuheben, zugleich in verstärktem Maße die Aufmerksamkeit des Hörers auf den Sprecher ziehen bzw. den Sprecher auch als Person in den Vordergrund rücken. Will der Sprecher den rhetischen Akt gut gestalten, benötigt er deshalb in ausreichendem Maße psychische Stabilität und Selbstbewusstsein.
Es überrascht nicht, wenn in unserer Population häufiger rhetische Auffälligkeiten auftreten. Werden vom Schulmutisten – selbst während der Kleingruppenarbeit im vertrauten Kreise – Äußerungen gefordert, die einen erhöhten subjektiven Bedeutungsgehalt aufweisen, dann kommt es verstärkt zur rhetischen Mangelleistung, beispielsweise zur prosodisch-monotonen Gestaltung im Dialog oder beim Gedichts- und Lesevortrag. Kennzeichnend ist der „Leierton", das nuschelnde oder das zu schnelle Sprechen.
Wie eine subjektive Hervorhebung den Sprecher belasten kann, zeigt sich beispielsweise, wenn von ihm eine persönliche wertende Stellungnahme gefordert oder die Forde-

rung nach Bewertungen des eigenen (Fehl-)Verhaltens gestellt wird. Persönliche Wertungen werden vermieden, weil diese ebenfalls eine verstärkte Aufmerksamkeit auf den Sprecher lenken. In der schulischen Alltagssituation ist festzustellen, dass es ehemalige Schulmutisten auffallend vermeiden, sich bei der Lehrerin über ihre Mitschüler zu beschweren. Sie nehmen nach wie vor Unannehmlichkeiten und Ungerechtigkeiten lieber hin, als sich durchzusetzen bzw. die Hilfe des Lehrers in Anspruch zu nehmen. Ähnlich ist das Verhalten bei Aufforderungen, sich zu „peinlichen" Themen zu äußern. Gespräche zu bestimmten „Peinlichkeiten" führen unter Umständen sogar zur totalen Blockierung, andere „Peinlichkeiten" verstärken lediglich die Symptomatik der Verlegenheit.
Zur rhetischen Fähigkeit gehört auch, eine exponierte Stellung im Raum auszuhalten. Rhetische Stabilität erkennt man im Verhalten, wenn der Redner alle Blicke auf sich zieht. Wie offensiv und kommunikationsunterstützend bleibt in solchen Situationen beispielsweise seine Mimik und Gestik, seine Stimmgebung? Welche rhetischen Mittel bzw. Anforderungen belastend sind, wird allerdings recht subjektiv, allein vom Sprecher entschieden. Er bestimmt letztendlich vor dem Hintergrund seiner Erfahrungen und seines Wertemaßstabes, welche Konstellationen für ihn belastend sind. Auf Grund der starken Subjektivität in der Bewertung können keine allgemeinen Anforderungsstrukturen formuliert werden. Die konkreten Parameter ergeben sich deshalb aus der so genannten Angstpyramide des Schülers.

Rhetische Schwächen zeigen sich bei vielen jüngeren Kindern. Bei Schulmutisten kommen diese Schwächen aber ausgeprägter zum Ausdruck. Die Besonderheit bei ihnen scheint wiederum nicht im bloßen Fakt der rhetischen Minderleistung zu bestehen, sondern dass diese bereits bei Anforderungen auf einem niedrigen Level auftritt, beispielsweise beim Sprechen in einer geringen Sprechleistungsstufe, vor kleinen Gruppen, vor Personen, die nur flüchtig bekannt sind usw.

8.2.3 Perlokution

Der perlokutive Akt meint die Auswirkung einer gemachten Äußerung auf den Gesprächspartner und ihre Rückwirkung auf den Sprecher selbst. Der Volksmund sagt treffend: „Wer austeilen will, muss auch einstecken können." Manche Schüler sind verbal sehr aggressiv und verletzend, reagieren aber übersensibel, wenn sie selbst kritisiert oder beleidigt werden. In unserem Falle bedeutet dies vor allem: wie reagiert der mutistische Schüler auf Lehrer- bzw. Schüleräußerungen in den Anforderungssituationen im Unterricht, wie auf Kritik, wie auf Auslachen? Und wie reagieren jene auf das Schweigen des Schülers?
Es überrascht nicht, wenn Schulmutisten in der Verarbeitung von Äußerungen, die ihre Person betreffen, ebenfalls Besonderheiten aufweisen. Sie verhalten sich nicht nur bei Kritik, Rückfragen, Meinungsaufforderungen u.ä., sondern schon bereits bei ganz „neutralen" Dialogen wie eine „Mimose". Die überzogene Besorgniskognition sucht nach Bestätigung und gibt somit den Reaktionen der Dialogpartner eine negative Prägung. Die Wahrnehmung der Bewertungsinhalte ist verzerrt.

Die Reaktionen der Gesprächspartner auf ihr Schweigen werden falsch reflektiert, wie die sich anschließenden Gespräche zum Vorschein bringen. Ihre Äußerungen spiegeln eher Negativerwartungen wider, die oftmals mit der Realität nicht übereinstimmen. So wurden von einem Mutisten beispielsweise Schüler namentlich benannt, die gelacht oder ihren Unmut kund getan haben sollen, obwohl dies gar nicht stimmte. In einem anderen Fall meinte ein Schüler, die Lehrerin wäre wütend gewesen. Sie blieb aber sachlich und freundlich.

Allerdings ist festzuhalten, dass auch Lehrer in diesem perlokutiven Akt dazu tendieren, das Geschehen tendenziell negativ zu reflektieren. Das hartnäckige Schweigen des Schülers führt quasi zu einer Entmachtung des Pädagogen vor der Klasse oder vor anderen Kollegen. Der Lehrer erlebt, dass seine bewährten Mittel zur Aktivierung der Schüler in diesem Falle versagen und er wird gegenüber solchen Situationen hilflos. Über die erlebten Niederlagen sind die meisten Lehrer enttäuscht, ärgerlich, gar wütend auf den Schüler und auf sich selbst. Von einzelnen Lehrern wurde zugegeben, dass sie in solchen Situationen durchaus auch mal verletzend reagierten, meist mit Ironie, auch mit Beleidigungen. Ein solches Erleben ist schmerzhaft und zerrt an dem Selbstwertgefühl. Diese Reaktionen sind zwar kognitiv nachvollziehbar, aber nicht zu akzeptieren.
Die meisten Lehrer reagieren jedoch – unbewusst zunehmend stärker – mit Vermeidungsverhalten. Sie wollen einer Konfliktverschärfung vorbeugen. Sie behalten ihre formale Freundlichkeit bei, ignorierten aber weitgehend den mutistischen Schüler im Unterricht. Ihnen war in den Gesprächen durchaus bewusst, dass Resignieren keinem weiter hilft und am wenigsten dem Schüler, aber letztendlich waren die Gefühle bestimmend.
Erstaunlich ist, dass Mitschüler mit Mutisten viel lockerer umgehen. Sie reagieren impulsiver (auch mit Gemeinheiten), was weniger Frust entstehen lässt. Wer ihnen weniger sympathisch ist, der wird kommunikativ gemieden. Deshalb ist es für sie auch nicht so frustrierend, wenn jemand den sprachlichen Kontakt meidet. Das Schweigen wirkt auf sie nicht so belastend, denn ihr kommunikatives Befinden und ihre kommunikative Aktivität in der Klasse werden dadurch kaum beeinträchtigt. Es stehen ihnen viele Mitschüler als Gesprächspartner zur Verfügung.
Es ist jedoch die Regel, dass ein länger anhaltendes gestörtes Sprechverhalten letztlich immer zu mehr oder weniger starken sozialen Fehlanpassungen bei allen Kontaktpersonen führt. Ein solches Verhalten ruft beim Gesprächspartner bestimmte, „passfähige" Verhaltensmuster hervor, die wiederum in ihrer Form die weitere psychosoziale Entwicklung des mutistischen Kindes belasten. Nach unseren Beobachtungen sind besonders zwei Umgangsformen verbreitet: die aktive Schonung und die Überforderung. Beide Formen sind Folgen einer Interaktionshemmung. Weder restriktiv-autoritäre als auch verwöhnend-überbehütende Umgangsformen sind geeignet, „normale" Sprechverhaltensmuster aufzubauen, denn sie leisten der Tendenz der sozialen Isolierung Vorschub. Bei einigen Mitschülern kann sich in der Folge ebenfalls gegenüber dem Mutisten ein regressives Sprechverhalten entwickeln. So ist zu erklären, warum einzelne Mitschüler gegenüber dem Mutisten mehr Vorurteile, ein ausgeprägteres Rückzugsverhalten oder eine übertriebene Anteilnahme zeigen. Ein Zurückweisen, ein Verspotten und Hän-

seln und das Drängen in eine negative Sonderstellung sind nicht selten zu beobachten. Mutistische Kinder werden als willensschwach und widerstandslos eingestuft und deshalb schnell zum „Prügelknaben“ mancher Schüler der Klasse, gar der Schule.

Das Hauptproblem stellt jedoch das verzerrte Reaktionsverhalten der Schulmutisten dar. Die Äußerungen der Dialogpartner treffen auf übersensible Partner und wirken deshalb auf diese lähmend. Sobald sie angesprochen werden oder ihr Nichtsprechen thematisiert wird, zeigen sie eine erstarrte, verkrampfe Körperhaltung und Mimik. Ihre Lippen sind verkniffen. Blick, Kopf- und Körperhaltung geben sich abweisend. Die Schwierigkeiten mit dem Sprechen gehen einher mit nonverbalen Schwierigkeiten.
Bei einigen Schülern äußert sich das übermäßig sensible Reagieren vor allem im Bereich der Stimme, sie können zwar noch auf Fragen antworten, allerdings nur flüsternd. Ein Beispiel aus unserer Beobachtung: In der Pause sprach der Mutist mit seinem Freund, und zwar stimmlich ganz normal. Als der Dialog jedoch von einem Lehrer unterbrochen und der Mutist etwas gefragt wurde, da versagte seine Stimmgebung und er konnte nur flüsternd antworten.
Selbst die „therapierten“ Schulmutisten, die also im Unterricht wieder sprachen, weisen im perlokutiven Akt im Vergleich zu ihren Mitschülern noch markante Unterschiede auf. Es fällt auf, dass in ihren Formulierungen keine „Ich-Betonung“ vorkommt, wie: *ich* habe gesehen, *ich* habe erlebt, *ich* möchte, darf *ich*... Bei Antworten auf Fragen nach Wünschen wird meistens nonverbal oder einsilbig mit Ja oder Nein reagiert, auch hier ohne Ich-Bezogenheit.
Eine weitere Besonderheit besteht darin, dass sie nicht nur schneller mit gesteigerter Erregung bei belastenden Anforderungen reagierten, sondern auch übermäßig intensiv. Im Unterschied zu anderen „schüchternen“ Schülern zeigt sich bei ihnen tendenziell, dass die übermäßige innere Erregung länger anhält und auch langsamer abklingt. Diese Reaktionsbesonderheit scheint bei ihnen in starkem Maße angelegt zu sein, so dass sie auch nach der Deblockierung der Sprechhemmung gefährdet bleiben. Darauf deuten auch folgende beobachtete Erscheinungen hin:

- Nachklang im Bereich der Sprachperzeption

Es handelt sich um eine psychogene Hörbeeinträchtigung in verbalen Anforderungssituationen, wodurch der Schüler dann nicht oder nur bedingt in der Lage ist, Informationen aufzunehmen und zu dekodieren. Es kommt zu Missverständnissen und zu ausbleibenden Reaktionen. Dazu ein Beispiel aus dem Unterricht: Die Lehrerin erläuterte die Aufgabenstellung im Rahmen der Projektarbeit für jede Teilgruppe bzw. für jeden Schüler. Durch Rückfragen wurde geklärt, ob jeder seinen Auftrag verstanden hatte (eine Art Kettendiskussion). Auch der (sonst schon teilweise im Unterricht sprechende) Mutist wurde aufgefordert, seinen Arbeitsalgorithmus zu wiederholen. Es kam nun aber zur Sprechverweigerung. Die Lehrerin sagte daraufhin noch einmal die Teilschritte, sogar in einer entspannenden Art, indem die Teilgruppe angesprochen wurde. Der unmittelbare Druck durch das direkte Ansprechen wurde also gemindert. Dennoch wirkte der Mutist irritiert.

Solche Nachwirkungen lassen sich besonders in Prüfsituationen beobachten, zum Beispiel bei der mündlichen Leistungskontrolle, bei Kettendiskussionen, bei Wissensüberprüfungen in kontrollierenden Unterrichtsgesprächen u.ä. Auf Grund der großen kognitiven „Voraktivierung" („Vordenken" und „Vorformulieren") und der gesteigerten emotionalen Einstimmung (durch Unsicherheit geprägte Erwartungshaltung) kommt es zu länger anhaltenden perzeptiven Blockierungen.

- Nachklang in den Bereichen Körperspannung und motorische Unruhe

Ein gewisser Nachklang der übermäßigen Erregung mit einhergehender Blockierung zeigt sich auch in den Bereichen Körperspannung und Motorik. Es kann beobachtet werden, dass einige Schulmutisten nach einer Sprechblockierung noch längere Zeit körperlich verspannt bleiben. Der gesamte Körper scheint wie erstarrt, und in diesem Zustand kommt es zu gesteigerter Psychomotorik, wie Grimassieren, Fingerpulen, Taschentuchkneten, Nägelknabbern u.ä. In einem Fall soll die mutistische Schülerin nach dem gelungenen Gedichtsvortrag richtig (erlösend) geweint haben, obwohl keinerlei Kritik an ihrer Leistung geäußert worden war.
Bei anderen Schülern bzw. in anderen Situationen lässt sich mehr eine Hypermobilität in der Grobmotorik feststellen. Ein Schüler, der eine massive Sprechblockierung unmittelbar vor der Pause zeigte, praktizierte beispielsweise in der Pause zunächst eine Zeitlang Körperschaukelbewegungen, stand dann aber bald auf und begann ausdauernd zu hüpfen. Dies war eher ungewöhnlich für ihn, so dass der Beobachter dies im Zusammenhang mit der vorhergehenden Sprechblockierung sah. Solche Symptome bzw. die Verspannungen klingen von selbst nur langsam ab. Günstiger ist es, wenn die inneren Spannungen gelenkt abgebaut werden. Eine sich anschließende Bewegungsaufgabe (zum Beispiel die Tafel abwischen) kann schneller zur Spannungsharmonisierung beitragen.

Zusammenfassend sei festgestellt, dass die lautsprachlich-emotionale Belastung der Kinder mit Schulmutismus in aktuellen Kommunikationssituationen in der Schule auf Grund ihrer eingeschränkten Kompetenz bei der Handhabung der Loci-Variablen besonders groß ist. Gegenwärtig kann nicht gesagt werden, inwieweit labile Loci-Variablen prognostischen Aussagewert im Hinblick auf den Therapieverlauf haben. Diesbezüglich eingeschränkte Kompetenzen scheinen aber begünstigende Faktoren für lautsprachliche Blockierungen zu sein. Welchen Stellenwert die einzelnen Parameter im pathologischen Bedingungsgefüge für Schulmutismus haben, lässt sich schwer beurteilen, zumal die einzelnen Parameter bei den untersuchten Schülern keineswegs in gleicher Weise und in gleichem Ausprägungsgrad auftraten. Tatsache ist, dass diese Unzulänglichkeiten den aktuellen Sprechprozess dieser Kinder prägten und prägen.

8.2 Die Non-Loci-Variablen

Auffällige Loci-Variablen allein können sicher nur zum Teil das Entstehen und die Manifestierung der schulmutistischen Störung hinreichend erklären. Das Niveau der Non-

Loci-Variablen, das heißt der allgemeinen Sprachförderbedingungen, insbesondere der lautsprachlichen Interaktion, spielt im Entstehungsprozess des Schulmutismus eine nicht zu unterschätzende Rolle. Relevante Sachverhalte innerhalb der Non-Loci-Variablen sind das kommunikative und pädagogische Vermögen der Kontaktpersonen im Umgang mit dem (kommunikativ sensiblen) Kind und die kommunikationsspezifischen Interaktionsmerkmale der engeren Kontaktpersonen. Im nachfolgenden Kapitel werden auch die Erziehungsbedingungen für das Entstehen von Sprechfehlverhaltensweisen kommentiert.

Kapitel 3
Ätiologie und Pathogenese des Schulmutismus

1 Vorbemerkungen

Für das Entstehen und für die Manifestierung der mutistischen Erscheinung existieren in der Fachliteratur sehr unterschiedlich akzentuierte Interpretationsansätze, die – entsprechend der jeweiligen Wissenschaftsrichtung – verschiedenen Paradigmen verpflichtet sind. So stehen bei der Annahme einer dominant tiefenpsychologisch gelegenen bzw. traumatischen Verursachung die Analyse der Konflikte und die Konfliktlösung im Vordergrund der medizinischen bzw. psychologischen Therapie. Aus einer solchen Betrachtung ergeben sich für das pädagogische Handeln kaum Berührungspunkte. Deshalb sollen psychoanalytische Betrachtungen von der weiteren Erörterung ausgeklammert werden.

Wird die Sprechverweigerung vor allem vor dem Hintergrund einer schwierigen familiären Erziehungssituation gesehen (Folge traumatischer bzw. mikrotraumatischer Ereignisse), dann ist es mehr ein sozialpädagogisches bzw. sozialpsychologisches Problem. Vertreter, die dominant von einer milieutheoretischen Betrachtung das Problem angehen, favorisieren in ihrem Therapiekonzept konsequenterweise die verstärkte Einbeziehung der Familie im Sinne einer Familientherapie. Die Methoden sind beispielsweise die Beratung und das Sozialtraining, basierend vor allem auf lerntheoretischen Mechanismen (anknüpfend an Roger, Eysenck). Innerhalb dieser therapeutischen Grundstrategie lassen sich wiederum unterschiedliche theoretische Schwerpunktsetzungen erkennen, beispielsweise die Vorgehensweise nach dem Belastungs-Bewältigungs-Paradigma, nach dem Diathese-Stress-Modell oder nach einer milieutheoretischen Betrachtung. Im Einzelfall kann dann sogar ein zeitweiliger Milieuwechsel für das mutistische Kind empfohlen werden, ja sogar therapeutisch sinnvoll sein. Da der Schwerpunkt dieser Publikation die schulische Intervention ist, sollen solche Erklärungsmodelle hier nicht vertieft werden.

Es lassen sich viele begründete Annahmen für das Entstehen der Erscheinung Mutismus finden. Alle scheinen in ihrer Logik begründet zu sein. Analysiert man aber konkrete Einzelfälle, dann ist es sogar berechtigt, in der Erklärung der Erscheinung von mehreren Theoriemodellen auszugehen. Die Verursachung und der Prozess der Pathogenese sind sehr vielschichtig und komplex sowie individuell spezifisch. Deshalb muss ein Versuch, diese Komplexität und Vielschichtigkeit in nur einem Therapiekonzept zu erfassen, stets fragmentarisch bleiben. Die Realität ist viel umfassender und vielschichtiger als jegliches theoretische Abbild es fassen kann. Aus pädagogischer, speziell sprachheilpädagogischer Sicht haben die einzelnen Erklärungsmodelle für die praktische schulische Förderarbeit eine unterschiedliche Relevanz. Wenn im Folgenden ein sprachheilpädagogisch akzentuierter Zutritt zum Problem dargestellt wird, dann sind wir uns über die Unzulänglichkeit eines solchen Versuchs bewusst. Den Sinn einer solchen Hervorhebung sehen wir darin, das Pädagogische herauszustellen, um den pädagogischen Therapiezutritt zu begründen.

Das allgemeine verursachende Bedingungsgefüge für das Entstehen von Schulmutismus ist nicht anders zu beschreiben als bei Mutismus schlechthin, denn vom Wesen her unterscheiden sich Mutismus und Schulmutismus nicht. Bei der Herausbildung des Störungsbildes Schulmutismus ist auch von einer polyätiologischen Verursachung und von einer multifaktoriell geprägten Genese auszugehen. Die Grundmechanismen für die Entstehung und die Bedingungskonstellation (das Zusammentreffen und längere Wirken bestimmter Prädispositionen und dafür unangepasster sozialer Bedingungen) sind dem allgemeinen Mutismus gleich. Es ist ein reaktives, neurotisch geprägtes und verfestigtes Sprechfehlverhalten. Dieses Allgemeine wird lediglich durch schulspezifische Faktoren akzentuiert oder ergänzt. Das Spezifische scheint zu sein, dass das Schweigen in diesem Falle nur im Anforderungsfeld der Schule auftritt. Deshalb gilt es, dieses Anforderungsfeld genauer zu analysieren. Die Schule stellt sich als ein Kommunikationsort dar, an dem

- in sozialer Gemeinschaft unter Führung von wechselnden Lehrern gelernt wird, wobei zunächst die Kindergemeinschaft und auch die Lehrer für das Kind relativ unbekannt sind,
- vom Schüler Leistung erwartet wird, wodurch seine Kommunikation stärker unter permanentem Bewertungsdruck steht,
- der Sprechdialog das hauptsächliche Mittel der Unterrichtsführung ist, um untereinander in wechselnder Hierarchie vielfältige Informationen auszutauschen, Erkenntnisprozesse zu führen, das Verhalten zu regulieren, um Bildungsresultate zu bewerten,
- die muttersprachliche Bildung zugleich ein wichtiges Ziel des Unterrichts ist, so dass es zur Verschmelzung von Mittel und Ziel kommt.

Im Vergleich zur vorschulischen Erziehung in der Kita oder in der Familie ergeben sich daraus spezielle Anforderungen an die Bewältigungspotenziale des Kindes.

Soll eine Therapie erfolgreich verlaufen bzw. will man stabile Resultate erreichen, dann sollte die Förderung nicht nur symptomorientiert, sondern auch ursachenorientiert erfolgen. Unter dem Aspekt der Ursachenorientiertheit sind für den Pädagogen jene Sachverhalte bedeutsam, die von ihm beeinflussbar sind, also in erster Linie die verursachenden sozialen Bedingungen und die vorhandenen, aber durch Lern- und Trainingsprozesse beeinflussbaren Funktions- und Leistungsschwächen des Schülers. Dieser Zutritt erscheint uns logisch, denn dies sind die Wirkungsfelder der Pädagogen.
Muttersprachliche Bildung und Erziehung ist bekanntlich ein wichtiger Inhalt der schulischen Ausbildung. Unterstellt wird dabei, dass Sprache und Sprechen, einschließlich Sprechverhalten, mit pädagogischen Mitteln beeinflusst werden können. Ein Lehrer vermittelt nicht nur die muttersprachlichen Bildungs- und Erziehungsinhalte, sondern er korrigiert in diesem Prozess auch diesbezügliche Fehlentwicklungen beim Schüler. Insofern kann er das Problem Sprechverweigerung nicht einfach ignorieren. Darunter würde sowohl der mutistische Schüler als auch die gesamte Unterrichtssituation leiden.

Aus seinem pädagogischen Auftrag heraus ergibt sich für ihn die Verpflichtung, sich diesem Problem zu stellen, zumindest an der Problemlösung mitzuwirken. Der Lehrer wird das Problem vor allem pragmatisch, mit seinen Möglichkeiten angehen und die pädagogisch orientierten Förderschwerpunkte herleiten.
Für ihn gilt es zunächst, jene Aspekte zu erfassen, die das Fehlverhalten in der Schule aufrechterhalten und unter Umständen weiter stabilisieren, um diese weitgehend zu eliminieren oder zu neutralisieren oder gar zu kompensieren. Für ihn ist es ferner wichtig zu wissen, wie er reagieren soll, damit sich das Störungsbild nicht verfestigt. Hierbei ist das Verhalten des Lehrers von besonderem Interesse, beispielsweise sein Anforderungs-, Kontakt-, Kommunikations- und Sprechverhalten. Das Lehrerverhalten stellt für den Schulmutisten eine wesentliche kommunikative Lernbedingung dar. Wenn Schulmutismus vor allem als erlerntes Fehlverhalten angesehen wird, welches auch wieder verlernt werden kann, dann gilt es, in der Schule dafür die Lernvoraussetzungen (die Lernmöglichkeiten und Lernbedingungen) zu schaffen. Dazu gehört auch, dass sich das Verhalten des Lehrers gegenüber dem mutistischen Kind verändert. Insofern muss der Schulmutismus auch als sozialpädagogisches Problem gesehen werden.
Einige der verursachenden Sachverhalte kann der Lehrer nicht beeinflussen, beispielsweise die speziellen (ererbten oder erworbenen) Dispositionen. Diese kann er lediglich zur Kenntnis nehmen und im Prozess beachten.

Wie er als Pädagoge dem Schüler helfen kann, möchte er vor allem wissen. Analysiert er seine Einflussmöglichkeiten im Rahmen seines pädagogischen Auftrages, ist es naheliegend, von einer Defizithypothese auszugehen. Verursachende Defizite können sowohl in der Person des Schülers, im Verhalten des Lehrers oder in der Gestaltung des pädagogischen Prozesses liegen.
Defizitär können beispielsweise die Sprechlernbedingungen in der Schule sein, die es dem Schüler aktuell nicht ermöglichen, eine angemessene Sprechaktivität zu zeigen. Eine solche Defizit-Hypothese sieht den Schwerpunkt für die Verursachung darin, dass das Kind bisher in der Schule falsche bzw. unzureichende Lernbedingungen gefunden hat, um ein normales Sprechverhalten zu entwickeln. Die pädagogische Konsequenz müsste nun darin bestehen, dem Schüler die erforderlichen kommunikativen Lernmöglichkeiten im strukturierten Anforderungsfeld zu gewähren, damit er seine Defizite aufholen kann.
Basiert die Annahme für die Sprechverweigerung in der Schule vor allem darauf, dass das Kind kommunikativ, und zwar in der ganzen Komplexität, überfordert ist (Defizit-Theorie in dem Sinne, dass der Widerspruch zwischen dem kommunizieren Sollen und Können für das Kind unlösbar geworden ist), dann muss in der Förderung in besonderem Maße der Entwicklung der kommunikativen und speziell der Sprechvoraussetzungen Aufmerksamkeit geschenkt werden. Und hierbei könnte dann vor allem der Sprachbehindertenpädagoge gefordert sein.
Kommt der Pädagoge bei der Analyse des pädagogischen Anforderungsfeldes zu dem Schluss, dass die hauptsächliche Ursache für die Sprechverweigerung vor allem in der psychischen (sozial-emotionalen) Labilität des Kindes begründet ist, dann bedarf es Maßnahmen, die auf die Stabilisierung der sozialen Kompetenz des Kindes zielen und

sein Selbstwertgefühl entwickeln. Seine soziale Kompetenz muss durch angemessenes Fordern systematisch entwickelt werden.
Ein stabiles Selbstwertgefühl entsteht jedoch nicht durch bloßes Zureden. Es lässt sich real nur vor dem Hintergrund realer Leistungen und entsprechender Anerkennung entwickeln. Das Erleben des Erfolges ist die Hauptquelle für das Entstehen eines gesunden Selbstbewusstseins und Selbstwertgefühls. Dazu benötigt das gehemmte Kind ein spezielles Bewährungsfeld, was nach dem System steigender Anforderungen strukturiert ist. Auch muss der Einsatz einer speziellen Stützmethodik gesichert sein.

Eine pädagogisch orientierte Ursachendiskussion sollte vor allem das pädagogische Anforderungsfeld Schule analysieren und hierbei die pädagogisch veränderbaren Sachverhalte herausstellen. Ziel muss es sein, auf dieser Grundlage ein pädagogisch dominierendes Fördermodell für Kinder mit Schulmutismus bzw. eine einheitliche Grundstrategie für den Förderprozess herauszuarbeiten. Die Orientierung an einer therapeutischen Grundstrategie kann für den Pädagogen sehr hilfreich sein. Allerdings kann eine solche Grundstrategie lediglich die Richtung und den Handlungsrahmen angeben und nicht „ungebrochen" auf den Einzelfall übertragen werden.
Die Schwierigkeit dabei besteht darin, dass sich das verursachende Bedingungsgefüge ätiologisch recht komplex (multifaktoriell) und qualitativ vielgestaltig darstellt und bei jedem Mutisten individuell unterschiedlich ist. Dennoch erscheint es uns möglich, auf der Grundlage gruppenstatistischer Erhebungen wesentliche verursachende Faktorengruppen zu ermitteln.

Zunächst werden ausgewählte organogene, psychische und soziale Entwicklungsbedingungen erläutert, von denen wir annehmen, dass diese speziell das Entstehen von Schulmutismus prädestiniert haben. Hierbei stützen wir uns vor allem auf eigene Untersuchungen. Wie bereits betont, können einfache monokausale Beziehungen zwischen einer einzelnen verursachenden Bedingung und dem Symptom das Entstehen und die Pathogenese des mutistischen Verhaltens nicht hinreichend erklären.

2 Prädestinierende Bedingungen für das Entstehen des Schulmutismus

2.1 Idiopathische Bedingungen

Die Frage, die sich zunächst stellt ist, welche inneren Bedingungen das Entstehen einer mutistischen Störung begünstigen. Einige dieser Merkmale wurden bereits im vorhergehenden Kapitel beschrieben und diskutiert.
Einschränkend muss vermerkt werden, dass sich solche vermuteten Bedingungen nicht in jedem Falle bei allen von uns untersuchten Kindern finden lassen. Es zeigt sich im gruppenstatistischen Sinne lediglich eine hohe Wahrscheinlichkeit. Außerdem lassen sich einige dieser Sachverhalte auch bei anderen, nicht mutistisch reagierenden Kindern finden.

Außerdem ist das Vorhandensein einer Disposition nicht damit gleichzusetzen, dass davon auch eine starke belastende Wirkung ausgehen muss. Die Bedingung wirkt erst in der konkreten Konstellation bzw. im Kanon mit anderen Bedingungen. Die Risikofaktoren können einander verstärken, sie müssen es aber nicht in jedem Falle. Auch hier gibt es das dialektische Verhältnis von Nebeneinander und nicht unbedingt der verstärkenden Mitwirkung. Denn es muss auch bedacht werden, dass die spezifischen Prädispositionen zugleich auch von anderen Bedingungen kompensiert werden können. Zu den spezifischen Prädispositionen bzw. Prädikatoren für Schulmutismus gehören beispielsweise folgende Sachverhalte:

- **Hirnschädigungen** können zweifellos das sprechfunktionale System labilisieren und eine Fehlentwicklung begünstigen. Dennoch gibt es von der Wirkung her keine einfache lineare Kausalität zu einem mutistischen Verhalten, das heißt, diffuse oder spezifische Hirnschädigungen müssen nicht zwangsläufig zu einer mutistischen Störung führen. Anzutreffende auffällige medizinische Befunde sollten deshalb nicht stringent mit dem mutistischen Verhalten in Verbindung gebracht werden, eher sind sie als begünstigender Faktor für das Entstehen von Auffälligkeiten im sprachlichen Leistungsverhalten anzusehen.

Im Hinblick auf organische Schäden sei festgestellt, dass nicht alle Mutisten eine solche nachweisbare organogene Beeinträchtigung haben. Die diesbezüglichen Angaben schwanken in der Fachliteratur erheblich. Nach Süss-Burghard (1999) weisen 25% der Mutisten keine auffälligen Befunde auf, aber immerhin bei 75% der Mutisten konnte eine organische Schädigung oder Vorschädigung nachgewiesen werden. Genannt werden Schwangerschafts- und Geburtskomplikationen und – zusätzlich oder primär – frühe Entwicklungsprobleme.

Die meisten Veröffentlichungen zur Problematik nennen als Merkmal frühkindliche Hirnschädigungen, allerdings weisen die Angaben eine große Streubreite auf. Die Angaben reichen von einer Häufigkeit von ca. 25% Hirnschädigungen (pathologische EEG-Befunde) bis 70%. Vereinzelt wird auch darauf verwiesen, dass keine pathologischen Befunde festgestellt werden konnten (vgl. Hartmann (1997)).

Diese Aussagen beziehen sich auf Mutisten insgesamt. Ob sich diese Häufigkeit auch bei Schulmutisten zeigt, kann aktuell nicht mit der notwendigen statistischen Sicherheit ausgesagt werden. Nur von 20 der von uns erfassten Schulmutisten lagen diesbezüglich Angaben vor. Hier betrug der Anteil der prä-, peri-, postnatalen Schädigungen 45%. Würde man von der (unwahrscheinlichen) Annahme ausgehen, dass die Unterlagen von allen Schülern vollständig waren, dann würde sich der Anteil erheblich (unter 10%) reduzieren, was recht unwahrscheinlich ist. Auf Grund der Unsicherheit der Quellen, bleiben die diesbezüglichen quantitativen Angaben sehr vage.

- Die **geringe Belastbarkeit** scheint eine begünstigende Entwicklungsbedingung zu sein. Auf Grund mehrerer personeller Sachverhalte kann bei Mutisten eher ein Dys-Stress entstehen. Ihre Bewältigungskapazität scheint objektiv für die Bewältigung von altersüblichen Anforderungen zu gering zu sein.

Anforderungen lösen Stress aus. Stress ist als ein Ereignis zu beschreiben, bei dem das Individuum an die Grenzen seiner Anpassungsfähigkeiten stößt bzw. diese unter Umständen sogar überschreitet (vgl. Hartmann 1997, 97). Faktoren, die eine erhöhte Aufmerksamkeit erregen bzw. verlangen, also Stress auslösen, werden als Stressoren bezeichnet. Stress ist an sich zunächst keinesfalls negativ zu bewerten, im Gegenteil, Stress kann Kreativität und Konzentration stimulieren.
Stress und die psychischen und physischen Auswirkungen von Stress stellen keine festen Größen innerhalb eines Reiz-Reaktion-Verhaltens dar, denn Stress ist eine subjektiv geprägte Größe. Stressoren werden auf Grund des unterschiedlichen psychischen und physischen Zustandsbildes von jedem Individuum auf verschiedene Art wahrgenommen, interpretiert und handelnd verändert. Dies gilt auch für Kinder. Auch sie reagieren sehr verschieden auf stressreiche Ereignisse.

Der primären Einschätzung einer Stresssituation (Analyse der Anforderungssituation) wird eine sekundäre Einschätzung (Analyse der eigenen Ressourcen) gegenübergestellt, und zwar auf der Grundlage der eigenen Bewertung der vorhandenen Bewältigungskapazitäten. In Abhängigkeit von der Bewertung der Stressoren und der Potenziale kann die Anforderung als Herausforderung, als Schaden oder Verlust oder als Bedrohung empfunden werden (vgl. Hartmann 1997, 97ff.). Die Bewertung dieser Konstellation wird dann zum zentralen Parameter für die Auslösung der Aktivität und ist damit die Grundlage der Handlungsregulation. Besteht aus Sicht des Betroffenen eine nicht zu bewältigende Diskrepanz zwischen dem Bewältigungspotenzial und der Anforderung, dann kann ein lähmender, gesundheitsschädigender Dys-Stress entstehen, der das weitere Handeln bestimmt. Dys-Stress ist als Negativvariante von Stress anzusehen und führt zur Belastungs-Bewältigungs-Dysbalance.

Jeder hat im Verlaufe seiner Entwicklung eine individuelle Belastungskapazität herausgebildet. In dieser Größe sind die angelegten, ererbten Dispositionen (psychologische und physiologische Anlagen) aber auch erworbene Einstellungen, Haltungen, Erfahrungen, Wissen und Fähigkeiten enthalten (Diathese). Entsteht nun eine Belastungs-Bewältigungs-Dysbalance im Hinblick auf sprech-kommunikativen Umweltstress, dann stellt sich die Frage, worauf dies zurückgeführt werden kann. Sicher ist zunächst naheliegend, dies auf überzogene Anforderungen zurückzuführen. Wenn nun aber die Anforderungen altersgerecht sind, dann gibt es nur die Erklärung, dass es spezielle Dispositionen des Kindes sein müssen. Im Unterschied zum einfachen Belastungs-Bewältigungs-Paradigma wird beim Diathese-Stress-Erklärungsmodell das Entstehen abweichenden Sprechverhaltens auf das Wirken einer ungünstigen Veranlagung zurückgeführt. Mutisten reagieren beispielsweise auf Grund ihrer spezifischen Anlage schneller, früher, intensiver und langanhaltender auf sprech-kommunikative Stressoren.
Auch ihr (über-)ängstlicher Grundtypus stellt eine spezielle, recht relevante Prädisposition dar. In diesem Falle sind es weniger die objektiven Kapazitätsgrenzen, die zu Dys-Stress führen, sondern subjektiv gefärbte Fehleinschätzungen (Fehleinstellungen und Fehlhaltungen). Eine gesteigerte Vorab-Angst auf Grund einer erhöhten Besorgniskognition prägt die Wahrnehmung der kommunikativen Anforderungssituation. Es kommt

zur verzerrten Reflexion der Sachlage. Die Angstkognition wird schließlich zur dominierenden verhaltenssteuernden Funktion und nimmt permanent eine verhaltenskontingente Verstärkerfunktion ein. Eine objektive Einschätzung von sprech-kommunikativen Anforderungen ist nicht mehr möglich. Schon „normale" Anforderungssituationen sind für mutistische Kinder stets Ausnahmesituationen. Sie wähnen sich generell für die Bewältigung aller schulischen sprech-kommunikativen Anforderungen zu schwach. Und daraus entstehen Ängste bzw. steigern diese. Die Dysbalance wird bereits durch die Fehleinschätzung der Anforderung und durch die Fehleinschätzung der eigenen Ressourcen aufgebaut. Das Versagen wird quasi „herbeigesehnt", erwartet und dann stellt sich in der Tat auch das Versagen ein. Weil die Belastungs-Bewältigungs-Balance nicht mehr gegeben ist, kann sich dieses Selbstmodell verfestigen und eine Eigendynamik entwickeln. So lösen schließlich alle sprech-kommunikativen Anforderungen Dys-Stress aus.
Begünstigend für eine solche Fehlentwicklung ist der Umstand, dass die angenommenen Drohpotenziale (die vielfältigen schulischen, vor allem kommunikativen Anforderungen) relativ stabil und häufig auftreten und ein Ausweichen nur in begrenztem Maße zulassen. Die Kinder scheinen recht genau zu wissen, was bei ihnen und in welchem Maße zu Ängsten führt (siehe Angstpyramide).

Sowohl das einfache Belastungs-Bewältigungs-Paradigma, aber auch das Diathese-Stress-Erklärungsmodell können zur Erklärung zugrunde gelegt werden, wie Schulmutismus entsteht und wie das Störungsbild aufrechterhalten wird. Daraus ergeben sich wichtige Schlussfolgerungen für den sprachtherapeutischen Förderprozess im Hinblick auf die Förderziele und Förderinhalte aber auch für das fördermethodische Vorgehen.
Für die kommunikative Kompetenzentwicklung mutistischer Kinder sind verschiedene Programme entwickelt worden (Brack, 1986). Zu unterstreichen ist die in verhaltenstherapeutischen Therapieansätzen vertretene Meinung, dass im Förderprozess das Potenzial des Mutisten für den lautsprachlichen Mittelgebrauch erhöht bzw. gestärkt werden muss. Allerdings sind auch andere Auffassungen zu finden, wo der lautsprachlich-kommunikativen Kompetenzentwicklung ein geringer Stellenwert beigemessen wird (vgl. Schaller & Schmidtke, 1975 in Süss-Burghard, 1999).

• **Die hereditäre Belastung** ist markant. Mutismus an sich kann nicht vererbt werden. Sprechverhalten ist eine Eigenschaft, die sozial geprägt und erlernt worden ist. Vererbt werden kann lediglich die hirnorganische und/oder die charakterliche Anlage dazu. Die in der Literatur zu lesenden Fallbeispiele deuten zunächst darauf hin, dass Schüler mit Mutismus in ihrem familiären Umfeld häufiger mutistische Personen antreffen. Was nun im konkreten Fall prägender war, das Vorbild oder der Erziehungsstil oder die biotische Anlage, ist schwer auszumachen.

Die Auswertung der Anamnesebögen unserer untersuchten Population lässt erkennen, dass dieser Umstand durchaus eine relevante Größe darstellt. Hereditäre Dispositionen waren bei 52,2% nachweisbar. Von den 24 „belasteten" Schülern hatten zwei Drittel einen Elternteil, der als Kind ebenfalls Mutist war oder starke mutistische Züge aufwies.

Fünf Schüler (10,9%) hatten mutistische Geschwister und bei weiteren zwei Schülern gab es in der Verwandtschaft mutistische Erscheinungen. Leider wurde nicht erhoben bzw. konnte nicht erhoben werden, ob neben der mutistischen Verhaltensweise in der Verwandtschaft zusätzlich ausgeprägte Sprechscheu auftrat.
Süss-Burghard (1999) weist darauf hin, dass viele Mütter (ca. 30 bis 50%) der Frühmutisten im Gespräch einen hilflosen Eindruck machten. Ihre sozial-kommunikative Unsicherheit war weiterhin auch im Erwachsenenalter noch zu spüren. Ähnliches ist für Schulmutisten anzunehmen.
Wenn sich zu dem Sprechverhalten der Schulmutisten in vielen Fällen eine erbliche Belastung nachweisen lässt, so stellt sich die Frage, ob es zum geminderten sprachlichen Leistungsverhalten auch eine hereditäre Beziehung gibt. Wie bereits festgestellt, ist bei einem Großteil der Schulmutisten davon auszugehen, dass sie allgemein in die Kategorie Sprachschwächetyp einzuordnen sind. Ein Großteil von ihnen zeigt von Beginn ihrer Sprachentwicklung bis zum aktuellen Erscheinungsbild, dass häufiger Sprechentwicklungsprobleme im Vergleich zur Grundgesamtheit auftreten. Die ermittelte relevante Häufigkeit berechtigt zu dieser Aussage.
Eine diesbezügliche erbliche Belastung (Sprachschwächetyp) kann in unserer untersuchten Gruppe bei 17 Schülern (37%) angenommen werden. Allerdings waren die diesbezüglichen Angaben wiederum von den befragten Eltern sehr allgemein und diffus. Nur solche Hinweise, dass jemand in der Sprachbehandlung war, in der Schule Lese-Rechtschreib-Schwierigkeiten hatte oder stotterte, konnten registriert werden. In den meisten Fällen konnte die Frage von den Eltern (meist Mutter) nicht oder nur auf die eigene Person bezogen beantwortet werden. Dies lässt den Schluss zu, dass die diesbezügliche Dunkelziffer weit aus höher sein dürfte.

- **Aktuelle Schwächen in den Durchsetzungsstrategien** scheinen charakteristisch zu sein. Das schulische Leben basiert auf Formen des sozialen Tätigseins. Interaktion, Kooperation und Kommunikation durchdringen jegliches Tun. Das Kind muss sich sozial und kommunikativ behaupten, um am sozialen Tätigsein gleichberechtigt teilnehmen zu können. Dabei entwickelt es für sich optimale Strategien. Schwächen werden durch Stärken ausgeglichen bzw. Stärken werden besonders zur Geltung gebracht, um ein Optimum an sozialer und kommunikativer Wirkung zu erzielen. Die subjektive Effizienz eines Mittels wird auch danach bewertet, welche Möglichkeiten das Kind zur sozialen Konfliktlösung zur Verfügung hat. Ist es nicht stimmgewaltig, nicht redegewandt, nicht geistvoll und schlagfertig, nicht körperlich stark, dann muss es zwangsläufig nach anderen Alternativen suchen, um in Konfliktsituationen zu bestehen.

Bei der Wahl der Strategie zur Bewältigung von schulischen Konfliktsituationen wirkt das Prinzip der Ökonomie, also die Tendenz, möglichst effiziente und recht wirksame Mittel zur Konfliktlösung einzusetzen. Dies führt in der Regel – zumindest teilweise – auch zur zeitweiligen Übertreibung der Mittelanwendung. Nicht selten wird dabei auf Mittel zurückgegriffen, die eigentlich der Norm widersprechen. Bei den nonverbalen Mitteln dominiert dann beispielsweise das Faustrecht, auf der prosodischen Ebene beispielsweise das Sich-Anschreien und der Redeschwall, auf der phonetisch-phonologischen Ebene ein Überartikulieren, auf der lexikalischen Ebene die Verwendung eines

diffamierenden Wortschatzes, auf der syntaktischen Ebene die Verwendung der Kommandosprache usw.
Eine andere Form der Übertreibung ist die Ausdehnung der Schweigephasen. Mit dem Schweigen kommt es zum abrupten Abbruch der lautsprachlichen Kommunikation. Es gibt quasi kaum ein effektiveres Mittel in sozialen Konfliktsituationen, als das Mittel des hartnäckigen Schweigens. Wenn nun jemand bevorzugt diese Bewältigungsstrategie wählt, dann muss es Ursachen dafür geben. Anzunehmen ist, dass das Schweigen auch auf einer ungünstigen Belastungs-Bewältigungs-Konfiguration beruhen kann. Da das mutistische Kind nicht in ausreichendem Maße andere Bewältigungsstrategien entwikkelt hat bzw. entwickeln konnte, wird diese Strategie von ihm bevorzugt gewählt, was eine Fehlbalance begünstigt. Eine mangelnde Stabilität des Selbstwertgefühls, sprachliche Defizite (lautsprachliche Verhaltensstrategien, sprachliche Leistungskriterien), ein geringes intellektuelles Niveau und auch bestimmte motorisch-körperliche Parameter (sie sind eher kleiner und zierlicher als ihre Mitschüler) begünstigen die Manifestierung dieser Strategie.

- **Sprachliche Defizite bei den Leistungsparametern sowie Minderbegabung bzw. mangelnde kognitive Fähigkeiten** begünstigen das Entstehen mutistischer Verhaltensweisen. Wie bereits im vorhergehenden Kapitel ausgeführt und durch Daten belegt, sind lautsprachliche Defizite bei Schülern mit Schulmutismus gar nicht so selten. Es sind weniger Redeflussstörungen (Stottern, Poltern) oder das organogene Näseln bzw. Palatolalie, die im Zusammenhang mit dem Schulmutismus stehen, sondern es sind vor allem Schwächen bei der Darstellung (Kommunikationsverfahren) und in der Beherrschung offensiver Kommunikationsstrategien. In unserer Population trat insbesondere das Syndrom allgemeine Sprachentwicklungsverzögerung verstärkt in Erscheinung. In Abhängigkeit von bestimmten Bedingungen sind deshalb schnell die Gestaltungspotenzen erschöpft. Andere, Kinder von Übersiedlern und Ausländern, sind deshalb sprachlich unbeholfen, weil sie aktuell die deutsche Sprache in Inhalt und Form unzureichend beherrschen.

Festzuhalten bleibt ferner, dass in unserer Versuchspopulation in den meisten Fällen eine Minderbegabung bestand. Eine Minderbegabung bringt das Kind in der Schule schneller in eine Überforderungssituation. Insofern kann auch dies als ein begünstigender Faktor angesehen werden.

- Markant ausgeprägt sind die **Besonderheiten in ihrem Verhalten.** Bei mutistischen Kindern sind Ausdrucks- und Verhaltensweisen zu beobachten, die eine verlangsamte psychische Entwicklung bzw. eine seelische Störung vermuten lassen. Wir befragten 50 Lehrer, die aktuell Schulmutisten unterrichteten. Als Orientierungshilfe gaben wir eine ungeordnete Liste von Verhaltensauffälligkeiten vor. Mehrfachnennungen und Ergänzungen waren möglich. Diese Lehrerbefragung brachte folgende Resultate:

Verhaltensauffälligkeiten

Merkmal	Prozent
– geringe Äußerungsbereitschaft	91,3 %
– Angst	84,8 %
– stark introvertiert	78,3 %
– Hypersensibilität	71,7 %
– regressives Kontaktverhalten	71,7 %
– Blickflucht	67,4 %
– leicht verletzbar bei Spott und Ironie	65,2 %
– sehr starke Mutterbindung	52,2 %
– Leidensdruck, Defizitbewusstsein	41,3 %
– stur, hartnäckig	37,0 %
– eigensinnig	37,0 %
– Minderwertigkeitsgefühle	32,6 %
– depressiv, Schwermut	26,1 %
– aggressiv, davon	
> gegenüber Personen	23,9 %
> gegenüber Sachen	34,8 %
– extreme Bindung an Ersatzobjekte (Tiere, Puppen)	23,9 %
– schwerfälliges Reagieren	21,7 %
– Stimmungslabilität	19,6 %
– Selbstaggression	8,7 %

Die Merkmale deuteten auch auf eine überhöhte Sensibilität und Störungen des Selbstwerterlebens hin. Ihre Grundstimmung wird als depressiv sowie ängstlich beschrieben. Einmütig war die Meinung der Befragten, dass diese Kinder sehr sensibel sind. Bestimmte Situationen in der Schule, die für andere Kinder erstrebenswert sind, werden von ihnen schnell als peinlich oder unangenehm empfunden. Ein direkt ausgesprochenes Lob oder gar ein positives Herausstellen ihrer Leistung vor der gesamten Klasse ist ihnen meist äußerst peinlich. Eine Übermäßigkeit der positiven Verstärkung kann sogar ihre Schüchternheit verstärken und dem Förderprozess wenig dienlich sein. Tendenziell gilt Folgendes: Auf bestimmte soziale Reize reagieren die Schulmutisten recht empfindlich. Sie reagieren auf Störreize schneller und intensiver und ihr Erregungszustand klingt langsamer ab. Die erhöhte Sensibilität prädestiniert das Kind, als Spiegel sozialer Konflikte bzw. sozialer Spannungen zu gelten. Mitunter können deshalb schon minimale Disharmonien oder ein autoritärer Erziehungsstil dazu führen, dass das Kind mit auffälligen Verhaltensweisen reagiert, ganz im Sinne eines milieutheoretischen Ansatzes. Das mutistische Kind ist in diesem Sinne auch als Symptomträger familiärer und schulischer Spannungen zu verstehen.

Diese Reaktionsmuster sind jedoch andere als bei Kindern mit ADHS. Beispielsweise werden die Kinder bei plötzlich auftretendem Unterrichtslärm recht schnell konfus. Sie reagieren dann aber weder mit motorischer Hyperaktivität noch durch eine Steigerung ihrer Kommunikationsintensität, eher verkrampfen und erstarren sie.

Wie wir in den Anamnesegesprächen ermitteln konnten, zeigt ihre Reizverarbeitung eine gewisse Besonderheit, so dass man in vielen Fällen sogar von einer neurotischen Veranlagung sprechen kann. Sie zeigen beispielsweise die Tendenz, Ereignisse und Erlebnis-

se zu hypertrophieren. Das „gesunde Augenmaß“ für die Beurteilung von Situationen und Anforderungen besteht nicht mehr.
Die erhöhte Sensibilität kann wiederum als Prädisposition für das Entstehen neurotischer Verhaltensweisen angesehen werden. Es ließen sich in unserer Population auch Merkmale finden, die auf eine neurotische Disposition hindeuten.

Merkmal	Prozent
– Körperfehlspannungen / Körperfehlhaltung	73,9 %
– Blickflucht	67,4 %
– vegetative Labilität	52,2 %
– Nägelkauen	41,3 %
– Grimassieren	39,1 %
– Ess-Störungen	37,0 %
– Enuresis	32,6 %
– Finger-, Daumenlutschen	30,4 %
– zwanghafte Handlungsmuster	30,4 %
– Fingerpulen	26,1 %
– Zähneknirschen	17,4 %

Enkopresis trat in unserer Untersuchungspopulation nicht auf.

Die erhöhte Empfindsamkeit scheint erheblich dazu beizutragen, dass sich ein Mutismus schneller herausbilden und manifestieren kann, auf jeden Fall wirkt die erhöhte Empfindsamkeit als Verstärker im Prozess des pathologischen Schweigeverhaltens. Für diese Kinder brauchen die belastenden Umstände nicht unbedingt so häufig oder intensiv zu sein (Kontingenzverhältnis), um Konditionierungsprozesse auszulösen.

Schulmutismus als insulare Erscheinung scheint es nicht zu geben, denn bei allen erfassten Schulmutisten zeigt sich deutlich eine Tendenz der komplexen Ausweitung der Verhaltensauffälligkeiten:

Merkmalshäufigkeitsgruppe	prozentuale Häufigkeit des Auftretens
> nur Sprechverweigerung	0 %
> 2–4 Merkmale	18 % der Schüler
> 5–9 Merkmale	33 % der Schüler
> mehr als 10 Merkmale	49 % der Schüler

2.2 *Erziehungsbedingungen mutistischer Schüler*

Belastende soziale Verhältnisse haben unbestritten Einfluss auf kindliche Fehlentwicklungen. Dies gilt insbesondere für sozial orientierte Fähigkeitsbereiche. Ein Sprechfehlverhalten entsteht nicht ohne Vorgeschichte. Schulmutismus kann also auch das Entwicklungsprodukt von früher wirkenden ungünstigen kommunikativen familiären Bedingungen sein (vgl. auch Dunke et al., 1978 in Süss-Burghard, 1999).
Es wirkt dabei aber offensichtlich kein simpler Mechanismus, denn gleiche Bedingungen führen keineswegs zu gleichen Erscheinungsbildern. Der entscheidende Entste-

hungsaspekt für ein Sprechfehlverhalten scheint das Zusammentreffen und längere Zusammenwirken von ungünstigen inneren und unangepassten äußeren Entwicklungsbedingungen zu sein.

Nachfolgend sollen nun die Erziehungsbedingungen im Elternhaus und in der Schule etwas differenzierter betrachtet werden. Dabei stützen wir uns auf mehrere Einzelfallstudien (Milieustudien der familiären Situation), die durch Informationen ergänzt wurden, die wir von den Eltern im Anamnesegespräch und von den Lehrern erhielten. Auch im schulischen Bereich wurde im Hinblick auf fördernde bzw. belastende Bedingungen für die Entwicklung von Sprechverhaltensweisen recherchiert.

2.2.1 Erziehungs- und Kommunikationsbedingungen im Elternhaus

Der Erziehungsstil der Eltern wird zweifellos mit verantwortlich sein für das Entstehen und die Aufrechterhaltung mutistischer Verhaltensweisen. Die Grundprägung der genannten Loci-Variablen erfolgte vor allem durch Non-Loci-Variablen im Vorschulalter, insbesondere im Elternhaus, denn bei den erfassten schulmutistischen Kindern handelte sich vor allem um so genannte Hauskinder. In der vorliegenden Studie wurde deshalb versucht, insbesondere den Erziehungsstil und das Kommunikations- und Anforderungsverhalten der engeren familiären Kontaktpersonen der schulmutistischen Kinder zu erfassen. Leider war die Datenerfassung aus mehreren Gründen unzureichend. Dennoch zeichnet sich von der Tendenz her ein eher ungünstiges Milieu in Bezug auf die Herausbildung normaler Sprechverhaltensweisen ab. Grundsätzlich kann man davon ausgehen, dass die bei Bahr, Hartmann, Schoor u.a. in der Literatur genannten Gruppenmerkmale von Eltern mutistischer Kinder auch für unsere Population im Prinzip zutreffen werden. Es wurden unter anderem folgende Sachverhalte erfasst:

- Hatte das Kind im Entwicklungsprozess ausreichende Möglichkeiten, vielfältige kommunikative Erfahrungen zu erwerben?
- Wirkte das kommunikative und soziale Anforderungsverhalten der Eltern auf die Kommunikationsentwicklung des Kindes eher belastend oder förderlich?

Auffallend ist zunächst die häufiger anzutreffende soziale Isolierung der Kinder in unserer Untersuchungsgruppe. Ihr Wohnort bzw. die Wohnlage (vielleicht typisch für das Bundesland Brandenburg?) waren in vielen Fällen so, dass soziale Kontakte zu fremden Erwachsenen oder zu anderen jüngeren und älteren Nachbarschaftskindern reduziert waren. Diese Kinder waren oftmals mit ihrer Mutter oder dem jüngeren Geschwisterkind allein. Abgesehen von diesen Extrembedingungen scheint uns allerdings die Größe des Ortes weniger bedeutsam zu sein. Die Gefahr, dass Kinder in der Großstadt viel einsamer sind als in der Kleinstadt bzw. im Dorf, ist viel größer. In der Großstadt gehen sie kaum allein auf den Spielplatz, im Dorf treffen sie viel eher jemanden, wenn sie draußen spielen wollen. In unseren Recherchen trafen wir auf Stadtkinder, die tagsüber fast völlig allein waren, als Dialogpartner lediglich den Fernseher hatten und haben. Die Kinder waren sich weitgehend selbst überlassen. Die Eltern besuchten kaum mit dem Kind den Spielplatz. Sie verwahrlosen regelrecht im Hinblick

auf die Entwicklung lebensnaher kommunikativer Fähigkeiten. In einem Fall arbeitete die alleinstehende Mutter als Bardame, tagsüber war sie zu Hause und schlief aber fast nur.
Relativ wenige Kinder besuchten den Kindergarten, und das ist in dieser Region schon erstaunlich, wo über Dreiviertel der Kinder die Kita besuchen. Auch der Erfahrungsraum im elterlichen Haus war oftmals nicht so beschaffen, dass das Kind „normale", das heißt vielfältige kommunikative Erfahrungen sammeln konnte. Den Schilderungen konnte man entnehmen, dass die Familien – gleich ob Stadt oder Dorf – eher isoliert lebten. Sie hatten kaum einen großen Freundes- oder Bekanntenkreis, was vermuten lässt, dass die Kinder vor dem Eintritt in die Schule nur unzureichend soziale und kommunikative Erfahrungen sammeln konnten.
Einige Mütter, meist allein erziehende, stehen selbst unter Dauerstress oder stehen der Erziehung ihres Kindes gleichgültig gegenüber. In gar nicht wenigen Fällen weisen die engeren Kontaktpersonen selbst eine psychische Instabilität auf. Sie sind nur bedingt in der Lage, ihrem Kind die notwendige Geborgenheit, Zuwendung und Anregung zu geben. Eine allein erziehende Mutter eines Schulmutisten war schizophren. Wenn sie in der Klinik war, betreute zwar die Großmutter das Kind, aber meistens lebte es mit seiner Mutter allein und erlebte so die Schwankungen des Krankheitsbildes. Es gab immer wieder länger andauernde Phasen, in welchen für das Kind eine instabile kommunikative Orientierung vorherrschte. Zugleich bestand der Druck, diesen Zustand vor anderen zu verheimlichen.
Kinder in seelischer Not findet man auch in scheinbar „ganz normalen" Familien. Äußerlich stimmt alles. Die Kinder werden aber aus nicht erkennbaren Gründen von den Eltern (meistens war es leider die Mutter) abgelehnt bzw. nicht geliebt. Sie erleben nicht oder nur bedingt die erforderliche mütterliche Fürsorge, das vertrauensvolle Gespräch. Es ist zu vermuten, dass eine solche spezielle gestörte Mutter-Kind-Beziehung das Entstehen einer mutistischen Verhaltensweise begünstigt. Ein lieblos erzogenes Kind wird sozial unsicher und ist gegenüber sozialen und kommunikativen Belastungen störanfälliger. Fühlen sich Kinder emotional allein gelassen, sind sie kommunikativ vereinsamt, dann hat das gravierende Folgen für ihr psychisches Gleichgewicht und auch für ihr sprech-kommunikatives Verhalten. Bei spezifischen Anlagen kann dies auf die Herausbildung von Sprechverhaltensweisen nicht wirkungslos bleiben.

Für sehr bedeutsam im Hinblick auf das Entstehen einer kommunikativen Stabilität halten wir die allgemeine soziale Harmonie in der Familie, denn im Gefühl der Geborgenheit kann sich ein gesundes Selbstvertrauen herausbilden. Ein Kind, das zu seinen engeren Kontaktpersonen Vertrauen hat, traut sich insgesamt auch mehr zu. Es entwickelt in all seinen Leistungsbereichen eine größere Eigenaktivität. Dies gilt uneingeschränkt auch für das kommunikative Verhalten. Insofern verunsichern mangelnde Zuwendung und Geborgenheit, besonders wenn diese über längere Zeit und besonders im frühen Alter wirken. Zu beachten ist, dass für sehr sensible Kinder schon die „normalen" Harmoniebedingungen bereits eine Überforderung darstellen können. Sie brauchen unter Umständen – zumindest in einigen Entwicklungsphasen – ein Mehr an Zuwendung und Verständnis. Bekommen sie dies nicht, dann kann durchaus ein Defizit-

empfinden im Hinblick auf soziale Geborgenheit entstehen. Nach Aussagen der Lehrer war die soziale Harmonie in vielen Familien der schulmutistischen Kinder nicht zum Besten bestellt. Auf Grund des geringen Aussagewertes und der fehlenden soziologischen Vergleichsuntersuchungen in anderen Familien soll dies jedoch mit der notwendigen Vorsicht behandelt werden.
Vielleicht liegt es an der gegenwärtigen gesellschaftlichen Situation in der Region Berlin/Brandenburg, dass die Beurteilung der sozialen Harmonie in der Familie der mutistischen Kinder nicht gerade positiv ausfiel. Die meisten der befragten Eltern schätzten ihre aktuelle subjektive Zufriedenheit nur gering ein. In 39,1% der Familien konnte der aktuelle Zustand als konflikthaft eingestuft werden. Die befragten Eltern äußerten, dass sie vom Leben enttäuscht seien und sich benachteiligt fühlen. Arbeitslosigkeit, gescheiterte Partnerbeziehungen, permanente Geldnot werden dafür vor allem als Gründe angegeben. Oftmals wird auf Alkohol zurückgegriffen, um den Sorgen zu entfliehen und die Wirkung der sozialen Isolation abzuschwächen. Viele Familien hatten aktuell kaum Freunde, kaum Nachbarschaftskontakte, und ihre Beziehungen zu den eigenen Eltern, Schwiegereltern und Geschwistern waren gestört. So etwas wirkt auch auf das Verhältnis zu den eigenen Kindern.

Aber nicht nur die mangelnde emotionale Einbettung des psychosozialen Entwicklungsprozesses des Kindes belastet die Herausbildung seiner sozialen und sprechkommunikativen Kompetenz. Das diesbezügliche Fähigkeitsniveau hängt auch von den Faktoren ab, wie das Kind angeregt, kommunikativ gefördert und gefordert wird. Erfolgt die diesbezügliche häusliche Förderung mangelhaft, dann soll von Neglektion gesprochen werden.
Zum einen ist hier die mangelnde, falsche oder fehlende Orientierung zu nennen. Erhält das Kind gerade in den ersten prägenden Jahren ein falsches Vorbild in dem Sinne, dass die Eltern selbst das Schweigen wiederholt benutzen, um Konflikten auszuweichen oder den anderen Partner unter Druck zu setzen, dann braucht man sich nicht zu wundern, wenn das Kind ein solches Verhalten nachahmt. Bei einigen Eltern unserer mutistischen Kinder bestand eine diesbezügliche Neigung.
Zu nennen wären ferner die fehlende Anregung bzw. Vorbildwirkung im Hinblick auf Kommunikationskultur. Bei 47,8% der Eltern wurde von den explorierenden Sprachbehindertenpädagogen während des Anamnesegesprächs eingeschätzt bzw. die Eltern erwähnten dies selbst, dass sie selber über mangelnde kommunikative Fähigkeiten verfügen, und zwar sowohl im Hinblick auf sprachstrukturelle Fähigkeiten wie Grammatik, Wortschatz und Aussprache als auch in Bezug auf Sprechverhaltensweisen (speziell Dialoggestaltung). Anzunehmen ist, dass dann auch die diesbezügliche familiäre Förderung und Anregung der Kinder ausbleibt bzw. unzureichend ist. Nach Einschätzung der Therapeuten bestand in nicht wenigen Familien der betreuten Schulmutisten eine sprachlich-kommunikative Mangelförderung bzw. ein kommunikatives Mangelmilieu, gerade auch im Hinblick auf die Entwicklung von vielfältigen kommunikativen Verhaltensstrategien.
Zu den inhaltlich methodischen Mängeln der Sprachförderung in der Familie gesellen sich oftmals soziale Probleme. Von der Tendenz her bestätigte sich die in der Sonder-

pädagogik bekannte Erscheinung auch für unsere Population. Die meisten Kinder kamen aus Familien mit einem niederen sozialen Status. Nicht wenige waren Sozialhilfeempfänger oder die Familie hatte ein recht geringes Einkommen. Ein Teil der Kinder (ca. ein Viertel) war aktuell als familiengelöst eingestuft bzw. sie waren vorher bereits für eine gewisse Zeit im Heim oder bei Tagesmüttern in Betreuung.
Überraschend waren für uns auch nicht folgende Ergebnisse aus der Erhebung: Die Kinder kommen meistens aus Familien, die unter belastenden sozial-ökologischen Bedingungen leben. Kennzeichnend war beispielsweise das mangelnde kulturelle und Bildungsniveau der Eltern, insbesondere der Mutter. Wir registrierten überdurchschnittlich häufig die Erscheinung: Schulabbruch oder Haupt- bzw. Sonderschulabschluss. Hinzu kam der Umstand, dass 58,7% der Kinder aus sog. unvollständigen Familien kamen. Zweifellos können solche Faktoren eine harmonische Entwicklung des Kindes belasten, aber dennoch sollte man keinen linearen Bezug zur Herausbildung mutistischer Verhaltensweisen herstellen. Eine solche Vereinfachung wäre zu banal und wissenschaftlich bedenklich.

Eine spezifische hemmende Entwicklungsbedingung ist die Tatsache, dass die meisten Eltern und später auch die Kindergärtnerinnen und Heimerzieher unzureichend kompetent waren, mit der sich anbahnenden Störung des Kindes adäquat umzugehen. Mutismus ist (zum Glück) keine alltägliche Erscheinung. Und deshalb haben die meisten Menschen in ihrem Leben davon kaum etwas gehört. Man kennt weder die Erscheinung und ist schon gar nicht über die Ursachen einer solchen Störung informiert. Meistens wird ein mutistisches Verhalten mit einem Trotzverhalten verwechselt, was dann oftmals von den Eltern mit körperlicher Züchtigung gebrochen wird bzw. werden soll. Manche vermuten bei einem solchen Verhalten sogar eine Geistesstörung oder ein autistisches Verhalten.
Viele Eltern sind einfach nur wütend, weil sie gegenüber einem solchen Verhalten machtlos sind. Naturgemäß wird mit den Methoden und Mitteln der „Erfahrungspädagogik" reagiert, wenn ein Kind plötzlich nicht mehr spricht und auf wiederholten Zuspruch konstant mit Schweigen reagiert. Die Spannbreite dieser Mittel ist recht groß. Sie reicht von ignorieren, das Kind lächerlich machen, durch Liebesentzug bestrafen, über Ablehnung bis hin zur körperlichen Züchtigung. Oder man reagiert mit verstärkter Fürsorge, besser: mit einer Überbehütung. Die Machtlosigkeit zeigt sich bei Müttern unterschiedlichen Alters, aber auch bei den Großeltern, und dies auch relativ unabhängig vom Bildungsniveau. Insgesamt wirken die meisten Angehörigen bei ihren mutistischen Kindern sehr hilflos. Für „aufsässige", „vorlaute" und „ungezogene" Kinder ist ihre Mittelkenntnis in der Regel viel größer als die Kenntnis im Umgang mit extrem schüchternen und nicht sprechenden Kindern.
Aber selbst wenn die Erwachsenen (Eltern, Verwandte, Nachbarn, Freunde der Familie) sich über die Erscheinung und die Ursachen sachkundig gemacht haben, bleiben sie dennoch in ihrem Handeln mehr oder weniger hilflos, weil sie nicht wissen, wie sie mit diesen Kindern umgehen sollen. Was ist richtig? Was ist falsch? Es fehlt ihnen für diese Problematik die spezifische fördermethodische Kompetenz. Sie stehen der Anforderung mehr oder weniger ohnmächtig gegenüber. Selbst pädagogische Fachleute (Er-

zieher, Lehrer, Kindergärtner) sind hier oft ratlos. Das Fatale daran ist, dass diese Art von Ohnmacht letztendlich als Verstärker für mutistisches Verhalten wirkt.

Neben der mangelhaften fördermethodischen Kompetenz kann auch eine mangelnde Prozesskompetenz zur Verstärkung des Sprechproblems beitragen. Bei den Müttern ist beispielsweise die Belastung im Haushalt, die Doppelbelastung durch Beruf und Familienversorgung usw. ein objektives Hemmnis, die Empfehlungen der Psychologen oder Sprachtherapeuten durchzusetzen. Oftmals lassen sich die Empfehlungen gar nicht mit dem bisher praktizierten Erziehungsstil in der Familie vereinbaren. Ein Großteil der Kinder wurde überbehütet (26,3%), in anderen Familien bestand Pendelerziehung bzw. die Erziehung war inkonsequent (31,6%), drei Kinder (7,9%) wurden mit einem autoritären Erziehungsstil erzogen und 23,7% der Kinder waren sich mehr oder weniger selbst überlassen (keine Forderungen, keine Anregungen). Trotz der Schwächen in der Datenerhebung (eine kleine und regional begrenzte Stichprobe) zeigt sich tendenziell, dass die Eltern mit hoher Wahrscheinlichkeit auch in der Umsetzung von therapeutischen Empfehlungen überfordert sind.
Von den Lehrern wird am häufigsten Intoleranz als dominierender Erziehungsstil der Mütter im Umgang mit ihren Kindern genannt. Ein Großteil der Eltern (vor allem der Vater) wird ferner als autoritär charakterisiert. Die Erziehung zur Lebenstüchtigkeit war oft übertrieben, wobei dieser Anspruch in den meisten Fällen von positiver Motivation getragen war. Von der Grundtendenz her sollen sie insgesamt häufiger ein forderndes Verhalten zeigen. Es herrschte die Einstellung „Learning by doing“ vor, so dass die Kinder oft unvorbereitet mit neuen Anforderungen konfrontiert wurden. Anzunehmen ist, dass dies sicherlich nicht selten zu Überforderungssituationen und zum Scheitern in der Aufgabenerfüllung führte. Auch im Hinblick auf die lautsprachliche Kommunikation galt das Anspruchsniveau der Eltern als überzogen.
In anderen Familien wiederum bestand eine typische Pendelerziehung. Besonders die Mütter meinten, dass der vom Vater praktizierte (oft sporadisch realisierte) Erziehungsstil zu hart sei. Bemängelt wurde beispielsweise, dass die vom Kind geforderte Aktivität vom Vater so gut wie nicht positiv motivierend stimuliert, sondern meist durch Strafen und Druckausübung erzwungen wurde. Widerspruch wurde nicht geduldet. Auch wurde wiederholt von den Vätern die Methode der gängelnden „Gewöhnung“ praktiziert, wenn es um das Ertragen unbeliebter Situationen ging. Sie blieben „prinzipientreu“, hart und konsequent. Die Mütter hingegen hielten das Kind mit der Anforderung massiv überfordert. Um die Folgen dieser ihrer Meinung nach falschen Erziehungsmethoden abzuschwächen, „schonten“ die Mütter ihre Kinder, wenn der Ehemann nicht zu Hause war. In einigen Fällen ging das Verhalten der Mütter soweit, dass sie weitgehend soziale und kommunikative Anforderungen von ihren Kindern fern hielten („weil sie selbst, als sie noch Kind waren, schon darunter litten“). Die Kinder wurden von anderen Personen abgeschottet bzw. Kontakte mit „Fremden“ (Großeltern, Nachbarn usw.) wurden überwacht.
Diese Tendenz, den Kindern alles abzunehmen, zeigte sich übrigens auch in den Beratungen. Die Mütter sprachen wiederholt für ihre Kinder. Anzunehmen ist, dass dies im Alltag nicht anders ist. Wiederholt ergab sich aus den Schilderungen das Bild einer

klassischen Pendelerziehung, eben auch im Hinblick auf die Entwicklung der sozial-kommunikativen Kompetenz.
Aus den Elterngesprächen gewann man schon den Eindruck, dass in vielen Fällen die häusliche Erziehung markante Schwächen aufwies. Einige Mütter schienen mit ihrer aktuellen Situation zu Hause unzufrieden und überfordert zu sein. Ihre allgemeine Unzufriedenheit kam auch im Mutter-Kind-Verhalten zum Ausdruck. Die Kontakte zum Kind waren vor allem durch Ungeduld geprägt, die Zuwendung war eher formal sachlich, unliebsam und widerwillig und weniger verständnisvoll. Bei den ersten Kontaktaufnahmen in der Beratungsstelle traten einige Mütter gegenüber ihren Kindern massiv bevormundend und ungeduldig auf.
Bei anderen Kindern, bei denen ein Verdacht auf sexuellem Missbrauch bestand, kam es zur extremen Überbehütung. Aus der berechtigten Sorge wurde schnell eine bevormundende Überbehütung. Alle Kontakte mit Älteren wurden kontrolliert, so dass die Kinder über lange Zeiträume hinweg in sozial-kommunikativer Hinsicht mehr oder weniger stark überbehütet, überkontrolliert und sozial eingeengt aufwuchsen. Die so entstandene allgemeine soziale und kommunikative Verunsicherung ist sicherlich wenig förderlich für die Entwicklung des Sprechverhaltens.

Ein reaktives Störungsbild benötigt Auslöser. Der Prozess der Sprechfehlentwicklung wird durch bestimmte konkrete Ereignisse (sog. auslösende Noxen) eingeleitet. Dies sind Ereignisse, die dem Kind zum ersten Mal eine normale Sprechreaktion nicht ermöglichten und demzufolge bei ihm ein gravierendes Negativerlebnis (Gefühl der Ohnmacht) hinterließen. Solche Ereignisse können in der Familie oder gar außerhalb der Familie (beispielsweise Negativerleben im sozialen Nahbereich) stattgefunden haben und sind im Nachhinein von den Eltern oder Erziehern nicht immer eindeutig feststellbar, besonders wenn diese für den Außenstehenden gar nicht so gewertet worden sind. Auslösende Noxen können in Bezug auf Sprechkommunikation direkter oder indirekter Art sein, das heißt sowohl allgemein sozialer, emotionaler, kognitiver als auch kommunikativer Art sein. Dabei kann es sich um Makrotraumen als auch um mikrotraumatische Ereignisse im Sinne einer permanenten Überforderung handeln. Welches konkrete Ereignis das Kind als auslösendes Makro- oder Mikrotrauma erlebt hat, ist schwer festzustellen, denn eine Fremdeinstufung kann hierfür schlecht vorgenommen werden. Sicher kann ein sexueller Missbrauch als Makroereignis angesehen werden. In unserer Population konnte bei 15,2% angenommen werden, dass das Schweigen primär auf sexuellen Übergriffen beruhte. Dennoch ist eine Bewertung der Ereignisse nach allgemeinen formalen Wertmaßstäben nicht möglich, weil dies allein subjektiv vom Schüler entschieden wird. Wie die inneren Bedingungen nicht an sich wirken, so gilt dies auch für die ungünstigen äußeren Bedingungen. Die äußeren Bedingungen werden durch die angelegten inneren Bedingungen gebrochen, und da jedes mutistische Kind seine spezifischen Prädispositionen und Erfahrungen hat, besitzt es auch individuelle Bewertungsmaßstäbe.
Die Anamnesegespräche mit den Eltern und die Schülergespräche lassen die Tendenz erkennen, dass in den meisten Fällen anhaltende belastende Mikroereignisse in ihrer Wirkung gravierender sind als einmalig auftretende Massivbelastungen. Gilt als Auslö-

ser ein Schockerlebnis bzw. ein so genanntes Makroereignis (beispielsweise eine persönliche Beteiligung an einem Unfall, Unglück, Brand und dergleichen mit gravierenden Folgen, auch Kriegserlebnisse, sexueller Missbrauch u.ä.), dann zeigt sich von der Tendenz her, dass die Sprechblockierung schlagartig zur bestimmenden kommunikativen Verhaltensweise wird.
In der Mehrheit unserer Fälle konnte eine „einfache" Kausalkette zwischen einem „Makroereignis" und dem Sprechfehlverhalten nicht hergestellt werden. Die von uns ermittelten Sachverhalte deuten eher darauf hin, dass häufiger ein allmähliches Entstehen während der ersten Wochen und Monate des Schulbesuchs in Frage kommt. Darauf verweist auch Spieler (in: Hartmann 1997). Über einen längeren Zeitraum hinweg regelmäßig wirkende für sie unlösbare emotionale oder soziale oder kognitive oder sprech-kommunikative Überforderungssituationen führten zur Zuspitzung der Konfliktlage und zur außergewöhnlichen Lösung der Konfliktsituation.

2.2.2 Kommunikationsspezifische Interaktionsverhaltensweisen der hauptsächlichen Kontaktpersonen in der Schule

Über längere Zeit wirkende inadäquate sprech-kommunikative Interaktions- und Anforderungsverhaltensweisen mit dem Kind im Elternhaus werden seiner Kommunikationsentwicklung eine bestimmte Prägung geben. Die Weichen für eine Fehlentwicklung wurden bei den meisten Schulmutisten in der frühen Entwicklung gestellt. Nur bei Einzelfällen hatten wir den Eindruck, dass der Schulmutismus erst im Verlaufe der Schulzeit entstanden ist.
Die bisher genannten ungünstigen sozialen Entwicklungsbedingungen im Hinblick auf das Entstehen von Sprechfehlverhaltensweisen lagen vor allem außerhalb der Schule. Aber auch im System Schule können solche Bedingungen festgemacht werden. Für gehemmte Kinder ist eine normale Klassenstärke meistens zu groß. Ein individuelles Eingehen auf diese Kinder ist nur begrenzt möglich, zumal in den unteren Klassen auch andere „problematische Kinder" (Kinder mit Verhaltensstörungen oder Sprachentwicklungsproblemen) gehäuft auftreten. Die Kraft und Aufmerksamkeit des Lehrers wird zunächst von den undisziplinierten und lernschwachen Schülern gebunden und es bleibt wenig Zeit und Kraft für nicht-störende Kinder mit Verhaltensproblemen.

Trotz dieser Brisanz stellen dennoch die ungünstigen Lern- und Erziehungsumstände nicht das Hauptproblem in der Schule dar. Das Hauptproblem sehen wir in der mangelnden Sach-, fördermethodischen und Prozesskompetenz der Lehrer im Hinblick auf die Fehlverhaltensweisen der schulmutistischen Kinder. Der Umgang mit ihnen ist eine pädagogische Ausnahmesituation, auf die Regelpädagogen (häufig nicht einmal Sonderpädagogen) weder in ihrem Studium noch durch systematische Fortbildung vorbereitet werden. Aus dieser mangelnden Fachkompetenz ergeben sich fast zwangsläufig Fehlreaktionen auf die Störung, wenn sie auftritt. Insofern trägt das Fehlverhalten des Lehrers mit zur Entwicklung des Sprechfehlverhaltens bei.
Die mangelnde sprech-kommunikative Aktivitätsharmonie zwischen Lehrern und mutistischem Schüler und vor allem das Anforderungssystem in der Schule scheinen uns

weitere entscheidende Aspekte für die Sprechfehlentwicklung zu sein. Sprechverhaltensqualitäten entwickeln sich in der Sprechaktivität. Wird die Eigenaktivität behindert oder drängen die Sprechverhaltensweisen der Lehrer den Schüler geradezu in die Passivität, dann wird dadurch eine regressive Sprechverhaltensentwicklung begünstigt. Die Führungsfunktion des Lehrers und seine Autorität können schnell dazu führen, dass die Harmonie zwischen dem sprech-kommunikativen Agieren und dem Reagieren des sprechgehemmten Schülers gestört wird.

Erdrückt die Art und Weise der Zeichenverwendung des Lehrers geradezu die Dialogbereitschaft des Schülers, dann kann kein normaler Unterrichtsdialog entstehen. Sind beispielsweise die angebotenen Sachbotschaften zu kompakt oder kognitiv überfordernd, dann wird der Schüler in sprech-kommunikativer Hinsicht eher regressiv reagieren. Sind die Prozessbotschaften beispielsweise zu bestimmend oder nicht eindeutig, dann verunsichert dies den Schüler und er wird im Austauschverhältnis nicht seinen aktiven Reaktionspart finden. Empfindet der Schüler die vom Lehrer ausgesandten Beziehungsbotschaften eher als ablehnend oder zu massiv bzw. extensiv, wird von vornherein die Dialogbereitschaft des Schülers gebremst. Eine zu laute Sprache, ein „scharfer" Ton, eine Kommandosprache, eine zu heftige Gestik usw. wirken auf ihn schnell einschüchternd. Sensible Schüler sind von solchen Erscheinungen besonders betroffen.

Nun wird aus rhetorischen Gründen in den schulischen Alltags- und Unterrichtsdialogen eine gestalterische Variantenvielfalt bewusst praktiziert, um involvierte Absichten (Erziehungsmaßnahmen) einzubringen. Dabei geben die stimmlich-gestalterischen Anlagen und Erfahrungen des Lehrers dem Ganzen eine Prägung. Deshalb scheinen einige Lehrer von ihrer Art her für sprechgehemmte Schüler nicht „passend" zu sein. Dies hat nichts mit ihren pädagogischen Fähigkeiten an sich zu tun. Was bei schüchternen, sensiblen Kindern die Sprechbereitschaft im Unterricht zu erdrücken scheint, muss ansonsten in anderen kommunikativen Konstellationen oder bei anderen Kindern durchaus nicht als negativ gelten, kann im Gegenteil bei diesen sogar gut ankommen. Außerdem muss das Sprechverhalten des Lehrers auch im kommunikativen Gesamtkontext des Unterrichts gesehen werden, beispielsweise, ob der Stil nun bewusst gewählt wurde, um eine Verhaltenskorrektur bei einem „verhaltensauffälligen" Schüler zu erreichen, oder ob es seinem Naturell entspricht.

Von der Grundeinstellung und von der antrainierten Haltung her sollte man bei Lehrern aber eine Rhetorik gegenüber sprechgehemmten Schülern erwarten, die Sprechhemmungen möglichst vermeidet. Natürlich werden solche „erdrückenden" Verhaltensweisen in den meisten Fällen von den Lehrern nicht bewusst und undifferenziert praktiziert, aber sie treten gar nicht so selten auf, was unsere Recherche ergab. Ausgewertet wurden 100 hospitierte „normale" Unterrichtsstunden im Sekundarstufenbereich (unterschiedliche Fächer, verschiedene Klassenstufen, mehrere Lehrer) von ganz „normalen" Schulen (Förderschulen und Gesamtschule mit gemeinsamem Unterricht von Schülern mit und ohne Behinderung). Den Lehrern war unsere Absicht nicht bekannt.

Es schien, dass den Lehrern in den meisten Fällen ihr „Fehl-Verhalten" gar nicht bewusst war. Wir hatten den Eindruck, dass sie – abgesehen von wenigen, meist berechtigten Ausnahmen – keinesfalls mit ihrer Art gezielt das Entstehen regressiver Verhaltensweisen bei Schülern provozieren wollten. Einige dieser registrierten Sprechverhaltensweisen belasteten dominant den Austausch von Sachbotschaften, andere wiederum stärker den Austausch von Beziehungs- und Prozessbotschaften. Da solche Verhaltensweisen schon auf kommunikativ stabile Schüler im Sekundarstufenbereich negative Wirkungen hinsichtlich ihrer Kommunikations- und Äußerungsbereitschaft zeigten, kann man davon ausgehen, dass die Auswirkungen auf mutistisch veranlagte Schüler noch gravierender sein werden.

Auf Grund der wenigen Hospitationsstunden kann allerdings nicht gesagt werden, ob besonders jene Lehrer, speziell die so genannten Angstpersonen, die aktuell den Mutisten unterrichten, in verstärktem Maße verfestigte belastende kommunikative Verhaltensweisen zeigten. Vereinzelte Schüleräußerungen zur Beurteilung ihrer Lehrer wiesen darauf hin.
Um diese Vermutung zu erhärten, untersuchten wir die sprech-kommunikativen Eigenheiten der genannten „Angstpersonen“. Einige Mitglieder des Schulpersonals sollten ihr Sprech- und Kommunikationsverhalten selbst einschätzen. Befragt wurden 22 Erwachsene. Die Untersuchungsgruppe setzte sich wie folgt zusammen: drei Schulleiter, zwei Sekretärinnen, ein Sozialarbeiter, vierzehn Lehrer, die in der Klasse des mutistischen Schülers unterrichteten, eine pädagogische Hilfskraft, ein Hausmeister. Wir wählten dazu die Methode der Selbsteinschätzung. Auf der Grundlage eines Fragespiegels wurden die Kollegen interviewt. Für die Auswertung wurden zwei Gruppen gebildet. Eine Gruppe bestand aus jenen Personen, die von den Mutisten als sog. Angstpersonen benannt wurden, und die andere Gruppe aus den restlichen (nicht angstbesetzten) Personen. Die Einschätzung nach Angst- und Nicht-Angstpersonen nahmen vier Schulmutisten vor. Die geringe Stichprobe verlangt wiederum eine gewisse Sorgfalt in der Interpretation der Daten.
Die Items waren recht allgemein gehalten, so dass nach Möglichkeit die Absicht für die Befragten nicht gleich erkennbar war. Es sollte geprüft werden, ob sich Unterschiede im Sprech- und Kommunikationsverhalten in den beiden Gruppen abzeichnen. Eine gewisse Orientierung der Kollegen ließ sich allerdings nicht vermeiden. Sie wussten ja, weshalb der Sprachbehindertenpädagoge an den Schulen war.

Die Aufforderung lautete: Bewerten Sie Ihre Fähigkeiten im Gespräch mit Schülern (allgemein). Die folgenden Items sollten mit den Werten von 1 (eher ja bzw. sehr gut) bis 5 (eher nein bzw. völlig unzureichend) bewertet werden:

- Ich zeige die notwendige Geduld, den Schülern zuzuhören.
- Ich kann mit ihnen auf dem erforderlichen Sprachniveau reden.
- Ich lasse besonders die schüchternen und unbeholfenen Schüler ausreden.
- Ich rede in einem angemessenen Tempo mit ihnen.
- Mein Ton ist freundlich.
- Mein Ton ist von der Lautstärke her angemessen.
- Ich bin ein ruhiger Sprechtyp.
- Ich bin in der Gesprächsführung zurückhaltend.
- Ich nehme mir Zeit für die Schülergespräche.

- Ich wende mich allen Schülern in gleichem Maße im Gespräche zu, wenn sie von mir etwas wissen wollen.

Die Ergebnisse der Selbsteinschätzung überraschten insofern, dass es keinen Unterschied bei dem kognitiven, temporalen und dem Akzeptanzaspekt gab. Eher belastend für das mutistische Kind scheint der hektische, laute Erwachsene zu sein bzw. scheint dieser „Typ“ eher ein regressives Sprechverhalten zu begünstigen. Die errechneten Mittelwerte weichen in den beiden Gruppen (6 Angstpersonen und 14 Nicht-Angstpersonen) nicht oder nur sehr wenig voneinander ab. Leichte Unterschiede ergeben sich bei vier Items. Demnach zeigen tendenziell die benannten Angstpersonen nach ihrer Selbsteinschätzung im Gespräch mit den Schülern weniger Geduld. Auch nehmen sie sich weniger Zeit für Schülergespräche. Sie haben ferner Probleme, eine angemessene Lautstärke zu finden. Sie sprechen eher zu laut. Auch wird eingeschätzt, dass sie eher den sachlichen Typ im Gespräch darstellen, mit weniger Freundlichkeit dem Kind im Gespräch begegnen.

3 Prozess der Sprechfehlentwicklung

In den vorhergehenden Ausführungen wurde festgestellt, dass bestimmte innere und äußere Entwicklungsbedingungen in ihrem funktionellen Zusammenwirken als verursachende Faktoren für das Entstehen einer Sprechverhaltensstörung angesehen werden können. Das Zusammentreffen und Zusammenwirken von solchen „begünstigenden“ Bedingungen muss in der Regel aber über einen längeren Zeitraum erfolgen, damit quasi ein (Fehl-)Entwicklungsprozess erst ermöglicht wird. In dieser pathologischen Konstellation werden einige der angelegten inneren Bedingungen weiter herausgebildet und somit in ihrer prägenden Wirkung verstärkt. In den Prozess des längeren Zusammenwirkens fließen Mechanismen ein, die neue kommunikative und Sprechverhaltensweisen entstehen lassen. Lernen scheint dabei ein wesentlicher Grundvorgang zu sein. Beim Lernen von Sprechverhaltensweisen vollzieht sich im Kind eine Anreicherung, Differenzierung und Modifizierung vorhandener Verhaltensweisen, eine Integrierung neuer Formen, eine Umstrukturierung des Verhaltens durch Veränderung von Einzelelementen und ein Verdrängen von bisherigen Verhaltensweisen. Das Kind wird früh zur Anpassung an bestimmte Verhaltensregeln und Anforderungen aufgefordert, die normalerweise seinen Bedürfnissen und Vermögen angemessen sind. Das Kind passt sich aber nicht nur an, es selektiert die Angebote und Anforderungen und bewältigt diese nach der Eigenart seiner vorhandenen Potenziale.

Es gibt keine sozial geprägte Verhaltensänderung, der nicht ein entsprechender Lernantrieb zugrunde liegt. Die Wurzeln für den Lernantrieb in Bezug auf Veränderung des Sprechverhaltens liegen im Selbsterhaltungs- und Schutzbedürfnis oder im Bedürfnis nach sozialer Geborgenheit. Die gesteigerten Bedürfnisse können allerdings auch schnell zur gesteigerten Verlustangst führen, wenn äußere Umstände dies befürchten lassen. Willens- und Erkenntnisprozesse sowie emotionale Befindlichkeiten fließen in diesen Lernprozess ebenso ein, so dass es sich beim Lernvorgang von Sprechverhaltensweisen immer um einen gesamtpersonalen Prozess handelt. Angelegtes und

Erworbenes vereinen sich dabei in seinen Lernvollzügen. Sie steigern sich und reichern sich gegenseitig an.
Es gibt verschiedene Lernformen und Regulierungsaspekte, die zu einem mutistischen Verhalten führen können. Nur auf einige Formen soll nachfolgend hingewiesen werden. Einen besonderen Stellenwert scheinen die Fehlorientierung und das Nachahmungslernen einzunehmen.
Die Orientierung, wann Schweigen angezeigt ist und wann nicht, ist für das Kind recht kompliziert. Ein Kind wird auf Grund bestimmter sozialer Normen schon recht früh dazu angehalten, in bestimmten Situationen zu schweigen, beispielsweise wenn ein Erwachsener redet oder wenn man auf Grund der Peinlichkeit etwas überhören oder übersehen möchte. Schweigen wird in bestimmten Situationen erwartet und wenn sich das Kind daran hält, dann wird dies von den Eltern positiv bewertet. Respektiert das Kind dies nicht, folgt ein Strafreiz (meist wird es verbal getadelt), und so lernt es, dass das eigene Schweigen zum Dialog gehört.
In diesem Zusammenhang lernt es ebenso, dass Schweigen auch als Aufforderungszeichen zu deuten ist, was bei anderen Aktivitäten hervorruft. Erst wenn der Erwachsene ausgeredet hat, darf es sprechen. Mit seinem Schweigen (kurze Pause) gibt der Gesprächspartner das Zeichen, dass es nun sprechen darf. Das Kind lernt dabei eine entscheidende Verhaltensregel, die sein späteres Sprechverhalten prägen kann: Wenn man schweigt, wird der andere aktiv.

Diese grundlegende Verhaltensregel wird nun aber im Alltag mit anderen Pausenformen vermischt, wodurch das Kind auch mit Schweigesituationen konfrontiert wird, in denen das Schweigen kein Aufforderungszeichen für das eigene Reden darstellt, beispielsweise bei der Denkpause, Verlegenheitspause, der handlungsauffordernden Pause, bei der Disziplinierungs- oder Bekräftigungspause, bei der Ankündigungspause, bei Sprechpausen auf Grund sozialer Riten, bei Pausen, um ein Gespräch zu vermeiden oder zu beenden u.a. Es erlebt, dass mehr oder weniger lang andauernde Sprechpausen Spannung und Unbehagen erzeugen. Und es erfährt auch die Umkehrung, dass manchmal länger andauerndes Nicht-Sprechen sehr stark durch Wohlwollen belohnt wird, beispielsweise wenn es im Warteraum beim Arzt schweigend spielt und die Eltern nicht in Gespräche verwickelt. Die Verhaltensorientierung erfolgt neben der Vorbildwirkung auch durch Verbote und Gebote, durch Lob und Tadel, durch Bekräftigung und Ignoranz, vor allem aber durch die erlebte Wirkung. Für das heranwachsende Kind ist es schwer, hier ein logisches System zu erkennen. Mal wird es für das gleiche Verhalten (wenn es schweigt) belohnt und ein andermal getadelt. So kann es zu Verwirrungen und Verunsicherung kommen.
Auf Grund der unklaren Orientierung und der ausbleibenden Bewertung des Schweigeverhaltens wird das Kind mehr im Versuch-Irrtum-Lernen solche Sprechverhaltensweisen nachahmen. Es wird ebenfalls vielfältige lange Sprechpausen verwenden und dabei die Grenzen des Machbaren ausloten. Es wird aber auch erleben, dass es angenehm sein kann, zu schweigen, denn man wird nicht ausgefragt, sondern einfach beim Spiel in Ruhe gelassen. Und das Kind lernt sehr schnell durch Generalisierung, die Wirkung bestimmter Schweigepausen zu erhöhen und erwirbt dazu die Techniken: die

Ausdehnung der Schweigezeit und die Steigerung der Häufigkeit der Schweigepausen bzw. die Kombination daraus. Schweigen wird als Machtmittel, als effektive Verhaltensstrategie benutzt. Die dabei erlebten Reaktionen zeigen, dass Schweigen andere massiv verunsichern und verärgern kann, ihre Hab-acht-Haltung erhöht und unter Umständen bei den Kontaktpersonen erhöhte Aktivitäten auslöst. Wird die Wirkung begriffen, dann wird das Machtmittel bei Bedarf zur Befriedigung eigener Bedürfnisse eingesetzt.

In diesem mehr oder weniger Versuch-Irrtum-Lernprozess kann es zu einer verstärkten Ausrichtung kommen, wenn das Kind häufig mit Personen konfrontiert wird, die mutistische Tendenzen zeigen. Das Erlernen sprachlicher Muster (Prosodik, Dialekt), einschließlich Verhaltensmuster, ist in starkem Maße durch Vorbilder geprägt, besonders wenn diese dem Kind sehr nahe stehen. Der Schlüssel für die Fehlentwicklung kann bereits im Verhaltensangebot enthalten sein.
Bei der Vorbildwirkung kommt besonders das Imitationslernen zum Tragen. Praktizieren einige Familienangehörige ein Schweigeverhalten in ausgeprägter Form (extreme Einsilbigkeit, selbst mutistisches Verhalten, längere Schweigephasen auf Grund psychischer Erkrankungen usw.), dann regt dies zur Nachahmung an und prägt den oben genannten Versuch-Irrtum-Lernprozess. Dass dieser Aspekt bei Mutisten zum Tragen kommt, darauf machen Hartmann (1997) und Schaller & Schmidtke (1975 in: Süss-Burghard, 1999) aufmerksam. Sie verweisen auf das vermehrte Auftreten von Einsilbigkeit, Menschenscheu und Zurückhaltung bei den Eltern und Großeltern, wobei die väterliche Seite dominiert. Solche Vorbilder werden als so genannte „mutist models" beschrieben. Nicht selten übernehmen betroffene Kinder auch die mutistische Symptomatik eines Geschwisterkindes. Mit dem Schweigeverhalten wird dem Kind eine günstige Durchsetzungsstrategie vorgeführt. Wird mit ihm regelmäßig in dieser Art umgegangen, ist zugleich auch das übende Lernen betroffen. Beim Nachahmungslernen ist vor allem das aufnehmende Lernen geprägt.
Die Nachahmung von Verhaltensweisen bezieht sich zwar vorwiegend auf den unmittelbaren Vorgang bzw. erfolgt in ähnlichen Umgebungssituationen, aber intellektuell normal entwickelte Kinder zeigen bei der Nachahmung von Verhaltensweisen auch gewisse freie Variationen und modifizierte Anwendungen. Das heißt, sie übertragen das demonstriert bekommene Sprechverhalten auch auf andere Situationen, beispielsweise außerhalb der Wohnung. In diesem Sinne kann die Nachahmung von regressiven oder mutistischen Verhaltensweisen von Familienangehörigen auch in das Bedingungsgefüge für das Entstehen von schulmutistischen Verhaltensweisen einbezogen werden. (Vergleiche dazu auch die Aussagen zur hereditären Belastung). Natürlich können schulmutistische Erscheinungen nicht ausschließlich durch Imitationslernen oder durch Fehlorientierung im Elternhaus erklärt werden. Solche Formen spielen im frühen Alter aber eine nicht zu unterschätzende Rolle.

Da auch das Lernen selbst der Entwicklung unterliegt, erhalten später andere Regulationsmechanismen einen höheren Stellenwert. Mit zunehmendem Alter wächst der aktive Anteil der Lernprozesse. Das Imitationslernen und das Versuch-Irrtum-Lernen treten bei der Formung des sprech-kommunikativen Verhaltens zurück, dafür nimmt die

Bewusstheit zu. Folgt man dem operanten Erklärungsansatz auf der Grundlage der Kontinuitätshypothese, dann ist Schulmutismus vor allem ein operant entstandenes Sprechverhalten in einem länger andauernden Prozess. Er wird wie alle Formbestandteile des Sprechens (beispielsweise die Prosodik, das phonologische System) im Prozess der bewussten Wahrnehmung und des aktiven Gebrauchs gelernt und ausdifferenziert. Eine solche Annahme besagt aber zugleich: Wenn das Sprechfehlverhalten gelernt ist, dann kann es auch durch Umlernen wieder vollständig oder teilweise verlernt werden.

Das Schweigen ist in diesem Sinne eine – zunächst klassisch konditionierte – Reaktion in angsterregenden Situationen, die durch positive (häufige Zuwendung bei „Sprech"-verweigerung) und negative (Vermeidung von Anforderungen und Stress) Verstärkung operant aufrechterhalten wird. Das Prinzip der operanten Konditionierung besagt, dass ein Reiz eine Reaktion auslöst, die unmittelbare Konsequenzen für die Ausbildung oder Veränderung von Verhaltensweisen haben. Auf den Mutismus übertragen bedeutet das: Der auslösende Reiz besteht in einer wiederkehrenden inadäquaten vor allem sprechkommunikativen Anforderung, zunächst in der Familie oder im Kindergarten, später in der Schule. Das Kind reagiert jedes Mal mit Schweigen, was jeweils auch Konsequenzen nach sich zieht. Eine regelmäßige positive Verstärkung führt zu positiven Erwartungen, negative zu negativen. Die soziale Umwelt reagiert aus der Sicht des Kindes aber fast immer positiv auf eine Sprechverweigerung. So wird für das Kind die Reaktion der Umwelt auf das Schweigen vorhersagbarer, was wiederum die Sicherheit im Mittelgebrauch erhöht bzw. zu diesem Mittelgebrauch verstärkt anregt.

Eine positive Konsequenz für das Kind besteht darin, dass es beispielsweise mehr Zuwendung, mehr Aufmerksamkeit erhält. Das Kind wird nun sein Schweigen gehäuft einsetzen, und jedes Mal erfolgt in verstärktem Maße eine Zuwendung, eine „Belohnung". Damit wird die Reaktion des Schweigens positiv verstärkt, so dass sich diese Art der Reaktion auf sprech-kommunikative Anforderungen manifestiert und dieses Sprechverhalten bald die Tendenz der Ausweitung auf andere Anforderungssituationen zeigt.

Aus lerntheoretischer Sicht wird das verweigernde Sprechverhalten vor allem dadurch aufrechterhalten, weil das Kind damit effizient auf sein soziales Umfeld Einfluss nehmen kann. Das Schweigen wird als wichtiges, vielleicht sogar als wichtigstes Mittel zur Durchsetzung eigener Bedürfnisse und Wünsche oder als Mittel für das Ausweichen vor der Anforderung erlebt. Und jedes „erfolgreiche" Schweigen ist ein Erfolg, der wiederum die Einstellung und die Haltung zur Sprechkommunikation prägt und den Willen zum Praktizieren dieser Sprechverhaltensweise bekräftigt.

Andererseits besteht die Möglichkeit, dass auf die Reaktion des Schweigens keine sprachlichen Anforderungen mehr an das Kind gestellt werden. Auch diese Konsequenz verstärkt das Verhalten des Kindes, weil es nun nicht mehr auf die unangenehmen, möglicherweise überfordernden Reize reagieren muss. Das Kind erlebt sein neues Verhalten plötzlich als Machtinstrument gegenüber „Machtmenschen". Es wird scheinbar für diese unangreifbar. Nach Bahr (1998) kann Schweigen auch als Ausdruck von Persönlichkeitsschutz verstanden werden. Das Kind kann sich so effektiv schützen und erlebt den Triumph, dass sein Schweigen beim Angeschwiegenen Verunsicherung und Ohnmacht auslöst. Diese Wirkung auf die Umwelt kann ihm dabei einen Schein

von Macht und Stärke vermitteln. So manipuliert das Kind durch sein Schweigen das Verhalten der Umwelt.
Da Lernen mit Emotionen verknüpft ist, kann die Sprechverweigerung auch als Folge konditionierter Emotionen (negativer später auch positiver) erklärt werden. Möglich ist auch, dass das Kind negative Konsequenzen erlebt, zum Beispiel für sein Schweigen gestraft wird, von der Gemeinschaft isoliert oder von den engeren Kontaktpersonen ignoriert wird. Damit wird zwar nicht das ungewünschte Verhalten des Kindes verstärkt, aber eine Isolierung kann andere ungünstige Prozesse in der Entwicklung des Kindes auslösen, beispielsweise dem Erlernen sozialer Verhaltensweisen entgegenwirken oder bestehende Ängste bzw. Neigungen zu abweichenden Reaktionen verstärken (vgl. Hartmann 1998).

Nicht nur das Verhalten der Umwelt konditioniert die Reaktion des schweigenden Kindes, sondern es besteht auch ein Lerneffekt in umgekehrter Richtung: Das Kind konditioniert seine Umwelt. Das engere soziale Umfeld möchte auf das offensichtliche Problem des Kindes reagieren und lässt ihm mehr Zuwendung zukommen. So sichert sich das Kind die gewünschte Aufmerksamkeit, und es werden ihm unangenehme Anforderungen erlassen. Mit solch einem subjektiven Krankheitsgewinn wird zusätzlich zu den Komponenten der positiven und negativen Verstärkung die Wahrscheinlichkeit einer verbalen Äußerung weiterhin reduziert.
Für den Konditionierungsprozess sind Aspekte wichtig, wie die Häufigkeit, die Regelmäßigkeit, die Einflussdauer, die Intensität der Verstärkung sowie Art und Grad des „Gewinns“ (subjektive Bedeutsamkeit der Belohnung), die auf das Schweigen folgt. Erfolgt die Verstärkung inkonstant und inkonsequent, dann bleibt längere Zeit eine gewisse Ungewissheit hinsichtlich der zu erwartenden Konsequenzen bestehen, was eine Ursache für eine gewisse Instabilität der Symptome bei einzelnen mutistischen Schülern sein könnte.

Wie festgestellt wurde, verfügen viele Kinder über kommunikative Mangelerfahrungen. Diese und auch das aktuelle Schweigen sind ungünstige Lernbedingungen für die Entwicklung eines normalen Sprechverhaltens bzw. die Überwindung der Störung. Schweigt das Kind, kann es keine neuen Lernschritte zur Funktionsvervollkommnung machen. So besteht die Gefahr, dass sich die Sprechverweigerung zu einer komplexen sozialen Verhaltensstörung ausbilden kann. Das Entstehen einer manifestierten Sprechfehlhaltung ist im Wesentlichen ein kontinuierlich verlaufender Prozess. Der Übergang von einem (fast) normalen Schweigen bis hin zum pathologischen Schweigen ist fließend (Kontinuitätshypothese). Hierbei kann es mutistische „Vorläufer“ geben, die sich eine Zeitlang mit Erscheinungen eines „normalen“ Schweigeverhaltens vermischen können. Der Zeitfaktor und die Regelmäßigkeit spielen dabei eine wichtige Rolle. Auch ist es nicht unwesentlich, in welche Zeit prägende traumatische Ereignisse fallen. Treffen diese Ereignisse auf so genannte sensible Phasen (beispielsweise die Phase des ersten und zweiten Gestaltwandels), dann scheint die negative Auswirkung besonders gravierend zu sein. Nicht von ungefähr entsteht Mutismus meistens im 3./4. Lebensjahr bzw. zum Zeitpunkt der Einschulung.

Dominant behavioristische Ansätze gehen wiederum davon aus, dass das Verhalten des Menschen das Ergebnis unbewusst angelernter Reiz-Reaktions-Mechanismen ist. Im Sinne dieses Ansatzes hat der Mutist verlernt, sprachlich adäquat zu kommunizieren bzw. die lautsprachlichen Mittel wirkungsvoll zur sozialen Konfliktlösung oder zur Regulation sozialer Prozesse einzusetzen. Stattdessen hat er falsche Reaktionsmuster erworben. Mutismus ist in diesem Sinne erlernte lautsprachliche Hilflosigkeit, die auf Grund falscher kommunikativer Interaktionen bzw. falscher Anforderungen auf der Grundlage ererbter oder erworbener Dispositionen entstand. Man kann sogar sagen, dass das innere System des Mutisten diese Strategie der Hilflosigkeit geradezu lernen wollte, es dazu eine gewisse Bereitschaft zeigte. Der gesamtpersonale Zustand war dafür strukturiert.

Mutismus kann auch als Ausdruck von ungelösten Widersprüchen interpretiert werden. Aus Konfliktsituationen im sozialen Auseinandersetzungsprozess entspringen immer Widersprüche, die, für sich betrachtet, nichts Ungewöhnliches darstellen. Die Widersprüche zwischen den äußeren Anforderungen und dem Vermögen und Wollen sowie die Widersprüche zwischen dem Wollen und dem Können sind die Ursache bzw. Triebkräfte für die Entwicklung bzw. die Ausformung des sprechfunktionalen Systems. Hierbei lernt und entwickelt sich das Kind. Als Hauptwiderspruch für das Entstehen von normalen bzw. abweichenden Sprechverhaltensweisen wirkt der anhaltende bzw. der sich immer wieder einstellende Widerspruch zwischen dem Anforderungsniveau und dem aktuellen Entsprechungsniveau. Die Anforderungen entsprechen nicht immer der Zone des aktuellen Bewältigungsvermögens oder der Zone der nächstfolgenden Entwicklung, denn die daraus wachsenden Widersprüche wären für das Kind lösbar und damit für die Entwicklung des Kindes stimulierend.
Erst wenn die Widersprüche zwischen Anforderung und Bewältigungsvermögen dem Kind unlösbar erscheinen, erfolgen Reaktionen, die sich von der Erwartungsnorm fortbewegen. Auf Grund seiner aktuellen Bedingungslage muss das Kind geradezu Funktionsalternativen entwickeln. Das sprechfunktionale System strukturiert sich (spontan) um, und zwar im Sinne einer „optimalen" Bewältigungsstruktur auf der Basis der konkret vorhandenen psychischen Möglichkeiten. Alternative Sprechverhaltensstrategien wären beispielsweise das Praktizieren eines kleinkindhaften Sprechverhaltens oder einer regressiven (resignierenden, ausweichenden, abwehrenden) Strategie oder gar einer aggressiven sprech-kommunikativen Strategie (Schimpfen, beleidigende Sprechformen). Auf Grund der spezifischen Prädispositionen entwickelt sich das sprechfunktionale System beim mutistisch veranlagten Kind in Richtung Passivität. Für das Kind sind nachfolgende Widersprüche unüberwindbar geworden

- zwischen Anforderung und Vermögen,
- die eine Befriedigung von bestimmten kommunikativen Bedürfnissen nicht erlauben (beispielsweise Sprechen mit der Mutter),
- im emotional-sozialen Bereich, beispielsweise zwischen Belastung und Bewältigung,
- im Antriebs- und Regulationsbereich, beispielsweise zwischen Sprechen-Wollen und dem Sprechen-Können,
- im Erkenntnisbereich, zum Beispiel zwischen Anforderung und Vermögen.

Parallel zur Entwicklung des Sprechfehlverhaltens kommt es zugleich zur Herausbildung von entsprechenden Fehleinstellungen und Fehlhaltungen. Diese führen zu einem weiteren hemmenden zentralen Widerspruch, dem Widerspruch zwischen dem Kommunizieren-Sollen und dem Nicht-Wollen. Unlösbare Widersprüche provozieren oder verstärken immer wieder Zustände der Erregung, der Unzufriedenheit, von Dys-Stress, von Spannungen und Regressionen, die negative Rückwirkungen auf den Gesamtzustand des Kindes haben.

4 Faktoren der Pathogenese

Ein mutistischer Zustand ist nicht statisch. Dies gilt auch für den Schulmutismus. Sowohl im Hinblick auf den Entwicklungsprozess als auch an den aktuellen Veränderungen der Symptomatik kann eine gewisse Dynamik beobachtet werden. Bei einigen Schulmutisten zeigt sich zum Zeitpunkt der Einschulung eine massive Symptomausprägung, die sich im Verlauf der Zeit in gewisser Hinsicht lockern kann. Bei anderen wiederum können sich sowohl die Schweigephasen als auch einige Parallel- bzw. Folgesymptome „einschleichen". Im Verlaufe der Zeit kommt es zu einer Symptomverfestigung, -ausweitung oder zu Folgesymptomen, beispielsweise in der Atmung und in der Stimmgebung. Für das Kind sind dies dann „objektive" Beweise, dass es nicht in der Lage ist zu sprechen.
Abgesehen von dieser Grundtendenz der Symptomentwicklung lassen sich auch aktuelle Schwankungen erkennen. Das Verhalten des mutistischen Kindes ist keineswegs an jedem Tag gleich. Trotz durchgehender Grundtendenz der Sprechverweigerung können bei einigen Kindern hin und wieder Sprechäußerungen auftreten, so dass im Einzelfalle von einem intermittierenden Schulmutismus gesprochen werden kann. An der Zu- bzw. Abnahme der Parallelsymptome oder an der Veränderung des Ausprägungsgrades lässt sich unschwer erkennen, dass das Symptom „arbeitet".
Welche Faktoren sind es, die diese Dynamik bewirken? Anzunehmen ist, dass diese Faktoren zugleich den mutistischen Zustand und die Symptomatik aufrechterhalten, die quasi die Pathogenese bestimmen. Als eine hemmende Größe für die Zustandsveränderung erweisen sich verfestigte falsche Einstellungen und manifestierte Fehlhaltungen beim Kind. Es sind im Wesentlichen negative Einstellungen und Haltungen zur Schule insgesamt, zu einigen Lehrern oder zur Sprechkommunikation schlechthin.
Ein weiterer innerer Faktor für die Störungsgenese ist der gelernte überzogene „Erregungsmechanismus", der eine normale Sprechreaktion schließlich verhindert. Wie bereits festgestellt, ist das Reiz-Reaktions-Schema beim Schulmutisten im Hinblick auf sprech-kommunikative Anforderungen nicht mehr stimmig. Die Reflexion bzw. Bewertung der Anforderung ist verzerrt, so dass eine neurotische Konfliktverarbeitung besteht. Im Verlaufe des Störungsprozesses hat das Kind einen Mechanismus erworben und stabilisiert, wodurch schon bei geringster Erregung eine Sprechblockierung ausgelöst wird. Der Widerspruch zwischen Sollen und Vermögen wird neurotisch geprägt und die neurotische Konfliktlösung ist die Sprechblockierung, das anhaltende Schweigen. Dem Schüler ist im Verlaufe der Fehlentwicklung die Fähigkeit der Selbstregulierung

der Spannungszustände verlorengegangen und er beherrscht die Technik, zur normalen Spannung zurückzufinden nicht mehr. Diese Fähigkeit muss der Schüler wiedererlangen.
Auch soziale Faktoren können zur Störungsgenese beitragen. Bleiben die ungünstigen sozialen Bedingungen bestehen, tragen sie ebenfalls dazu bei, das Sprechfehlverhalten des Schülers aufrechtzuerhalten. Zu den unmittelbaren schulischen Stressquellen gehören beispielsweise die unveränderten belastenden Kommunikationskontakte in der Schule. Bleiben diese bestehen, dann ist dies eine permanent wirkende Größe, welche die Ursachenkonstellation für mutistisches Fehlverhalten aufrecht erhält. Es fällt vielen Eltern und Lehrern nach dem Deblockieren schwer, dem ehemals mutistischen Kind nun unvoreingenommen zu begegnen und mit ihm „ganz normal" zu kommunizieren. Immer wieder kommt es zum Rückfall in die verstärkte Selbstbeobachtung oder in die verstärkte Beobachtung der Reaktionen des Kindes. In oft „lieb" gemeinten Äußerungen zum Kind kommen solche Fehlhaltungen dann zum Ausdruck. Beispiele aus dem Schulalltag wären: „Da kommt ja unsere Kleine, die nicht sprechen kann" oder „Hast du heute wieder deine Sprache im Bett gelassen oder willst du reden" oder „Hast du heute wieder die Sprache verloren?". Ein ironischer Unterton kann das Kind verletzen und das Fehlverhalten verstärken. Auch kommt es schnell zur Überbewertung von „normalen" Schweigephasen des Kindes. Es besteht recht häufig die Tendenz der vorschnellen negativen Interpretation bzw. der Stigmatisierung.
Oftmals wird noch lange die normale Entwicklung des Kindes erschwert, weil der Lehrer weiterhin mit dem mutistischen Schüler in einer belastenden Sprechweise spricht. Diese ist verfestigt und lässt sich nur schwer überwinden. Der Schüler bleibt deshalb meist ein defensiver Dialogpartner. So wird quasi die Entwicklung offensiver Kommunikationsstrategien verhindert. Werden die Sprechanforderungen an das Kind sowohl vom Inhalt als auch von der Form bzw. von der Gestaltungsweise her nicht harmonisiert, dann stellt dies einen weiteren pathogenetischen Sachverhalt dar. Ähnliches gilt für die gestellten kognitiv-kommunikativen Anforderungen.
Eine weitere Bedingung für die Pathogenese ist, wenn die bestehende unzureichende Sprachkompetenz nicht verringert bzw. behoben wird. Solange diese Defizite bestehen, belasten sie die kommunikative Kompetenzentwicklung und das Kind bleibt im Prinzip sozial und kommunikativ defensiv. Die defizitären sprachlichen Fähigkeiten labilisieren dann weiterhin das Sprechverhalten des Schülers im Unterricht und halten quasi den Zustand aufrecht.
Weiterhin anhaltende falsche Reaktionen auf das regressive Verhalten des Mutisten können ebenfalls dazu beitragen, das Störungsbild aufrechtzuerhalten, so der zweifellos von einigen Schulmutisten bewusst wahrgenommene Krankheitsgewinn. Es ist recht schwierig, dem Kind auf der einen Seite mehr Aufmerksamkeit zu schenken und sein aktuelles Sosein zu akzeptieren, und dennoch die daraus erwachsenen Vorteile für das Kind auf ein Minimum zu reduzieren.
Diese Faktoren der Ätiologie und Pathogenese gilt es im Förder- bzw. Therapieprozess zu beachten, denn sie bestimmen entscheidend den Therapieerfolg.

Kapitel 4
Pädagogisch-therapeutische Intervention

1 Allgemeine Charakterisierung des Prozesses

Schulmutismus ist ein primär reaktiv geprägtes Störungsbild, dem unterschiedliche Funktionsschwächen zugrunde liegen (vgl. die Ausführungen zur Kennzeichnung und zur Ätiologie). Neben dem Hauptsymptom zeigen sich Parallel- und Folgesymptome. Um stabile Rehabilitationsresultate zu erreichen, sollte sowohl symptom- als auch ursachenorientiert therapeutisch gearbeitet werden. Eine stabile Veränderung des Zustandsbildes wird letztendlich nur in einem mehr oder weniger komplexen Förderprozess erzielt. Aufgrund der Vielschichtigkeit des Störungsbildes verlangt die Rehabilitation der Schüler mit ausgeprägtem Schulmutismus sowohl psychotherapeutische, sozialpädagogische als auch sprachheilpädagogische Aktionen bzw. therapeutische Teilprozesse, und zwar in ihrer Einheit. Das bedeutet, diese Aktionen und Teilprozesse sind notwendige Bestandteile des komplexen Förderprozesses, sie bedingen einander und ergänzen sich. Zwischen den einzelnen Teilprozessen gibt es viele Berührungspunkte, so dass es in inhaltlich-methodischer Hinsicht zu Überlappungen kommen kann.

Es hat sich bewährt, die Gestaltung des komplexen Förderprozesses nach folgenden Prämissen vorzunehmen:

a) Der gesamte Prozess für die Rehabilitation des schulmutistischen Kindes sollte ein vom Fachpsychologen inhaltlich geführter und verantworteter Prozess sein.

Diese Forderung ergibt sich aus dem Wesen der Erscheinung, denn hierbei handelt es sich in erster Linie um eine angstbedingte massive Sprechfehlverhaltensweise. Das Störungsbild hat bereits in den meisten Fällen eine neurotische Qualität im Sinne einer Krankheit erreicht. Insofern gehört ein solches Erscheinungsbild in erster Linie sowohl im Hinblick auf Diagnostik als auch in Bezug auf die Therapie in die Hand eines Fachmediziners (Kinderneuropsychiaters) und/oder eines Fachpsychologen (speziell Kinderverhaltenstherapeuten). Die Betroffenen und Angehörigen erwarten, dass das Zustands- bzw. Krankheitsbild geheilt, zumindest stark gelindert wird und der Schüler wieder uneingeschränkt am schulischen Leben teilhaben kann. Erwartet werden stabile und dauerhafte Therapieerfolge. Obwohl einige Symptome bzw. Funktionsschwächen zweifellos zugleich eine pädagogische Dimension haben, erfüllen die sprachtherapeutischen oder (sonder-)pädagogischen Fördermaßnahmen im Rahmen des therapeutischen Förderkonzeptes primär eine umsetzende und ergänzende Aufgabe.
Auf der Grundlage einer differenzierten Psychodiagnostik müssen zunächst und vor allem psychotherapeutische Interventionen zur Anwendung kommen. Die Hauptform der Verarbeitung ist die zielgerichtete und systematische Konfrontation des Schülers

mit seinen Angstzuständen. Die erlebten Angstsituationen werden in Gesprächen oder Spielsituationen aktualisiert, um so die auslösenden traumatischen Noxen „wachzurufen“, damit diese vom Kind verarbeitet werden können. Die dabei aufkommenden Angstgefühle werden dann vor allem kognitiv beeinflusst (im Gespräch versachlicht) und mit Angst gegensteuernden Techniken verknüpft. Unter Umständen wird die Psychotherapie medikamentös (antidepressive Medikamente) begleitet. Nach unseren Recherchen wird in den meisten Fällen die gezielte Konfrontation mit den Angstobjekten nur In-sensu-Form durchgeführt, also fernab von der Schule und insofern fernab von den realen Angstobjekten. Erfolgt eine reale unmittelbare Konfrontation mit den angstauslösenden schulischen sprech-kommunikativen Anforderungen, dann meistens nur sporadisch und unsystematisch.
Für jüngere Schüler schafft die fehlende Unmittelbarkeit in der Konfrontation Probleme, weil bei der therapeutischen Intervention die örtliche und zeitliche Nähe zu den Angstobjekten und die Regelmäßigkeit und Häufigkeit fehlen. So kommt es in den meisten Fällen nicht zu den notwendigen Effekten und die therapeutische Wirkung bleibt begrenzt. Das Kind spricht zwar in der ambulanten Praxis, aber in der Schule schweigt es weiterhin. Nach unseren Erhebungen kann es bei alleiniger ambulanter Psychotherapie in Einzelfällen mehrere Monate sogar mehrere Jahre dauern, bis sich der volle Therapieerfolg in der Schule zeigt. Übrigens gilt dies auch für eine alleinige Sprachtherapie. Die mangelnde Generalisierung kann auch als Indiz dafür gewertet werden, dass viele Schulmutisten offensichtlich andere Formen der Förderung bzw. Therapie benötigen.
Allerdings ergab die Erhebung auch, dass durchaus in Einzelfällen eine alleinige ambulante Psychotherapie ausreichend sein kann. Analysiert man solche Einzelerfolge, dann zeigt sich in der Tendenz, dass dafür mindestens drei Voraussetzungen vorhanden waren:

- Der Schüler verfügte über eine ausreichend entwickelte Vorstellungskraft, um die erlebten Konfliktsituationen abzurufen und sich vorstellen zu können. Die Selbstwahrnehmung von körperlichen Veränderungsprozessen bei der Rekapitulation und das diesbezügliche Selbststeuerungsvermögen waren gut entwickelt.
- Die lautsprachlich-kommunikativen Fähigkeiten des Schülers waren gut entwickelt. Die Defizithypothese in Bezug auf kommunikatives Unvermögen galt für diese Teilpopulation nur begrenzt.
- Das sozial-kommunikative Milieu hatte sich sofort nach dem Auftreten der mutistischen Verhaltensweise positiv verändert (meist Schul- oder Klassenwechsel), so dass dadurch die Belastungsaspekte neutralisiert wurden. So blieb die negative Bekräftigung aus, und allmählich veränderte sich bzw. verschwand das Störungsbild.

In der Regel können die ambulant erzielten Therapieresultate vom Schüler nicht problemlos auf die schulischen Situationen übertragen werden. Von vielen Psychotherapeuten wird deshalb eine enge Zusammenarbeit vor allem mit den unterrichtenden Lehrern angestrebt. Meistens erfolgen Lehrerberatungen. Oftmals werden Formen der verhaltenstherapeutisch orientierten Umerziehung im Rahmen der Schule angestrebt. Beispielsweise werden Formen der In-vivo-Konfrontation organisiert. Beklagt wird, dass hierfür meistens ein kompetenter Ansprechpartner fehlt, der diese in der Schule organisiert und begleitet. Auch scheitert das Bemühen oftmals daran, dass die örtlichen und zeitlichen Umstände eine Umsetzung der psychotherapeutischen Sachverhalte in den Schulalltag nicht zulassen. Die therapeutische Zusammenarbeit beschränkt sich in der Regel lediglich auf telefonische Absprachen. Nur selten kommt es zu einer echten Verzahnung der therapeutischen Maßnahmen mit den schulischen Anforderungen.

Die organisatorischen Grenzen und Probleme sind auch der Hauptbeweggrund dafür, dass dem Sprachtherapeuten in der Regel vom Psychotherapeuten auch zugestanden wird, im komplexen Therapieprozess als Ko-Therapeut therapeutische Teilprozesse zu übernehmen, das heißt, speziell die mehr pädagogisch bzw. sprachtherapeutisch geprägten Therapieanteile in der Schule abzudecken. Hierbei konnten wir zwei Formen feststellen:

Zum einen lässt sich in der Praxis beobachten, dass eine längere Stabilisierungsphase (Überführungsphase) im Kontext der schulischen Realanforderungen organisiert wird. Der mutistische Schüler soll damit die Möglichkeit erhalten, die neu erworbenen Techniken der Angstkontrolle bzw. Angststeuerung unter schulischen Bedingungen anzuwenden. Dafür werden für den Schüler und in Absprache mit ihm in der Schule spezifische Bewährungssituationen geschaffen, beispielsweise ein Gedicht vor der Klasse aufzusagen, einen Text laut vorzulesen, dem Lehrer X eine Mitteilung zu überbringen usw. Leider sind solche Aktionen weder nach Schwierigkeitsstufen strukturiert noch werden sie von Stützmaßnahmen begleitet, so dass dadurch sogar Negativresultate hervorgerufen werden können.

Günstiger erweist sich die zweite Form der Zusammenarbeit, nämlich die frühzeitige Verquickung der systematischen In-sensu-Konfrontation mit den In-vivo-Konfrontationen mit den schulischen Angstobjekten. Was vielerorts spontan erfolgt, soll hier systematisiert werden, um einer solchen Zusammenarbeit eine bessere Basis zu geben.

b) Der sonderpädagogisch akzentuierte Förderprozess sollte größtenteils schulintegriert sein.

In den meisten Fällen kann eine schulisch bedingte Sprechangst nicht an sich, sondern nur in und durch diese schulischen sprech-kommunikativen Anforderungssituationen überwunden werden. Sprechverhaltensstrategien erwirbt man nur, indem man solche ausprobiert, und Störungen im Sprechverhalten können nur überwunden werden, wenn das Sprechverhalten auf einem erfüllbaren kommunikativen Anforderungsniveau in ausreichendem Maße und in der realen Anforderungssituation geübt wird. Daraus ergibt sich, dass eine Veränderung der Sprechfehlverhaltensweise des mutistischen Schülers vor allem in enger Verbindung mit der Haupttätigkeit des Schülers, dem schulischen Lernen, und insbesondere in der dafür typischen Organisationsstruktur, dem Unterricht, erfolgen muss.

Die Schulstruktur, vor allem die organisatorisch stabile Unterrichtsplanung, bietet für eine verhaltenstherapeutisch orientierte Umerziehung äußerst günstige Bedingungen. Der Schulunterricht ist eine organisatorisch gesetzte und damit für die Planung des Förderprozesses kalkulierbare Größe. Dadurch ist nicht nur die Kontinuität gesichert. Eine rehabilitative Umerziehung benötigt ausreichend Zeit und die Konfrontationen

müssen auch mit der notwendigen Häufigkeit, Regelmäßigkeit und Systematik erfolgen. Außerdem ist der Unterricht ideal dazu geeignet, therapeutische Sachverhalte in systematischer Form einzufügen und diese in natürlicher Weise mit den schulischen Ziel-, unterrichtsinhaltlichen- und unterrichtsmethodischen Anforderungen zu verknüpfen. Weder eine ambulante psychologische noch eine ambulante logopädische Therapie kann diese Aufgabe (die permanente systematische und natürliche In-vivo-Konfrontation mit den schulischen Angstobjekten) in der notwendigen Breite, Vielfalt und Systematik sowie Regelmäßigkeit erfüllen.
Ferner bieten der Klassen- oder Teilgruppenunterricht, der Förderunterricht in kleinen Gruppen, die Arbeits- bzw. Interessengemeinschaften usw. günstige Rahmenbedingungen für eine Gruppentherapie. Der Schulmutist ist bei den Konfrontationen nicht allein, wenn er mit den Angstfaktoren konfrontiert wird, sondern stets im Kreis vertrauter Personen, unter Umständen in Anwesenheit von sog. Stützpersonen. Die Reaktionen von diesen sind für ihn kalkulierbar. Das positive Feedback auf der Basis der erfolgsorientierten Sprechbewährung, das so dringend für eine erfolgreiche Umerziehung erforderlich ist, erfolgt in der Regel dann auch nicht in organisatorischen Ausnahmesituationen, sondern in einem vielfältigen kindgemäßen und realen Anforderungsspektrum. Diese Vielfalt trägt wesentlich zu schnelleren Therapieerfolgen bzw. zu einer besseren Generalisierung des neu erworbenen Verhaltens bei.
In den realen Anforderungssituationen erlebt der Schüler permanent das Gefühl, dass ihm mit der verstärkten Zuwendung und mit den Stützmitteln geholfen wird. Dies ist nicht unerheblich für die Aktivierung seiner Bereitschaft, sich bzw. sein Sprechverhalten verändern zu wollen.
Dies alles unterstreicht die Notwendigkeit, den schulischen Organisationsrahmen unbedingt für das therapeutische Anliegen zu nutzen.

Diese für die verhaltenstherapeutisch orientierte Umerziehung günstigen schulischen Bedingungen wirken aber nicht an sich. Sie können nur dann zu therapeutischen Bedingungen werden, wenn sie modifiziert, ergänzt oder akzentuiert werden. Dazu gehören recht unterschiedliche Maßnahmen, beispielsweise das auf das aktuelle Störungsbild des Schülers ausgerichtete Sprechverhalten der Lehrer, die Strukturierung der Sprechanforderungen und Hilfestellungen.
Damit der Unterricht für den Mutisten zum Übungs- bzw. Bewährungsfeld werden kann, ist er dort möglichst häufig, regelmäßig und erfolgsorientiert sprech-kommunikativ zu fordern. Dazu sind die Kommunikationsbedingungen bewusst zu gestalten. Der Umerziehungsprozess muss gestützt und speziell didaktisch untersetzt werden. Damit soll erreicht werden, dass der mutistische Schüler möglichst häufig in eine entwicklungsstimulierende sprech-kommunikative Tätigkeit versetzt wird, so dass er bei dieser Aktivität trotz labiler bzw. ungünstiger Lernvoraussetzungen seine sprech-kommunikativen Fähigkeiten systematisch und günstiger entwickeln kann. Das regelmäßige und häufige Fordern auf erfüllbarem sprech-kommunikativen Niveau trägt entscheidend dazu bei, beim Schüler sprech-kommunikative Gewohnheiten zu entwickeln und Einstellungen positiv zu verändern. Später wirken diese dann als stabilisierende Elemente im komplexen Förderprozess.

Eine Grundvoraussetzung für einen therapiegeleiteten Unterricht ist die Strukturierung der kommunikativen Anforderungen. Dabei sind sowohl inhaltliche als auch formale Aspekte zu berücksichtigen. Zu den formalen Aspekten zählen beispielsweise die Art der Kommunikation als auch die Art der situativen Sachverhalte wie Anzahl und Art der Partner, die Umgebung usw. Im Hinblick auf die Inhaltsanforderungen sind vor allem kommunikativ-kognitive und kommunikativ-emotionale Aspekte zu strukturieren. Diese Anforderungen sollten immer im Hinblick auf das aktuelle kognitive, sprechmotorische, sozial-emotionale Vermögen des Schulmutisten formuliert und nach dem System steigender Anforderungen gestaltet werden. Die Grundlage hierfür bildet das individuelle Angstprofil des Schülers. Zum anderen sollten die Anforderungssituationen im Hinblick auf gegebene Hilfen und Stützen strukturiert sein, die dem Schüler helfen, die sprech-kommunikativen Anforderungen auch zu bewältigen. Stützmethoden können und sollten recht vielfältig sein, beispielsweise die Beachtung der Stufen der Verfremdung der Situation, das Gruppensprechen, das Echosprechen, das bewegungsbegleitende oder rhythmisierte Sprechen, das sachgerichtete Sprechen, die personelle Stütze u.a. Das In-vivo-Verfahren für die verhaltenstherapeutisch orientierte Umerziehung, was in den Schulalltag integriert wird, muss also inhaltlich und fördermethodisch modelliert und strukturiert sein. Zugleich sollten und können die schulimmanenten Prozesse der schrittweisen Konditionierung/Dekonditionierung und der Generalisierung mit Formen der systematischen Desensibilisierung verbunden werden.
Wenn aktuelles Sprechverhalten sich zum großen Teil aus dem Partnerbezug bzw. den Partnerreaktionen ergibt, dann ist es darüber hinaus auch unbedingt notwendig, dass die unterrichtenden Lehrer ihr Sprechverhalten in Bezug auf den Umgang mit dem Schulmutisten optimieren, das heißt Belastendes vermeiden, Förderliches verstärken.

Durch die bewusste Nutzung der schulischen Potenzen für die Rehabilitation kann nicht nur der Zeitraum für die Rehabilitation des Schulmutisten verkürzt werden, sondern es lassen sich dadurch sicherlich auch stabilere Resultate erzielen.

c) Der schulintegrierte Förderprozess trägt in wesentlichen Teilen sprachtherapeutischen Charakter.

Das Erscheinungsbild verlangt auch nach einer speziellen sprachtherapeutischen Förderung. Es handelt sich bei Schulmutisten vor allem um eine Sprechverhaltensstörung, die teilweise durch Defizite im sprach- bzw. sprechfunktionalen System begründet bzw. begünstigt ist.
Aus diesem aktuellen Zustandsbild leiten sich weitere spezielle sprachtherapeutische Zielstellungen ab: das sprech-kommunikative Bewältigungspotenzial des Schülers zu stärken und zugleich die mitverursachenden sprech-kommunikativen Defizite zu überwinden. Aus der Umsetzung dieser spezifischen sprachtherapeutischen Ziele und der sich daraus ergebenen Zielstruktur sowie den daraus resultierenden Inhalten ergibt sich der sprachtherapeutische Prozess im engeren Sinne mit der speziellen therapeutischen Organisationsstruktur.
Beim vorliegenden Förderansatz gehen wir davon aus, dass mutistische Verhaltensweisen in derselben Weise gelernt werden wie so genannte normale kommunikative

Verhaltensweisen. Insofern kann ein Fehlverhalten auch wieder verlernt werden. Notwendig dafür sind allerdings eine Vielzahl von Einzelaktionen, durch die belastende Bedingungen verändert, das regressive Sprechverhalten gelöscht und neues Sprechverhalten gelernt werden. Dieser Lernvorgang unterliegt den Prinzipien des respondenten und operanten Konditionierens sowie des Modelllernens. Die sprachtherapeutisch orientierte Intervention beinhaltet dementsprechend ein Umlernen (Korrektur) bzw. ein Verlernen (Löschen von fehlentwickelten sprech-kommunikativen Verhaltensweisen durch das Ausbleiben einer verstärkenden Bekräftigung). Zugleich erfolgt ein Umlernen von Sprechverhaltensweisen im Prozess der systematischen Konfrontation mit den realen Angstobjekten in der Schule, vor allem im Unterricht.

Das Neulernen soll im vorliegenden Förderansatz in erster Linie im Prozess des Modelllernens erfolgen. Dies wiederum wird vor allem außerunterrichtlich organisiert, wobei wesentliche Therapieaspekte hierbei mehr eine sprachtherapeutisch-sprecherzieherische Zielstellung tragen. Durch Unterweisung (Kenntnisvermittlung), durch Vorspielen (Orientierung und Nachahmung im Rahmen der kommentierten Demonstration) und durch das Modelllernen (szenisches Spiel bei geringen sozialen Belastungen) soll der Schüler neue offensive sprech-kommunikative Verhaltensweisen im Rollenspiel erlernen und erproben. Es gilt, dem mutistischen Schüler sprechgestalterische Kenntnisse und Fähigkeiten zu vermitteln, sprech-kommunikative Gewohnheiten herauszubilden und mit Hilfe der spezifischen sprachtherapeutischen Mittel und Methoden Defizite im sprechfunktionalen System sowie Fehleinstellungen und Fehlhaltungen im Hinblick auf die Sprechkommunikation zu verändern. Die Umsetzung erfolgt mit kindgemäßen Tätigkeiten, das heißt die therapeutischen Inhalte werden sowohl mit dem Lernen, als auch mit dem Spiel in der Kindergemeinschaft verknüpft.

In diesem Aktionsrahmen werden zugleich die sprachlichen Fehlleistungen des Schülers korrigiert und „normale“ offensive Kommunikationsstrategien vermittelt und trainiert. So werden beispielsweise fehlentwickelte Funktionsabläufe in Teilbereichen des Sprechens (hier insbesondere die einzelnen Regelkreise: Körpersprechhaltung-Körperspannung-Sprechatmung-Stimmeinsätze) aktiviert und korrigiert. Im Kontext der Entäußerungsmöglichkeiten des Kindes sind diese sprech-kommunikativen Fähigkeiten offensichtlich die schwächsten, die labilsten und damit die anfälligsten, so dass hier bei Überforderungen zuerst ein Versagen auftreten kann. Um den Mutisten gegenüber Belastungsfaktoren im Bereich der Sprech-Kommunikation resistenter zu machen, sind nicht nur die Defizite im Sprech- und Kommunikationsverhalten zu mindern bzw. zu beseitigen, sondern die labilen Sprechfunktionen sind in starke „umzuwandeln“. Prinzipiell sollten alle Übungen zur Verbesserung der sprechsprachlichen Kompetenz kommunikativ orientiert sein.
Die Sachthemen auf deren Grundlage die therapeutischen Inhalte vermittelt werden, sollten nicht nur die Bedürfnisse und Interessen des Schülers beachten, sondern möglichst den Unterrichtsthemen angelehnt bzw. mit diesen verbunden sein. In jedem Fall sollten die Anforderungen dem aktuellen sprech-kommunikativen Entwicklungs- bzw. Anforderungsniveau des Schülers entsprechen.

Es bleibt festzustellen, dass die Realisierung der therapeutischen Ziele einen größeren pädagogischen Aufwand benötigt. Dies ergibt sich beispielsweise daraus, dass mit dem mutistischen Schüler zieldifferenzierter, inhaltsspezifischer und methodisch individueller und spezifischer gearbeitet werden muss. Diesem Mehraufwand muss zum einen durch eine entsprechende Klassenstärke oder durch das Zweitlehrerprinzip und zum anderen durch außerunterrichtliche Fördermaßnahmen Rechnung getragen werden.

d) Die Umsetzung des schulintegrierten Förderprozesses schließt Qualifizierungsmaßnahmen der Lehrer ein.

Soll die schulintegrierte Förderung qualifiziert realisiert werden, verlangt dies von den Pädagogen sonderpädagogische, vor allem sprachheilpädagogische Grundkompetenzen. So setzt angemessenes Reagieren ausreichende Sachkenntnis zur Problemlage voraus. Eine Veränderung des Zustandsbildes (Symptome und verursachende Funktionsschwächen) verlangt Kenntnisse und Fähigkeiten im Hinblick auf die Förder- bzw. Stützmethodik. Und schließlich verlangt die Gestaltung des verhaltenstherapeutisch orientierten Umerziehungsprozesses eine gewisse prozessgestalterische Grundkompetenz. Besonders die Strukturierung des sprech-kommunikativen Anforderungsfeldes nach dem System steigender kommunikativer Anforderungen setzt spezielle sprachtherapeutische Kenntnisse voraus.

Der Therapieansatz setzt voraus, den Lehrer aktiv in das komplexe Therapie- bzw. Rehabilitationskonzept als Ko-Therapeut einzubeziehen. An die unterrichtenden Lehrer werden die größten therapeutischen Erwartungen geknüpft, obwohl sie dafür am wenigsten ausgebildet sind. Sie sollen das Umerziehungskonzept in ihrem Unterricht umsetzen, das heißt, regelmäßig ihre Unterrichtsmethodik zur konkreten Wissens- und Fähigkeitsvermittlung und ihre Erziehungsabsichten mit der Fördermethodik verbinden. Somit sind sie eigentlich am meisten therapeutisch gefordert. Will sich der Lehrer dieser Anforderung stellen, kommt er nicht umhin, sich die erforderliche Sach-, fördermethodische und Prozesskompetenz für die Förderung von Schulmutisten anzueignen. Um die Kompetenz und Verantwortung der unterrichtenden Lehrer in das gesamte Förderkonzept einzubinden, müssen diese fachgerecht vom Psychologen und dem Sprachtherapeuten angeleitet werden. Die erforderliche fördermethodische Kompetenz werden sich die Lehrer vor allem im Prozess des Tuns aneignen. In der Erprobungsphase hat sich allerdings gezeigt, dass kaum ein Engagement entsteht, wenn sich der Lehrer mit den Aufgaben überfordert fühlt. In solchen Fällen kommt es zu keinen bzw. mäßigen Therapieerfolgen, und der gesamte Förderprozess leidet stark darunter.

Der Lehrer muss sich aber auch noch in eine andere Richtung qualifizieren. Unter Umständen muss er selbst seine Sprech- und Kommunikationsweise verändern. Schulmutismus wird reaktiv mit bedingt, zumindest wird das aktuelle negative Erscheinungsbild des Schülers in der Schule vom schulischen Umfeld gestützt, genährt, aufrechterhalten. Wenn nun dieses Umfeld nicht dahingehend verändert wird, dass es der Verfestigung des negativen Zustandes entgegenwirkt, dann wird sich auch das Zustandsbild des Schülers nicht verändern können. Insofern ist der verhaltenstherapeutisch orientierte Umerziehungsprozess in der Schule nur im Rahmen veränderter sprech-kommunikativer Anforderungsbedingungen möglich. Veränderungsprozesse im Sprechverhalten der erwachsenen Kontaktpersonen haben wiederum eine Zeitdimension, so dass die diesbezügliche Beeinflussung (Beratung und Training) der Lehrer und der anderen („angstbesetzten") Personen durch den Sprachbehindertenpädagogen prozessbegleitend erfolgen sollte.

Eine Verhaltensänderung setzt eine entsprechende Einstellung bei den Betroffenen voraus. Die erwachsenen Kontaktpersonen müssen sich in diesem Rehabilitationsprozess als dynamische Größe begreifen, die sich eher verändern lässt als das Verhalten des Kindes. Sie müssen den Willen haben, sich bzw. ihr Sprechverhalten verändern zu wollen und sie müssen davon überzeugt sein, dies auch zu schaffen.

Beim nachfolgend dargestellten Therapiekonzept handelt es sich um einen Therapieansatz, der aus der sonderpädagogischen Praxis heraus und mit Hilfe erfahrener Sprachbehindertenpädagogen entwickelt wurde. Das erklärt, warum die vorgeschlagenen Fördermaßnahmen stärker sonderpädagogisch bzw. sprachheilpädagogisch orientiert sind.

In zahlreichen Diskussionsrunden im Rahmen der Fortbildung von Kinderverhaltenstherapeuten, Sprachtherapeuten und Sonderpädagogen wurde dieses Konzept präzisiert. Die Vielzahl der in den Gesprächen geäußerten Einzelerfahrungen in der pädagogisch-therapeutischen Arbeit mit mutistischen Schülern spiegelt sich in der konzipierten Sichtweise wider. Einmütig war die Auffassung darüber, dass ein pädagogisch-therapeutischer Interventionsprozess bei Schülern mit ausgeprägtem Schulmutismus vielschichtig angelegt sein muss, weil die an dem Sprechverhalten beteiligten dynamischen Knotenpunkte weit auseinander liegen und morphologisch äußerst heterogen sein können.

Erfasst wurden ferner die durchgeführten therapeutischen Interventionen bei den von uns untersuchten Schulmutisten. Auch wurde ihre Wirkung analysiert. Die zusammengetragenen Daten und Aussagen wurden schließlich verdichtet und strukturiert und durch Aussagen aus der Fachliteratur ergänzt und präzisiert. So entstand ein inhaltlich und methodisch ganzheitliches, systemisches sprachtherapeutisch akzentuiertes Förderkonzept für Kinder mit Schulmutismus, welches exemplarisch unter unterschiedlichen schulischen Bedingungen erprobt wurde.

Die geäußerten Erfahrungen der Praktiker und die Untersuchungsergebnisse besagen eindeutig, dass in den meisten Fällen eine komplexe therapeutische Herangehensweise notwendig ist, und zwar mit den Schwerpunkten Psychotherapie, Sprachtherapie, verhaltenstherapeutisch orientierte Umerziehung des Schülers und in diesem Kontext auch die Beeinflussung des kommunikativen Milieus in der Schule.

Das Gesamtkonzept für den Therapieprozess wurde lediglich aus didaktischen Gründen in drei Handlungsfelder gegliedert (vgl. Abb. 1, S. 119). Die erzielten Wirkungen der einzelnen Förder- bzw. Therapiemaßnahmen in den jeweiligen Handlungsfeldern bedingen einander, so dass letztendlich die Wirksamkeit des rehabilitativen Gesamtprozesses von der Realisierung dieser und durch die wechselseitige Durchdringung der in den Feldern erzielten Einzeleffekte bestimmt wird. Die Realisierung erfolgt nicht nacheinander, sondern parallel und koordiniert, was zeitliche Akzentuierungen nicht ausschließt. So sollten beispielsweise die psychotherapeutischen Maßnahmen mit den Schwerpunkten Diagnostik, Konfliktverarbeitung, Aufbrechen der Sprechblockierung und verhaltenstherapeutische Beeinflussung des Sprechverhaltens tendenziell mehr zu Beginn der Therapie erfolgen. Es hat sich auch als sinnvoll herausgestellt, dass die speziellen psychotherapeutischen Aktivitäten in der Anfangsphase (Diagnostik, Aufbrechen der Sprechblockierung) separat stattfinden sollten. Aber schon bald sollten die psychotherapeutischen Maßnahmen im sprachheilpädagogisch dominierten Rehabilitationsprozess immanent enthalten sein bzw. sie sollten das gesamte sprachheilpädagogische Geschehen begleiten und durchdringen.

Grundsätzlich sollten die einzelnen Maßnahmen in den jeweiligen Handlungsfeldern dynamische Strukturen bilden bzw. sie sollten als dynamische Struktur aufgefasst werden. Die einzelnen Therapieaktivitäten sollten aufeinander Bezug nehmen und inhaltlich-therapiemethodisch eine Einheit darstellen. Allerdings sind die einzelnen Maßnahmen nicht als gleichgewichtig zu betrachten, gar als mechanische, statische Elemente und Kombinationen aufzufassen, sondern sie stellen eine komplizierte, differenzierte, dynamische und veränderliche organisatorische Einheit dar. Im Verlaufe des Prozesses können die einzelnen therapeutischen Aktivitäten durchaus einen anderen Stellenwert bekommen. Trotz der logischen Ganzheitlichkeit und Komplexität sowie der logischen Strukturierung sollte das Konzept stets offen bleiben und in jedem Falle dynamisch umgesetzt werden. Was konkret und in welchem Umfang mit dem Schüler gemacht wird, bestimmt allein seine konkrete und aktuelle therapeutische Notwendigkeit. Eine formalistische Umsetzung des Förderkonzeptes ist abzulehnen, denn dies würde der Individualisierung der Förderung und der Vielschichtigkeit des Störungsbildes widersprechen. Insofern müssen sich die konkreten Umsetzungspläne für den einzelnen Schüler unterscheiden. Trotz dieser Dynamik folgt die Umsetzung der Einzelmaßnahmen innerhalb der einzelnen Handlungsfelder dennoch im wesentlichen der therapeutischen Logik: teilweise nebeneinander, das heißt relativ unabhängig voneinander, meistens jedoch auch hier in koordinierter Form.

Entsprechend unserer Zielstellung sind die sprachtherapeutisch akzentuierten Interventionsmaßnahmen im vorliegenden Konzept von Umfang und Aufwand her dominant. Innerhalb des sonderpädagogisch dominierten Teils des Konzeptes sollten die Maßnahmen zur verhaltenstherapeutisch orientierten Umerziehung überwiegen. Dies ist bewusst so gewollt. Diese Dominanz sollte sich sowohl in der zeitlichen Relation als auch in der Förderintensität widerspiegeln.

Die spezifischen sprachtherapeutischen und mehr sprecherzieherischen Maßnahmen zur Erhöhung der allgemeinen Sprach- und Sprechkompetenz des Schülers sind zwar wichtig und in den meisten Fällen auch notwendig, sie dürfen sich aber nicht verselbständigen und zu den alleinigen Fördermaßnahmen werden. Sinnvoll werden diese erst dann, wenn sie in Einheit mit den anderen Maßnahmen erfolgen.

Abbildung 1 verdeutlicht die drei Handlungsfelder. Eine ausführliche Kommentierung der einzelnen Interventionen erfolgt in den nachfolgenden Gliederungspunkten.

Die Handlungsfelder der komplexen therapeutischen Intervention

Psychotherapeutische Intervention auf Symptom und auf Teile der idiopathischen Ursachen orientierte Intervention	**Intervention im schulischen Bereich** auf soziale Ursachen orientierte Intervention	**Sprachtherapeutische Intervention** auf Teile der idiopathischen Ursachen und auf kommunikationsbelastende Aktualgenese orientiert
Inhalte: > Diagnostik, Hierarchie der Belastungsfaktoren > „Aufbrechen" der Sprechblockierung > Konflikt- bzw. Problemverarbeitung (zum Beispiel Abbau der Angstpyramide auf der Grundlage von Verhaltenstherapie, kognitiven Verarbeitungsstrategien, Spieltherapie, Entladungstherapie u.a.) > emotional-kommunikative Stabilisierung	_Inhalte:_ **a) Entwicklung der Förderkompetenz der Lehrer** > Beratungs-, Erkundungsgespräch (Diagnostik) > Unterweisung > Supervision > Training (Einbezogen sind möglichst alle engeren Kommunikationspartner des Kindes wie Eltern, Lehrer, engere Kontaktpersonen, „belastende" Personen ...) **b) Förderung im schulischen Anforderungsfeld** > Gewöhnung (Flooding) > Kommunikationsverhaltenstraining (prozessintegriert, strukturiert, angeleitet in natürlichen Lern-, Spiel- und Lebenssituationen)	_Inhalte_ > Herstellen der erforderlichen emotional-sozialen Stabilität > Bewusstmachen und Stärkung der Stärken > spezielle Stimmtherapie (Beseitigung der stimmlichen Enge, Rufstimmerziehung, Übung zur stimmlich-prosodischen Breite) > allgemeines Selbstsicherheitstraining > kommunikatives Selbstsicherheitstraining (Modelllernen, Rollenspiel, Umgang mit Stressoren) > Training von Kommunikationsstrategien > Minderung der allgemeinen Kommunikationsschwäche (Leistungsparameter)
Zu realisieren durch: Psychologen oder Verhaltenstherapeuten unter Mitarbeit des Sprachtherapeuten	_Zu realisieren durch:_ Sprachtherapeuten unter Einbeziehung eines Familientherapeuten (oder Psychologen)	_Zu realisieren durch:_ Sprachtherapeuten mit Unterstützung eines Psychologen u./o. Sozialarbeiters

Abb. 1

2 Psychotherapeutisch orientierte Intervention

Tritt ein massives und manifestiertes Sprechfehlverhalten auf, kann dies als ein sicherer Indikator für eine bestehende massive innere (psychische) Disharmonie angesehen werden. Eine anhaltende Disharmonie macht psychisch krank. Bevor eine Therapie zur Veränderung des psychischen Zustandes einsetzt, müssen das Symptomprofil und das verursachende Bedingungsgefüge sorgfältig erfasst werden. Insofern ist in jedem Falle die Fachkompetenz des Psychologen (im weiteren Text synonym für Schulpsychologe, Kinderverhaltenstherapeut) gefragt.
Auf Grund der massiven Disharmonie bedürfen alle Schüler mit Schulmutismus aktuell einer Psychotherapie, aber nicht alle Schulmutisten bedürfen in vollem Maße der speziellen, hier konzipierten komplexen Interventionsmaßnahmen. Dies gilt insbesondere für einen Großteil der sprachheilpädagogischen Interventionen. Ist es erforderlich, die Therapie auf den schulischen Bereich auszudehnen, dann ist unbedingt die enge Zusammenarbeit mit dem Psychologen erforderlich. Der Sonderpädagoge sollte ohne Absprache mit dem Psychologen bei ausgeprägtem Schulmutismus keine Therapiemaßnahmen einleiten, auch keine Sprachtherapie. Letztendlich trägt der Psychologe mit seiner Fachkompetenz die inhaltliche Hauptverantwortung für die Rehabilitation, auch für den Teil des Förderprozesses in der Schule.

Wie unsere Recherchen zeigen, sind die psychotherapeutischen Maßnahmen für den einzelnen Schüler recht unterschiedlich. Hier sollen nur jene Sachverhalte im Überblick dargelegt werden, die recht häufig zur Anwendung kamen. Durch die Darstellung soll der Sonderpädagoge informiert werden, was in psychotherapeutischer Hinsicht in Bezug auf die schulintegrierte Förderung mit dem Schüler erfolgen und wo sich der Sonderpädagoge einbringen kann.

2.1 Psychologische Diagnostik

Dem Psychologen obliegt es zunächst, das genaue Symptomprofil und das verursachende Bedingungsgefüge für das mutistische Reagieren zu analysieren und die Teilpopulation herauszufiltern, die für eine pädagogisch-psychologische Intervention in der konzipierten Form in Frage kommt. Aus dieser psychologischen Aufgabenstellung können sich auch Aufgaben für den Sprachbehindertenpädagogen bzw. für den unterrichtenden Lehrer ergeben, um möglichst schnell zu einer differenzierten und umfassenden Datenerfassung zu kommen. Spezielle schulische Maßnahmen, wie zielgerichtete Beobachtungen der sprechkommunikativen Verhaltensweise im Unterricht bzw. in der Schule (Verhalten bei der Konfrontation mit den Stressoren) und differenzierte Leistungs- und Verhaltensbeurteilungen können eine sinnvolle Hilfe für die psychologische Diagnostik darstellen.
Später, wenn das Kind bereits spricht, sollte auch durch zielgerichtete sprachheilpädagogische Begutachtungen das reale sprechkommunikative Bewältigungspotenzial des Schülers ermittelt werden. Der Sprachheilpädagoge sollte hier seine spezielle diagnos-

tische Kompetenz einbringen, denn wie bereits festgestellt, ist die Teilgruppe unter den Kindern mit Schulmutismus, bei denen eine sprachlich-kommunikative Labilität besteht, gar nicht so gering. In unserer Erhebung machte diese Gruppe sogar den überwiegenden Teil der Schulmutisten aus.

Ein wichtiges Ziel dieser Analysen ist es, die Voraussetzungen für die Verhaltenstherapie bzw. für die verhaltenstherapeutisch orientierte Umerziehung in der Schule zu ermitteln. Der verhaltenstherapeutischen Interventionen liegt ein spezifisches Modell der Entstehung und Aufrechterhaltung einer Kommunikationsstörung zugrunde: Es wird angenommen, dass bestimmte individuelle und/oder Umweltbedingungen dieses Symptomverhalten entstehen ließen oder ausgelöst haben. Ist dieses Symptomverhalten an eine bestimmte kommunikative Bedingung (Umgebungssituation, Personen, Inhalte, Anforderungen) gebunden, so wird der betroffene Schüler dazu neigen, diese Bedingungen in Zukunft zu vermeiden. Zugleich wird angenommen, dass ein aktuell gestörtes Kommunikationsverhalten durch bestimmte vorausgehende, prägende Ereignisse (so genannte Antezedenzien) und/oder dem Verhalten nachfolgende Konsequenzen gesteuert wird.

Das Wesen der verhaltenstherapeutischen Intervention besteht nun darin, den mutistischen Schüler zielgerichtet mit diesen kommunikativen Belastungsparametern zu konfrontieren, damit er sich mit diesen kognitiv oder im realen Erleben auseinandersetzt und so die blockierende Angst überwindet. Es wird davon ausgegangen, dass sich die Symptome des Mutisten, die sich in bestimmten kommunikativen Anforderungssituationen manifestiert haben, auch mit solchen modifizierten Situationen beseitigen bzw. mindern lassen. Dieses einfache und heuristisch oft recht ergiebige Schema beruht auf dem Modell des operanten Lernens.

Zu beachten ist ferner, dass ein Ausweichverhalten durch bestimmte Konsequenzen verstärkt wird. Problematisch sind dabei vor allem die Konsequenzen, die für den betroffenen Schüler mit einer Entlastungsfunktion verbunden sind. In diesem Falle spricht man von einer Funktionalität des Symptomverhaltens. Es ist auch möglich, dass ein regressives kommunikatives Symptomverhalten selbst eine Funktionalität zur Reduktion eines anderen Symptoms haben kann. So konnte in einzelnen Fällen beobachtet werden, dass das offene aggressive Verhalten mit der mutistischen Verstärkung zurückging.

Verhaltenstherapie muss also auch Veränderungen der Umwelt beinhalten, speziell in unserem Falle Veränderungen der sozialen Interaktion und der Kommunikation mit dem schulmutistischen Kind. Aus den Ergebnissen dieser Verhaltens- und Umfeldanalyse wird dann die Therapiestrategie, schließlich der Therapieplan für den Schulmutisten abgeleitet, und zwar sowohl für die ambulante In-sensu-Therapie beim Psychologen als auch für die In-vivo-Verfahren der schulimmanenten Förderung.

Um ein verhaltenstherapeutisches Konzept realisieren zu können, bedarf es also der differenzierten Erfassung der Belastungsparameter in einer individuellen Bedingungs- und Funktionsanalyse des Symptomverhaltens. Erforderlich ist eine möglichst genaue Beschreibung der Primär-, Parallel- oder Folgesymptome, der auslösenden bzw. Auftrittssituationen, eventuell der ererbten oder erworbenen Dispositionen, der relevanten

Konsequenzen, die sich aus dem Schweigen für den Schüler bzw. für die Kontaktpersonen ergeben (kurz- oder langfristig, positive oder negative) sowie die Stabilität der Symptome bzw. der Auftrittssituationen. Bedeutsam ist ferner, welche Symptomerwartungen der Schüler und die Kontaktpersonen haben.
Außerdem ist ein operant gelerntes mutistisches Verhalten auch in einem größeren Planungs- und Handlungszusammenhang zu betrachten, so dass bei der Erstellung der Bedingungsanalyse auch die zugrunde liegenden längerfristigen Motivationen und übergeordneten Ziele des Schülers zu berücksichtigen sind. Von Interesse ist dabei die Kenntnis der hierarchischen und sequentiellen Struktur der übergeordneten Einstellungen, Verhaltenspläne und Verhaltensregeln.

Ein konkretes und für die Verhaltenstherapie relevantes Ergebnis der individuellen Bedingungsanalyse sollte die hierarchisch strukturierte kommunikative Angstpyramide des Schülers sein. Hier sollten die wesentlichen Stressfaktoren (kommunikative Angstbereiche des Schülers in der Schule) in prägnanter Fassung und in ihrer Hierarchie erfasst werden. Eine solche differenzierte und individuell zugeschnittene Angstpyramide ist die notwendige Basis für eine verhaltenstherapeutische Intervention, denn sowohl die Angstbereiche als auch die Hierarchie innerhalb dieser bilden eine wichtige Voraussetzung für die pädagogische Planung des verhaltenstherapeutisch orientierten Umerziehungsprozesses, speziell für die Strukturierung der Aufgaben nach dem System steigender Anforderungen.
Bei der Ermittlung sollte man sehr behutsam vorgehen, denn wenn die verbale Vergegenständlichung der Stressbedingungen misslingt, können sowohl In-sensu-Methoden als auch In-vivo-Methoden ihre Wirkung verfehlen. Vor allem muss darauf geachtet werden, dass dem Schüler keinesfalls erst in den Gesprächen Angstgefühle, ein Leidensdruck oder ein Störungsbewusstsein eingeredet werden. Zu bedenken ist dabei, dass manche Kinder zu einem bestimmten Zeitpunkt noch gar nicht über bestimmte belastende Sachverhalte sprechen können oder wollen. In solchen Fällen sollten die Angstfaktoren vor allem erst indirekt auf der Grundlage von Spielhandlungen, reflektierenden Einschätzungen von gehörten Episoden, Erwartungen usw. ermittelt werden.

Da Verhaltenstherapie in der Regel ein länger andauernder Prozess ist, in dem sich die Wirkungen der einzelnen Bedingungen und die Verhaltensweisen des Schülers verändern, sollte es das erklärte Ziel einer Förderdiagnostik sein, nicht nur die Bedingungsanalyse als Eingangs- und Statusdiagnostik zur Klärung der Symptomatik, ihrer Bedingungen und Konsequenzen und zur Therapieplanung zu betreiben, sondern auf dieser Grundlage sollten die Daten ständig aktualisiert und ergänzt werden. Dies ist notwendig, um den Therapieverlauf individuell zu gestalten und um das Therapieergebnis zu kontrollieren.

Auf Grund der Vielschichtigkeit des Problems ist die Anwendung einer Vielzahl von Erfassungsmethoden zu empfehlen. In diesem Buch können und sollen auch nicht alle diagnostischen Möglichkeiten dargestellt werden, die dem Psychologen zur Verfügung stehen. Es sollen hier lediglich jene Methoden erwähnt werden, welche die schulische

Arbeit tangieren, das heißt, es sollen Möglichkeiten aufgezeigt werden, wie die Pädagogen die diagnostische Arbeit des Psychologen unterstützen können.

Im eruierenden Gespräch mit den Betroffenen erfährt der Psychologe erste Hinweise auf angstauslösende bzw. angstaufrechterhaltende Faktoren in der Schule. Es geht in solchen Analysegesprächen nicht darum, pädagogische Mängel zu erfassen oder dem Lehrer Versäumnisse nachweisen zu wollen. Bei neurotisch geprägten Störungsbildern sind die Bewertungsmaßstäbe für die verursachenden, auslösenden, noch mehr für die aufrechterhaltenden Bedingungen andere als die allgemein üblichen. Das, was den Schüler in der Schule kommunikativ belastet, passt oftmals nicht in die „normale" Logik. Von den Pädagogen muss diese Besonderheit bedacht werden. Sie sollten möglichst für solche Gespräche offen, vor allem nicht voreingenommen sein, auch wenn möglicherweise „Schwachstellen" angesprochen werden.

Ergänzt werden sollten diese ersten Analyseergebnisse durch andere Recherchen, beispielsweise durch Analysen von Schülerzeichnungen oder durch Analysen eines erstellten Erlebnisstrahls. Dafür können auch unter Umständen Unterrichtssituationen genutzt werden (Wochenplanarbeit). Der Psychologe sollte aber hierfür den Auftrag geben. Schülerdarstellungen, die in der belastenden Umgebung angefertigt werden, können sogar von Vorteil sein, denn die unmittelbare Wirkung der konkreten situativen Schulumgebung kann gegenüber der orts- und zeitfernen Betrachtung (in der Praxis des Psychologen) differenziertere Aussagen enthalten.

Eine weitere wichtige Informationsquelle für den Psychologen stellt die zielgerichtete Situationsbeobachtung von angstauslösenden Konfrontationen in und außerhalb des Unterrichts in der Schule dar. Protokollaufzeichnungen (unmittelbare Reflexionen von kommunikativ geglückten bzw. missglückten sprech-kommunikativen Einzelsituationen nach dem Unterricht) erfordern zwar einen gewissen Mehraufwand an Arbeit für den Lehrer, tragen aber zur Objektivierung der Beurteilung der Verhaltensweisen des Schülers bei.
Bei den Recherchen zur Bedingungsanalyse sollten und können verschiedene Erfassungsmethoden zur Anwendung kommen, wobei die Pädagogen in unterschiedlichem Maße mitwirken. Aus der Vielzahl sollen einige Beispiele exemplarisch kommentiert werden, um darzustellen, wie die Pädagogen bei der Erarbeitung der Angstpyramide mitwirken können:

Anfertigen eines „Erlebnisbefundes" der Woche
Hier wird der Schüler angehalten, aktiv an der Beurteilung der kommunikativen Situation mitzuarbeiten. Natürlich setzt dies voraus, dass der Schüler dazu gewillt und auch kognitiv in der Lage ist. Nicht nur für die Diagnostik, sondern auch für die Gestaltung des Unterrichts und des Therapieprozesses lassen sich hieraus wertvolle Gestaltungshinweise ableiten.
Über mehrere Wochen hinweg bewertet der Schüler jede vergangene Stunde der abgelaufenen Woche entweder mit einer Farbskala oder mit Schulnoten. Darauf folgt dann

einmal in der Woche (meist in der sog. Therapiestunde) ein lockeres Auswertungsgespräch. Hier erfährt der Lehrer die Begründung für die (negative oder positive) Bewertung. Dabei sollte es allerdings keine plumpe Kanalisierung des Gesprächs in Richtung des kommunikativ Belastenden geben. Die wertfreie Gesprächsführung sollte sowohl Positives, Stimulierendes als auch allgemein Belastendes zur Sprache bringen.

Erfolgsplanung der kommenden Woche

Auch diese Form kann zu ergänzenden Hinweisen für die Prozessgestaltung führen. Der Schüler schätzt in diesem Falle jede Stunde der kommenden Woche ein, und zwar im Hinblick darauf, welchen Erfolg (Freude) bzw. Stress (Misserfolg) er von der Unterrichtsstunde erwartet. Die dazu vom Schüler abgegebenen Kommentare und Begründungen enthalten in der Regel auch Wertungen über sprechbelastende Unterrichtssituationen und die belastenden sozialen Beziehungen. Deutlich wird hier das Ausmaß der hemmenden Vorab-Angst.

Das Waldschule-Spiel

Es wird eine Schulsituation mit Tierfiguren gespielt. Man beginnt mit neutralen (spracharmen) Unterrichtsfächern, später werden auch kritische Situationen thematisiert. Die Schüler und der Lehrer der eigenen Klasse werden dabei verfremdet, das heißt, den Personen werden Tiere (auch in unterschiedlicher Größe) zugeordnet. Selbstverständlich muss sich dabei der Schüler auch selbst einordnen.

Auswertung fiktiver Hospitationen

Verschiedene Unterrichtsstunden (verschiedene Fächer) werden vom Schüler nach einem Algorithmus bewertet. Zunächst wird die erlebte Unterrichtsstunde mit dem Schüler besprochen (man erkundigt sich detailliert, was gemacht worden ist), dann wird die Ablaufstruktur aufgeschrieben (vom Schüler selbst oder nach Diktat des Schülers vom Lehrer). Jeder Unterrichtsabschnitt erhält dann vom Schüler eine begründete Bewertung. Dabei kann der Bewertungsaspekt auch eingegrenzt werden, beispielsweise das Verhalten der Jungen, eines bestimmten Schülers, die Geduld des Lehrers usw. Interessant ist dabei, welche Bewertung der Schüler vornimmt und welche Begründung er dafür abgibt.

Schulleiterspiel

Der Schüler soll für das neue Schuljahr die Lehrerauswahl für Unterrichtsfächer bestimmen. In der Diskussion wird mit dem Schüler die „ideale" Besetzung der Unterrichtsfächer besprochen.

Zur Verfügung für die Lehrerstellen stehen aber zunächst nur Mitschüler. Aus einer ausgewählten, vorgegebenen Teilgruppe der Mitschüler sollen nun die „Lehrer" ausgewählt werden. In der Diskussion mit dem Mutisten wägt man nun ab, welcher Mitschüler für welches Unterrichtsfach der geeignetste wäre bzw. welcher sich nicht dafür eignen würde. Die Begründungen, die der Schüler anführt, können zum einen viel über soziale Beziehungen in der Klasse aussagen, aber auch zum Ausdruck bringen, was den Schüler am Lehrerverhalten belastet.

Möglich ist auch, dass die Auswahl unter den Lehrern der Schule vorgenommen wird. Natürlich birgt dies ein gewisses Risiko in sich und setzt voraus, dass dem Schüler schon mehrere Lehrer der Schule vom Unterricht her bekannt sein müssen.

Diese indirekte Vorgehensweise zur Ermittlung der Angstfaktoren und deren Bewertung kann unter Umständen viel Zeit in Anspruch nehmen. Geduld ist hier – wie in der gesamten Mutismustherapie – gefragt. Aber der Aufwand lohnt, denn man erhält wichtige Hinweise zur wirklichen Problemlage und läuft weniger Gefahr, bei der direkten Vorgehensweise das Problemfeld zu stark einzugrenzen und dem Gesprächsverlauf eine zu starke Richtung vorzugeben. Da nach unserer Erfahrung einige Schüler recht situativ reagieren, kommen nicht alle Angstauslöser – trotz indirekter Erfassungsmethoden – sogleich zur Sprache. Erfahrungsgemäß benennt der Schüler zunächst nur jene belastenden Anforderungssituationen in der Schule mit dem größten Konfliktpotenzial. Erst wenn man sich seiner Bewertung des Bedingungsgefüges relativ sicher ist, sollte der Sachverhalt direkt mit dem Schüler besprochen werden. Aber auch die direkte Recherche benötigt Zeit, die eingeplant werden sollte. Zu schnell ermittelte Resultate stellten sich in unserer Recherche oftmals als oberflächlich und fehlerhaft dar.
Um für die Therapiesitzungen eine feinabgestufte Hierarchie der schulischen Angstbereiche und innerhalb dieser die Angstfaktoren zu erhalten, ist es unter Umständen ratsam, die Rechercheergebnisse im Hinblick auf die angenommenen Stressoren (Problemfelder) zunächst durch die fehlenden (logischen) Zwischenschritte zu ergänzen. Zum Beispiel geschah dies wiederholt im Hinblick auf den Stressfaktor Hörerbezug in Bezug auf die Quantität der anwesenden Personen oder auf die Qualität der Personen (Gespräch mit Autoritäten) usw. Erweisen sich diese Ergänzungen im weiteren Verlauf für den Schüler nicht als typisch bzw. nicht als relevant, dann fallen diese eben in der nachfolgenden Bewertung durch den Schüler wieder weg.
In den meisten Fällen lassen sich in den Items separate Hierarchien finden, beispielsweise der unterschiedliche Erregungsgrad im Hinblick auf die Art und Anzahl der erwachsenen Personen, auf die Anzahl oder die Zusammensetzung der Mitschüler, überhaupt auf die Anzahl der anwesenden Personen, oder auf die Gesprächsinhalte, die Darstellungsform (gebundene oder freie Sprache), auf schulische Umgebungssituationen usw.
Für die Ermittlung der Binnenstruktur (Hierarchie innerhalb des Angstbereiches) wird der Schüler zu einem bestimmten Zeitpunkt nun mit den gesammelten Belastungssituationen konfrontiert. Er wird aufgefordert, eine Bewertung der schriftlich formulierten Angstsituationen vorzunehmen. Es sollen von ihm Schulnoten vergeben werden. Dazu gibt es Zettel mit den Ziffern eins bis sechs (Schulnoten). Auf separaten Zetteln steht jeweils eine kommunikative Anforderungssituation. Die Situation wird vom Psychologen benannt (vorgelesen) und der Schüler ordnet dem Zettel eine Note zu. Daraufhin folgt eine Feinabstimmung. Entweder werden nun alle Zettel, welche die gleiche Note erhielten, erneut zwischen eins und sechs bewertet, oder die Feinabstimmung erfolgt mit der Methode der Alternativauswahl. Der Schüler entscheidet sich nun, welche von zwei Situationen für ihn „schwieriger" sei.

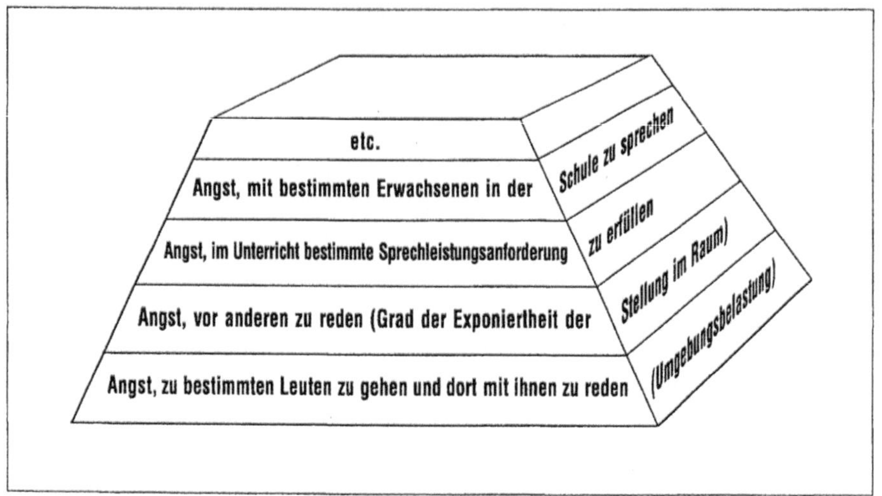

Abb. 2: Angstpyramide
> Angst, mit bestimmten Erwachsenen in der Schule zu sprechen (Partnerbezug)
> Angst, im Unterricht bestimmte Sprechleistungsanforderung zu erfüllen
> Angst, vor anderen zu reden (Grad der Exponiertheit der Stellung im Raum)
> Angst zu bestimmten Leuten zu gehen und dort mit ihnen zu reden (Umgebungsbelastung)

So erhält man schließlich eine abgestufte Angstpyramide, die sicherlich im Verlaufe des Förderprozesses weiter zu ergänzen und zu präzisieren ist. Ein Beispiel für eine Angstpyramide zeigt die Abbildung 2. Hinweise bzw. Beispiele für relevante vorkonstruierte Abfolgen finden sich im Folgenden.

2.2 Aufbrechen der Sprechblockierung

Für das Aufbrechen der Sprechblockierung hat der Psychologe seine speziellen Techniken. In den meisten Fällen erfolgt die Annäherung über Gewöhnung. Auf der Grundlage eines gemeinsamen Spiels mit dem Kind erwirbt der Psychologe allmählich das Vertrauen des Kindes. Dabei werden zugleich mehrere Stützfaktoren genutzt, die es dem Kind erleichtern, ein Gespräch mit dem Psychologen zu führen. Häufig geschieht dies in folgender Konstellation:

> eine neutrale Umgebung (nicht Schule) und
> eine neutrale Person (der Psychologe), von der nach Vorinformation durch die Mutter, Hilfe erwartet wird,
> der Einsatz von Stützpersonen (meist begleitet die Mutter das Kind, dies könnte aber auch bei älteren Schülern die Freundin bzw. der Freund sein),
> die Dominanz der praktischen (Spiel-)Tätigkeit bei der Gesprächsanbahnung, wobei die (nonverbale oder verbale) Kommunikation wertfrei, vor allem sachgerichtet ist und auf jeden Fall natürlich bleiben soll. Das wertende oder erkundende Gespräch

zur Person des Schülers ist zunächst untergeordnet. Es wird in diesem Stadium auch akzeptiert, wenn die verbale Kommunikation nur zwischen dem Kind und der Mutter oder der Mutter und dem Psychologen und ähnlichen Konstellationen erfolgt,

> unter Umständen wird auch längere Zeit mit dem Kind der indirekte Dialog praktiziert, das heißt es wird über die Spielpuppen mit dem Kind gesprochen, wodurch der Dialog verfremdet wird,
> Inhalte der Gespräche sind zunächst ausschließlich Sachthemen oder spielbezogene Dialoge. Es sollte in den ersten Gesprächen keine Reflexion des Verhaltens, schon gar nicht über das sprech-kommunikative Verhalten des Kindes erfolgen.

All diese Stützfaktoren dienen dazu, ein Gespräch zwischen dem Kind und dem Psychologen zustande zu bringen. Manchmal gelingt dies bereits in der ersten Sitzung, was jedoch nicht immer der Fall ist. Auch wenn das Kind nicht gleich verbal kommuniziert, sollten kritische Bewertungen unterlassen werden.

Auch darauf muss man sich einstellen: Es ist in der Regel nicht so, dass nach dem Deblockieren der Sprechhemmung beim Psychologen in der psychologischen Ambulanz der Schüler nachfolgend problemlos mit dem Psychologen spricht. In den meisten Fällen bleibt das Kind zunächst massiv gehemmt und sehr zurückhaltend. Die oben genannten Stützfaktoren sollten deshalb noch längere Zeit genutzt werden. Wir halten es für sehr wesentlich, dass es nach der ersten gelungenen Sprechdeblockierung beim Psychologen infolge der mangelnden Geduld dort nicht erneut zu einer Sprechblockierung kommt, denn eine wiederholte Vorort-Blockierung würde unter Umständen den weiteren Diagnostik- und Therapieverlauf erheblich erschweren. Alles, was zu einer Sprechblockierung führen könnte, sollte möglichst vermieden werden, und alle Mittel und Techniken, die dazu beitragen, einer solchen Blockierung vorzubeugen, sollten zumindest in der ersten Phase bewusst eingesetzt werden (lieber zu viel und zu lange, als zu wenig und zu kurze Zeit).

Die Pädagogen sollten dieses Vorhaben nach Kräften mit ihren Möglichkeiten unterstützen. Erlauben es die räumlichen bzw. örtlichen Umstände, dann können die Pädagogen durch gezielte Vorbereitungen des Schülers eine lockere Gesprächsführung beim Psychologen unterstützen. Bekanntlich können eine positive Grundstimmung (psychische Lockerheit) und eine physische Lockerheit beim Schüler den erhöhten Erregungszustand erheblich senken. Eine innere Lockerheit zeigt eine positive Wirkung auf die allgemeine Mitmachbereitschaft des Schülers in der Sitzung, speziell steigert diese seine Sprechbereitschaft.

2.3 Psychotherapeutische Interventionen zur kognitiv-emotionalen Verarbeitung der auslösenden traumatischen Erlebnisse

Um die negative Wirkung der verursachenden Konfliktlage zu neutralisieren, muss diese emotional-kognitiv verarbeitet werden. Auch hierzu kommen von den Psycholo-

gen eine Vielzahl von Methoden zur Anwendung, die hier nicht in Gänze erläutert, kommentiert und gewertet werden sollen. In unseren Fällen dominierten die Methoden: Nachgestalten der Konfliktsituationen durch das Malen von Situationsbildern und das auswertende Gespräch auf der Grundlage solcher Produkte sowie das Nachgestalten von Konfliktsituationen im Rahmen der Spieltherapie mit Spielpuppen.
Die anspruchsvolle und komplizierte Therapie zur Verarbeitung der auslösenden traumatischen Erlebnisse ist ausschließlich Sache des Psychologen. Aber wiederum kann der Pädagoge dem Psychologen hierbei Zuarbeit leisten. Beispielsweise ermöglicht es die Wochenarbeitsplanung, dass jeder Schüler der Klasse (auch um eine Sonderstellung des mutistischen Schülers zu vermeiden, sollten alle Schüler der Klasse die Aufgaben lösen) mehrere Zeichnungen von positiven und negativen Erlebnissen anfertigen. In unseren Studien entstanden so Schülerprodukte, die durchaus geeignet waren, die Grundlage für die Gesprächsführung beim Psychologen zu bilden. Durch die offene Aufgabenstellung für alle Schüler erstellten die mutistischen Schüler oftmals aussagestarke szenische Darstellungen.
Die Diskussionen beim Psychologen von verursachenden traumatischen Konfliktsituationen wurden in den speziellen sprachheilpädagogisch geprägten Therapiestunden aufgegriffen, um hier im verfremdeten szenischen Spiel wiederholt und modifiziert diese Situationen im Nach-Spielen zu versachlichen und zu verarbeiten. Es hat sich allerdings in unseren Studien auch gezeigt, dass die Mitarbeit des Pädagogen bei der Realisierung dieses therapeutischen Parts in den meisten Fällen nicht erforderlich war.

2.4 Psychotherapeutische Interventionen zur Neutralisierung der Konfliktpunkte in der Schule, die das mutistische Verhalten aufrechterhalten und stabilisieren

Neben der emotional-kognitiven Verarbeitung der auslösenden traumatischen Ereignisse bedarf es einer Spiegelung der aufrechterhaltendenden Sachverhalte im Schulbereich. Sollte sich herausstellen, dass die Konfliktpunkte für die aktuelle Sprechblockierung ausschließlich dort liegen, dann müssen diese kognitiv-emotional aufgearbeitet werden. Wiederkehrende Konfliktsituationen im Sinne von Mikrotraumen belasten das Kind und müssen ebenfalls – möglichst umgehend und nachhaltig – kognitiv von ihm verarbeitet werden.

Zunächst können Detailinformationen der Lehrer an den Psychologen dazu beitragen, dass die Sachlichkeit und die Relevanz der Therapiegespräche erhöht werden. Vor den notwendigen klärenden Gesprächen kommen nun mal die sachlichen Reflexionen der Konfliktsituationen. Dazu bedarf es möglichst objektiver Schilderungen von vielen Einzelsituationen. Die aktuelle Sach- bzw. Konfliktlage muss ohne Beschönigung dargestellt und analysiert werden. Offenheit ist angezeigt. Beschuldigungen, Unterstellungen, verzerrte Darstellungen der Konfliktsituationen helfen dem Therapiegeschehen wenig weiter. Das Aufspüren von „Erziehungsfehlern" ist in diesem Falle notwendig und für das weitere Therapiegeschehen hilfreich. Wie bereits erwähnt, muss der Begriff

Erziehungsfehler hier in vielerlei Hinsicht relativiert werden. „Fehlerhaft" sind die Umstände und Verhaltensweisen schon, weil diese nicht dem aktuellen psychischen Zustandsbild des Mutisten entsprechend sind. Oftmals wird ein „Fehlverhalten" als solches gar nicht registriert. Erst wenn man sich bestimmte Sachverhalte bewusst macht, erkennt man den „Fehler". Das Eingestehen von solchen fast unvermeidbaren „Erziehungs- und Verhaltensschwächen" ist aber der erste Schritt, um notwendige Veränderungen im Umgang mit dem mutistischen Schüler vorzunehmen.
Einmal gemachte Erziehungsfehler können bekanntlich nicht rückgängig gemacht werden; weitere lassen sich aber vermeiden. In gewisser Hinsicht kann aber die negative psychische Wirkung eines begangenen Fehlers im gemeinsamen Gespräch abgeschwächt werden. Konfliktlösungsgespräche mit dem Schüler sollte der Pädagoge nicht von sich aus allein führen. Weil die aktuelle psychische Situation des mutistischen Schülers neurotisch geprägt ist, ist es immer ratsam, dass qualifizierte Drittpersonen (Psychologe, Supervisor) solche Konfliktsituationen möglichst objektiv reflektieren und sachlich kommentieren. Sollte der Psychologe es für erforderlich halten, dass der Pädagoge zur gegebenen Zeit auch allein mit dem Schüler Konfliktlösungsgespräche zu thematisch begrenzten Konfliktpunkten führt, dann sollte der Pädagoge diese möglichst sachlich und unvoreingenommen führen. In unserer Studie kam es in einzelnen Fällen auch zu gemeinsamen Gesprächen beim Psychologen. Sowohl die Psychologen als auch die beteiligten Pädagogen schätzten danach meist übereinstimmend ein, dass diese nützlich und notwendig waren.

2.5 Psychotherapeutische Interventionen zur Beeinflussung der negativen Sprecherfahrungen und zur Senkung der Vorab-Angst

Um manifestierte Negativerfahrung in Einheit mit dem Neuerwerb positiver sprechkommunikativer Erfahrungen zu löschen, fanden im vorliegenden Therapiekonzept auch so genannte Reizkonfrontationsverfahren Anwendung. In der Psychotherapie werden Reizkonfrontationsverfahren vor allem zur Behandlung von Phobien eingesetzt. Insofern scheint uns die Anwendung solcher Methoden zur Behandlung mutistischer Probleme naheliegend zu sein, denn alle erforderlichen Voraussetzungen scheinen für die Anwendung gegeben zu sein, beispielsweise:

- Das mutistische Verhalten wird von dem Schüler selbst als abweichend eingestuft, also auch kognitiv ausreichend erfasst und als solches bewertet.
- Dieses Verhalten scheint nicht durch rationale Erklärungen oder Ermahnungen veränderbar zu sein.
- Dieses Verhalten scheint (in den meisten Fällen) außerhalb der willentlichen Kontrolle des Schülers abzulaufen. Der Schüler benötigt für die Überwindung der Sprechblockierung fremde Hilfe.
- Das Verhalten weist eine zunehmende Manifestierung zum Teil auch eine negative Ausweitungstendenz auf andere Persönlichkeitsbereiche auf (beispielsweise Verschlechterung der schulischen Leistung, Prägung der Körperhaltung und der Mimik).

- Das Verhalten unterliegt bereits einer gewissen Eigendynamik, denn die vom Schüler gefürchteten Kommunikationssituationen werden von ihm immer stärker gemieden und die Hürde der Anforderungsbewältigung wird von ihm für immer unüberwindbarer gehalten.
- Das Angstpotenzial der jeweiligen Stressoren bleibt nicht konstant oder vermindert sich im Verlaufe der Zeit, sondern es zeigt die Tendenz der Erhöhung. Eine Verfestigung des Verhaltensmusters bzw. eine Zunahme des Leidensdrucks kann nicht ausgeschlossen werden.

Reizkonfrontationsverfahren können nun sowohl in-sensu als auch in-vivo zur Anwendung kommen. Beim Psychologen kommen vor allem aus organisatorischen Gründen nur so genannte In-sensu-Verfahren zur Anwendung. Das heißt, die Angstsituation wird hier in der Vorstellung nacherlebt. Wie bereits betont, halten wir allerdings für jüngere Schüler und bei dieser Problemlage auch so genannte In-vivo-Verfahren für unbedingt erforderlich. Das bedeutet, die Konfrontation sollte auch auf die reale schulische Problemsituation übertragen werden. Weil der Pädagoge diese Methoden kennen und unter Umständen auch im Schulalltag unter Anleitung des Psychologen anwenden sollte, sollen einige Desensibilisierungsmethoden, die in diesem Förderansatz zur Anwendung kamen, nun kurz vorgestellt werden.

2.5.1 Systematische Desensibilisierung

Dies ist ein klassisches Angstabbauverfahren, was auch zum Abbau der Sprechangst eingesetzt werden kann. Die grundsätzliche Vorgehensweise hierfür hat Wolpe (1958) begründet. Die Systematische Desensibilisierung kann dazu beitragen, auch unabhängig von In-vivo-Übungen, sprech-kommunikative Angstauslöser zu neutralisieren bzw. in ihrer Wirkung zu mindern.
Die Konfrontation mit den Angstauslösern erfolgt hierbei lediglich fiktiv auf der Vorstellungsebene, also räumlich, zeitlich von den eigentlichen Stressoren getrennt. Vor allem sind die belastenden Personen und Themen nicht unmittelbar vorhanden. Außerdem steht bei dieser Auseinandersetzung mit der kommunikativen Anforderung die helfende Person zur Seite. Die unmittelbare „Bedrohung“ ist also für den Schüler sehr gering.
Ein aktuell Handelnder schreibt seinem Verhalten bekanntlich wesentlich andere Ursachen zu als ein Beobachter. Der aktiv Handelnde bezieht sein Verhalten vorwiegend auf situative Umstände, der Beobachter bezieht es mehr auf konstante Merkmale. Ein Schüler, der angehalten wird, sein Verhalten gedanklich zu generalisieren, muss zunächst in vermehrtem Maße lernen, sein eigenes Verhalten als Folge konstanter Eigenschaften zu sehen und nicht als Folge situativer Umstände. In dieser Weise muss der Schüler auch sein Unvermögen beim Sprechen begreifen.
Kernstück für die Anwendung der Systematischen Desensibilisierung ist die zuvor sorgfältig erstellte Angstpyramide (siehe oben) mit dem fein abgestuften System der Sprechbelastungsfaktoren. Das angenommene Bedrohungspotenzial (subjektive Empfinden) ist gestuft, und zwar von: kein/geringfügig bis massiv/nicht auszuhalten. Die Stufen

geben ein möglichst relativ eng umschriebenes und eher eindimensionales Ereignis wider.
Wichtige Grundvoraussetzungen für die Anwendung der Systematischen Desensibilisierung sind:

- **Bewusstes Empfinden der physischen Negativreaktion**. Die Angstsituationen werden dem Schüler durch die Beschreibung bzw. bildhafte Schilderung „vergegenständlicht". Je besser dies gelingt, umso mehr lassen sich bildhafte Vorstellungen erzeugen.
Hierbei sollte man bedenken, dass die Negativreaktion oftmals erst dann empfunden wird, wenn der Schüler in der Lage ist, die erlebten Versagenssituationen mit eigenen Worten zu verbalisieren. Hilfreich kann es sein, wenn dem Schüler vor der Sitzung stützende Situationsbilder (Fotos vom Klassenraum, vom Lehrer oder von Schülern), gar Sequenzen von Video- oder Tonaufzeichnungen vorgeführt werden, die das Erlebte aktualisieren bzw. sein Gedächtnis aktivieren.

- Eine weitere Voraussetzung ist, dass der Schüler die **Fähigkeit** erworben hat, **zu entspannen**, und dass er seinen Spannungszustand entweder selbst regulieren oder dass dieser vom Therapeuten reguliert werden kann. Dies setzt die Fähigkeit des Spannungsempfindens voraus. Die dazu verwendeten Techniken sollten kindgemäß und der Situation angemessen sein und auch möglichst schnell und gut wirken.

Der Schüler wird vor der Darstellung der Schilderung solcher sprech-kommunikativer Angstsituationen in der Schule zur gezielten Selbstbeobachtung bzw. zur rechtzeitigen Wahrnehmung von propriozeptiven Hinweisreizen (das Aufkommen von Angstzuständen) angehalten. Er soll letztendlich lernen (Fernziel), seine veränderten Spannungszustände in für ihn kritischen Situationen wahrzunehmen, um dann durch zielgerichtete entspannende Maßnahmen diesen entgegenzuwirken.
Zunächst wird das Wahrnehmen des veränderten Spannungszustandes in der Übungs- bzw. Therapiesituation geübt. Im Einzelfalle macht es sich erforderlich, dass zuvor Übungen zur Entwicklung der Vorstellungskraft durchgeführt werden müssen. Unter Umständen müssen diese Fähigkeiten zur Vorstellung im Vorfeld der eigentlichen Systematischen Desensibilisierung und unabhängig von dieser Anwendung erst erlernt werden.
Die bewusste differenzierte Selbstbeobachtung von sich verändernden Spannungszuständen ist die Voraussetzung für das Erlernen von selbstinduzierter muskulärer Entspannung. Wir arbeiteten erfolgreich mit der progressiven Muskelentspannung nach Jacobson, wobei allerdings die Methodik leicht abwandelt wurde, indem wir die rückläufige Spannung stärker veranschaulichten und den Entspannungsprozess durch Verbalisierung stärker steuerten. In einigen Fällen reichte es aus, wenn der Schüler mehrmals hintereinander den so genannten Lungenfeger (seufzende hörbare Ausatmung) praktizierte. Auch so konnte der aufkommenden Verspannung durch entstehende Angst entgegengewirkt werden.

Der Lehrer kann auch in diesem Bereich die Arbeit des Psychologen unterstützen. Dies ist sogar erforderlich, denn nach unserer Erfahrung haben einige Schüler echte Probleme beim Erlernen der Selbstentspannungstechniken. Bewährt hat sich in einem Schulversuch folgende Vorgehensweise:
Alle Schüler der Klasse wurden mit bestimmten Entspannungsmethoden vertraut gemacht. Ein- bis zweimal am Schulvormittag wurde mit allen Schülern eine wenige Minuten dauernde Entspannung durchgeführt. Es waren unterschiedliche Methoden, die zur Anwendung kamen: die konzentrative Entspannung (Wanderung durch den Körper, Musikhören), isotonische/isometrische Übungen, Grundstufen des autogenen Trainings. Alle Schüler erlernten quasi in diesem Rahmen auch die vereinfachte Form der progressiven Muskelentspannung. Regelmäßiges Üben (täglich 10 Minuten) führte schließlich zu einer gewissen Fertigkeit bei allen Schülern, auch bei dem mutistischen Schüler. Diese spannungsregulierende Übung hatte zum einen eine positive Wirkung auf die Konzentrationsfähigkeit und Disziplin aller Schüler, aber auch eine spezielle therapeutische Wirkung. Der mutistische Schüler erwarb in der Gruppe schneller die Fähigkeit, seine muskuläre Verspannung wahrzunehmen und zielgerichtet zu entspannen. Sein Spannungszustand wurde dadurch reguliert und seine Daueranspannung reduziert. Danach saß der Schüler zumindest für kurze Zeit entspannter auf seinem Platz. Äußerlich wahrnehmbare Verspannungen waren weniger erkennbar.
Die therapeutische Strategie besteht nun darin, dass die in der Vorstellung wachgerufenen Angstsituationen mit der Entspannungstechnik verknüpft werden. Dies wird nun systematisch und mit ausreichender Häufigkeit geübt. Das Training bewirkt schließlich, dass bei der Reaktivierung der Angstsituation in der Vorstellung keine Angst mehr aufkommt. Kommt dabei dennoch Angst auf, dann vertieft der Schüler bewusst die Entspannung, um dagegen zu steuern. Die zuvor separierten Angsthierarchiestrukturen werden nun Schritt für Schritt, Angstitem für Angstitem, „abgearbeitet". Und so kann es schließlich gelingen, die Angst abzubauen.

Wie läuft die einzelne Sitzung in der üblichen Weise ab?

Bei der Systematischen Desensibilisierung wird der betroffene mutistische Schüler zunächst in einen entspannten (leicht unterspannten) Zustand versetzt. Angestrebt wird ein Zustand, wie er für die erste Stufen des autogenen Training (Schwere, Wärme in den Gliedmaßen) charakteristisch ist. Zur Anwendung kommen bestimmte Atemtechniken in Einheit mit der isotonisch-isometrischen Entspannungstechnik. Auf eine zweckmäßige Körperhaltung und auf einen leicht geöffneten Mund ist zu achten. Gerade der so genannte Ansatzrohrbereich (das Sprech- und Stimmorgan) sollte bei der Anspannung locker und entspannt bleiben.
In diesem Zustand werden dem Schüler in der Vorstellung die hierarchisch strukturierte Folge von seinen separaten Angstauslösern verbal wirkungsvoll offeriert, und zwar so lange und so häufig, bis in seiner Vorstellung auf diesem Item keine gesteigerte Angst mehr von ihm empfunden wird.
Um möglichst schnell eine unverspannte Übungsatmosphäre bzw. einen günstigen emotionalen Eingangszustand zu erreichen, haben sich einige Techniken besonders bewährt, beispielsweise

- das vorangestellte gemeinsame möglichst laute Lachen, weil zuvor Witze erzählt wurden oder ein Filmausschnitt auf einem Video angeschaut wurde,
- Schrei-Übungen (befreiender Ur-Schrei), hier in Form von „Rakete steigen lassen“,
- unerwartete Belobigung (Es werden kleine Naschereien gegessen oder das Belobigen erfolgt durch kleine Bildgeschenke).

Das Erlernen der bewussten Selbstregulation ist besonders für jüngere Schüler eine recht hohe Zielsetzung. Sie ist letztendlich die Endzielabsicht. Man sollte diesbezüglich aber keine übersteigerte Erwartungshaltung haben. Es ist auf jeden Fall ein langer Lernprozess, vor allem auf der Basis der Selbsterfahrung. Wichtige Variablen sind dabei:

- **Die Intensität der erzeugten Vorstellung**

Dies hängt zum einen von der Exaktheit und Bildhaftigkeit der Beschreibung des Angstauslösers ab, beispielsweise ob es gelingt, treffende Formulierungen zu finden, mit denen sich der Mutist identifizieren kann. Es hängt aber auch davon ab, ob die ausgewählten Situationen typisch für das Angsterleben des Schülers sind. Weitere wichtige Voraussetzungen sind sein Vorstellungsvermögen und sein Sprach- und Denkentwicklungsniveau. Dadurch ergeben sich bei einigen Schülern Grenzen in der Anwendbarkeit der Methode. Unter Umständen ist es angebracht, zuvor Videoaufnahmen vom Klassenunterricht mit dem „Angstlehrer“ zu zeigen, um einen hohen Aktualisierungsgrad zu erreichen.

- **Die Dauer der Vorstellung**

Die Nachhaltigkeit der Vorstellung kann recht unterschiedlich sein. In einigen Fällen kann die durch Angst hervorgerufene Verspannung sehr schnell auftreten, in anderen Fällen dauert es eine gewisse Zeit. Auch ist die Dauer des Spannungsbogens unterschiedlich. Die Anspannung kann länger anhalten, aber auch in anderen Fällen sehr schnell abflachen.

- **Die Beherrschung der Entspannungstechnik**

Der aufkommenden Angst kann nur in dem Maße entgegengewirkt werden, wie die Entspannungstechnik beherrscht wird. Insofern hängt der Erfolg vor allem davon ab, ob der Schüler überhaupt eine entsprechende Tiefe der Entspannung erreicht.

- **Die gelungene Feinabstufung (Angstitems)**

Nicht nur die ausgewählten Angstbereiche müssen für den Schüler bedeutsam und individuell zugeschnitten sein, sondern vor allem die Hierarchie innerhalb der Angstbereiche muss stimmen. Die Sprünge zwischen den Angstitems dürfen auf keinen Fall zu hoch sein.

Anfangs sollte diese Methode nur im Rahmen der Sitzungen beim Psychologen zur Anwendung kommen. Ziel der Anfangsphase ist es, die verfestigten negativen Erwartungen durch angstfreie Neuerfahrung zu löschen und das unmittelbar Belastende zu neutralisieren. Deshalb erfolgen die Sitzungen zunächst in einem Zimmer, das fernab

von der „belastenden schulischen Situation" liegt. Erst später finden die Sitzungen vor allem unter dem Aspekt der systematischen Näherung an die belastende Situation auch in der Schule, sogar in „Angsträumen" und in Anwesenheit von „Angstpersonen" statt. Um das Vorstellungsvermögen zu steigern kann man beispielsweise damit beginnen, dass man sich – noch in dem unbelasteten Raum – gemeinsam mit dem Kind vor der Sitzung Bilder von der Klasse mit dem „Angstlehrer" u. ä. anschaut. Da diese Technik als situative Hilfe entwickelt werden soll, muss sie schließlich „vor Ort" praktiziert werden. Das Kind soll so erleben, dass die zuvor erworbene Neuerfahrung (aufkommende Angst ist beherrschbar) in die Realität bzw. in realitätsähnliche Situationen übertragen werden kann.
Ob die Methode „greift" hängt also von vielen Faktoren ab. Und es ist auch schwer kontrollierbar, ob der mutistische Schüler solche Techniken überhaupt in realen sprech-kommunikativen Anforderungssituationen in der Schule dann auch anwendet bzw. anwenden will. Man kann ihn lediglich dazu anhalten, die erworbenen Regulationstechniken in für ihn kritischen Situationen anzuwenden.

In der klassischen Systematischen Desensibilisierung wird im Regelfall das reale Angstobjekt durch Vorstellungen an das Objekt ersetzt. Wir meinen, dass in vielen Fällen jüngere Schüler damit überfordert sind, solche Abstraktionen vorzunehmen. In-sensu-Konfrontationen sind für sie nicht ausreichend. Trotz dieser grundsätzlichen Bedenken und Einschränkungen zeigte sich immer wieder, dass einzelne mutistische Schüler die Technik erlernt haben und auch teilweise in den für sie belastenden Unterrichtssituationen anwenden konnten. Im Zusammenhang mit den verhaltenstherapeutischen unterrichtsimmanenten Maßnahmen, wenn auf sie neue sprech-kommunikative Anforderungen zukamen, griffen sie darauf zurück.

2.5.2 Kognitive Systematische Desensibilisierung

Die Methode der kognitiven Umstrukturierung von sprech-kommunikativen Ängsten zielt in erster Linie auf eine Veränderung der verbalen oder bildhaften Kognitionen des Schülers ab sowie auf die Veränderung der Prämissen – Annahmen und Einstellungen zu den Ängsten –, die diesen Kognitionen zu Grunde liegen. Ziel dieses Verfahrens ist es, den mutistischen Schüler mit Hilfe der kognitiven Versachlichung und der bewussten Gegensteuerung psychisch soweit zu stabilisieren, dass er seine Sprechängste besser beherrscht und sich schließlich der kommunikativen Anforderungssituation bewusst stellt. Er begreift so besser die negative Wirkung des Ausweich- oder Vermeidungsverhaltens und ist bemüht, ein solches nicht mehr bei sprech-kommunikativen Anforderungen zu zeigen. Ziel ist es, über die Beeinflussung des Denkens (der Einstellung und Haltung) das durch Angst geprägte sprech-kommunikative Handeln zu verändern. Aus dem regressiven Reagieren soll ein offensives sprech-kommunikatives Agieren werden, was auf Grund der Einsicht vom Schüler bewusst gesteuert wird.

Voraussetzung ist wiederum, dass der Schüler zuvor seine Ängste differenziert verbalisiert hat und diese auch verbalisieren konnte. Unsere Erfahrung besagt, dass der

Schüler erst dann kognitiv den Sachverhalt in vollem Maße erfasst hat, wenn er die physischen Veränderungen differenziert wahrnehmen und beschreiben kann. Die Kenntnis solcher Faktoren bestimmt zum Teil mit, welche Ereignisse der Schüler beim regressiven Sprechverhalten an sich beobachtet bzw. ob und in welchem Maße er solche Angstsymptome überhaupt wahrnimmt. Wenn der Schüler die Bereiche und Symptome, wenn sich Angst bemerkbar macht, nicht kennt, wird er diese nicht exakt, gar nicht oder nur diffus wahrnehmen. Solche Informationen sollten dem Schüler zuvor gegeben werden, denn sie sind für die differenzierte Selbstwahrnehmung notwendig.
Um die therapeutische Wirkung der kognitiven Umstrukturierung zu erreichen, muss der Schüler auch hier wieder begreifen, dass nicht nur die aktuellen Umstände bzw. die objektiven Bedingungen allein sein Redeverhalten bzw. Redeversagen bestimmen, sondern dass auch eine manifestierte übersteigerte Vorab-Versagensangst, die unabhängig von diesen aktuellen Bedingungen und objektiven Schwächen vorhanden ist, zum aktuellen Versagen führt. Er muss begreifen, dass er aktuell vor allem deshalb versagt, seine Kehle wie zugeschnürt ist, der Kloß im Hals immer größer wird und ein Denkchaos oder eine Leere im Kopf entsteht, weil er zu viel Vorab-Angst vor dem Sprechen hat, und weil diese hohe Versagenserwartung schließlich auch zu seinem Versagen bzw. zu seiner Sprechblockierung führt. In der sachlichen Diskussion soll er erkennen, dass die reale Angstbedrohung in keinem Verhältnis zu seiner panischen Angstbefürchtung steht.
Der Schüler muss diese Wirkmechanismen verstehen. Nachvollziehen kann er sicherlich den Prozess, wie sich Angst aufbaut und den gesamten Körper, die Stimme und das Denken erfasst. Schwerer ist es für den Schüler zu verstehen, dass der Geist auch den Körper beherrschen, unseren Willen bestimmen kann, dass Angst nicht ausufern muss und man beispielsweise aufkommende muskuläre Verspannungen durch das Gegensteuern reduzieren, gar vermeiden kann. Wenn die Methode der kognitiven Umstrukturierung greifen soll, muss der Mutist von diesen Wirkmechanismen überzeugt werden, und letztendlich auch davon überzeugt sein. Dies gelingt natürlich wieder am besten, wenn er beide Wirkmechanismen an sich beobachtet, das heißt bewusst erlebt.
Trotz allem pädagogischen Geschick zeigen sich bei jüngeren oder retardierten Schülern in dieser Hinsicht wiederum schnell die Einsatzgrenzen. Diese Methode kann aber bei älteren Schulmutisten durchaus zur Anwendung kommen. Bei einzelnen Schülern erzielten wir damit positive Wirkungen.
Im vorgestellten Förderansatz bestehen die Aufgaben des stärker psychologisch orientierten Parts besonders in Folgendem:

> Überwindung der Sprechblockierung (Hauptsymptom), dazu gehören
  - Deblockierung
  - Verarbeitung der mit verursachenden (unverarbeiteten) Konfliktsituationen,
  - Normalisierung des Angstverhaltens und
  - Korrektur der verzerrten Selbstwahrnehmung
> Dekodierung der Sprechblockierung,
> Diagnostik, einschließlich der Analyse der verursachenden Bedingungen,

> Erarbeitung der Grundlagen für die Umerziehung in der Schule, das heißt, Strukturierung der angstauslösenden Bedingungen bzw. das Erstellen einer differenzierten feinabgestuften Angstpyramide,
> Psychotherapie zur Verarbeitung der auslösenden sprechtraumatischen Erlebnisse, das heißt Einsatz von Formen zur kognitiv gestützten Verarbeitung erlebter traumatischer Konfliktsituationen,
> Psychotherapie zur Löschung der negativen Sprecherfahrung, insbesondere Verfahren zum Löschen der negativen Erwartung auf der Grundlage von angstfreien Neuerfahrungen, wobei hier verhaltenstherapeutische In-sensu-Verfahren dominieren.

Besonders bei einem solchen Bedingungsgefüge sollte es sinnvollerweise zwischen dem Psychologen, dem unterrichtenden Lehrer und dem Sprachtherapeuten innerhalb des Diagnostik- und Förderprozesses zur Aufgabenverteilung kommen. Der vorgestellte Förderansatz zielt auf die kooperative Zusammenarbeit zwischen ihnen in allen Teilbereichen und Teilphasen des Förderprozesses.

Notwendig ist auf jeden Fall eine spezielle kognitive Vorbereitung der Schüler. In fasslicher Form erfolgt eine Erklärung des Prinzips der semantischen Konditionierung, also eine Einführung in die kognitive Umstrukturierung. Dem Schüler wird mit angemessenen sprachlichen Mitteln verständlich gemacht, dass man Angstgefühle gedanklich beeinflussen kann, und zwar deshalb, weil es Beziehungen zwischen unserem Denken und Fühlen (Kognition und Emotion) gibt. Anknüpfend an seine Erfahrungen beim Hören einer Gruselgeschichte oder beim Anschauen eines spannenden Films wird ihm dieser Zusammenhang verdeutlicht. Aber auch die Wirkung von Freude auf den körperlichen Zustand muss deutlich gemacht werden. Der Schüler lernt zu verstehen, dass alles, was wir uns vorstellen, was wir uns selbst sagen, uns selbst einreden, mehr oder weniger stark, in positiver wie in negativer Hinsicht, auch unsere Gefühle beeinflusst.

Die spezifischen sprechangstauslösenden und sprechbelastenden Bedingungen sind nun differenziert zu erfassen. Dabei ist zu beachten, dass der Mutist keineswegs seine Negativgefühle im Hinblick auf das Sprechen schon gleich so weit differenziert empfindet, dass er diese auch differenziert beschreiben kann.
Auf jeden Fall muss eine angemessene Verbalisierung der Angstfaktoren und deren Auswirkungen auf das emotionale und physische Zustandsbild erfolgen. Die dabei induzierten Vorstellungsbilder sollten aber auf keinen Fall unreflektiert wirken, sondern die emotional-physischen Wirkungen sind hinreichend zu analysieren und mit dem Kind zu besprechen.
Dem Schüler muss die Ausgangssituation und deren psychische und physische Auswirkungen klar sein, ansonsten hilft die systematische Desensibilisierung auf der Grundlage von rationalen Einsichten kaum etwas. Hat der Therapeut allerdings bei der Feldanalyse das Gefühl, dass er den Schüler lediglich „zutextet", aber bei ihm emotional nichts ankommt, dann sollte auf die Anwendung der kognitiven Desensibilisierung verzichtet werden.

Die methodische Vorgehensweise ist ähnlich wie bei der einfachen Systematischen Desensibilisierung. Der Schüler wird wiederum in einem entspannten Zustand mit den unterschiedlichen Angstsituationen verbal konfrontiert. In unserem Ansatz wurde versucht, die kognitive systematische Desensibilisierung auf zwei Wegen zu realisieren:

1. Unmittelbare konfrontative Verbalisierung der Probleme
2. Mittelbare konfrontative Verbalisierung der Probleme.

Bei der **unmittelbaren konfrontativen Verbalisierung** der Angstprobleme wird im Gespräch jeder einzelne Fakt – entsprechend der Angstbereiche und der einzelnen Angstitems der individuellen Angstpyramide – direkt angesprochen und das Problem wird mit dem Schüler diskutiert. Das reale Erleben ist dabei in gewisser Hinsicht verfremdet, denn aus dem zeitlichen und räumlichen Abstand heraus wird lediglich darüber sachzentriert geredet. Der Schüler muss also keine direkte Konfrontation mit der realen Anforderungssituation befürchten, und dies ist ihm bewusst.
Trotz der Versachlichung kommt es dabei dennoch mehr oder weniger stark zur Reaktivierung der Angsterinnerung, einschließlich des Empfindens der dabei auftretenden Unwohlseinsgefühle. Die verbalisierte Vorstellung der Items der Angstsituation gipfelt in der konkreten Benennung des Sprechangstfaktors, was Unwohlseinsgefühle auslöst. Diese negative Wirkung der verbalisierten Angsterinnerung wird nun aber durch eine „Gegenverbalisation" abgeschwächt bzw. neutralisiert, und zwar durch positiv formulierte Vorsätze. Dabei wird mit ähnlichen formelhaften Vorsatzbildungen gearbeitet, wie sie aus der Stottterertherapie bekannt sind (so genannte Sprech- und Verhaltensregeln). Für unsere Zwecke wurden beispielsweise folgende Formeln verwendet:

a) Positiv stimmende Grundformeln
   > Ich bin entspannt und atme ruhig!
   > Ich bin ganz ruhig!

b) Einleitende Formeln
   > Ich kann sprechen!
   > Ich kann laut und deutlich reden!

c) Therapieformeln, die stufenweise aufgebaut werden
   > Ich habe keine Angst, denn ich kann mit allen reden!
   > Ich habe keine Angst, denn ich kann auch mit X reden!
   > Ich habe keine Angst, denn ich kann überall in der Schule reden!
   > Ich habe keine Angst, denn ich kann auch in der Turnhalle (bzw. der jeweilige Angstraum der Schule) reden!
   > Ich habe keine Angst, denn ich kann über alles reden!
   > Ich habe keine Angst, denn ich kann über X (Angstthema) reden!

d) Positive Nachklangformeln
   > Ich weiß, dass ich angstfrei reden kann!
   > Ich habe schon oft erlebt, dass ich angstfrei reden kann!

Weitere Formeln können angefügt bzw. es können auch einzelne weggelassen werden. Je konkreter diese Formeln und je individueller sie auf die Probleme des Mutisten zugeschnitten sind, umso wirksamer sind sie.
Diese selbstsuggerierenden Formeln sind vom Schüler stets laut und kräftig in einem selbstüberzeugenden Ton zweimal zu sprechen, die Therapieformeln sogar dreimal. Dabei führt er mit den Armen Stoßbewegungen aus, und zwar jeweils bei der Akzentsetzung. Ein solches Sprechen führt zur inneren Erleichterung. In einzelnen Fällen wurde auch das gemeinsame laute Sprechen (Therapeut und Schüler) praktiziert.
Erwartet wird, dass der aktuelle Zustand des Mutisten nach einer solchen kognitiven Umdeutung nun positiv manipuliert ist. Dieser Zustand fördert das Selbstvertrauen und mindert seine sprech-kommunikative Angst. Positiv eingestimmt, nimmt er seinen Angstfaktor mit neuer Sichtweise wahr, nämlich in der Bedeutsamkeit abgeschwächt. Das reale Angstpotenzial und die verzerrte Vorab-Angst nähern sich wieder an. Allmählich entstehen so neue Einstellungen und Haltungen und schließlich hat dies dann Auswirkungen auf ein neues Verhalten. Man nutzt den Effekt, dass man in einem euphorischen bzw. optimistisch gestimmten Zustand eine neue Sichtweise eher zulässt, was dazu führt, dass man der Angstreaktion weniger Aufmerksamkeit schenkt. Mit dieser so erzeugten positiven kommunikativen Grundhaltung wird dann weitergearbeitet.
An der Formulierung der Vorsätze wird in den Sitzungen gemeinsam gearbeitet, denn sie sollen möglichst die reale Erlebensvorstellung und die Absicht des Schülers tangieren. Der Psychologe bzw. der Sprachtherapeut soll zwar bei der Formulierung helfen, aber der Schüler sollte schon versuchen, sein Problem und seinen Vorsatz selbst mit seinen Worten zu formulieren. Die genannten Formeln sind deshalb nur als eine mögliche Variante anzusehen.
Die selbstsuggerierenden Formeln können auch aufgeschrieben werden. Den so entstandenen „Erinnerungszettel" kann der Schüler in der Schule stets bei sich tragen (Denkstütze). Für manche Schüler scheint es sinnvoll zu sein, diese Formeln vor dem Einschlafen noch einmal zu lesen oder laut zu sprechen (positive Nachwirkung im Traum). Auch können diese Formeln vor dem Schulbesuch vom Schüler laut vor dem Spiegel gesprochen werden, so dass er dadurch weniger angstvoll den Gang zur Schule beginnt.
Die Anwendung der kognitiven Desensibilisierung setzt wiederum ein gewisses kognitives und sprachliches Niveau voraus, so dass die Handhabung dieser Methode nicht von allen Mutisten bewältigt wird. Die Selbstverbalisation von empfundenen Situationen und die darauf aufbauende kognitive Gegeninduktion sind als Kernstück der kognitiven Desensibilisierung anzusehen.

Bei der **mittelbaren konfrontativen Verbalisierung** wird das Angstobjekt zunächst verfremdet. Wie ist in einem solchen Falle der Ablauf? Der Lehrer liest vor oder erzählt nach erfolgreich verlaufender Leseübung eine fiktive Kurzgeschichte in der Ich-Form, beispielsweise die Erlebnisberichte von dem Schüler Bodo Heller. Diese fiktiven Geschichten sind jeweils nach der vermuteten aktuellen Angststruktur des mutistischen Schülers ausgerichtet. Diese Vermutung sollte auf Beobachtungen in Unterrichts- bzw. schulischen Situationen fußen. Die Formulierung und die Inhalte sollten nach Möglich-

keit so sein, dass sich der Schüler mit der Hauptfigur identifizieren kann. Diese Geschichten dürfen also nicht in der Charakterisierung zu stark überzogen und dadurch für den Schüler unwahrscheinlich bzw. nicht glaubhaft sein.
Durch die Verlagerung der Ängste in eine anonyme Geschichte werden die Ängste verfremdet thematisiert. Beispielsweise wird die Angst geschildert, die der Schüler hat, weil er zum Schulfest vor der gesamten Zuhörerschaft (Schüler, Eltern, Lehrer) die nächste Darbietung ansagen soll. Oder eine andere Geschichte handelt davon, dass ein ungeliebter, weil sehr strenger Lehrer den erkrankten Lehrer vertreten hat. Der Schüler sollte nun auf dessen Fragen antworten und konnte dies nicht usw.

Während der Darbietung der Geschichte sitzt der Schüler mit geschlossenen Augen auf seinem Stuhl und hört aufmerksam den Schilderungen zu. Der Lehrer platziert bewusst längere Verarbeitungspausen, damit sich der Schüler mit den fiktiven Erlebnisberichten gedanklich auseinandersetzen kann. Auf Grund einer ähnlichen Grunderfahrung besteht eine erhöhte emotionale Mitschwingungsbereitschaft. Schon dies prägt die emotionale Grundstimmung. Verstärkend wirkt, dass jüngere Schüler überhaupt eine erhöhte Mitschwingungsbereitschaft zeigen.
Es ist also bewusst gewollt, dass sich der Schüler an solche oder ähnliche Situationen erinnert. Das Gehörte soll sich auf seine erlebten Sprechangstsituationen in und außerhalb der Schule übertragen lassen und Negativerinnerungen wachrufen. Nun kommt die Frage, was der Schüler meint, wie es dem fiktiven Schüler Bodo Heller geht, was dieser fühlt, was dieser am liebsten machen möchte usw. Der Mutist wird hier natürlich seine erlebten Negativgefühle äußern und seine Alternativen aufzeigen. So erfährt der Psychologe, wie der Schüler fühlt und denkt, ob, und wenn ja, wo er Alternativen im Verhalten sieht. Indem der Schüler mit seinen Worten die Negativgefühle schildert, dabei seine Akzente (Ausführlichkeit, Betonung) setzt, gelingt ihm auch die Verbalisierung der eigenen Angstgefühle. Dadurch werden ihm diese bewusster. Und vor allem gelingt dadurch auch, dass er durch die Erörterung dieser Negativgefühle diese auch besser verarbeiten kann.
Eine andere Variante der mittelbaren kognitiven Konfliktverarbeitung besteht darin, dass der Schüler die gehörte Geschichte unmittelbar im Anschluss an die Darbietung in der Ich-Form nacherzählt. Durch das Transformieren in die Ich-Form erfolgt eine stärkere Identifizierung mit dem Inhalt. In dieses quasi indirekte Rollenspiel fließen wiederum die früheren Erfahrungen und die aktuelle Übungserfahrung stark ein. Die (indirekte und individuelle) Formulierung des eigenen Problems trägt zur Problembewältigung bei.
Danach sollte der Psychologe bzw. der Sprachtherapeut noch einmal die Kurzgeschichte vortragen, nun aber in veränderter Ablaufform, beispielsweise in folgenden didaktischen Varianten:

a) Zuvor erfolgt das gemeinsame Sprechen der Vorsatzbildung, die – gemeinsam mit einer speziellen Atemtechnik (sog. Lungenfeger) – der aufkommenden Verspannung entgegenwirken soll. Die Schüler werden angehalten, ihre Gegenreaktion beim Aufkommen von Negativgefühlen bewusst wahrzunehmen (wie das Entspannen ihrer

Muskeln), wenn sie beim Zuhören tief seufzend ausatmen und in Gedanken diese Vorsatzformel sprechen.

b) Während der Wiederholung der Kurzgeschichte sollte der Schüler am Ende des gehörten Abschnittes seine Hauptmuskeln anspannen (sich beispielsweise fest auf die Sitzfläche ihres Stuhles ziehen) und dann wiederum mit einem so genannten Lungenfeger vertiefend ausatmen. Die natürliche Muskelermüdung wird genutzt, um in Verbindung mit der seufzenden Ausatmung zu einer vertiefenden Entspannung zu kommen.

Trotz der Unähnlichkeit der Situation kommt es so zu einem mehr oder weniger starken Nacherleben der Ängste. Je besser sich der Schüler diese Situationen aktuell vorstellen kann, umso stärker durchlebt er diese Ängste, allerdings auf einem niederen Niveau als beim Realerleben. Der Therapeut sollte deshalb bei seinen Schilderungen die Reaktionen des Schülers aufmerksam beobachten. Sobald der Schüler Angst signalisiert bzw. deutliche Symptome der Angst zeigt (Schweißausbruch, zunehmende motorische Unruhe, ganzkörperliche Verspannungen), muss er umgehend die induzierte (suggerierte) Vorstellung beenden bzw. durch die vertiefende Ausatmung die Negativwirkung senken. Entweder werden am Ende der Darbietung spannungslösende Übungen durchgeführt oder man beginnt sogleich mit der kognitiven Auseinandersetzung des Gehörten. Der Schüler wird aufgefordert, zunächst zu schildern, wie er sich in dieser Situation gefühlt hätte. Auch soll er seine dabei empfundenen Ängste verbalisieren. Das Angsterleben wird nicht so stark, also erträglich sein, denn der Schüler behält stets eine gewisse Distanz zu den Schilderungen. Allerdings sollte diese Unähnlichkeit auch nicht zu groß sein, denn dann könnte dies einer Generalisierung der Aufarbeitungseffekte bzw. einer Identifizierung mit der Person und mit der Situation entgegenwirken.

Nach dieser Schilderung des aktuellen Zustandes durch den Schüler wird mit ihm diskutiert, wie real, wie berechtigt die Angst bei der fiktiven Person und bei ihm selbst ist. Absicht ist, dass der Schüler in diesem Sachgespräch eigene Gefühle, die er in ähnlichen Situationen erlebt hat, verbalisiert. Die Verbalisierung trägt wiederum zum Bewusstmachen der Symptome bei auftretenden Unwohlgefühlen (bewusste Wahrnehmung, Erinnerung, Vorstellung) bei, was dann der bewussten Gegensteuerung nutzt.
Diskutiert wird nun – selbstverständlich jeweils auf dem kognitiven Niveau des Schülers –, welche Faktoren allgemein die Sprechfähigkeit beeinflussen. Dabei muss für den Schüler deutlich werden, dass es durchaus „normal" ist, in bestimmten Situationen aufgeregt zu sein. Fast alle Menschen, selbst Lehrer, Schauspieler, starke Männer kennen dieses Gefühl der übermäßigen Erregung und die Abhängigkeit der Aufregung von bestimmten Situationen bzw. von bestimmten sprech-kommunikativen Anforderungen.
Außerdem soll er verstehen lernen, dass man nicht jeden Tag gleich „stark" ist, dass es naturgemäß Stabilitätsschwankungen gibt: mal fühlt man sich schwach und schlecht gelaunt, ein andermal fühlt man sich stark. Wenn man positiv gestimmt ist, dann ist ein Problem kleiner, wenn es einem schlecht geht, dann erscheint einem dasselbe Problem viel größer. In diesem Zusammenhang soll dem Schüler klar werden, dass man deshalb

vor dem Problem nicht mehr Angst haben muss, weil es sich eigentlich nicht vergrößert hat. Und der Schüler soll vor allem begreifen und erfahren, dass man gegen diese „Täuschung“ (Problemvergrößerung) etwas tun kann, nämlich gegensteuern. Anschließen sollte sich eine Diskussion, wie man gegensteuern kann, welche angemessenen Lösungsstrategien es hierfür gibt. Unter Umständen kann man auch mit dem Schüler ausgewählte Lösungsstrategien üben.
Jedes dieser Gespräche sollte mit einer positiven Vorsatzbildung beendet werden, die diesem aktualisierten Negativerleben entgegenwirkt (positiver Nachklang). Nach Bedarf können auch zwischendurch Entspannungsübungen durchgeführt werden.

2.5.3 Imaginationsverfahren

Imaginationsverfahren können sowohl nach den Systematischen Desensibilisierungsübungen, parallel dazu oder auch unabhängig von diesen zur Anwendung kommen. Hierbei gibt es enge inhaltliche Beziehungen zur Systematischen Desensibilisierung. Bei den Imaginationsverfahren erfolgt eine konkrete Vorab-Konfrontation mit der kommunikativen Angstsituationen, und zwar beim Psychologen vor allem auf der Vorstellungsebene (in sensu).
Dem Kind wird ein sprech-kommunikativer Erfolg suggeriert bzw. später erfolgt Selbstsuggestion. Dabei werden Vorsatzformeln gebraucht, die den Willen des Schülers formen bzw. stärken, beispielsweise wie: „Ich kann die Anforderung bewältigen“ oder „Ich will mich der Anforderung stellen“ oder „Ich weiß, dass ich die Anforderung bewältigen kann“. Dadurch ist das Kind vor der realen Anforderung positiv gestimmt.
Bei der Fremdsuggestion wird zuvor der fiktive Ablauf der sprech-kommunikativen Anforderungsbewältigung geschildert. Hierbei wird die „Stress-Phase“ (Reaktivierung der Angstsituation in der Vorstellung) nur kurz berührt und „positiv“ eingebettet (negative psychische Wirkung „heruntergespielt“, begleitet von erleichternden Atemübungen, optimistischer Ausklang). Breiter geschildert werden die Bewältigungsstrategie und vor allem der „Erfolg“ der erwarteten Anforderungsbewältigung.

Wie wird dies realisiert?
Der Schüler bringt sich zunächst in einen leicht entspannten Zustand. Dazu werden die genannten Entspannungsverfahren verwendet. Er sitzt bequem auf einem Stuhl, konzentriert sich zunächst auf die leise beruhigende Musik, schließt dabei die Augen. Jetzt erfolgen zielgerichtete spannungslösende Atemübungen (Seufzatmung, noch besser die Stöhnatmung).
In diesem leicht unterspannten oder eutonen Zustand wird der Schüler nun angehalten, seine Probleme im Zusammenhang mit dem Schulmutismus visuell und imaginativ zu verarbeiten. Es kommt die Aufforderung, aufmerksam auf die Ausführungen des Psychologen (später übernimmt diesen Part unter Umständen auch der Sprachtherapeut) zu hören und in der Vortragspause mit dem Therapeuten gemeinsam zwei- bis dreimal vertiefend und hörbar auszuatmen. So soll gesichert werden, dass während der verbalen Konfrontation der Erregungspegel des Schülers niedrig bleibt. Der Therapeut thematisiert nun einen so genannten Angstschwerpunkt.

Beispiel: „Stell dir vor, wie du vor der Klasse stehst und dein Gedicht aufsagst (Pause, Atemübungen). Du hast gut gelernt, fühlst dich ruhig und sicher (Pause, Atemübungen). Du sprichst langsam, klangvoll, laut und deutlich. Jeder in der Klasse kann dich gut hören. Du spürst, dass du gut sprichst (Pause, Atemübungen). Alle hören dir aufmerksam zu. Es ist ganz ruhig in der Klasse. Du hast erreicht, dass alle Mitschüler still sind und dir zuhören (Pause, Atemübung). Stell dir jetzt ganz deutlich vor, wie deine Stimme immer kräftiger wird. Die Stimme klingt. Dir geht es dabei richtig gut (Pause, Atemübung). Die Lehrerin lobt dich, lächelt dir zu. Du bist stolz auf dich und gehst auf deinen Platz zurück."

Es folgt eine kurze Schweigepause, dann wird das Kind aufgefordert, die Augen zu öffnen, sich zu rekeln und zu strecken. Jetzt spricht es ein kleines bekanntes Gedicht laut, fast mit Rufstimme. Das Gelingen wird positiv bekräftigt.

Das Verfahren kann zum einen dazu beitragen, sowohl eine positive Grundeinstellung und Haltungen zur unmittelbaren kommunikativen Anforderung zu erreichen und zum anderen können dadurch auch langfristig neue selbstsichere kommunikative Verhaltensweisen aufgebaut und stabilisiert werden. Der Mutist erfährt bei diesen Sitzungen mehr Klarheit über sich selbst und wird auf diesem Wege auch kommunikativ selbstsicherer.

Imaginations-Übungen können auch in der Schule zur Anwendung kommen. In den eingerichteten so genannten Stille-Minuten zu Beginn der Unterrichtsstunde (oder während der Stunde, um erneut alle Kinder zu beruhigen) kann der mutistische Schüler eine solche Selbstsuggestion vornehmen. Er kann sich so unter Umständen unmittelbar vor der In-vivo-Konfrontation positiv auf die bestimmte angstbesetzte Situation (hier in diesem fiktiven Beispiel: Angst vor der Klasse zu sprechen) einstimmen.

Auf der Ebene des Vorbewussten nimmt der Mutist die neue Sichtweise wahr, weil der Wachzustand (teilweise) „ausgeschaltet" (verklärt) ist. Erwartet wird, dass auch so dazu beigetragen werden kann, neue Einstellungen und Haltungen bzw. ein neues sprechkommunikatives Verhalten zu programmieren und analog dazu die alten, hemmenden Verhaltensmuster zurückzudrängen und auf diesem Wege allmählich zu löschen. Der eventuell auftretenden Angstreaktion soll hierbei keine bzw. weniger Aufmerksamkeit geschenkt werden.

Der Mutist wird in diesem Falle nicht zuvor psychisch erregt und dadurch psychisch und physisch verspannt, sondern er wird quasi aus der Mittelposition heraus weiter gelockert. Und in diesem entspannten physischen und psychischen Zustand kann er die neue Sichtweise eher zulassen als im (angespannten) Wachzustand der unmittelbaren Konfrontation, wo kognitiv geprägte Erlebnisreflexionen das Suggerierte eher zerstören können.

Mit dieser so erzeugten positiven kommunikativen Grundhaltung wird dann weitergearbeitet. Die innere Ruhe und der entspannte muskuläre Zustand fördern das Selbstvertrauen und mindern die Angst. Der Schüler stellt sich seinen imaginären Erfolg bildhaft vor und erlebt diesen in einem wohltuenden psychischen und physischen Zustand.

Das Imaginationsverfahren wurde in diesem Therapieansatz auch unmittelbar vor der In-vivo-Übung im Unterricht zur Anwendung gebracht, quasi als Vorübung. Dieses Verfahren scheint dort sinnvoll platziert zu sein. Der Mutist wird positiv eingestimmt und geht mit einer optimistischen Grundhaltung an die neue, anspruchsvollere kommunikative Übungsaufgabe heran. Verändert wird hierdurch seine Fehleinstellung zu einem konkreten Kommunikationsproblem. Die Veränderung erfolgt also in diesem Falle mit Hilfe der kindlichen Vorstellungskraft in Einheit mit der körperlichen Entspannung.
Wir sehen Imaginations-Übungen wiederum als eine von mehreren Möglichkeiten, kommunikative Fehlhaltungen des Mutisten zu beeinflussen. Die Wirksamkeit dieser Methode sollte bei jüngeren Schülern nicht überschätzt werden. Für wichtig halten wir, dass die Suggestionen halbwegs realistisch sind und dass der darauf aufbauende Erfolg gesichert sein sollte, denn ansonsten kann es sogar zu einer ungewünschten Gegenwirkung kommen. Die Erfahrung besagt, dass solche Übungen im Einzelfalle im Zusammenhang mit der verhaltenstherapeutisch geprägten unterrichtsintegrierten Umerziehung auch sinnvoll sein können.
Welche und ob überhaupt psychotherapeutische Interventionen zur Beeinflussung der negativen Sprecherfahrungen zur Anwendung kommen, hängt von vielen Faktoren ab. Allein der Psychologe entscheidet darüber, auch darüber, ob überhaupt und wenn ja, welche Verfahren vom Sprachtherapeuten im Schulalltag zur Anwendung kommen sollten.

Wie bereits an mehreren Stellen sichtbar wurde, können die Pädagogen die diagnostische therapeutische Arbeit des Psychologen sinnvoll unterstützen. Eine solche Zuarbeit kann den Therapieverlauf positiv beeinflussen. In diesem Zusammenhang erscheint aber noch ein anderer Aspekt von großer Bedeutung zu sein: Parallel zur Psychotherapie muss auf jeden Fall zugleich das schulische kommunikative und soziale Umfeld, besonders das diesbezügliche Anforderungsprofil, harmonisiert werden. Bleibt das kommunikative und soziale Anforderungsprofil in der Schule für den Mutisten eine unüberwindbare Hürde, dann kann dadurch unter Umständen das therapeutische Bemühen des Psychologen neutralisiert werden, das heißt wirkungslos bleiben.

Die Pädagogen in der Schule sollten besonders Folgendes beachten:
- Sicherung der erforderlichen emotional-sozialen Stabilität,
- Verstärkte Förderung des allgemeinen Selbstbewusstseins des Schülers,
- Stabilisierung der allgemeinen sozialen Selbstsicherheit des Schülers.

Der mutistische Schüler ist aktuell emotional und sozial instabil. Eine angemessene emotional-soziale Stabilität ist aber die Voraussetzung für die Wiedererlangung einer sprech-kommunikativen Stabilität. Durch einzuleitende Maßnahmen ist zu sichern, dass der Schüler stärker emotional und sozial in der Gruppe verankert wird. Er muss das Gefühl der sozialen Geborgenheit und Akzeptanz haben. Die einzuleitenden Maßnahmen sind dabei recht unterschiedlich. Sie reichen von der indirekten Beeinflussung der negativen Einstellung des Schülers zur Schule über eine stärkere soziale Zuwendung durch den Lehrer bis hin zur Harmonisierung der Anforderungen und zur stärkeren Aktivierung der sozial gerichteten Tätigkeit des Mutisten für die Klasse.

So sollten beispielsweise die Eltern angehalten werden, möglichst keine negativen, angstmachenden Äußerungen mehr über die Schule bzw. die Lehrer zu machen, weil dies die Negativhaltung des Schülers stärkt. Im Gegenteil, sie sollten sich bemühen, dass ihre diesbezüglichen Äußerungen stärker eine positive Prägung haben.
Unbestritten ist, dass die meisten mutistischen Schüler aktuell einer verstärkten Zuwendung bedürfen, um das soziale Verlustempfinden in der Schule bzw. Bindungsdefizite auszugleichen. Soziales Verlustempfinden kann den Kindern nicht einfach ausgeredet sondern nur dann gemindert werden, wenn dafür ein Ersatz erfolgt. Insofern ist das Zuwendungsverhalten zum Kind zu verstärken, damit es ein Geborgenheitsgefühl erlebt.
Durch die einzuleitenden Maßnahmen soll der Schüler aber keineswegs eine exponierte Sonderstellung im Klassenverband erhalten. Auf jeden Fall muss vermieden werden, dass die Zuwendung zum Mutisten plötzlich überzogen und dadurch für ihn unglaubwürdig wird.

Emotional-soziale Stabilität benötigt einen stabilen sozialen Organisationsrahmen: stabile Arbeits- bzw. Lerngruppen und ein fester Banknachbar gehören genauso dazu wie wenig wechselnde Lehrer. Diese Stabilität ist eine Grundvoraussetzung, damit sich das aktuell psychisch labile Kind auf die sozialen Bedingungen bzw. sozialen Anforderungen einstellen kann. Eine kalkulierbare Situation steigert das allgemeine Sicherheitempfinden.
Die Mitschüler sind sicherlich überfordert, ihr soziales Kontaktstreben gegenüber dem mutistischen Schüler bewusster und therapeutisch gerichtet zu gestalten, obwohl in unseren Untersuchungen vielerorts spontan ein solches Bestreben durchaus zu beobachten war. Mitschüler verhielten sich oftmals lockerer und „richtiger" gegenüber dem mutistischen Mitschüler als die Lehrer. Dennoch sollte und kann man diesbezüglich sicherlich mehr vom Lehrer verlangen, zumal Lehrer in frühem Schulalter bekanntermaßen einen großen Einfluss auf die Kinder haben.
Wir arbeiteten beispielsweise mit einem so genannten Stützlehrer. Dies war ein (Fach-) Lehrer, der zu dem mutistischen Schüler über das gemeinsame Tätigsein systematisch eine engere Beziehung aufbaute. Dies geschah dadurch, dass der Mutist eine Assistentenrolle zugewiesen bekam. Damit dies für ihn keine Sonderrolle darstellt, sollte man anderen Lehrern ebenfalls einen Schüler als Assistenten zuordnen und zum anderen sollte dies nicht als „Auszeichnung" dargestellt werden. Jeder Schüler hat ein Amt für die Gemeinschaft zu erbringen und der mutistische Schüler hat eben die Aufgabe, einem Lehrer bei der Vor- und Nachbereitung des Unterrichts zu helfen. Wichtig ist, dass allen Schülern bekannt ist, dass solche Funktionen von Zeit zu Zeit wechseln, so dass eine Beendigung der Assistentenrolle dann als natürlich hingenommen wird und nicht etwa als Zeichen der Ablehnung.
Der Vertrauenslehrer sollte keine „therapeutischen Gespräche" mit dem Mutisten führen, um sich auf diese Weise als Vertrauensperson zu etablieren. Die engere Beziehung sollte vor allem über das gemeinsame sachgerichtete Tun entstehen, anfangs sogar ohne viel Worte. Man kann zu Unterrichtsbeginn oder in den Pausen gemeinsam die Arbeitsmaterialien ordnen und zurechtlegen lassen, nach dem Unterricht in der

Freiarbeit den Schrank ordnen bzw. aufräumen lassen u.ä. Durch den häufigeren und regelmäßigen Kontakt soll der Mutist das Gefühl der stärkeren Zuwendung bekommen. Sachgerichtete Gespräche entstehen dabei von selbst. Ein solches Gespräch wirkt natürlich, nicht künstlich aufgedrängt. Es hat sich gezeigt, dass der mutistische Schüler recht bald bereit war, mit diesem Vertrauenslehrer zu reden. Aus dem Vertrauenslehrer kann so sehr bald eine Stützperson im Hinblick auf die Bewältigung von anderen sprech-kommunikativen Anforderungen werden.
Vermieden werden sollte auf jeden Fall eine plötzliche Überschüttung des Kindes mit emotionalen Zuwendungen. Es darf nicht zu einer emotional-sozialen Totalversorgung („emotionaler Schichtdienst") kommen. Ein plötzliches Zuviel schadet eher, als es hilft. Dies wäre beispielsweise der Fall, wenn zu viele Lehrer zugleich oder zu krampfhaft versuchen, das Wohlwollen des Kindes zu erlangen. Eine plötzliche demonstrative Zuwendung wirkt unecht und drängt den Mutisten in eine andere Sonderstellung, die wiederum belastend sein kann.

Ferner gilt es, das gesamte schulische Anforderungsfeld zu harmonisieren. Alles, was den Schüler aktuell so belastet, dass die dadurch erzeugte innere Erregung zur Sprechblockierung führt, gilt es zu vermeiden. In gewisser Hinsicht auch alles, was zu seiner allgemeinen sozialen Verunsicherung beiträgt. Dazu gehören psychische und soziale Überforderungen genauso wie überfordernde inhaltlich-thematische Anforderungen, besonders dann, wenn solche Anforderungen mit dem Sprechen verbunden werden.
Der mutistische Schüler soll aber keinen allgemeinen „Schonplatz" bekommen, gar von allen schulischen Anforderungen befreit werden, um zu vermeiden, dass ein Krankheitsgewinn entsteht. Die Harmonisierung bezieht sich in erster Linie auf sprech-kommunikative Anforderungen im komplexen Sinne, wie Art und Umfang der Äußerung, Position im Raum beim Sprechen, inhaltlich-thematische Aspekte, Anzahl und Bekanntheitsgrad der Zuhörer usw.
Die emotional-soziale Stabilität des Schülers kann auch dadurch gestärkt werden, indem „schützende Maskottchen" Verwendung finden. Nicht immer kann eine Stützperson (Mutter, Vertrauenslehrer, Schulfreund) an der Seite des Kindes stehen. Dieses Manko kann teilweise durch eine fiktive Stützperson abgeschwächt werden. Dies kann ein vertrautes Kuscheltier von zu Hause sein. Der emotional-soziale „Ersatz" ist manchmal sehr hilfreich. Sozial verankert wird der Schüler aber vor allem dadurch, wenn er für die Gemeinschaft und die Gemeinschaft für ihn etwas leistet. Das ausgewogene Verhältnis von Geben und Nehmen führt zur sozialen Geborgenheit. Aber hierin besteht wiederum auch eine Gefahr. Das Geben für den Schüler sollte sich weniger auf sein Sprechverhalten beziehen, sondern eher andere Bereiche betreffen.
Häufig ist es so, dass einzelne Mitschüler den Mutisten vor der Sprechanforderung „beschützen" wollen und für ihn „Dolmetscheraufgaben" übernehmen. Auch Lehrer lesen dem Schüler alle Wünsche von den Augen ab. All dies drängt den Schüler verstärkt in eine regressive Verhaltensweise. Zu der aktuell sprech-kommunikativen Hilflosigkeit kommt es dadurch bald zu einer weiteren erlernten allgemeinen Hilflosigkeit.
Die „Dolmetscheraufgabe" mag eine Zeitlang sogar erforderlich sein, aber dies darf kein Dauerzustand werden. Die Balance von Geben und Empfangen darf nicht verloren

gehen, und insofern muss darauf geachtet werden, dass der mutistische Schüler auch der Gemeinschaft etwas gibt. Er ist anzuhalten, in verstärktem und in gleichem Maße auch sozial gerichtete Aktivitäten für die Mitschüler zu leisten. Der Lehrer sollte entsprechende Aufgaben erteilen, um ihn dazu anzuhalten, beispielsweise für den Banknachbarn die Utensilien für den Zeichenunterricht mit zu reinigen, für den Schüler A, der seinen „Dolmetscher" darstellt, etwas auszuschneiden, dem Schüler B beim Tragen zu helfen usw. Auch dadurch entsteht das Gefühl, von den anderen gebraucht und akzeptiert zu werden.

Neben der Sicherung der erforderlichen emotional-sozialen Stabilität muss es auch zur verstärkten Förderung des allgemeinen Selbstbewusstseins des Schülers kommen. Sprech-kommunikative Sicherheit setzt ein bestimmtes Niveau an Selbstbewusstsein voraus. Selbstbewusstsein entsteht nicht durch eine wortreiche Überzeugungsarbeit, dass man gut, nicht schlechter als die anderen ist, etwas kann usw., besonders dann, wenn diese Agitation unabhängig vom konkreten Anlass bzw. Ereignis erfolgt. Die Entstehung von Selbstbewusstsein ist ein Prozess. Wenn das Kind besonders in der Schule ein mangelndes Selbstbewusstsein zeigt, dann muss vor allem auch dort versucht werden, ein solches aufzubauen.

Im Prinzip geht es darum, dem Kind seine Stärken an Hand von seinen Tätigkeitsprodukten im Vergleich zu anderen Schülerprodukten bewusst zu machen. Er sollte in einem fairen Vergleich der Tätigkeitsprodukte (denn dies sind objektive Fakten) seine Stärke erleben. Ein verstärkendes verbales Lob vom Lehrer wirkt in diesem Kontext doppelt stark. Misslungenes sollte hingegen eine Zeit lang übersehen, auf keinen Fall verbal hervorgehoben werden.

Mutistische Schüler wissen oftmals nicht mehr, welche ihre Stärken sind. Sie sind allgemein stark verunsichert, haben mangelndes Vertrauen zur eigenen Stärke und werden von Minderwertigkeitsgefühlen beherrscht.

Dies kann und muss verändert werden, denn ansonsten gelingt die verhaltenstherapeutisch orientierte Umerziehung nicht. Zugleich ist zu sichern, dass der Schüler im Unterricht weitgehend erfolgsorientiert geführt wird. Misserfolge sollten vermieden werden, denn jeder Misserfolg in der Schule nagt an seinem Selbstbewusstsein doppelt stark, denn er verfügt im Moment kaum über Möglichkeiten, diesen zu kompensieren.

Und jeder Schüler hat seine Stärken, seine spezifischen Interessen und Fähigkeiten. Man muss sich als Lehrer nur bemühen, solche zu entdecken. Beim mutistischen Schüler liegen diese eher im nichtsprachlichen Bereich. Neben dem Bewusstmachen der Stärken sollten dem Schüler verstärkt Aufgaben erteilt werden, bei denen er seine Stärken einbringen und im Tun weiter entwickeln kann. Bekanntlich erträgt man eine Persönlichkeitsschwäche leichter, wenn man zugleich weiß, dass man woanders besser ist. Und dieser allgemeine Mechanismus für die psychische Stabilität muss beim mutistischen Schüler wieder aktiviert werden.

Einen weiteren Aspekt halten wir für den Rehabilitationsprozess für wesentlich: die allgemeine soziale Selbstsicherheit muss stabilisiert werden. Auch hier gilt wieder: weil der Schüler vor allem im schulischen Anforderungsfeld selbstunsicher ist, muss seine allgemeine soziale Selbstsicherheit vor diesem Hintergrund erhöht werden. Er muss sich in der Teilgruppe und vor der ganzen Klasse behaupten lernen, und zwar bei den

unterschiedlichen Interaktionen und vor allem beim kooperativen Tun. Die Anforderungen sollten wiederum seinem aktuellen Vermögen angemessen sein und sich zunächst verstärkt auf der nonverbalen oder gegenständlich-praktischen Handlungsebene einordnen lassen (Staffelspiele, Ballspiele, Tanz- und Bewegungsspiele usw.). Hierbei lernt der Mutist beispielsweise, Ermunterungen, verbale Stimulierungen, aber auch Kritik aus der Gruppe anzunehmen und zu ertragen.
Deutlich wird an den Ausführungen, dass bereits allgemein pädagogische Erziehungsaufgaben, wenn solche im schulischen Prozess akzentuiert und angereichert werden, in diesem Kontext im weiten Sinne schon therapeutische Interventionen darstellen. Mit der Realisierung solcher Erziehungsziele wird die Voraussetzung geschaffen, die engeren therapeutischen Ziele zu realisieren. Zwischen der engeren psychotherapeutischen Arbeit und der allgemein pädagogischen Einbettung des Mutisten besteht eine enge Abhängigkeit. Insofern ist die psychotherapeutische Intervention eng mit der allgemeinen pädagogischen Arbeit in der Schule verknüpft.

3 Die schulintegrierte Förderung

3.1 Ziele und Inhalte des therapeutisch-pädagogischen Interventionsprozesses

3.1.1 Rehabilitative Zielstellungen

Das sprachtherapeutische Hauptziel ist die Überwindung der Sprechverhaltensstörung. Dies ist die bestimmende Zielgröße für die therapeutische Zielbaumstruktur. Aus dem Vorhaben ergeben sich weitere Ziele. Die Behebung des Zustandsbildes verlangt eine vielschichtige und vielfältige Vorgehensweise, die auf jeden Fall prozessualen Charakter tragen muss. Einmalige Aktionen bewirken nichts. Der Förderprozess muss sowohl symptom- als auch ursachenorientiert erfolgen, wobei sich ein pädagogisch angelegter Förderprozess besonders auf die Funktionsursachen zu konzentrieren hat, weil diese pädagogisch beeinflussbar sind. Unter Funktionsursachen sind spezielle Funktionsschwächen im Sinne einer Retardation oder funktionelle Fehlentwicklungen zu verstehen, die letztendlich bei diesem Störungsbild zu einer mangelnden sprech-kommunikativen Fähigkeit bzw. zu einer Sprechverhaltensstörung geführt haben.
Ein aktuelles Sprechversagen ist vor allem auf eine Dialogstörung zurückzuführen. Insofern muss eine Sprechverhaltensstörung in zweierlei Hinsicht gesehen werden: einmal aus der Sicht des betroffenen Schülers und zum anderen aus der Sicht der schulischen Kommunikationsbedingungen. Daraus entsteht ein doppeltes Aktionsfeld: Veränderung der Sprechverhaltensweisen des Schülers, einschließlich der Beeinflussung der verursachenden Funktionsschwächen und Veränderungen des sprech-kommunikativen Anforderungsfeldes in der Schule. Letzteres schließt Veränderungen des Lehrersprechverhaltens ein. Diese Sichtweise muss sich in der Teilzielbestimmung widerspiegeln.

Die für den einzelnen mutistischen Schüler zutreffenden Zielstellungen werden aus seinen konkreten Ausgangsbedingungen abgeleitet. Deshalb muss zunächst eine möglichst genaue Analyse der personellen Ausgangssituation vorgenommen werden. Aus dem aktuellen Zustandsbild werden die Zielbereiche bestimmt. Hierbei ist es wichtig, nicht nur von dem Hauptsymptom und den möglichen Neben- bzw. Folgesymptomen auszugehen, sondern auch von der polyätiologischen Annahme, insbesondere den belastenden bzw. mit verursachenden Funktionsschwächen.

Als wesentliche **Zielbereiche für sprachtherapeutische Interventionen (erste Aktionsebene)** sehen wir folgende:

1. **Beseitigung der fundamentalen Kommunikationshemmung, was die Entwicklung des Selbstvertrauens und der soziale Kompetenz sowie ein Neulernen von angemessenen kommunikativen Verhaltensweisen einschließt**
   Dies sehen wir als eine Grundvoraussetzung an, um schließlich die Sprechangst zu überwinden.

2. **Überwindung der Sprechhemmung bzw. der Sprechverhaltensstörung**
   Dies erfolgt hauptsächlich durch Neulernen, was vor allem fremdgesteuert ist, beispielsweise durch
   - operantes Konditionieren von gelungenen sprech-kommunikativen Aktionen,
   - die Verstärkung des Vorbildes bzw. der Orientierung,
   - kognitives Lernen von Formen der Dialoggestaltung (Unterweisung, Rollenspiel),
   - bewusstes Abfordern des Gelernten in schulischen Anforderungssituationen,
   - Erfahrungslernen (Erweiterung der Möglichkeiten für das Versuch-Irrtum-Lernen in schulischen Anforderungssituationen).

Das erlernte „richtige" Sprechverhalten muss schließlich in vielfältigen schulischen Anforderungssituationen generalisiert werden, was einhergehen muss mit dem
- Abbau des Sprechfehlverhaltens (löschen) durch Ignorieren und „Bestrafen" der Sprechfehlverhaltensweise,
- Abbau von Fehleinstellungen, Fehlhaltungen, Fehlgewohnheiten.

3. **Verbesserung der Voraussetzungen für die Sprechkommunikation**, unter anderem durch
   - Beseitigung bzw. Minderung der Defizite bei dem Strategiewissen und den Fähigkeiten im Hinblick auf Sprechverhaltensweisen und
   - Defizitabbau in den sprachstrukturellen Bereichen,
   - Beseitigung von möglichen anderen Sprachstörungen (Stottern, Palatolalie).

4. Daraus resultieren **weitere, untergeordnete Therapieziele**, beispielsweise
   - die Normalisierung der Körperspannung
   - die Stabilisierung und Korrektur der Sprechatmung
   - die Stabilisierung der Sprechstimme

Ziele für die zweite Aktionsebene sind auf die kommunikativen Kontaktpersonen des mutistischen Schülers bzw. Veränderungen des kommunikativen Bedingungsgefüges in der Schule gerichtet. Dazu gehören beispielsweise

- **Erhöhung der Sachkompetenz der unterrichtenden Lehrer und Kontaktpersonen**
- **Erhöhung der fördermethodischen Kompetenz**
- **Erhöhung der Kompetenz zur Gestaltung ihres speziellen Teilförderprozesses**

Diese Zielbereiche bedürfen der Konkretisierung. Erforderlich ist die Erstellung einer Zielhierarchie (Zielbaumstruktur). Die Zielbaumstruktur spiegelt die Teilförderziele wider. Diese stellen die Grundlage für die abgestimmte komplexe Rehabilitation des mutistischen Schülers in der Schule dar. Sowohl die Zielbereiche als auch die Teilziele müssen auf die Erreichung der sprachtherapeutischen Fernzielstellung ausgerichtet sein.

Die Zielbaumstruktur für die unterrichtsimmanente verhaltenstherapeutisch orientierte Umerziehung wird stark von der Methodik der Psychotherapie und der Psychodiagnostik tangiert. Grundlage bilden die Fakten, die aus der vom Psychologen erstellten Angstpyramide abgeleitet werden. Aus der Angstpyramide des Schülers werden die Angstbereiche und die innere Struktur (gewichtete sprech-kommunikative Angstfaktoren) abgeleitet. Die Angstbereiche bilden das Anforderungsfeld für die dominant unterrichtsimmanente Therapie und aus der Strukturierung innerhalb dieser ergibt sich die konkrete Zielbaumstruktur, aus der die Teilziele für die konkrete Maßnahme abgeleitet werden.
Bei der Zielstrukturbestimmung im Hinblick auf die sprachstrukturellen Leistungen folgt man dem ontogenetischen Prinzip der Sprache und dem System steigender Anforderungen. Zwischen allen Fördermaßnahmen muss selbstverständlich eine inhaltlich-methodische Einheit bestehen.

Empfehlenswert ist es, nur für einen bestimmten Zeitraum (Wochenförderplan bzw. Plan für 14 Tage) zu planen, damit in ausreichendem Maße der individuellen Entwicklung des mutistischen Schülers Rechnung getragen werden kann. Dieser Plan sollte vom Sprachtherapeuten erstellt werden. In der regelmäßig stattfindenden Teamberatung in der Schule sollte über die Zielerfüllung diskutiert und aus der konkreten Zustandsbewertung die weitere konkrete Zielstellung abgeleitet werden. Jeder Pädagoge, der in den Förderprozess einbezogen ist, sollte über alle Zielstellungen informiert sein.
Zeigt die Ursachenanalyse aber, dass die verursachenden, auslösenden oder aufrechterhaltenden Faktoren vor allem außerhalb der Schule, beispielsweise im Elternhaus liegen, dann muss selbstverständlich und vor allem auch in dieser Richtung eine Veränderung erfolgen. Eine diesbezügliche Intervention sollte jedoch ausschließlich in den Verantwortungsbereich des Psychologen übergehen.

3.1.2 Rehabilitative Inhalte

Sprechgestaltungsfähigkeiten erwirbt der Mutist nur im Prozess der Anwendung, das heißt im aktiven sprech-kommunikativen Handeln. Vor allem im Kontext der aktiven Auseinandersetzung mit schulischen kommunikativen Anforderungen muss der Schulmutist das neue sprech-kommunikative Verhalten lernen. Der Erwerb ist zum einen von der Funktionstüchtigkeit anatomisch weit auseinander liegender Nervennetze abhängig, deren Verbindungen, Überträgerstoffe und morphologischer Aufbau äußerst heterogen sein können. Es handelt sich nicht um ein lokales „Hirnzentrum", sondern eher um dynamische Knotenpunkte bzw. um neuronale Ensembles für ein bestimmtes Verhalten. Daunter ist ein neuronales Zellenensemble zu verstehen, eine Ansammlung von Nervenzellen, die miteinander verknüpft und für ein bestimmtes Verhalten verantwortlich sind. Zum anderen sind solche verhaltensspezifische Netzwerke in ihrer eigenen Aktivität von der Existenz spezifischer Umweltsituationen abhängig, so dass letztendlich die Netzwerke von der sozialen Umwelt modifiziert werden. Der Grad der Verknüpfung dieser elementaren Einheiten wird vor allem durch Lernen bestimmt. Folglich kann auch eine mutistische Sprechverhaltensstörung nicht als feststehende bzw. in sich geschlossene Konstante des Kindes verstanden werden, sondern als Variable mit Prozesscharakter.

Die Veränderung vollzieht sich nicht im Selbstlauf, sondern bedarf strukturierter und organisierter Lernbedingungen sowie Inhalte und entsprechender Sprechtätigkeiten. Vom Schulmutisten müssen entsprechend der jeweiligen Zielbereiche und der Zielebenen bestimmte Sprechtätigkeiten gefordert bzw. herausgefordert werden. Er ist in ausreichendem Maße und kontinuierlich in fördernde Sprechtätigkeiten zu versetzen, um seine sprech-kommunikative, sprech-kognitive und sprech-soziale Kompetenz systematisch zu erhöhen. Therapeutisch dabei ist, dass die geschaffenen inhaltlich-methodischen Bedingungen weitgehend einen dominant positiv orientierten Erfahrungserwerb sichern. Zu beachten ist, dass der Erfahrungs- und Fähigkeitserwerb nicht gradlinig erfolgt, sondern es sich mehr um einen widersprüchlichen Prozess mit aufeinander folgenden qualitativ unterschiedlichen Stadien handelt. Rückschläge sind genauso typisch wie plötzlich auftretende Veränderungsschübe bzw. Durchbrüche.

Für die Prozessgestaltung stellt sich die Frage, welche Förderinhalte mit welchen Mitteln und unter welchen Bedingungen vom Schüler realisiert werden sollen. Diese sollten auf jeden Fall kindgemäß, möglichst auch schulspezifisch und zugleich recht spezifisch im Hinblick auf die Überwindung der mutistischen Verhaltensweise sein. Für die Veränderung des Sprechverhaltens halten wir Lernvorgänge auf unterschiedlichen Tätigkeitsebenen für notwendig, wobei die Lernformen und die personellen und sozialen Lernbedingungen dabei jeweils sehr verschieden sein können und sogar sein müssen. Zu sichern ist eine aktive Aneignung der sprechsprachlichen Verhaltensweise.

Die Förderinhalte und die dazu erforderlichen Schülertätigkeiten können und müssen von der Art her recht unterschiedlich sein. Für die verhaltenstherapeutisch orientierte Umerziehung sind die Förderinhalte anders akzentuiert. Folgende Dimensionen halten wir für die Auswahl der Sprechtätigkeit für beachtenswert:

> **Die auszulösende Sprechtätigkeit sollte eine Leistungsdimension haben.**
Die zu fordernde Sprechtätigkeit sollte sowohl von den sprachstrukturellen Leistungsaspekten bestimmt sein als auch vom Grad der Komplexität bzw. der Gestaltungsleistung (Sprechleistungsstufen, Kommunikationsverfahren).

> **Die auszulösende Sprechtätigkeit sollte eine Aktivitätsdimension haben.**
Es gilt sowohl reaktive als auch aktive Sprechverhaltensweisen herauszubilden. Messparameter wären hierfür beispielsweise Art und Grad der Aktivität (Verhältnis von Agieren und Reagieren), Grad der Eigenverantwortung (Eigenantrieb bzw. Eigenaktivität oder fremdgesteuert) usw.

> **Die auszulösende Sprechtätigkeit sollte eine kognitive Dimension haben.**
Da Sprechäußerungen in der Regel mit differenzierter aktueller Wahrnehmung oder Vorstellung, mit Wissen und Sachkenntnis und mit Denkprozessen verbunden sind, kann die Herausbildung von Sprechkompetenzen nicht losgelöst von den kognitiven Anforderungen betrachtet werden. Je höher die kognitiven Anforderungen sind, die mit dem Sprechen verbunden werden sollen, umso größer ist die Belastung für den Sprechvorgang. Die zu fordernden Sprechtätigkeiten müssen den Grad der kognitiven Belastung berücksichtigen, beispielsweise ob es sich um das Abfragen mit Prüfungscharakter handelt, um das Beschreiben eines konkret-situativen Sachverhaltes in der aktuellen Situation oder um eine verallgemeinernde Beschreibung von komplexeren Sachverhalten aus der Vorstellung heraus usw.

> **Die auszulösende Sprechtätigkeit sollte eine soziale Dimension haben.**
Charakteristisch für den Dialog ist, dass die Äußerung an einen Partner gerichtet ist. So unterschiedlich die Zuhörer sein können, so unterschiedlich können auch die sozialen Belastungen sein, die daraus entstehen. Relevante Parameter wären beispielsweise die Anzahl der Zuhörer, ihr Bekanntheitsgrad, das Geschlecht und das stimmlich-sprachliche und rhetorische Auftreten.
Die Sprechhandlungen in der Schule finden an unterschiedlichen Orten statt. Diese können für den Schüler emotional unterschiedlich belastend sein, beispielsweise das Zimmer des Schulleiters, die Turnhalle, der Musikraum, die Toilette, der Schulhof usw. Ein anderer Belastungsfaktor kann die Position im Raum sein. Beim Sprechen nimmt der Sprecher immer eine bestimmte Position im sozialen Raum ein, von der aus er zu den anderen spricht, beispielsweise vor der Klasse oder vom Sitzplatz aus. Mal ist er ganz zu sehen, ein anderes Mal nur halb. Wenn er am Arbeitstisch sitzt, kann sich der Schüler – bildhaft gesprochen – halb verstecken und festhalten. Je exponierter die Stellung im Raum ist, umso größer ist die emotionale Belastung.

> **Die auszulösende Sprechtätigkeit sollte eine individuelle Dimension haben.**
Die Sprechtätigkeit hat neben diesen objektiven Anforderungsparametern auch einen subjektiven Aspekt. Wenn der Sprecher beispielsweise aktuell subjektiv den Eindruck von sich hat, dass seine Sprechweise unzureichend ist, vielleicht bei den Zuhörern sogar lächerlich machende Kommentare auslöst (zum Beispiel ein spezieller Stimm-

oder Sprachfehler), dann kommt es zu Verlusten in der kommunikativen Selbstsicherheit. Insofern muss die Verbesserung der sprech-kommunikativen Kompetenz des Schülers auch eine Behebung seiner Sprach- und Sprechstörungen einschließen.

Durch die regelmäßige und häufige Konfrontation des Schülers im Unterricht mit entsprechenden sprech-kommunikativen Anforderungen wird das Niveau systematisch gesteigert. Damit die Bewältigung erfolgsorientiert verläuft, kommen zugleich bestimmte Stützen zur Anwendung.

3.2 Realisierung der schulintegrierten Rehabilitation

Der schulische Part im Rahmen des Gesamtkonzepts der pädagogisch-therapeutischen Intervention besteht aus zwei Einflussbereichen:

1. Einflussnahme auf das engere sozial-kommunikative Milieu in der Schule mit dem Ziel, mögliche kommunikative Fehleinstellungen und kommunikative Fehlverhaltensweisen zum mutistischen Schüler zu verändern und zugleich das kommunikative Umfeld soweit zu qualifizieren, dass es für die Umerziehung genutzt werden kann.
Es muss also nicht nur mit dem mutistischen Kind therapeutisch gearbeitet werden, sondern auch mit den engeren Kommunikationspartnern des Kindes in der Schule. Aus der „Belastungsgröße" muss eine therapeutische Größe werden, und zwar dadurch, dass die Förderkompetenz der Kontaktpersonen erhöht wird.

2. Veränderung des lautsprachlich-kommunikativen Verhaltens des mutistischen Schülers, einschließlich seiner diesbezüglichen Fehleinstellungen. Die Veränderung erfolgt zum einen durch Beratungen des mutistischen Schülers, wie er Sprechblockierungen präventiv begegnen kann. Zum anderen soll er systematisch an die angstauslösenden bzw. angstverursachenden Aspekte gewöhnt werden. In diesem Gewöhnungsprozess soll er zunächst lernen, die schulischen Angstfaktoren – noch ohne Sprechkommunikation – zu erdulden und zu ertragen, ohne dabei in eine Panikstimmung zu verfallen.
Schwerpunkt bilden allerdings die Maßnahmen zur Veränderung des sprech-kommunikativen Verhaltens im schulischen Anforderungsfeld, insbesondere im Unterricht. In einem strukturierten System von kommunikativen Aneignungs- und Übungsbedingungen werden spezielle lautsprachlich-kommunikative Verhaltenstechniken und -strategien aufgebaut und geübt, die der lautsprachlich-kommunikativen Sicherheit des mutistischen Schülers unter dem Leistungsaspekt dienlich sind.

3.2.1 Entwicklung der Förderkompetenz der Lehrer

Grundsätzlich wird vorausgesetzt, dass alle erwachsenen Kontaktpersonen des Kindes in der Schule bereit und auch in der Lage sind, ihr lautsprachliches Verhalten zu verändern. Die Frage, in welchem Maße eine Veränderung von kommunikativen Gewohnheiten möglich ist, ist dabei zunächst zweitrangig. Das Spektrum kann dabei sehr breit sein und reicht von einer minimalen Verringerung über eine gar völlige Eliminierung von belastenden kommunikativen Verhaltensweisen bis hin zu einem förderlichen Kommunikationsverhalten. Natürlich spielen dabei der Veränderungswille und die Einstellung zu sich selbst und zu dem betroffenen Kind eine große Rolle.

In diesem Handlungsfeld geht es um die Erhöhung der Förderkompetenz der erwachsenen Kontaktpersonen in der Schule. Dazu gehören insbesondere

> **die Aneignung der nötigen Sachkompetenz**
Einzuordnen sind hier Kenntnisse zur mutistischen Erscheinung, zur Verursachung und zur Pathogenese. Eine solide Sachkompetenz ist zugleich eine gute Basis, um Fehleinstellungen zu verändern.

> **die Aneignung der nötigen fördermethodischen Kompetenz**
Hier sind neben fördermethodischen Kenntnissen, beispielsweise welche kommunikativen Verhaltensweisen den Mutisten belasten bzw. entlasten, insbesondere praktische kommunikative Fähigkeiten einzuordnen. Dazu gehören solche Fähigkeiten, wie mit dem Kind gesprochen werden (Ton, Frageverhalten, Zuwendungsverhalten u.a.) und wie das Zuhörverhalten sein soll, damit es spannungslösend ist. Hinzu kommen Techniken, um zu erreichen, dass der Schüler situativ entspannt, Sprechblockierungen vermieden bzw. überwunden werden können usw.

> **die Aneignung der notwendigen Prozesskompetenz**
Schwerpunkt wäre hier, wie eine verhaltenstherapeutisch orientierte Umerziehung unterrichtsimmanent zu planen und zu realisieren ist.

> Vorausgesetzt wird, dass der Lehrer in ausreichendem Maße über die erforderliche **soziale Kompetenz** verfügt, mit „problembehafteten" Schülern richtig umzugehen.

Die Berücksichtigung des sozial-kommunikativen Kontextes im Therapiekonzept ist für den Therapieverlauf von entscheidender Bedeutung, denn die mutistische Störung ist zum großen Teil das Resultat des Zusammentreffens und längeren Wirkens von mehreren ungünstigen sozial-kommunikativen Aktionen und Reaktionen des engeren sozialen Kontaktfeldes, in diesem Falle insbesondere des schulischen. Vor allem geht es um Veränderungen von Fehleinstellungen und kommunikativen Fehlverhaltensweisen von so genannten „Problempersonen" in der Schule.
Lehrer sind bekanntlich auch nicht fehlerfrei, auch nicht im Hinblick auf Sozial- und Kommunikationsverhalten. Einige können aktuell mehr oder weniger große kommunikative Schwächen haben, die das Sprechverhalten des Schülers belasten. Die Bezeichnung „schulische Problemperson" stellt hier eine abstrakte Größe dar und ist als Arbeitsbegriff zu verstehen. Und was als Problem dargestellt wird, soll nicht a priori generell als negativ gesehen werden. Wie sich noch zeigen wird, handelt es sich dabei keineswegs (immer) um „schlechte" Pädagogen, die aktuell solche Schwächen aufweisen, bzw. um generell abzulehnende Verhaltensweisen. Die Verhaltensweisen der Lehrer sind situativ im jeweils konkreten Kontext zu sehen und zu bewerten.

Die Entwicklung der fördermethodischen Kompetenz bei den erwachsenen Kontaktpersonen in der Schule soll erfolgen durch

- Beratung, teilweise verbunden mit einer Unterweisung
- Harmonisierung der kommunikativen und sozial-emotionalen Anforderungen, wobei es Ziel ist, die sog. Deprivationsfaktoren (Störungen der emotionalen Beziehung) und sog. kognitiv-kommunikative und lautsprachliche Neglektionsfaktoren (Fehlförderung) zu beseitigen bzw. zu mindern.
- Supervision
  Die erwachsenen Kontaktpersonen sollen bewusst ihre eigenen kommunikativen Verhaltensweisen reflektieren.
- Training / Modelllernen von sprech-kommunikativen Verhaltensweisen

In Abhängigkeit von der konkreten Problemlage und vor allem auch vom Alter und der sozialen Reife des mutistischen Schülers bzw. der Mitschüler erfolgen diese Aktivitäten teilweise mit und ohne das mutistische Kind bzw. die engeren Mitschüler.

3.2.1.1 Die Beratung der schulischen Kontaktpersonen

Die Beratung der erwachsenen schulischen Kontaktpersonen sollte unbedingt zum festen Bestandteil der ganzheitlich orientierten pädagogisch-therapeutischen Intervention gehören. Zu den Kontaktpersonen gehören natürlich zunächst die unterrichtenden Lehrer, unter Umständen aber auch das Schulpersonal wie der Hausmeister, die Reinigungskräfte, die Sekretärin, die Küchenfrauen usw. In einigen Konstellationen können es sogar die Mitschüler sein. Besonders vor dem Hintergrund der notwendigen Individualisierung der Mutismustherapie nehmen psychosoziale Beratungskompetenzen keinen unerheblichen Raum ein, denn die therapeutische Beziehungsgestaltung ist wesentliches Mittel der Umerziehung des Schülers.
Eine individuelle Beratung über Therapieziele, Inhalte und Strategien kann dazu beitragen, dass die Kontaktpersonen überlegter und zielgerichteter am Rehabilitationsprozess teilnehmen. Die Beratung trägt nicht nur zum Ökonomisieren der therapeutischen Vorgehensweise bei, sondern erhöht zugleich die Zufriedenheit aller Beteiligten. Es hat sich in den Schulversuchen gezeigt, dass Kontaktpersonen, die sich durch den Sprachtherapeuten ernst genommen und verstanden fühlten, eher zur Mitarbeit bereit waren. Langfristig zahlt sich also eine intensive und sachkundige Beratung aus.
Die Beratung grundsätzlicher therapeutischer Probleme erfolgt vor allem vom Psychologen, im Verlaufe des Förderprozesses zunehmend jedoch auch vom Sprachtherapeuten. Insbesondere bei der so genannten Vertikalberatung, bei der alle beteiligten Pädagogen über die unmittelbar anstehenden Aufgaben und deren Realisierung beraten, und wenn es um spezielle sprachtherapeutische Sachverhalte geht, muss sich der Sprachtherapeut stärker einbringen. Er benötigt dabei allerdings unbedingt die Hilfe des Psychologen, insbesondere wenn die Beratungsinhalte über das Pädagogische und Sprachtherapeutische hinausgehen. Eine Absprache ist immer angebracht.

Die Beratungsaufgaben sind recht vielfältig. Eine ressourcenorientierte psychosoziale und kommunikative Beratung ist vor allem dann erforderlich, wenn die entsprechenden individuellen pädagogischen und kommunikativen Kompetenzen bei den Kontaktpersonen und/oder die sozial-emotionalen Ressourcen unzureichend sind, um auf die mutistische Störung in einer angemessenen Art und Weise zu reagieren.
Zunächst wird auf das Kommunikationsbelastende aufmerksam gemacht. Mit den Kontaktpersonen sind gemeinsam Problembereiche aufzuspüren und Wege für die Beseitigung zu finden. Des weiteren ist es erforderlich, die personellen und sozialen Ressourcen für die Umerziehung zu aktivieren. Man muss davon ausgehen, dass die meisten bisher vorhandenen pädagogischen Potenzen (Erfahrungspädagogik) in der neuen Anforderungssituation (andere Reaktionen des mutistischen Kindes als die bisher gewohnten) nur in begrenztem Maße gültig sind. Deshalb können in vielen Fällen die vorhandenen erzieherischen Potenzen in unveränderter Form nicht mehr voll genutzt werden.
Aktuell fühlen sich die Kontaktpersonen mit der neuen Anforderungssituation meistens überfordert und vermeiden eher den Kontakt zum Mutisten. Um sie für die therapeutische Mitarbeit zu gewinnen, muss ihnen zwar ihr aktuelles Fehlverhalten, vor allem aber ihr Potential bewusst gemacht werden. Die Erfahrung zeigte, dass es effektiver ist, sie in ihrem (richtigen) Vorgehen eher zu bestärken als Fehlverhaltensweisen zu korrigieren. Das, was man (auch nur im Ansatz) schon kann, lässt sich eher ausbauen als falsche Gewohnheiten zu verändern. In der Regel zeigen die Kontaktpersonen aber eine hohe Bereitschaft, ihr belastendes Verhalten verändern zu wollen, wenn ihnen die Pathogenese bewusst geworden ist. Natürlich werden immer wieder Zweifel laut, ob sich bestimmte Sprechgewohnheiten überhaupt verändern lassen, besonders wenn sie schon recht stabil verinnerlicht sind. Aber die Praxis hat mehrfach bewiesen, dass dies durch bewusstere Steuerung prinzipiell möglich ist.
Auf die grundlegende therapeutische Notwendigkeit, dass sich die mutistischen Schüler angenommen und geborgen fühlen müssen, wurde bereits an anderer Stelle hingewiesen. Wie sich im Versuch wiederholt beobachten ließ, entsteht oftmals jedoch aus dieser Einsicht ein Übereifer, der schädliche Wirkungen haben kann. Auf Grund ihres allgemeinen hilflosen lautsprachlich-kommunikativen Eindruckes in der Schule bemühen sich oftmals sowohl Mitschüler als auch Lehrer verstärkt um den Mutisten, bieten in übermäßiger Form Hilfe und Unterstützung an, bald auch beim manuellen Tätigsein. Der Mutist lässt dies in der Regel auch zu, akzeptiert diese umfassende Überbehütung, denn dies bringt viele Annehmlichkeiten mit sich. Die anhaltende Hilflosigkeit und die „dankbar angenommene Hilfe“ führen zur Aufrechterhaltung der Überbehütung, so dass ein solches Verhalten von beiden Seiten schnell zur Gewohnheit werden kann.
Zum einen führt dies zu einer zusätzlich gelernten allgemeinen Hilflosigkeit und trägt zur Manifestierung der bereits vorhandenen lautsprachlich-kommunikativen Hilflosigkeit bei. Auf der anderen Seite entwickelt sich eine manifestierte überzogene Fürsorge und verstärkt bei manchen die Tendenz zum Helfersyndrom. Beide Seiten sehen sich bald kaum allein in der Lage, ihr Verhalten zu verändern. Jeder findet für sich eine „logische“ Begründung, warum sein aktuelles Verhalten richtig ist.

Weil die Kontaktpersonen von diesem Geschehen aber objektiv weniger profitieren, sind sie auch eher als der Mutist bereit und in der Lage, ihr Verhalten zu verändern, zumal wenn zusätzliche Fremdkontrolle (Sprachtherapeut) funktioniert. Auf der Grundlage kognitiver Überzeugungen müssen gemeinsam effektive, der Therapie dienliche Lösungs- und Handlungsmöglichkeiten konstruiert werden. Die Vorstufe für Verhaltensänderung ist die Einsicht. Wirksam ist eine Beratung besonders dann, wenn das Gespräch von allen gewünscht wird und alle den Wunsch nach Veränderung anstreben.

Eigentlich kann sowohl das verursachende als auch das fördernde Bedingungsgefüge Gegenstand der Beratungsgespräche sein. Das Aufgabenfeld der sprachtherapeutisch dominierten Beratung ist somit recht weit zu fassen. Vor diesem Hintergrund lassen sich verschiedene Zielpunkte unterscheiden:

- Gemeinsame Diskussion zur Eruierung der schulischen Belastungsfaktoren und Beratung zur Minderung bzw. Beseitigung dieser mit dem Ziel, belastende Gewohnheiten und Verhaltensweisen sowie Fehleinstellungen und Fehlhaltungen zu verändern.
- Gemeinsame Diskussion von Maßnahmen zur allgemeinen psychischen Stabilisierung des Mutisten mit dem Ziel, sein Selbstvertrauen, seine allgemeine Selbstsicherheit und sein Selbstbewusstsein zu entwickeln sowie hemmende Einstellungen und Haltungen beim Kind positiv zu verändern.
- Beratende Diskussion von konzeptionellen Überlegungen, wie die Kommunikation zwischen dem Kind und dem Umfeld zu normalisieren, zu stabilisieren und zu entwickeln sei. Aus diesem letztgenannten Punkt geht ein weiterer Zielpunkt hervor, nämlich die
- Beratung und das exemplarische Training von förderlichen kommunikativen Verhaltensweisen, vorwiegend bei den Lehrern.

Typische Beratungsgespräche sollen nachfolgend kurz kommentiert werden:

Beratungsgespräch zur Problemeruierung und zur Reflexion des Bedingungsgefüges

Bevor es zur eigentlichen Beratung kommt, sollte die kommunikative und soziale Problemlage des Mutisten näher erkundet werden. Es sollte sich in diesem Falle vom Inhalt her um mehr als nur ein Anamnesegespräch zur Erfassung des ätiologischen Bedingungsgefüges und der pathogenetischen Faktoren handeln. Gesprächsgrundlage hierfür könnte beispielsweise der zuvor vom Mutisten und von den Lehrern ausgefüllte Lebensstrahl (der letzten Monate) sein, immer vorausgesetzt, beide Seiten sind dazu bereit und der Schüler ist dazu auch kognitiv in der Lage.

Beratungscharakter trägt das Ganze nur dahingehend, dass der Berater das Geäußerte zusammenfasst, die Ereignisse sowie die Folgen und Bewertungen usw. auf den „Punkt" bringt. Er „berät" die Ratsuchenden damit in der Thematisierung ihres eigentlichen Problems. Bevor man im Lösungsprozess weiterkommt, bedarf es nämlich einer Thema-

tisierung des Problems, die alle akzeptieren. Vielen Ratsuchenden fällt es oftmals schwer, das Problem möglichst frei von aktuellen subjektiven Belastungen und möglichst objektiv und versachlicht zu formulieren.
Sehr hilfreich kann dabei ein fiktiver Rollentausch der Beteiligten sein: die Lehrer schätzen die Konfliktlage aus der Sicht des Kindes ein, oder die Lehrer übernehmen die Sichtweise der Eltern usw. So werden die Teilnehmer für Probleme und unterschiedliche Sichtweisen sensibilisiert. Dieses wertende Nachvollziehen (Hineindenken in die Position des Anderen durch die zeitweilige Rollenidentifikation) kann dazu beitragen, zumindest kognitives Verständnis für die Aktionen und Reaktionen des Anderen zu entwickeln und die Problemlage für alle komplexer, differenzierter und objektiver darzustellen.

Formuliert werden sollten auch die Fernziele und die anstehenden Teilziele der Förderung. Diese sollten möglichst von allen aus ihrer Sicht benannt werden und es sollte in solchen Gesprächen zumindest vom Ansatz her schon gelingen, dass jeder seinen persönlichen Beitrag bestimmt, den er zur Problembewältigung einbringen möchte. Jeder sollte also laut über seine Ressourcen und seine Verantwortung nachdenken und dabei auch seine Wirksamkeit einschätzen. Die dabei zu Tage tretenden Vorstellungen und subjektiven Bewertungen der eigenen Position sollten zunächst lediglich ohne Diskussion zur Kenntnis genommen werden. Auf keinen Fall sollten Vorhaben angezweifelt, gar ins Lächerliche gezogen, vorab in Frage gestellt oder Vorhaltungen und Vorwürfe geäußert werden.

Beratung unter dem Aspekt der Informationsvermittlung

Dies ist der erste Schwerpunkt der eigentlichen Beratungsgespräche zum Zweck der Herbeiführung von Veränderungen im kommunikativen schulischen Anforderungsfeld. Es gilt, die Lehrer zu „Fachleuten" im Sinne von Ko-Therapeuten ihrer eigenen Sache zu machen, damit sie im Umgang mit dem mutistischen Problem lockerer und souverän werden. Angestrebt wird, die Sachkompetenz der Betroffenen zu erhöhen, sie über die Erscheinung und über das Problemfeld zu informieren, damit sie sich in das Problemfeld einordnen und ihre Position und Wirkgröße in diesem verursachenden Bedingungsfeld und im Therapiekonzept bestimmen können.
Hier wird zunächst Hilfe durch Erkenntnis gegeben. Dies bedeutet für die „Problempersonen", dass sie die verursachenden sozial-kommunikativen Bedingungen und die Wirkmechanismen für eine kommunikative Fehlentwicklung kennen bzw. erkennen. Vor allem sollen sie auch erkennen, dass die Wirkung solcher Parameter nicht statisch ist, sondern im Hinblick auf dem subjektiven Empfindungshintergrund des Schülers und auf seinem aktuellen Zustand zu werten sind.
Zu den Inhalten solcher Beratungsgespräche gehören beispielsweise die Vermittlung von Informationen über die mutistische Erscheinung (Hauptsymptom, Folge- bzw. Parallelsymptome), die Ursachen, die Bedingungen der Stabilisierung der mutistischen Verhaltensweise, aber auch Informationen über Möglichkeiten der Veränderung des Zustandsbildes, mögliche Grenzen, beeinflussbare und weniger beeinflussbare Variablen im Therapiegeschehen usw.

Die erforderlichen Sachverhalte können direkt in einer unterweisenden Art vermittelt werden. Im Lehrvortrag bzw. Lehrgespräch wird eine verallgemeinerte Problemerläuterung vorgenommen oder es erfolgt eine Kommentierung von verschiedenen realen Problemfällen. Eine Situationsverfremdung bzw. eine sachliche theoriegestützte Problemerörterung kann manchmal recht günstige Wirkungen zeigen. Auf der Grundlage katamnestischer Betrachtungen von Fallstudien können die Konfliktpunkte thematisiert, verdichtet und dadurch verallgemeinert werden. Dabei werden die relevanten Fakten zusammengetragen, „objektiv" gewertet und gewichtet, so dass diese dann als nützliche Orientierungshilfe bei der Erörterung des konkreten Bedingungsgefüges des jeweiligen mutistischen Schülers in der Schule gelten können. Es ist stets leichter, andere in ihrem Tun zu bewerten, als selbstkritisch das eigene Verhalten zu reflektieren.
Auch eine Selbstfindung in Form eines heuristischen Gesprächs (gesteuerte Suchprozesse) in der Gruppe ist möglich. In den Diskussionen nach dem Sachvortrag kommt es in der Regel zu aufschlussreichen Meinungsäußerungen, gar zum Meinungsstreit. Sind Gruppengespräche nicht möglich, dann können auch Einzelgespräche diesen Zweck erfüllen.

Der Vortrag sollte nicht zu kompakt und direkt aber auch nicht zu allgemein sein. Günstig ist eine Folge von Vorträgen, jeweils mit Diskussion. Die Erfahrung zeigte, dass die Kollegen dann über einen längeren Zeitraum hinweg selbst in den Unterrichtspausen die Probleme weiter diskutierten. Einige Aspekte wurden so vordiskutiert, was dem Anliegen insgesamt sehr dienlich war. So gelang es eher, das Beratungsgespräch so zu gestalten, als ob die teilnehmenden Kollegen selbst auf die nächsten Sachverhalte gekommen wären. Der inhaltliche Schwerpunkt wurde ihnen quasi in den Mund gelegt. Der Vortragende (Psychologe oder Sprachtherapeut) konnte mehr als Moderator fungieren, das heißt, die einzelnen Äußerungen und Wertungen, die man für notwendig hielt, bekräftigen, und das Unerwünschte entweder – wenn möglich – überhören, auf einen späteren Zeitpunkt verlagern oder aktuell abschwächen. Damit die Diskussion nicht ausufert, sollten die Sitzungen stets zeitlich begrenzt sein.
Bei den einzelnen Beratungssitzungen sollte man ferner darauf achten, dass für jede Sitzung eine klare Zielstellung besteht und es jeweils eine Eingrenzung des Beratungsfeldes gibt (eine möglichst überschaubare inhaltliche Breite). In der Diskussion sollte es vor allem um die Aufdeckung der Ressourcen gehen und weniger um die Fehler der Vergangenheit (nicht eine defizitär orientierte, sondern eine nach vorn gerichtete Strategie).
Die Vorschläge sind nach Möglichkeit auf die konkrete Lebens- und kommunikative Anforderungssituation in der Klasse bzw. Schule auszurichten. Plakative Wunschäußerungen bringen die Sache ebenso wenig weiter wie überzogene Erwartungen. Das angestrebte Resultat sollte ein System von kleinen realistischen Handlungsschritten sein, die von allen akzeptiert und von jedem auch realisiert werden können. Deutlich sollte werden, dass nur eine vielschichtige und vielseitige Vorgehensweise zur Lösung des Problems führen kann, eben weil das Problem grundsätzlich auch multifaktoriell verursacht ist.

Beratung unter dem Aspekt der Prävention

Auf der Grundlage eines verallgemeinerten Bedingungsgefüges zur Ätiologie und Pathogenese der Störung werden in der gemeinsamen Analyse mögliche Konfliktpunkte herausgearbeitet bzw. thematisiert. Einzelne Sachverhalte sollten vertiefend erläutert und diskutiert werden. Über das Bewusstmachen der pathologischen Konstellationen und Mechanismen soll das mutistische Reagieren kognitiv verständlich werden. Die Kontaktpersonen sollen erkennen, wenn diese Konstellationen so bleiben bzw. wenn noch dies oder jenes hinzu kommt, dann verschärft sich die Gesamtkonstellation und es sind in der Folge weitere Zuspitzungen im Verhalten und weitere negative Auswirkungen auf die allgemeine Persönlichkeitsentwicklung zu erwarten.

Gemeinsam wird dann diskutiert, was im konkreten Fall sofort vorbeugend möglich ist, um einer Manifestierung des Fehlverhaltens vorzubeugen, eine weitere Fehlentwicklung zu vermeiden bzw. einen solchen Prozess abzuschwächen. Dabei sollten realistische alltagsrelevante Handlungsalternativen zusammengetragen werden. Durch die Aufsplitterung des Problems in überschaubare, nachvollziehbare Teilschritte gilt es den beteiligten Pädagogen Mut zur Haltungs- und Handlungsveränderung zu machen.

Beratung auf der Grundlage einer Reflexion von Gesprächssituationen

Dies ist eine spezielle Form der Beratung, denn hier erfolgt die Diskussion, einschließlich der praktischen Schlussfolgerungen für den Unterricht, nicht auf einer allgemeinen theoretischen Ebene, sondern zugrunde gelegt wird eine objektivierte Reflexion des lautsprachlichen Kommunikationsverhaltens in einer Unterrichtsstunde. Ziel ist es, konkrete fördernde und belastende Parameter in Bezug auf die aktuelle Problemlage des mutistischen Schülers zu erschließen. Dazu werden geglückte und weniger geglückte Kommunikationssituationen mit dem Mutisten im Unterrichtsalltag oder in der schulischen Situation reflektiert. Ein solches Beratungsgespräch kann qualitativ recht unterschiedliche Reflexionsformen zur Grundlage haben, beispielsweise:

> **Die informelle Reflexion mit dem Ziel der Erfahrungsverdichtung**

In einem solchen Falle legen sich die Kollegen vor der Gruppe gegenseitig (oder in der Einzelberatung) Rechenschaft über Umsetzung der festgelegten Therapie- bzw. Förderschritte ab, berichten über die Reaktionsweisen der Mitschüler bzw. des Mutisten, erläutern die gestellten lautsprachlichen Anforderungen usw. und berichten vor allem über positive Reaktionen des Mutisten und erreichte Erfolge. Darauf aufbauend werden dann die nächsten Schritte bzw. Maßnahmen festgelegt. Natürlich kann auch über negativ verlaufende Interventionsmaßnahmen berichtet werden, wobei dann diskutiert wird, welche Ursachen hierfür wohl verantwortlich waren. Es wird freiwillig berichtet und die Berichte sind auch weniger nach einzelnen Schwerpunkten geordnet.

> **Die angeleitete Reflexion auf freiwilliger Basis mit dem Ziel der Kompetenzerweiterung**

Hierbei geht es um ein Nachdenken über die kontrollierte Umsetzung der festgelegten Maßnahmen bzw. Teilaktionen. Es erfolgt eine kontrollierte Eigenwahrnehmung, und zwar gelenkt nach bestimmten Schwerpunkten. Die Kontaktperson (bzw. unter Umständen auch der Mutist, wenn er dazu in der Lage ist) notiert gleich nach dem Wahrneh-

men bzw. dem Erleben des Konfliktes im Unterricht den Sachverhalt und gibt dazu seine Interpretation im Sinne einer sachlichen Erörterung der möglichen Gründe. Später, nach einem gewissen Zeitabstand, wird das Niedergeschriebene präzisiert. Dabei fließen Langzeiterfahrungen mit ein, wodurch die Sichtweise objektiver und das Geschehen relativiert wird. Die dabei vorgenommene inhaltliche Veränderung (Einengung, Erweiterung, andere Interpretation usw.) sollte farblich abgesetzt werden, um den Unterschied zwischen der spontanen Empfindung und der kognitiven Erörterung deutlich zu machen.
Schließlich wird das Ereignis dann dem Team vorgestellt und dort diskutiert. Vor diesem konkreten Hintergrund werden nun von den Teammitgliedern die nächsten Schritte und Maßnahmen empfohlen. Der Kollege legt aber selbst fest, was er von diesen Empfehlungen auf Grund der aktuellen Umstände gegenwärtig selbst realisieren will. So bleibt ein symmetrisches Gefüge bestehen.

> **Fremdreflexion**

Hierbei handelt es sich um eine gespiegelte Reflexion. Eine Person aus der Gruppe – nicht unbedingt nur der Psychologe oder der Sprachtherapeut – hospitiert bei einer geplanten und organisierten Beschäftigung. Dies kann eine Unterrichtsstunde, ein gemeinsames Kleingruppenspiel unter Beteiligung des mutistischen Kindes u.ä. sein. Auch die speziellen Therapiesitzungen beim Sprachtherapeuten können Analysefeld sein. Keiner der Gruppe sollte sich als Analyseobjekt heraushalten. Es geht bei der Reflexion ausschließlich um das lautsprachliche Kommunikationsverhalten der Dialogpartner bzw. um die Bewertung der lautsprachlichen Kommunikationsbedingungen.
In der Regel sollte beim Auswertungsgespräch ein bestimmter Algorithmus eingehalten werden. Der Hospitant (unter Umständen auch mehrere) kommentiert zunächst das Kommunikationsverhalten zwischen dem Erwachsenen und dem Mutisten bzw. zwischen den Kindern aus seiner Sicht und gibt seine Eindrücke wieder. Benannt wird vor allem Gelungenes, aber auch weniger Gelungenes. Dafür werden Vermutungen geäußert. Der Hospitant sollte auch aus seiner Sicht Reserven im Hinblick auf die Gesprächsführung mit dem mutistischen Schüler aufzeigen. Wird das Positive in der Einschätzung herausgestellt, dann werden erfahrungsgemäß auch die gegebenen Hinweise besser angenommen.
Das Kommunikationsverhalten wird vor dem Hintergrund der zuvor festgelegten Maßnahmen möglichst konkret und differenziert kommentiert, aber nicht mit einem Maximalanspruch. Pauschale Bemängelungen bringen nichts, ebenso Begründungen, die ausschließlich das Verhalten und Reaktionen von der mutistischen Anlage des Schülers her begründen.
Im partnerschaftlichen Gespräch nimmt der Bewertete schließlich dazu Stellung. Sollten relevante Meinungsunterschiede in der Bewertung des Verhaltens oder der Bedingungen auftreten, sollten die Konfliktpunkte mit der gesamten Gruppe beraten werden, um möglichst gleiche Auffassungen im Vorgehen zu sichern.
Eine andere Möglichkeit der Fremdreflexion besteht darin, die Hospitation per Video aufzuzeichnen. Die Gruppe schaut sich dann die Videoaufzeichnung an und kommentiert anschließend die kommunikativen Verhaltensweisen.

Wird die Fremdreflexion richtig umgesetzt, kann diese Vorgehensweise sehr zur therapeutischen Mitarbeit motivieren und schnell zu Verhaltensveränderungen der Kollegen führen. Hierbei entwickelt sich eine gewisse fördermethodische Kompetenz, und zwar ein zunehmend bewusst gesteuertes Sprech- und Kommunikationsverhalten im konkreten Umgang mit dem mutistischen Schüler („learning by doing"). Jedes Teammitglied erlebt die Stärken und Schwächen des Anderen, was sich positiv auf die eigene Selbstsicherheit und die Entwicklung der Gesprächskompetenz auswirken kann. Es geht vor allem darum, die vorhandenen Potenzen zu erschließen und zu stärken sowie die vorhandenen Kompetenzen theoretisch zu fundieren, um das Handeln bewusster zu machen. Auch über das Bewusstmachen der Handlungen lassen sich Fehlreaktionen und Unsicherheiten abbauen und Richtiges ausbauen.

Die Beratung vollzieht sich in einem Interaktionsprozess zwischen dem Berater (Psychologen, Sprachtherapeuten) und den Zu-Beratenden. Unter Umständen können auch an einzelnen Beratungen die Eltern oder engere Angehörige teilnehmen. Beide Seiten können nach einer Beratung nachsuchen. Günstig für den Beratungsverlauf und für die Effizienz der Beratung ist es, wenn zwischen beiden Seiten die „Chemie" stimmt und beide Seiten an einem solchen Gespräch interessiert sind. Eine Beratung erübrigt sich, wenn ein gespanntes Verhältnis und Misstrauen die Atmosphäre bestimmen.
Grundsätzlich sollte der Grundsatz der Freiwilligkeit bestehen. Der Berater kann kein „Allwissender" sein und sollte so auch nicht auftreten. Er sollte über die Fähigkeit verfügen, wertneutral zuhören zu können. Ist er zu ungeduldig, gibt er vorschnell Bewertungen ab, kann darunter der Informations- bzw. Beratungsgewinn leiden. Um eine tragfähige Arbeitsbeziehung zwischen allen Beteiligten herzustellen, sollte jeder auch die Vorstellungen, Erwartungen, Bedenken usw. des anderen kennen. Und die geäußerten Bedürfnisse, Motive, Wünsche und Widerstände sind zunächst auch zu respektieren. Beide Seiten müssen sich gegenseitig akzeptieren und Verständnis, Vertrauen und Kooperationsbereitschaft mitbringen, denn dies sind unbedingte Voraussetzungen für den erfolgreichen Verlauf.
Im Mittelpunkt der Beratung stehen dabei vor allem die Fragen und Probleme der Zu-Beratenden. Diese leiten sich aus dem Prozessverlauf ab. Die gegenseitige Achtung als „Fachmann" beruht auf echten Austauschverhältnissen: der Berater bringt seine Fachkompetenz und seine Erfahrung in das Gespräch ein und die Kontaktpersonen (besonders die Erwachsenen) ihr Wissen über die reale soziale Konstellation, die Reaktionen und Verhaltensweisen im Unterrichtsalltag, die möglichen Potenzen für die Therapie, die aktuell der Fachunterricht ergibt, die Kenntnis über das Leistungsprofil des Kindes usw. Im Hinblick auf die therapeutische Kompetenz kann dadurch ein grundsätzlich gleichwertiges Verhältnis entstehen.
Diese Heterogenität wird zum Ausgangspunkt für die Beratung. Jeder, der an der Beratung teilnimmt, hat seine Erfahrungen, seine speziellen Probleme, Stärken usw. Jeder kommuniziert mit dem Mutisten auf individuellem Niveau und beeinflusst, formt, erzieht ihn mit seinen Mitteln. Daraus kann sich in der Beratung eine Kultur des gegenseitigen Lernens und gegenseitigen Helfens entwickeln. Die Beratung wird mehr und mehr zum hermeneutischen Prozess. Alle bringen ihre Erfahrungen ein und suchen gemeinsam

nach Konfliktbeschreibungen und Lösungsmöglichkeiten. Im Verlaufe des Beratungsprozesses nähern sich die Informationsvorteile und die spezifischen Förderkompetenzen gegenseitig an, vorausgesetzt, beide wollen von ihrer Kompetenz etwas abgeben. Die Vereinigung beider Kompetenzfelder ist erforderlich, denn nur dadurch können die notwendigen Effekte erzielt werden.

In diesen Beratungsgesprächen können Methoden zur Anwendung kommen, die gesprächspsychologischen, systemischen sowie lösungsorientierten Therapie- und Beratungskonzeptionen entlehnt sind, beispielsweise Möglichkeitskonstruktionen, der Rollentausch, die Anwendung zirkulärer Fragen, Umdeutungen, Ausnahmekonstruktionen u.a.

In diesen Beratungsgesprächen sollte jeweils ein Resultat erzielt werden, beispielsweise das gemeinsame Festlegen der nächsten Handlungsziele. Vom Charakter her soll die gemeinsame Beratung zunehmend für alle Beteiligten handlungsleitend sein. Trotz der gemeinsamen Suche soll die Beratung differenziert und individualisiert sein, so dass jeder Beteiligte im Beratungsprozess seine pädagogisch-therapeutische Kompetenz im Hinblick auf den Umgang mit dem mutistischen Schüler entwickeln kann, und zwar ausgehend von seinem aktuellen Niveau und unter Beachtung seines individuellen Vermögens und seiner persönlichen Stärken und Kompetenzen.

Ausgangspunkt für Beratungsgespräche ist meistens eine Zuspitzung der Konfliktsituation, allerdings kann als Zielsetzung auch das unmittelbare Erschließen von realen Förderpotenzen angestrebt werden. Die Zielsetzung und die konkreten Inhalte der Beratung sollten immer auf die reale aktuelle Unterrichtspraxis orientiert und auf Konfliktlösung bzw. Abschwächung der Konfliktkonstellationen ausgerichtet sein. Man hat im Unterricht oder außerhalb des Unterrichts, beispielsweise in Kommunikations- oder Therapiesituationen, das Kommunikationsgeschehen als ungünstig erlebt und möchte dies verändern. Von Seiten des Sprachtherapeuten kann beispielsweise der konkrete Anlass für die Einladung zu einem Gespräch sein, wenn er meint, dass das gespannte Verhältnis zwischen den Lehrern und dem mutistischen Schüler die Therapie erschwert. Oder die Lehrer sind unsicher, ob sie sich richtig gegenüber dem mutistischen Kind – auch im Kontext zu ihren anderen Kindern – verhalten. In welcher Konstellation, Häufigkeit und Ausführlichkeit die Beratungen erfolgen, muss jeweils in Abhängigkeit von der Notwendigkeit und den Bedingungen entschieden werden. Ein starres Schema ist nicht angebracht.

Ein zentrales Thema ist immer wieder, wie sich der Lehrer in seinem kommunikativen Verhalten gegenüber Mutisten geben soll. Hier besteht erfahrungsgemäß ein großer Beratungsbedarf. Die Spannung, die durch Schweigen ausgelöst wird, ist für viele Lehrer schwer zu ertragen, besonders für jene, die ein starkes Empathieempfinden haben. Es wird sehr verschieden reagiert: von hilflos bis aggressiv, von ignorierend bis provozierend. Jener Schüler, der den sozialen Kontakt „stört", wird recht schnell in die Rolle eines Außenseiters gedrängt. Das Spektrum ist sehr breit und reicht von Verzweiflung, Hilflosigkeit, Disengagement und Ablehnung bis dahin, dass die Sprechverweigerung als Provokation interpretiert wird. Die meisten empfinden den Umgang mit

Mutisten als ausgesprochen unangenehm und kompliziert, denn ein schweigendes Verhalten widerspricht unseren kulturellen Normen und den üblichen Gepflogenheiten in der Schule. Die Erwachsenen fühlen sich machtlos dem schweigenden Schüler ausgeliefert. Dies erklärt, warum ein Arrangement mit schweigenden Schülern vielen Lehrern schwer fällt. Und entsprechend wird reagiert. Meistens sind die gezeigten (Fehl-)Reaktionen Ausdruck der aktuellen Überforderung.
Man fühlt sich einerseits zwar von diesem Verhalten unangenehm berührt, zum Teil verunsichert, unter Umständen sogar provoziert, und möchte sich dieser Verweigerung schon widersetzen. Andererseits nimmt man auch die Ängste und die Hilflosigkeit des Schülers wahr und möchte ihm helfen. In der Regel werden die mutistischen Schüler nicht pauschal abgelehnt, weil ihr Verhalten eher als Hilflosigkeit und weniger als Provokation aufgefasst wird.

Gruppenberatungen zu diesem Thema haben zum Ziel, mit allen Beteiligten nach Problemlösungen zu suchen. Es geht darum, Dialogstörer zurückzudrängen und das Lehrer-Schüler-Gespräch mit Gesprächsförderern anzureichern. In der Diskussion ist auf jeden Fall ein positives Herangehen zu favorisieren. Allerdings wünschen viele Pädagogen auch, dass man ihnen die Schwächen sagt. Im Folgenden sollen einige Gesprächsförderer und Gesprächsstörer benannt werden, um daraus Hospitationsschwerpunkte zu formulieren.

Vier wichtige Dialogförderer:

- Der Schüler wird inhaltlich und kommunikativ angemessen gefordert.
- Die Aufgabenstellung bzw. die Aufforderung zur Äußerung ist klar und verständlich (Achtung, keine Kettenfragen!).
- Dem Kind wird beim Reden die nötige Zuhörhaltung entgegengebracht: Gesichtszuwendung, Blickkontakt, keine Parallelkommunikation und/oder Parallelhandlung, keine Unterbrechungen, ermunternde Mimik, „Zwischenbestätigungen“ geben, wie freundliches Nicken, zustimmende kurze Äußerungen, Berührungen usw.
- Dem Kind wird ein Verhalten entgegengebracht, was zum Dialog ermuntert: Sympathie signalisieren, rhetorische Frage, Reflexionen (Rück- bzw. Nachfragen, zu solchen auffordern, Schüleräußerungen durch Wiederholen, Zusammenfassen, Klären, Präzisieren), Denkanstoß bzw. Formulierungshilfe geben, Gefühle ansprechen, höflich und geduldig bleiben, auf positives Bewerten (auch von Teilaussagen) achten.

Wichtige Dialogstörer:

Wenn die Förderer nicht zum Einsatz kommen, dann haben wir bereits im Ansatz eine „gestörte“ Dialogatmosphäre. Geprüft werden sollte ferner der Sprachformgebrauch. Alles, was den Schüler im Schulalltag kommunikativ und sozial belastet, sollte herausgefiltert werden, um es möglichst zu eliminieren. Der Lehrer sollte bemüht sein, beispielsweise folgende Verhaltensweisen zu vermeiden:

- Belastendes Frageverhalten, wie examinierendes Abfragen, in die Enge drängen, bohrendes Nachfragen;
- Reaktionen, die das Gefühl negativ treffen, wie Vorwürfe machen, mit negativen Unterstellungen arbeiten;

- Zerstörerische Bewertungen, wie pauschales negatives Bewerten, negatives Verabsolutieren, vernichtende, allgemein auf die Person zielende Bewertungen geben.
  Dennoch gilt auch für Schulmutisten: helfende Kritik muss sein, diese ist aber immer positiv eingebettet (optimistischer Ausklang), wohl überlegt, berechtigt und möglichst konkret sowie sachbezogen und darf nicht verletzend sein.
  Außerdem gilt es die „goldene" Regel für Kritik am Sprechverhalten Sprechgehemmter zu beachten: ein kritischer Hinweis sollte durch vier positive Äußerungen ausgeglichen werden.
- Äußerung des Schülers nicht ernst nehmen, seine Äußerungen bzw. seine Reaktionen ins Lächerliche ziehen, ihn verspotten, das Gesagte ironisieren.
- Die Ich-Botschaften des Schülers werden nicht erkannt und/oder nicht berücksichtigt. So werden die vom Schüler vermittelten Beziehungsbotschaften oder seine Interessen, Wünsche und Bedürfnisse ignoriert.
  Die diesbezüglichen Äußerungsformen sind bei mutistischen Schülern nicht immer gleich erkennbar und werden daher schnell übergangen. Interesse an einem Gespräch entsteht aber nur dann, wenn die eigenen Intentionen Beachtung finden.
- Drohungen aussprechen.

Bekanntlich spiegeln sich in unserer Ausdrucksweise neben unseren Gedanken, auch Einstellungen und Haltungen wider. Gerade spontane Äußerungen, angereichert mit gängigen Redewendungen, verraten viel über unsere aktuellen Einstellungen und Haltungen zur Sache oder zur Person. Ausgesprochenes hat eine prägende Wirkung nicht nur auf unser Denken, sondern auch auf unser Fühlen. Indem wir uns artikuliert haben, haben wir unser Denken geordnet und unsere Einstellungen geformt. Mit jedem Ausdruck haben wir bestimmte Bilder, Erinnerungen, Gefühle, Erfahrungen gespeichert. Werden nun Worte abgerufen bzw. gehört, dann reaktivieren diese das Gespeicherte, auch negative Gefühle.
Insofern formen die spontanen Äußerungen, die üblichen Redewendungen nicht nur die eigenen aktuellen Gefühlszustände. Die Worte des Lehrers schaffen durch ihre Wirkung auch eine emotionale Wirklichkeit beim Mutisten. Es ist anzunehmen, dass die übliche Lehrersprache bei mutistischen Schülern nicht unbedingt so ankommt, wie bei den Mitschülern. Sie sind empfindsamer und dadurch eher verletzbar. Der Gebrauch von bestimmten Wörtern und Redewendungen oder das Praktizieren bestimmter kommunikativer Verhaltensweisen kann beim Schüler auf Grund seiner aktuellen Gefühlslage schneller und in ausgeprägterem Maße emotionale, gar muskuläre Verspannungszustände hervorrufen.
Nun ist es nicht ganz einfach, jene Wörter und Begriffe, Redewendungen und Ausdrucksweisen, die der Mutist besonders negativ empfindet, herauszufinden, denn die Gefühle, die der Lehrer mit seinen Worten auslöst, müssen nicht von ihm und auch nicht von den anderen Schülern unbedingt auch so empfunden werden. Man kann zwar den negativen Gehalt von Begriffen und Redewendungen auch instrumentell erfassen (beispielsweise durch die Messung des Hautwiderstandes, der Pulsfrequenz beim Vorlesen oder beim Nachsprechen von Wortbatterien), aber die Zeit und das Instrumentarium werden hierfür nicht immer zur Verfügung stehen.

Als effektive Erfassungsmethode hat sich erwiesen, dass im Team beraten wurde, welche Formulierungen den Schüler belasten und welche ihn zur Äußerung stimulieren mögen. Zunächst werden dies Vermutungen sein, aber sie können eine Ausgangsbasis für Veränderungen darstellen. In einer Praxisstudie wurden solche Vermutungen – etwa zehn Formulierungen – zusammengetragen und dem Mutisten in irgendeiner Unterrichtsstunde oder für die Freiarbeit kommentarlos als Leseübung ungeordnet vorgelegt. Nachdem er sich eingelesen hatte, sollte er ein Ranking vornehmen. Daraufhin wurde im Unterricht beobachtet, ob die Skalierung des Schülers in etwa der Wirklichkeit entspricht. Anderenfalls wurden Korrekturen vorgenommen. Die so herausgefilterten Formulierungen waren dann Gegenstand der angezielten Veränderung im eigenen Sprechverhalten. Auch wenn sich durch eine solche Reaktivierung der Negativgefühle vielleicht nur minimal der Herzschlag und die muskuläre Verspannung beim Mutisten erhöht, seinen Hals verengt, seine Stimmbänder verschleimen lässt usw., wirken solche Zustände im Hinblick auf den Gesamtzustand dennoch zusätzlich belastend.
Es kommt beim Schüler wiederum durch kognitive Umbewertung zum Missverständnis zwischen gemeinter und gefühlter Botschaft, was ebenfalls die Verunsicherung verstärken kann. Deshalb gilt es, die Sprache des Lehrers von solchen belastenden Worten und Redewendungen, von Dialogstörern zu „reinigen", um nicht zusätzlich den Rehabilitationsprozess zu belasten. Es sollte sogar dahin gehend eine Veränderung erfolgen, dass seine Äußerungen bewusst mit positiv stimmenden Formulierungen angereichert werden.
Schon wenn den Lehrern klar wird, wie viel sie mit der Sprache im Dialog im Hinblick auf mutistische Zustände bewirken können, werden sie motiviert sein, damit achtsamer umzugehen. Eine andere Ausdrucksweise im Umgang mit mutistisch gefährdeten Kindern ist trainierbar, wobei es sich hier in der Regel ja nicht um ein völliges Umlernen handelt. Es geht nur darum, die Ausdrucksweisen bei einigen Aspekten zu verändern. Der Kartensatz „Die Kraft der Sprache" von Roswitha v. Scheurl-Defersdorf (2001) ist ein geeignetes Übungsmaterial, um Umformulierungen zu trainieren. Auch regen diese Beispiele zum Nachdenken über Alltagsformulierungen in der Schule an. Es braucht allerdings etwas Übung, zum einen um bewusst wahrzunehmen, was zu verändern ist, und zum anderen, um sich eine veränderte Ausdrucksweise anzugewöhnen.

3.2.1.2 Das Training kommunikativer Verhaltensweisen mit den Kontaktpersonen mit anschließender Beratung

Die Diskussionen während der Beratungen und die Hospitationsgespräche führen zu Erkenntnissen im Hinblick auf kommunikationsfördernde und kommunikationsbelastende Bedingungen. Allein dieses Wissen wird zweifellos schon positive Auswirkungen auf die Einstellungen und Haltungen zum Problem haben. Aber die verbesserten mentalen Voraussetzungen bewirken nicht automatisch eine Verhaltensveränderung. Einige Lehrer zeigen zwar den Willen und die Bereitschaft, aktiv an der Zustandsveränderung des mutistischen Schülers mitzuarbeiten, sie bleiben aber im konkreten Tun doch recht unsicher. Sie wollen die erforderlichen Verhaltensweisen auch trainieren. In solchen Fällen bieten sich spezielle Kommunikationstrainingskurse an.

Entsprechend der konkreten Bedarfslage kann man unter Umständen mit der Vermittlung bzw. Aneignung von kommunikativen Basisstrategien beginnen, wie sie beispielsweise der Gordon-Kurs zum Inhalt hat. In einem weiteren Schritt können die Trainingsinhalte gestellte Konfliktsituationen sein, die für den Unterricht charakteristisch sind. Es folgen dann nachgestellte, real erlebte Konfliktsituationen aus dem Schulbetrieb.
Vor allem die darstellende Reflexion der erlebten Situation und der damit verbundenen Emotionen und Kognitionen ermöglicht ein differenziertes Verständnis. Außerdem können auf diese Weise angestaute unvollständig verarbeitete Gefühle, Frust usw. zusätzlich bewältigt werden. Wie die Erfahrung zeigt, wirkt das Etüden-Spiel oftmals sehr echt, weil die Darsteller genau wissen, wie die Konfliktsituation aussieht.
Werden die Konfliktsituationen vom Trainingsleiter thematisiert und von den beteiligten Kollegen kommentiert, ist dies wiederum eine recht günstige Grundlage für handlungsleitende Beratungen. Die konkret erlebte Praxis und die empfohlenen Reaktionsweisen bzw. Handlungsschritte können hinterfragt und vor dem Hintergrund des Theoriemodells fundiert diskutiert werden. Da bekanntlich die Praxis reicher und vielfältiger ist als die Theorie, wird eine solche von realen Erfahrungen getragene Diskussion für alle in der Regel auch effektiv und effizient sein. Die teilnehmenden Pädagogen erwerben auf diesem Wege nicht nur eine sachgerichtete sonderpädagogische Grundkompetenz, sondern auch eine gewisse fördermethodische Kompetenz, was sich zweifellos auf ihr gesamtes pädagogisches Tun positiv auswirken wird.

Zusammenfassend sei festgestellt: Die oben genannten Beratungsbereiche und Formen der Kompetenzsteigerung kommen in der „reinen" Form im Förderalltag kaum vor. Die Regel ist eher so, dass diese Beratungsschwerpunkte ineinander übergehen, bzw. dass der Schwerpunkt wechselt. Welche Form gewählt wird und welcher Inhalt Gegenstand der jeweiligen Beratung ist, bestimmt der Verlauf des Förderprozesses bzw. die konkrete aktuelle Problemlage. Daraus folgt auch, dass nicht in jedem Falle die gesamte inhaltliche Spannbreite abgehandelt werden muss.
Die Beratungen erfolgen handlungsbegleitend bzw. prozessbegleitend. Unsere bisherigen Erfahrungen zeigen, dass in den meisten Fällen regelmäßige Beratungsgespräche zu empfehlen sind. Eine enge vertrauensvolle Zusammenarbeit zwischen allen beteiligten Kollegen zahlt sich auf jeden Fall aus.
Der Sprachtherapeut sollte bei dieser anspruchsvollen Tätigkeit keinen Alleingang wagen. Das mindeste ist, dass er sich regelmäßig mit dem Psychologen berät. Besser wäre allerdings, wenn an den Beratungen im Team auch der Psychologe teilnehmen könnte. Unter Umständen könnte auch die Mithilfe von einem Supervisor und einem Kommunikationstrainer notwendig werden.

3.2.1.3 Situatives Reagieren im Unterricht auf das Schweigen

Die ständigen Kommunikationspartner des Mutisten (unterrichtende Lehrer, Mitschüler) entwickeln verschiedene Strategien, um das Schweigen zu beenden. Charakteristisch für viele ist, dass man ebenfalls verlegen lächelt und verstummt, wie der Mutist, oder die Spannungssituation durch ein Sich-Abwenden gelöst wird. Da eine kommunikative Spannungssituation auch innere Verspannungen erzeugt, zeigt sich oftmals, dass die-

se entstehende innere Verspannung beim Partner durch sprechmotorische Aktivität abreagiert wird. Die eigene lautsprachliche Aktivität wird deutlich verstärkt (übermäßiger Rededrang).
Ungünstig erscheint uns auch, wenn der Lehrer eine Kraftprobe provoziert. In solchen Fällen baut sich der Lehrer vor dem mutistischen Schüler auf, hält auffordernden Blickkontakt, unter Umständen erwirkt er sogar durch Handling eine Gesichtszuwendung, und wartet eine Zeit lang, ob eine Antwort kommt. Die Art und Weise seines Verhaltens erhöht enorm den Erwartungsdruck (Spannungsphase). Dadurch soll erreicht werden, dass der Schüler dem Druck nicht standhält und zu reden beginnt. Dies kann gut gehen, wenn der Mutist schon in der Therapie ein entsprechendes Niveau erreicht hat. In den meisten Fällen, besonders aber, wenn dies vor der Therapie erfolgt, führt es nicht zum Erfolg. Ein Lehrer, der sich so verhält, schätzt das „Kräfteverhältnis" falsch ein und ist meistens der Verlierer. Er verunsichert in dieser Spannungspause zunehmend.
Eine andere Strategie ist, dass der Lehrer in der Spannungspause seine Aufforderung erneut wörtlich wiederholt, so als hätte der Mutist diese nicht verstanden, oder er formuliert diese um bzw. kommentiert und erörtert sie.
Oder der Schüler wird in der Schweigepause mehrmals zum Reden ermuntert. Vom Lehrer werden solche Lückenfüller wie „Hm?", „Na?", „Und?" o.ä. eingesetzt, um die Spannungspause zu zergliedern, sie dadurch (für ihn) erträglich zu machen. Charakteristisch sind auch Kettenfragen. Die Schweigepause wird dann verbal gefüllt. Aber trotz des vielen Redens verweigert der Schüler dennoch die Antwort.

Eine andere Verhaltensweise ist, dass die negative Schweige-Reaktion des Schülers durch Kommentierungen abgeschwächt, sogar entschuldigt wird, um die Negativwirkung für den Lehrer selbst abzuschwächen. Dem Schüler werden Angebote gemacht, wie man seine Antwortverweigerung interpretieren soll. Man antwortet quasi für den Schüler. Meist wird eine Entschuldigung gesucht, beispielsweise: „Auf diese Frage kannst du noch nicht antworten", oder „Das haben wir noch nicht hinreichend besprochen".

Zu beobachten ist auch, dass stellvertretend für den nichtsprechenden Schüler geredet wird (ein Als-ob-Dialog). Wenn jemand etwas fragt, wird für den Mutisten geantwortet, und zwar in der Weise, wie man sich die Antwort des Mutisten vorstellt. Vor allem unter Gleichaltrigen ist diese Form zu beobachten. Die Freundin oder der Banknachbar übernimmt häufig von selbst und spontan diese Aufgabe.
Wie die (oftmals bitteren) Erfahrungen der Kollegen besagen, erweisen sich all diese Strategien mehr oder weniger als aussichtslos. Hierbei zeigt sich, dass das Schweigen des einen Gesprächspartners schnell zu „Entgleisungen" der Kommunikation beim anderen Partner führen kann.

Für den Lehrer stellt sich die Frage, wie er denn nun mit dem Mutisten kommunizieren soll, um dem Schüler zu helfen und zugleich um einer weiteren Verfestigung vorzubeugen. Zunächst muss grundsätzlich festgestellt werden, dass es kein allgemeingültiges Rezept dafür gibt, welches Verhalten für jede Situation richtig wäre. Ein therapeutischer

Grundsatz, der bedacht werden sollte, lautet: Jeder „Erfolg" (im Sinne, dass der Mutist mit seinem Schweigen die lautsprachlichen Kommunikation verhindert) ist zu verhindern, denn letztendlich ist jeder „Erfolg" eine Bekräftigung seines kommunikativen Fehlverhaltens. Der Schüler erlebt sein gewähltes Kommunikationsverhalten als erfolgreiche Strategie. Und jeder Erfolg bekräftigt die Einstellung, an diesem Verhaltensmuster festzuhalten. Letztendlich wird dadurch das sprech-kommunikative Fehlverhalten verfestigt. Deshalb sollte versucht werden, eine mutistische Reaktion möglichst zu vermeiden, um einer weiteren Manifestierung vorzubeugen.
Aus dieser Sicht heraus ist es zunächst immer richtig, wenn ein Einzeldialog, der mit hoher Wahrscheinlichkeit mit einer Sprechverweigerung endet, vermieden wird. Wenn der Schüler beispielsweise aktuell einen recht verspannten und unsicheren Eindruck macht, er wiederholt bei der Aufgabenerfassung blockiert ist, dann sollte sein Schweigen akzeptiert werden. In solchen Fällen sollten direkte Dialogangebote besser unterlassen werden.
Ein weiterer Grundsatz besagt, dass stets versucht werden sollte, dennoch die Kommunikation aufrechtzuerhalten, auch wenn dies aktuell nur mit anderen Mitteln möglich ist. Ein Abbruch jeglicher Kommunikation führt das Kind weiter in die kommunikative Passivität und sollte deshalb möglichst vermieden werden.
Um die Kommunikationsbereitschaft und die -fähigkeit des mutistischen Kindes aufrechtzuerhalten, kann man verschiedene Vorgehensweisen wählen. Wir konnten im Schulalltag auch uns sinnvoll erscheinende Reaktionsmuster beobachten, aus denen eine Stützmethodik entwickelt werden konnte. Auf einige Formen, die sich bewährt haben, soll nachfolgend eingegangen werden:

- **Grundsätzliche Akzeptanz des So-Sein bzw. der aktuellen Sprechverweigerung und das Geben von Hilfestellungen**

Wird der Lehrer neu mit einem Schulmutisten konfrontiert, dann folgt in der Regel zunächst die Phase des verstärkten Bemühens. Es kommt zu wiederholten Aufforderungen an den Schüler oder zur verstärkten Zuwendung der Aufmerksamkeit dergestalt, dass der Schüler in der Dialoggestaltung aus der Allgemeinheit herausgehoben wird. Recht typisch dafür ist, dass das Verhalten kommentiert oder ein neuer Dialogversuch negativ eingestimmt wird. Dem folgt in der Regel die Phase der Hilflosigkeit.
Zu empfehlen ist, dieses negativistische Kommunikationsverhalten des Schülers nicht zu kommentieren, es zunächst einfach zu akzeptieren, denn noch ist ungeklärt, ob es sich bei dem Schüler lediglich um eine allgemeine Sprechscheu bzw. ausgeprägte Schüchternheit handelt oder um eine Sprechblockierung. Deshalb sind „Sondermaßnahmen" noch nicht angezeigt.
Handelt es sich nicht um einen Mutismus, dann wird diese Art von Stummheit bald überwunden, und zwar wenn der Schüler mit der Schule und den neuen erwachsenen Personen vertraut geworden ist. Erlebt der sprechscheue Schüler eine angenehme soziale Atmosphäre sowie eine positive Zuwendung und die erforderliche Achtung, Aufmerksamkeit und Hilfestellung, dann führt das ihm entgegen gebrachte Vertrauen dazu, dass er sich in der neuen Umgebung mehr zutraut, insgesamt lockerer und aktiver wird, schließlich auch in lautsprachlicher Hinsicht.

In dieser Phase der sozialen Adaptation sollte der Lehrer häufige direkte Sprechaufforderungen an den gehemmten Schüler unterlassen, weil die Erfolgsaussichten, dass er antwortet, gering sind. Im Gegenteil, dem Schüler wird dadurch nur sein aktuelles sprechsprachliches Unvermögen bewusst gemacht. In jedem Falle ist es für den sprechscheuen oder mutistischen Schüler eine Hilfe, wenn er sich sachorientiert äußert und sein Sprechen gegenständlich-handelnd gestützt wird, so dass er sich symbolisch an dem Gegenstand „festhalten“ („stützen“) kann.
Für andere gehemmte Schüler stellt es eine Hilfe dar, wenn sie beim Sprechen nicht in eine exponierte Stellung gebracht werden, beim Antworten beispielsweise sitzen bleiben können, nicht unbedingt den Blickkontakt herstellen und nicht dabei aufstehen oder vor der Klasse sprechen müssen.
Diese Mittel sind zu nutzen, denn der dialoglose Zustand mit dem gefährdeten Kind sollte im Unterricht nicht all zu lange bestehen bleiben. Auf jeden Fall muss der Lehrer für einen Ausgleich, eine kommunikative Alternative sorgen. Der betroffene Schüler sollte in dieser Zeit verstärkt in praktischen und nicht in sprachlichen Tätigkeiten gefordert werden. In der Regel gelingt ihm mehr oder weniger problemlos die nonverbale, handelnde Interaktion und das kooperative Tätigwerden auf der gegenständlichen Handlungsebene. Rhythmische Bewegungsspiele oder darstellende Singspiele mit der gesamten Klasse nehmen ihm die Spannungen und den inneren Druck und führen recht bald auch zur aktiven stimmlich-sprachlichen Beteiligung. Ein solches Kind braucht zwar eine verstärkte soziale Zuwendung, die dringend erforderlich ist und bewusst realisiert werden sollte, aber eher von Kind zu Kind.
Der zunächst sprechgehemmte Schüler darf nicht durch falsche Reaktionen zum mutistischen Verhalten gedrängt werden. Wenn der Schüler aktuell noch mit dem lautsprachlichen Dialog überfordert ist, müssen andere Formen des sozialen Tätigseins praktiziert werden, die den lautsprachlichen Dialog vorbereiten. Es hat sich gezeigt, wenn solche Formen der kommunikativen Aktivierung gleich zu Beginn des Unterrichtstages oder der Unterrichtsstunde erfolgen, so wirkt sich dies positiv auf das nachfolgende Sprechverhalten aus. Die Sprech- bzw. Äußerungsbereitschaft ist dann erhöht.

Zu überlegen ist, welche Stützen bzw. Hilfen der Lehrer dem Schüler situativ anbieten kann. Hilft es dem Schüler, die entspannende vertiefende Atmung der Aussage voranzustellen bzw. in die Satzfolge einzubauen, dann sollte dies auch im Unterrichtsgespräch praktiziert werden. Von einzelnen partiellen Schulmutisten wurde gewünscht, dass jemand (meist der Lehrer) den Anfang mitspricht, wenn sie sich laut äußern sollten bzw. wollten. Zuvor wurde dazu die Antwort dem Lehrer ins Ohr geflüstert, dann sprachen beide. Beim Mitsprechen können verschiedene Stufen bedacht werden, beispielsweise: der Mutist flüstert zunächst mit, dann spricht er mit leiser Stimme, später mit normaler Lautstärke. Schließlich nimmt der Lehrer seine Intensität zurück. Man sollte recht tolerant und großzügig sein, was an Hilfestellung gewünscht und welche Form vom Schüler praktiziert wird, um sich aktiv am Unterrichtsgespräch zu beteiligen. Nicht die Form ist hierbei wichtig, sondern allein, dass der Schüler bereit und in der Lage ist, sich konstant lautsprachlich im Unterricht zu äußern.

Wird vermutet, dass der Schüler in starkem Maße gefährdet ist, mutistische Verhaltensweisen auszubilden, sollten weitere präventive Verhaltensweisen praktiziert werden. Beispielsweise sollte der Schüler zunächst die Normalität der Kind-Kind-Kommunikation positiv erleben. Er sollte die Erfahrung machen, dass der Unterrichtsablauf vielfältige dialoge Tätigkeiten aller voraussetzt und dass das gemeinsame Lernen mit und von anderen Schülern verlangt, dass alle Schüler auch kommunikativ aktiv in das Unterrichtsgespräch einbezogen werden. Frontale Unterrichtsformen, wo meist nur der Lehrer oder ein einzelner Schüler in exponierter Stellung spricht und alle anderen kaum zu Äußerungen kommen, bilden eher den Rahmen für weniger positive Erfahrungen. Solche Situationen unterdrücken eher die Äußerungsbereitschaft, besonders wenn in einem solchen Unterricht Dialoge untereinander untersagt werden, beispielsweise mit dem Banknachbarn zu sprechen.

Befinden sich mehrere sprechgehemmte Schüler in der Klasse, sollte besonders der Schüler-Schüler-Dialog (in der Dyade, in der Kleingruppe) den Unterricht dominieren. Der Lehrer als potentielle „Angstperson“ tritt hier stark zurück. Insofern sind solche kommunikativen Situationen weniger belastend und der mutistisch gefährdete Schüler wird in den meisten Fällen auch problemlos am Gruppengespräch teilnehmen. Er entwickelt so eine positive Grundeinstellung zum Dialoggeschehen im Unterricht. Diese muss erhalten und weiter entwickelt werden. Der Lehrer sollte hier stärker als „normales“ Gruppenmitglied in Erscheinung treten, sich an den sachgerichteten Gesprächen auf der Grundlage praktischer Tätigkeiten beteiligen, und sich nicht unbedingt durch Abfragen, Bewertungen, Zurechtweisungen und der gleichen in eine exponierte, abgehobene Kommunikationsstellung bringen. Gelingt ihm das, dann können in dieser Gruppensituation meistens auch alle Schüler in seiner Anwesenheit und schließlich auch mit ihm vor der Klasse reden. Der Lehrer-Schüler-Dialog im Unterricht wird so eher als Selbstverständlichkeit angesehen und als Normalität für den Schulbetrieb akzeptiert.

Auch die Art des Ansprechens kann für sprechgehemmte bzw. gefährdete Schüler belastend oder entlastend sein. Sie sollten beispielsweise weniger direkt, sondern häufiger indirekt angesprochen werden. Günstig ist es, wenn ein solcher Schüler zu einer Sache nicht direkt, sogar namentlich und mit Nachdruck zur Antwort aufgefordert bzw. angesprochen wird, sondern eine Teilgruppe, deren Mitglied er ist. So antwortet quasi immer einer, auch stellvertretend für den gefährdeten Schüler. Oder man fordert eine Gruppenantwort ab, dass alle das Ergebnis in Form des Gruppensprechens sagen.

Praktiziert wurde auch, dass Schüler zusammen mit dem Banknachbarn zur gemeinsamen Antwort aufgefordert wurde. Ein Schüler muss dann nach vorhergehender Absprache untereinander für beide antworten. Natürlich wird dies in der Regel nicht der sprechgehemmte Schüler sein, aber es wurde mit ihm indirekt ein erfolgreicher Dialog geführt. Er wird so aktiv in das Unterrichtsgespräch einbezogen, ohne dass es dabei zu einer Konfrontation mit dem Ergebnis einer Sprechverweigerung kommt.

- **Die Kommunikationsbeteiligung des mutistischen Schülers am Unterricht erfolgt mit außersprachlichen Mitteln**

Eine solche Vorgehensweise ist zu empfehlen, wenn der Schulmutist noch nicht in der Therapie ist, das heißt, wenn noch keine Deblockierung der Sprechhemmung stattgefunden hat, der Schüler aber durchaus kommunikativ ist. Das Bestreben des Lehrers muss dahin gehen, den Mutisten, so weit nur irgend möglich, in die Unterrichtsdialoge einzubeziehen, um negative Auswirkungen der Sprechverweigerungen auf das schulische Lernen weitgehend einzugrenzen. Die noch vorhandene Dialogfähigkeit und Dialogbereitschaft des Mutisten darf nicht weiter durch eine falsche Schonhaltung verkümmern. Zu der vorhandenen sprechsprachlichen Hilflosigkeit soll nicht noch eine weitere, durch Fehlverhalten des Lehrers erlernte, allgemeine kommunikative Hilflosigkeit kommen. Es müssen schon bald andere, alternative Formen der Kommunikation im Unterricht praktiziert werden. Dabei bietet sich eine Kommunikation mit nonverbalen, schriftsprachlichen, externen oder elektronischen Mitteln an.

Dem Schüler wird unter Umständen klar gesagt, dass man sein Schweigen im Unterricht zwar akzeptiert, aber von ihm dennoch eine aktive Teilnahme am Unterrichtsgeschehen erwartet. Mit ihm wird vereinbart (Prinzip der Freiwilligkeit auf Vertragsbasis), als Ausgleich für sein Sprechunvermögen andere Formen der Beteiligung anzuwenden. Das Angebot muss dem Schüler positiv vermittelt werden, keineswegs als Strafmaßnahme. Das neue Zeichensystem sollte sowohl ein kommunikatives Reagieren als auch Agieren ermöglichen.

Entsprechend der aktuellen Bedingungslage kann man nun für die Umsetzung zwei Vorgehensweisen wählen: zum einen wird es dem Schüler frei gestellt, mit der alternativen Form zu kommunizieren oder zum anderen erfolgt eine Art Symptomverschreibung. Im letzteren Fall verlangt man vom Schüler, dass er nun im Unterricht schweigt und nur in der neuen Form kommuniziert. Ein Ausweichen wird nicht erlaubt, selbst nicht ein Flüstern mit dem Nachbarn. Ein Scheinverbot, die Lautsprache im Unterricht zu verwenden, kann sich positiv auf den gesamten Förderprozess auswirken. Der Schüler möchte aus diesem „Verbot“ ausbrechen. Er empfindet plötzlich das Schweigen als Last. Dies kann schon bald positive Auswirkungen zeigen, indem der Schüler mit einem partiellen Schulmutismus zumindest in der Kommunikation mit den Mitschülern die Lautsprache verstärkt verwendet.

Es wird dem Schüler positiv unterstellt, er könnte zwar reden (aber er darf nicht reden), aber er will dennoch am Unterrichtsgeschehen aktiv teilnehmen. Die angebotenen Alternativen sollen ihm nun das Mitmachen ermöglichen. Die neue Form wird in einem freundlichen, aber sachlichen Ton erläutert und man sagt ihm, dass die Anwendung von ihm selbstverständlich erwartet wird.

Wichtig ist, dass die Vereinbarung mit dem Schüler nun auch umgesetzt wird. Man bietet ihm verstärkt Anwendungsmöglichkeiten, mit dem Lehrer auf dieser neuen Art und Weise zu kommunizieren. Konsequent und kontinuierlich sollte deshalb im Unterricht schon bald eine für den Schüler aktuell erfüllbare kommunikative Reaktion abverlangt werden. Er wird nicht um eine Antwort gebeten, sondern diese wird mehr oder weniger „autoritär“ – im Sinne einer selbstverständlichen Reaktion – von ihm abgefordert. Unter Umständen kann man parallel dazu dies auch mit einem anderen Schüler praktizieren. Dem Schüler werden bei der Anwendung enge, aber berechenbare Barrieren gesetzt, unter Umständen kann ein Belobigungs- oder „Bestrafungs"-System greifen. Dennoch soll der Mutist von der Häufigkeit, von der Art der Zuwendung und vom Ton her so normal wie nur irgend möglich im Unterricht aktiv kommunikativ einbezogen werden.

Die kommunikativen Anforderungen, die an den Mutisten gestellt werden, sollten aber auf jeden Fall für ihn erfüllbar sein, um keine zusätzlichen Hemmungen aufzubauen. Er ist weder in eine exponierte Stellung zu bringen, noch kann erwartet werden, dass er sogleich mit diesen Alternativen auch offensiv kommunizieren wird. Es sollte beispielsweise bedacht werden, dass ein Reagieren auf direkte oder indirekte Aufforderungen bzw. Fragen dem Schüler leichter fällt als ein Agieren. Dennoch sollte die spezielle Förderung nicht beim Training des kommunikativen Reagierens stehen bleiben. Auch der Entwicklung aktiver kommunikativer Verhaltensweisen sollte entsprechende Aufmerksamkeit geschenkt werden.

Welche alternativen Formen eingesetzt werden, hängt von vielen Faktoren ab: vom Alter und dem allgemeinen Entwicklungsstand des Kindes, vom Grad seiner Selbstsicherheit, der vorhandenen materiellen und sächlichen Ausstattung der Schule, seinen speziellen Angstfaktoren usw. Erfolgreich wurde im Versuch zunächst mit dem Ja-Nein-Code gearbeitet. Hierfür ist typisch, dass der Dialog dadurch stark vereinfacht wird. Man akzeptiert die nonverbale bzw. einsilbige Antwort des Schülers. Sind die Reaktionen sicher, wird allmählich ihre Spannbreite erweitert.

Der Pädagoge muss sich aber darüber im Klaren sein, dass diese Praxis zwar in Bezug auf den Erhalt der Äußerungsbereitschaft durchaus sinnvoll ist. Wenn diese alternative Äußerung aber über eine längere Zeit anhält, ist dies nicht günstig für eine positive Veränderung des mutistischen Zustandsbildes. Der Mutist erlebt auf diese Weise, dass längere Sprechäußerungen für die Bewältigung der schulischen Alltagsprobleme nicht unbedingt notwendig sind. So entsteht bei ihm nicht das erforderliche innere Konfliktpotential, um eine Änderung seines Zustandes zu bewirken.

Dennoch kann dieses Vorgehen zu einem bestimmten Zeitpunkt durchaus richtig und auch wichtig sein, denn der Mutist darf nicht in eine kommunikative Isolation geraten. In der Eingangsstufe haben sich im Schulalltag beispielsweise nachfolgende alternative Formen bewährt. Zu vermerken ist allerdings, dass der Lehrer im Dialog das vom Schüler gegebene Zeichen in Lautsprache „übersetzt", um kund zu tun, dass er das Zeichen verstanden hat. Es sollte im ganzen Satz gesprochen werden. Dies darf aber keineswegs mit einem ironischen Unterton erfolgen. Den Mitschülern wird dafür als Begründung gegeben, dass alle Schüler die Äußerung aufnehmen bzw. verstehen können.

Gegenständlicher Code: Mit dem Lehrer wird ein gegenständliches Zeichen vereinbart, mit dem das Kind kundtut, ob es überhaupt kommunizieren will oder nicht. Dies könnte beispielsweise ein Lineal, ein Kugelschreiber oder ähnliches sein. Legt das Kind diesen Gegenstand an einen bestimmten Ort (zum Beispiel rechts oben auf die Bank), dann heißt dies, es möchte jetzt nicht angesprochen werden. Dies wäre quasi ein Grundcode. Hierauf könnten dann die anderen Alternativen aufbauen.

Ja-Nein-Code durch Kopfnicken: Der Mutist antwortet auf die Alternativfragen des Lehrers mit Kopfnicken. Die entsprechende Kopfbewegung wird als Zustimmung bzw. als Ablehnung für die Erfüllung bestimmter kommunikativer Unterrichtsanforderungen vereinbart. Dies ist sicherlich eine ganz einfache Form zu reagieren, und die Kinder nehmen diesen Code sehr schnell an.

Ja-Nein-Code durch Blickrichtung: Blick senken heißt „nein", Blickkontakt halten und blinzeln bedeutet hingegen „ja".

Ja-Nein-Code durch Augenmimik: Augen zukneifen bedeutet beispielsweise „nein", Augenbrauen hochziehen heißt „ja".

Fingerzeichen: Das Heben des rechten Zeigefingers bedeutet „ja", das Heben des linken Zeigefingers bedeutet „nein". Oder: die gestreckte Hand bedeutet Zustimmung, die geballte Faust bedeutet Ablehnung.

Ja-Nein-Code mit Signalkarten: Die rote Signalkarte könnte „nein" bedeuten, die grüne „ja".

Elemente des LÖB-Systems[2]: Die Verwendung der Bildkarten ermöglicht bereits ein elementares aktives Kommunikationsverhalten. Hat das Kind im Unterricht einen bestimmten Wunsch, benötigt es beispielsweise im Zeichenunterricht Farben für die Druckarbeit, dann können Farbkarten, die das Kind hoch hält, dies ausdrücken.
Sollte selbst hier eine Verweigerung auftreten, dann sollte man entweder auf eine niedrigere Stufe der Kommunikation – beispielsweise Reaktionsverhalten bei Aufforderungen auf der gegenständlichen Handlungsebene – zurück gehen oder Mischformen von außersprachlicher und Handlungskommunikation praktizieren.

Einsatz von elektronischen Kommunikationsmitteln: Es könnte sogar alternativ zur fehlenden Lautsprache ein Delta-Talker eingesetzt werden. In einem Falle bot sich dies in unseren Versuchen an, denn der Schüler zeigte ein großes Interesse für dieses Gerät, was von seinem Mitschüler (Spastiker) benutzt wurde. In diesem Falle wurde die Sprachausgabe teilweise mit der Stimme des Mutisten bestückt, so dass bei Verwendung des Gerätes im Unterricht sogar seine Stimme ertönte. Die Aufzeichnung erfolgte zu Hause bzw. in der Förderstunde (Einzelunterricht), in der er sprach.

Einsatz von Lautgebärden: Auch solche Versuche gab es. Im Zusammenhang mit dem Förderunterricht im Bereich Rechtschreibung wurde die Koch'sche Fingerzeichen-Methode[3] verwendet. Den Kindern war also der Gebrauch geläufig, denn die zu schrei-

[2] LÖB-System: Löb, E./ Löb, R. (1998): Deutsch lernen mit LÖB-System; Löb, E./Löb, R. (1994): Mit LÖB-System lernen.

[3] Koch'sche Fingerzeichen: Rabanus, K. (2000): Garant zum Lesenlernen: Koch'sche Fingerlesemethode. In: Die Sprachheilarbeit 45, S. 72–74.

benden Wörter wurden zuvor lautierend in Begleitung mit dieser Lautgebärde erarbeitet. Zunächst aus Gründen der Lautierübung wurde mit dem Mutisten auch so gesprochen, natürlich nur, wenn sich das Wortmaterial dafür anbot. Die einsilbige Antwort bei einer Frage wurde dann vom Mutisten nicht aufgeschrieben, sondern er zeigte dafür die Folge der Lautgebärden.
Daraus ergab sich ein weiterer positiver Effekt. Die Verfremdung der Kommunikation bewirkte, dass der Schüler dabei auch laut lautierte (zunächst beim Mitsprechen in der Gruppe, später auch, wenn er allein sprach). Die starke Konzentration auf das Praktizieren der Gebärde und der Ermittlung der Lautfolge lenkte offensichtlich so stark vom Sprechvorgang ab, dass er gar nicht registrierte, dass er dabei laut seine Stimme einsetzte. In der Kleingruppe gab es diesbezüglich bald keine Probleme mehr.
Nachdem der Mutist im Rechtschreibunterricht in der Klasse die Lautgebärde in der üblichen Form verwendete, also laut sprechend zu den Gebärden lautierte, wurde dies nun auch im Sachunterricht von ihm konsequent verlangt. Die Antwort wurde von ihm laut lautiert und zum Schluss wurde das Wort laut gesprochen. Diese Prozedur war einem Schüler offensichtlich nicht sehr angenehm. Er ließ das Lautieren bald weg und sprach gleich die Antwort halb laut, aber immerhin mit Stimme und nicht flüsternd. Allerdings ließ sich diese Vorgehensweise nicht problemlos auf alle Unterrichtsfächer übertragen.

Wie Einzelbeispiele zeigen, kann die bewusste Übertreibung der alternativen Kommunikationsweise den Mutisten eher veranlassen, zum Sprechen zurückzufinden. Dennoch muss zur Vorsicht geraten werden, denn es kann auch passieren, dass der Mutist sich dann bei anderen Kommunikationsformen versperrt, weil er sich nicht ernst genommen fühlt.

Einsatz der Schriftsprache: Der Einsatz der Schriftsprache als Alternative für das fehlende Sprechen ist weit verbreitet. Voraussetzung ist allerdings, dass der Mutist die Schriftsprache auf einem bestimmten Niveau auch beherrscht. Die Standardform ist das Aufschreiben der Antwort auf einen Zettel. Es muss aber nicht nur die handgeschriebene Schwarzschrift sein. Bei mutistischen Schülern, die bereits über Grundkenntnisse beim analytisch-synthetischen Schriftspracherwerb verfügen, können auch Buchstabenkarten eingesetzt werden.
Möglich ist auch das Schreiben auf dem Computer oder man verwendet lediglich die Tastatur und der Schüler tippt seine Antwort so, dass der Lehrer mitlesen kann. Auch gibt es erste Beispiele, wie das Handy Anwendung finden kann. Der Mutist „schickt" dem Lehrer seine Antwort in Form einer SMS.
Es ließen sich auch einige Wortbildkarten verwenden. Dem Schüler werden die Wortbilder ganzheitlich vermittelt, so dass er bei der Formulierung seiner Antwort die entsprechende(n) Wortbildkarte(n) zeigen kann.

Manche Mutisten haben Hemmungen, alternative Formen einzusetzen. Um weitgehende Natürlichkeit herauszustellen, kann der Lehrer streckenweise mit dem Schüler auf der gleichen Zeichenebene bzw. Kommunikationsweise kommunizieren.

Der Mutist sollte in dieser Therapiephase im Unterrichtsgeschehen also weder ignoriert, noch sollte er durch besonders herausgehobene Aktionen gefordert werden. Er kann alternative Formen verwenden (Mitbestimmung), allerdings sollte die Form in der Regel nicht gewechselt werden. Der Schüler kann nur entscheiden, ob er lautsprachlich oder alternativ kommuniziert.

Grundsätzlich ist immer wieder positiv hervorzuheben, dass der Schüler bereit ist, im gesamten Unterricht zu kommunizieren. Die alternative Form sollte nicht lächerlich gemacht werden. Und natürlich müssen diese Bereitschaft und Fähigkeit durch häufiges Praktizieren erhalten und entwickelt werden.
Aber auch die Gefahr, die hierbei besteht, sollte nicht verkannt werden. Der Mutist könnte schnell in eine zusätzliche Sonderstellung gedrängt werden, was dem Förderanliegen nicht unbedingt dienlich ist. Es sei auch vermerkt, dass bestimmte alternative Kommunikationsformen bei einigen mutistischen Schülern Hemmungen hervorrufen. Sie weichen keineswegs immer mit Begeisterung auf alternative Formen aus. Allerdings konnten wir eine totale Ablehnung nicht beobachten.
Diese Art der Unterrichtskommunikation mag als Einengung aufgefasst werden, aber mit einer solchen Festlegung bestimmt der Lehrer wieder das kommunikative Handeln und nicht der Schüler. Dies hat positive Auswirkungen auf das Verhalten des Lehrers. Bei ihm schwindet das Gefühl der Ohnmacht und seine führende Rolle in der Unterrichtskommunikation ist wieder gesichert.

- **Die Beteiligung des mutistischen Schülers am Unterricht erfolgt mit außersprachlichen Mitteln, die er frei bestimmen kann**

Das starre Festhalten an einer alternativen Kommunikationsform hat zwar eine zeitlang seine Berechtigung (s.o.), engt aber den Umfang der Kommunikation und die Fähigkeitsentwicklung des Schülers sehr stark ein. Deshalb muss das Bestreben dahin gehen, den Spielraum der Kommunikationsmöglichkeiten zu erweitern.
Verwendet der Mutist schon im Ansatz das laute Sprechen, dann besteht oftmals die Gefahr, dass er noch schnell in das mutistische Verhalten zurückfällt. Erwartet wird, dass sich der Schüler entsprechend seiner aktuellen Stabilitätslage sprech-kommunikativ optimal verhält, zumindest wird ihm dafür die Möglichkeit eingeräumt. Dazu gibt es dann mit ihm Vereinbarungen. In dieser noch recht labilen Phase sollte er allerdings selbst bestimmen, welche situative Hilfe er wählt, um seine sprech-kommunikative Unsicherheit abzuschwächen. Auch dazu gibt es mit ihm Absprachen und es werden unterschiedliche Hilfen angeboten.
Eine Form der Erweiterung der Kommunikation im Unterricht ist, dass der Mutist mehrere Formen einsetzen kann. Er kündigt die von ihm gewünschte Kommunikation beispielsweise mit folgenden Mitteln an:

Signalkarten: Signalkarten können das Spektrum der Antwortmöglichkeiten bzw. der Reaktionsmöglichkeiten schon sehr erweitern. In der Regel sollten nicht mehr als vier Karten eingesetzt werden. Die einzelnen Farben stehen für mögliche Alternativen, beispielsweise die rote Karte heißt, dass der Schüler die Antwort aufschreiben möchte, die grüne Karte könnte bedeuten, dass der Mutist die Antwort flüstern möchte, blaue Karte, die Antwort dem Lehrer ins Ohr flüstern usw. Die Arbeit mit Signalkarten ermöglicht eine größere Formenvielfalt, beispielsweise als Zeichen, die Antwort nun der Freundin zuflüstern, die dies dann laut sagt; oder dass der Mutist hinter dem Vorhang sprechen möchte u.a.

Fingerzeichen: Als Ankündigungszeichen können auch Finger-Zeichen verwendet werden, beispielsweise ob das Kind die Absicht hat, lautsprachlich zu agieren (zu antworten, laut zu lesen, mitzusprechen) oder lieber die Antwort aufschreiben möchte.

Gegenständliche Zeichen: Es handelt sich wiederum um individuell vereinbarte Zeichen. Legt beispielsweise das Kind den Kugelschreiber hin, heißt dies, es möchte nur schriftsprachlich reagieren, legt es das Lineal hin, dann will es bei dieser Aufforderung die Hilfe eines „Dolmetschers" in Anspruch nehmen, liegt nichts da, will es die Antwort lautsprachlich versuchen usw.

- **Die Kommunikationsbeteiligung im Unterricht erfolgt in spezifischer Sprechweise**

Für die Anwendung dieser Form wird vorausgesetzt, dass der Mutist bereits im Unterricht die Sprech-Kommunikation verwendet, diese also kaum noch verweigert. Oftmals zeigt sich als Übergangsform, dass der Mutist jedoch sein Sprechen verfremden möchte. Dies sollte man in dieser Therapiephase akzeptieren. Es ist als Zeichen des Fortschritts in der Therapie zu sehen, denn der Mutist klinkt sich aus dem Kommunikationsgeschehen des Unterrichts nicht mehr aus. Deshalb sollte man diese abweichende Form auch nicht ins Lächerliche ziehen. Durch Ironie hat noch kein Mutist wieder mit dem lauten Sprechen angefangen.
Es wird für die anderen Schüler sachlich vermerkt, dass ein anderes Sprechen im Moment nicht möglich ist, beispielsweise wie bei einer starken Heiserkeit. Erstaunlicherweise akzeptieren die Mitschüler diese Art zu kommunizieren meistens problemlos, vorausgesetzt, dass die Begründung richtig vermittelt worden ist. Einzuordnen sind hier beispielsweise solche Formen:

Dolmetscher-Prinzip: Der Mutist kommuniziert mit dem Lehrer nur mit Hilfe eines so genannten „Dolmetschers". Dies ist in der Regel der/die Freund(in) oder der Banknachbar. Der Mutist flüstert seine Antwort dem „Dolmetscher" zu und dieser fungiert dann als Sprachrohr. Auch andere Kontaktpersonen des Kindes können als „Dolmetscher" dienen, beispielsweise eine gewisse Zeitlang die Mutter, die Oma, selbst der Sozialarbeiter oder der vertraute Lehrer können diese Rolle übernehmen. In der Regel wird die Dolmetscher-Methode von den anderen Mitschülern akzeptiert.

Das Sprechen im Flüsterton: Hier spricht der Mutist im Unterricht nur im Flüsterton. Auch dies sollte respektiert werden. In solchen Fällen geht es weniger um das „Verbergen" inhaltlicher Probleme der Kommunikation, sondern eher um die Phänomene „Sich-verkleinern-wollen", „Angst vor der eigenen Stimme" oder gar um eine Blockierung des Stimmeinsatzes, ähnlich wie bei der psychogenen Aphonie. Das Flüstern ist eine Form der Verfremdung der Kommunikationssituation.

Wenn das Kind wieder spricht, wird es in den meisten Fällen nicht gleich mit sog. Stentorstimme sprechen. Die meisten sprechen noch lange Zeit mit zarter Stimme und auch recht monoton. Um den Übergang vom Flüsterton zum stimmhaften Sprechen zu schaffen, hilft kaum eine Überrumpelung. Dies ist ein Prozess für sich. Die Stimme kommt erst wieder mit der Verbesserung der allgemeinen Reduzierung der inneren Anspannung und der Verbesserung der allgemeinen Selbstsicherheit. Oftmals muss ein stimmtherapeutisch geprägter Parallelprozess in Einheit mit Stimmgewöhnungsübungen stattfinden, um eine sichere Stimmgebung zu erreichen.
Eine andere Form der Verfremdung ist, wenn nicht der Mutist, sondern die Handpuppe für ihn „spricht", und zwar mit veränderter, piepsiger Stimme.
Es gab auch einen Versuch, die Verfremdung mit Hilfe des Mikrophons zu erreichen, aber davon ist abzuraten. Der Mutist konnte seine laute Stimme nicht ertragen und lehnte diese Form ab.
Verfremdung bedeutet auch, dass der Mutist beispielsweise ein gelerntes Gedicht zu Hause auf Band spricht. Im Unterricht wird dies dann abspielt. Er spricht dann zwar vor der Klasse, aber in einer indirekten Form.

Einwort-Antwort-Dialog: Hierbei steuert das Frageverhalten des Lehrers das lautsprachliche Antwortverhalten des Mutisten. Zunächst werden geschlossene Frage gestellt: Willst du das Wort anschreiben? Die Antwort wird nun aber lautsprachlich gefordert (Ja/Nein-Antwort). Es folgen Alternativfragen: Willst du diktieren oder mitschreiben? Das Kind antwortet nun mit einem Wort. Es folgen offene Fragen, wie: Was willst du in der Freiarbeit machen?

Einsatz von Mitteln zur Verringerung der exponierten Stellung des sprechenden Kindes: In diesen Fällen will der Mutist durchaus sprechen, wenn es ihm nur gestattet ist, dass er sein Gesicht beim Sprechen „verbergen" darf bzw. er sich beim Antworten ganz aus dem Blickfeld der anderen nehmen kann. Andere wiederum benötigen lediglich Formen, die ihnen den unmittelbaren Blickkontakt oder die Gesichtszuwendung ersparen. Wie das „Dolmetschen" ist dies eine Übergangserscheinung, die durchaus eine Zeitlang akzeptiert werden sollte.
Meistens hat der Mutist selbst einen Vorschlag, wie er reden will. Sollte dies nicht der Fall sein, macht man dem Mutisten Angebote und er wählt dann selbst die Form aus. Einige drehen sich beim Sprechen zur Wand, andere stellen sich hinter die Gardine oder hinter das Flippchart usw. Das Sich-Verstecken beim Sprechen hilft ihnen. Bei einigen Mutisten hält sich diese Form hartnäckig über längere Zeit, beispielsweise wenn sie vor der Klasse sprechen oder vorsingen wollen bzw. sollen, dann greifen sie auch später auf solche Hilfen zurück.
Aber auch andere Formen werden praktiziert, die dem Mutisten den unmittelbaren Blickkontakt erleichtern. Hilfreich kann beispielsweise das Tragen einer starken Sonnenbrille sein, andere bevorzugen das Tragen einer Faschingsmaske (Halbmaske). Wir hatten auch einen Fall, da hielt sich das Kind eine Zeit lang beim Sprechen die Hände vor sein Gesicht.

- **Der Schulmutist spricht bereits, hat aber noch starke Initialhemmungen**

Der Mutist spricht bereits in der Psychotherapie und auch in der Einzeltherapie beim Sprachtherapeuten, hat aber noch erhebliche Schwierigkeiten, die Lautsprache im Unterricht problemlos situativ zu verwenden. Meistens zeigt sich die Hemmung zu Unterrichtsbeginn am Tage bzw. zu Beginn der Unterrichtsstunde bei einem anderen Lehrer. In solchen Fällen benötigen die Mutisten eine Art „Starthilfe". Diese Hilfen können durchaus parallel mit den verhaltenstherapeutisch orientierten Umerziehungsmaßnahmen (siehe nachfolgenden Gliederungspunkt) erfolgen. Die Maßnahmen schließen einander nicht aus.
Um die Initialhemmung abzuschwächen setzt man Mittel ein, die beim Kind eine leicht euphorische Stimmung hervorrufen. Möglichst zu Beginn der Unterrichtsstunde oder auch zu Beginn des Unterrichtstages werden Techniken eingesetzt, um die Grundstimmung des Mutisten positiv zu prägen. Beispielsweise ist das Lachen hierfür eine recht wirksame Therapie. Lachen lockert und löst psychische Anspannungen. Worüber erzählen beispielsweise Kinder, wenn sie im Kino waren? Sie erzählen in einem gesteigerten Eifer vor allem auch über lustige Sachverhalte. Lustige Inhalte (Witze, spaßige Redeweise) steigern oftmals den Rededrang der Schüler so stark, dass der Lehrer Probleme hat, die Klasse wieder zu beruhigen. Was für alle Kinder gilt, gilt grundsätzlich auch für Mutisten. Übrigens fanden wir unter den sog. „Angstlehrern" keinen, der vom Grundtyp her optimistisch, spaßig oder witzig war. Dies sollte zu denken geben.

Weitere Techniken bzw. methodische Hilfen zur Minderung der Initialhemmung wären beispielsweise:

Die Einleitung des Unterrichts erfolgt durch eine **frontal durchgeführte Lockerungsaktivität**. Eine physische und stimmliche Lockerung beseitigt bzw. mindert eine bereits vorhandene physisch-psychische Verspannung, die beim mutistischen Schüler auf Grund der Vorab-Angst, jetzt sprechen zu müssen, vorhanden sein könnte. Er wird durch muskuläre Lockerungsübungen frei, so dass die Gefahr einer Sprechblockierung erheblich gemindert ist. Bewährt haben sich folgende Formen:

Lachschlag-Übungen: Der Unterricht beginnt mit einem Lied, wobei die Melodie diesmal mit Lachsilben gesungen wird (Lachschlag-Übung nach Hartlieb). Dazu werden grobmotorische Bewegungen (stampfen, klatschen) durchgeführt. In der Regel hat der Mutist kein Problem, beim Gruppensingen aktiv mitzumachen. Die Begeisterung der Gruppe überträgt sich auch auf ihn.

Singen mit kräftigen, entladenen Bewegungen: Lustige Bewegungslieder sind zu bevorzugen. In diesem Falle wird nicht „schön", sondern vor allem laut gesungen. Dazu werden kräftige, entladende Stoßbewegungen nach Fröschel (Box-Bewegungen) durchgeführt.

Ruf-Übungen: Das Kind soll sich „frei schreien". Man kann Namen oder Kommandos rufen lassen. Gern lassen die Kinder eine „Rakete" steigen (Abfolge: im Sitzen mit den

Füßen stampfen und sich dazu auf die Oberschenkel schlagen, dann stampfen und klatschen, schließlich aufstehen und die Arme nach oben strecken und dazu ein befreiendes Ah oder Oh rufen).

Seufz- und Stöhn-Übungen: Insbesondere geht es hierbei um eine vertiefende Ausatmung, was zur inneren Lockerheit führt. Der Effekt der Stöhn- und Seufz-Übungen kann gesteigert werden, wenn dies mit einer sog. Flügelschlag-Haltung verbunden wird. Die angewinkelten Ellenbogen in der Seithalte werden beim Ausatmen nach unten geführt und an den Brustkörper gedrückt und beim Einatmen erneut in Schulterhöhe gehoben. Dies forciert die Zwerchfellbewegung.

Formale Lach-Übungen: Es werden Elemente der Lach-Therapie durchgeführt, beispielsweise das Vokal-Lachen oder das Press-Lachen. Wiederum werden die Atmung und die Zwerchfellmuskulatur aktiviert, was zur inneren Lockerheit führt. Allerdings muss man hierbei sehen, inwieweit die Klassensituation solche Übungen erlaubt.

Wie bereits erwähnt, sollten solche und ähnliche Lockerungsübungen besonders zu Beginn der Stunde oder des Unterrichtstages erfolgen, und stets mit der ganzen Klasse und nicht nur mit dem mutistischen Kind stattfinden. So hat der Mutist nicht das Gefühl, dass jetzt mit ihm „Sprachtherapie" durchgeführt wird. Lachen steckt bekanntlich an. Deshalb wird bewusst der Gruppeneffekt genutzt.
Es soll dabei eine lockere Atmosphäre herrschen, es darf nicht nur, sondern es soll sogar gealbert werden. Für die Steuerung des Lärmpegels bzw. für die Erreichung von Ruhepausen werden mit der Klasse nonverbale Signale vereinbart. Auf jeden Fall sind Zurechtweisungen mit einem schimpfenden Ton zu vermeiden. Die Schüler sollen in gewisser Hinsicht regelrecht „aufgeputscht" werden. Die allgemeine Lockerheit soll und wird sich in der Regel auf den Mutisten übertragen.
Auch können spezielle Partnerübungen Bestandteil solcher Lockerungsübungen sein. Beispiele aus unseren Versuchen: der Partner wird „beschimpft" und dieser reagiert mit Grimassen, oder es werden in Wettbewerbsform spaßige Übungen durchgeführt, wie: Wer kann die beste Grimasse schneiden?, Wer kann am komischsten lachen? usw. Es soll dabei viel gemeinsam gelacht werden.
Günstig für die Minderung der inneren Erregung ist auch, wenn die Schüler vorher durch sportliche Betätigung (Laufen) erschöpft waren, denn bei körperlicher Erschöpfung sinkt die innere Verspannung.

3.2.1.4 Anwendung individueller Stützen

In den meisten Fällen bleibt der Mutist sprech-kommunikativ noch lange Zeit labil, so dass die Anwendung von Stützmethoden sinnvoll ist. Solche Stützen sind ihm rechtzeitig zu vermitteln. Es sind oftmals kleine Hilfen, die eine große Wirkung erzielen können. Jeder muss die für ihn optimalen Stützen finden und anwenden. Einzuordnen sind beispielsweise folgende Hilfen:

Physiologische Stützen: Eine Wirbelsäulenstreckhaltung (im Sitzen wie im Stehen) unterstützt einen eutonen Spannungszustand und wirkt somit einer inneren Verspannung entgegen. Angst, auch Sprechangst, kann so gemindert werden. Bei mutistischen Schülern ist deshalb darauf zu achten, dass ihre Haltung die Atmung im Dialog beim Zuhören und Sprechen nicht behindert. Wird die Atmung eingeengt, gar blockiert, dann kann sich schneller ein Erregungsgipfel aufbauen, bzw. ein solcher kann langsamer gemindert werden. Auch können wiederum die bereits erwähnten vertiefenden Atemtechniken zur Anwendung kommen. Selbst die Akupressur bestimmter Druckpunkte kann zur Beruhigung der Atmung beitragen, was sich wiederum auf die Spannungsregulierung positiv auswirkt.
Grobmotorische rhythmische Bewegungen während des Sprechens können ebenfalls Verspannungen lösen bzw. mindern. Wird das Sprechen beispielsweise mit Geh-Bewegungen verbunden, dann werden dabei Spannungen gemindert und zugleich ist der Mutist auch nicht so stark dem anhaltenden, belastenden Blickkontakt des Lehrers oder der Kinder ausgesetzt. So könnte der Schüler beispielsweise das Ergebnis der Rechenaufgabe beim Gang zur Tafel mitteilen und nach dem Anschreiben dieses noch einmal in Verbindung mit einer Armbewegung (liegende Acht oder das Akzentklopfen usw.) vorlesen. Nur sollte man im Zusammenhang mit den grobmotorischen Bewegungen darauf achten, dass sich keine stereotypen Muster aufbauen, die den Schüler vielleicht lächerlich machen.

Gegenständliche Stützen: Der Mutist fühlt sich sicherer, wenn er sachgerichtet sprechen kann, beispielsweise beim Benennen oder beim Beschreiben von konkreten Dingen. Konkretes in der aktuellen Situation kann von ihm leichter in sprachliche Formen gebracht werden als das Bewerten von Personen. Das Sprechen wird auch erleichtert, wenn sich der Sprecher symbolisch während des Sprechens an einem Gegenstand „festhält", beispielsweise an seinem Schreiber, Lineal oder Heft. Ist eine Hand mit dem Gegenstand blockiert, gelingt das Sprechen leichter. Vorhandene Spannungen, die meist ihren äußeren Ausdruck in verkrampfenden Handbewegungen finden, werden so abgeleitet. Durch das symbolische Festhalten findet der Mutist eher seinen inneren „Halt".

Die Situationsverfremdung als Stütze: Wird die Kommunikationssituation verfremdet, beispielsweise durch die Benutzung „ablenkender" Requisiten, durch Kostüme oder Halbmasken, ist der psychische Druck auf den Sprecher geringer. Manchmal reicht auch schon aus, wenn lediglich die Stimme verstellt, eine Person oder ein Tier imitiert wird.

Anwendung personeller Stützen bzw. Subjektstützen: Bei Schülern mit mutistischen Zügen zeigt sich auch das Phänomen, dass ihre innere Lockerheit und damit ihre Selbstsicherheit steigt, wenn eng vertraute Personen (Kontaktpersonen) anwesend sind. Schon das Wissen, eine vertraute Person an der Seite zu haben, erhöht bei vielen ängstlichen Schülern das Sicherheitsgefühl. Sie suchen dann bei dieser Person „Rückendeckung" und „psychischen Halt", was sich oftmals auch in der äußeren Form zeigt (sie verstecken sich hinter dieser Person, klammern bzw. halten sich an ihr fest).

Bei jüngeren Schülern kann auch die Mutter eine Zeit lang die Stützperson im Unterricht sein. Dies bleibt aber die Ausnahme. Typischer ist, dass die Freundin oder der Kontaktlehrer als Stützperson fungiert. Deshalb sollte der Freund bzw. die Freundin des Mutisten möglichst auch der Banknachbar sein.
Wiederholt zeigte sich, dass die bloße Anwesenheit des Sprachtherapeuten, vorausgesetzt, er besitzt das Vertrauen des Schülers, schon positive Wirkungen zeigt. Seine Anwesenheit oder die körperliche Berührung, wenn das Kind spricht (zum Beispiel die Hand des Schülers halten, Hand auf die Schulter des Schülers legen), wirkt beruhigend. Durch die körperliche Nähe erhöht sich die innere Sicherheit und der Erregungspegel sinkt erheblich.
Fiktiven Stützen bzw. „Helfer", beispielsweise eine Puppe (eine Art Maskottchen; in einem Fall war es bei uns die Glücksfee), ein „Glücksstein", die verschränkten Finger, die Glück bringen sollen usw., können eine Stützfunktion haben. Die reale oder fiktive Stützperson kann auch die „Dolmetscherfunktion" übernehmen. Sollte der Mutist dazu bereit sein, kann man einen Schritt weiter gehen: er flüstert zur fiktiven Stützperson die Antwort, dann „spricht" diese laut (mit verstellter Stimme).
Eine andere Form der personellen Stütze ist, wenn die Klasse die Stütze übernimmt, beispielsweise beim gemeinsamen lauten Vorlesen. Die anderen Schüler lesen wie gewohnt allein ihren Abschnitt im Lesebuch, wenn der Mutist an der Reihe ist, dann liest die ganze Klasse oder eine Gruppe mit. Das gemeinsame Lesen oder Chorsprechen kann auch mit dem Lehrer erfolgen.

Imaginäre Stützen: Kommunikative Anforderungssituationen erregen Angst und führen zu Panikzuständen, wenn sie zuvor übermäßig stark negativ bewertet werden. Die Negativbewertung muss deshalb im Vorfeld gemindert werden. Die gängige Technik, um den Belastungsgrad in der subjektiven Vorstellung zu mindern, ist die in der Vorstellung des Sprechers entwickelte Auf- bzw. Abwertung der Dialogpartner. Entweder erfolgt eine imaginäre Aufwertung der eigenen Person gegenüber den Anwesenden in der Weise, dass man sich einredet (sich selbst überzeugt), dass man der Beste sei. Oder die Angstperson wird in der Vorstellung abgewertet. Diese wird beispielsweise in Gedanken lächerlich gemacht oder man stellt sie sich in lächerlichen Situationen vor. Diese Technik kann sich im Einzelfall aktuell positiv auf das Auftreten des Sprechers auswirken. Allerdings ist dies in Bezug auf Lehrer nicht unproblematisch.

Stütze durch Versachlichung der Anforderungssituation: Da in vielen Fällen die Konfrontation des Schülers mit dem Angstobjekt in Begleitung des Sprachtherapeuten erfolgt, kann auch eine gelenkte Anwendung anderer Stützen erfolgen, beispielsweise die kommentierende (bewertende) Verbalisierung des Angstpotentials in Verbindung mit der spannungslösenden, vertiefenden Ausatmung. Das bedeutet, unmittelbar vor oder während der Konfrontation fordert die Stützperson vom Mutisten die zuvor in sensu geübte kognitive Desensibilisierung, jetzt aber in der In-vivo-Anforderung.
Ferner kann hilfreich sein, wenn der Mutist in der Konfrontationssituation mit der Angstperson seine aufkommenden Negativgefühle und Empfindungen für sich verbalisiert. Oftmals reicht eine leise, stützwortartige Verbalisierung aus (Äußerungen zur Versach-

lichung der Anforderungssituation). Diese wird dann beispielsweise in das Ohr der realen oder fiktiven Stützperson geflüstert oder die Versachlichung erfolgt in Gedanken. Der Mutist erlebt in der unmittelbaren Angstsituation die Wirksamkeit solcher Mittel und wird für sich entscheiden, ob er diese in ähnlichen Situationen zur Reduzierung einer aufkommenden Erregung einsetzt.

Stützen, die sich aus der Beachtung bestimmter Umstände ergeben: Der Sprechvorgang für sprechgehemmte Schüler wird auch gestützt, wenn der Aufbau einer Erwartungsspannung vermieden wird. Nicht gefordert werden sollten von ihm Äußerungen im Rahmen einer leistungsbewertenden Kettendiskussion. Sich häufig wiederholende Äußerungsankündigungen, die mit einer hohen Erwartungsspannung verknüpft werden, lassen eine hohe innere Erregung entstehen. Erfolgt hingegen die Äußerung des Schülers aus einer entspannten Situation heraus, ist die innere Erregung gesenkt. Insofern ist zu beachten, in welchem situativen Kontext die geforderte Sprechaktivität platziert ist, beispielsweise ob zuvor auflockernde Aktivitäten erfolgten, ob sich der Mutist einsprechen konnte usw. Eine solche Prä-Aktivierung kann gekoppelt werden mit der Überrumpelung.

Überrumpelung: Hierbei kommt die Erfahrung aus der Rhetorik zur Anwendung, dass eine Person, die gleich zu Beginn in einer Beratung im größeren Kreis (hier gleich zu Beginn der Unterrichtsstunde) spricht, insgesamt eine geringere Hemmschwelle für weitere Äußerungen zeigt. Die allgemeine Äußerungsbereitschaft ist erhöht und die Äußerungsaktivität steigt bei dieser Person zum Teil erheblich.
Grundsätzlich trifft dies auch für sprechgehemmte Schüler zu. In Hospitationen zeigte sich bei ehemals mutistischen, aber noch sehr gehemmten Schülern folgendes: äußerten sie sich gleich zu Unterrichtsbeginn mehrmals erfolgreich, dann war bei ihnen im weiteren Unterrichtsverlauf tendenziell eine höhere Äußerungs- bzw. Mitarbeitsbereitschaft festzustellen. Dies hat aber nur dann eine positive Nachwirkung, wenn die Äußerungen gelingen. Dadurch steigt ihre Sicherheit.
Sprechlabile Schüler sollten deshalb möglichst im ersten Unterrichtsabschnitt mit einer geringen Sprechleistungs- bzw. kommunikativen Anforderung (siehe Sprechleistungsstufen, S. 192) konfrontiert werden. Diese stellen dann quasi eine Art „Einsprechübung" dar.

Es sei ausdrücklich vermerkt, dass die dargestellten alternativen Techniken und Stützmethoden für die situative Beherrschung der Unterrichtssituation gedacht sind. Damit erübrigt sich nicht eine systematische Fähigkeitsentwicklung im Anforderungsfeld Unterricht nach dem System steigender Anforderungen. Allerdings sollte mit der Entwicklung aktiver Kommunikationsformen bereits schon auf der Ebene der außersprachlichen bzw. alternativen Kommunikationsmittel begonnen werden. Ein aktives Sprechverhalten muss auf niederem Niveau vorbereitet werden.
Es soll auch nicht verschwiegen werden, dass die Verwendung alternativer Kommunikationsformen in den meisten Fällen viel Zeit kostet. Ohne Zweit- bzw. Stützlehrer lässt sich dies kaum über einen längeren Zeitraum durchhalten. Bei aufkommendem Zweifel,

ob der Einsatz von solchen Techniken und Stützmethoden sinnvoll ist, sollte immer an die aktuelle therapeutische Zielstellung gedacht werden: Der Einsatz der Mittel ist berechtigt, wenn sie dazu führen, dass sich der Mutist stets kommunikativ aktiv am Unterrichtsgeschehen beteiligen kann.

3.2.2 Die schulintegrierte und unterrichtsimmanente Förderarbeit

Für die konzeptionellen Überlegungen einer schulintegrierten Förderarbeit ist zu fragen, welche Wirkvariablen zu einer symptom- und ursachenorientierten Vorgehensweise zusammengefügt werden sollten. Nach unserer Erfahrung sollten folgende wichtige Komponenten enthalten sein:

> Sicherung der notwendigen fachlichen Kompetenz bei den unterrichtenden Lehrern und dem Sprachtherapeuten;

> Sicherung einer angemessenen Organisation des Förderprozesses. Zu sichern ist eine organisatorische Stabilität, was eine ausreichende Häufigkeit und Regelmäßigkeit der Konfrontation mit stimulierenden Anforderungen voraussetzt, stabile personelle Bedingungen und die notwendige Vielfalt in der Vorgehensweise;

> Gesichert sein muss ein frühzeitiger Beginn des verhaltenstherapeutisch orientierten Umerziehungsprozesses bzw. des Trainings des Sprechverhaltens in den realen schulischen Anforderungssituationen. Dies setzt voraus, dass möglichst alle unterrichtenden Fachlehrer Möglichkeiten sukzessiver Verhaltensausformung für den mutistischen Schüler schaffen. Die Möglichkeiten werden vor allem darin gesehen, dass ein erfolgsorientiertes Sprechverhalten im realen sprech-kommunikativen Anforderungsfeld des Unterrichts gesichert wird, und zwar durch steigende sprechkommunikative Anforderungen und den Einsatz von Stützmethoden, verbunden mit der systematischen Desensibilisierung.

> Gesichert sein muss, dass durch das Vorgehen die Fähigkeit zur Selbststeuerung und Selbstkontrolle angebahnt und stabilisiert wird. Um eine Generalisierung der Sprechangstbeherrschung zu erreichen bzw. mittel- und langfristige stabile Therapieergebnisse zu sichern, muss beim mutistischen Schüler diese Selbstheilungskraft herausgebildet werden. Es geht um die Fähigkeit, einem Vermeidungsverhalten bei aufkommenden Angstzuständen bewusst gegensteuern zu können. Dies wird in den Einzelsitzungen vorbereitet und sollte im Unterricht bewusst und regelmäßig zur Anwendung kommen.

> Sicherung der therapiegeleiteten Rückmeldung
Das Therapiegeschehen ist ein bewusstes und kontrolliertes Vorgehen. Dies schließt ein, dass die Beteiligten bzw. die Betroffenen therapiebegleitende Rückmeldungen erhalten. Dies gilt für Lehrer, für die anderen schulischen Kontaktpersonen, unter Umständen auch für die Mitschüler und natürlich für den Mutisten selbst. Die Rückmeldung erfolgt für die Lehrer und den Mutisten vor allem in den Beratungen, situativ

aber auch im Unterricht. Auch sollten die Eltern eine Rückmeldung erhalten. Diese sollte allerdings der Psychologe vornehmen.

Bevor der eigentliche unterrichtsintegrierte Förderprozess beginnt, sollte eine Intensivtherapiephase zur Deblockierung des Schweigens und, wenn erforderlich, zur Deblockierung nonverbal-kommunikativer Angstzustände erfolgen. Die schülerbezogene Förderung umfasst besonders nachfolgende Schwerpunkte:

3.2.2.1 Gewöhnung an kommunikative Angstfaktoren in der Schule

Die Gewöhnung an die kommunikativen Angstfaktoren ist ein Teilprozess des Gesamtkonzeptes. Allerdings muss nicht jeder Schulmutist diesen durchlaufen, bzw. es müssen auch nicht alle Teilabschnitte der Gewöhnungsintervention durchlaufen werden. Manche Schüler benötigen nur eine sehr kurze Zeit, um die leichten Unsicherheiten im aktiven Gebrauch der vorsprachlichen Zeichensysteme zu überwinden. Nach unserer Auffassung geht es bei Schulmutisten um die Stabilisierung der gesamten Kommunikation. Nur so lassen sich stabile Resultate erreichen. Insofern ist die Gewöhnung an das angstverursachende engere kommunikative schulische Milieu grundsätzlich als Bestandteil der komplexen kommunikativen Umerziehung des Schülers bzw. der komplexen Verhaltenstherapie anzusehen.

Es gilt hierbei zwei Aspekte zu beachten:

1. Die Mutisten sollen sich an die objektiven schulischen Kommunikationsbedingungen gewöhnen. Das bedeutet, am Ende dieser Phase sollten sie in der Lage sein, angstfrei diese Bedingungen zu ertragen.
2. In der nachfolgenden Phase sollten die Mutisten befähigt werden, in diesen schulischen Angstsituationen ihre stimmlich-prosodischen und ihre nonverbalen Zeichen ungehemmt anzuwenden.

Beim ersten Sachverhalt geht es inhaltlich um die bloße Gewöhnung des Mutisten an angstauslösende schulische Bedingungen. Die Angst vor diesen Bedingungen muss abgebaut werden. Die kognitive Verarbeitung und Versachlichung des Problems reicht oftmals bei jüngeren Schulmutisten allein nicht aus, deshalb muss die Erfahrung des positiven Erlebens hinzukommen. Die Gewöhnung an die belastenden schulischen Umgebungsbedingungen und Situationen, an die Anwesenheit bestimmter Personen oder an schultypische Kommunikationssituationen sollte so lange erfolgen, bis diese keine bzw. nur noch eine geringe beeinträchtigende negative Wirkung auf den Mutisten haben. Das Angstpotenzial nutzt sich durch die häufige Konfrontation mit den Angstbedingungen ab. Wirken solche Bedingungen bereits auf Grund der gesteigerten Vorab-Angst zunächst allgemein und komplex lähmend (nicht nur im Hinblick auf den unmittelbaren Sprechakt, sondern bereits beim verstehenden Zuhören), so verlieren diese allmählich an Wirkung. Die Überwindung der Angst auf diesem geringen Level (bloßes Ertragen ohne sprechen zu müssen und in Anwesenheit der Stützperson) ist die Voraussetzung für die Überwindung der Kommunikations- und Sprechangst in diesem Bedingungskontext.

Zunächst soll der Mutist lernen, diese Bedingungen erdulden bzw. passiv ertragen zu können, ohne dass übermäßige Angst aufkommt. Er soll auch lernen, unter solchen Bedingungen angstfrei zu arbeiten (zu rechnen, zu schreiben usw.). Selbstverständlich ist zu diesem Zeitpunkt eine sprech-kommunikative Interaktion des Schülers in diesem Kontext noch nicht vorgesehen.
Bei der Umsetzung lassen sich zwei Formen der vorsprachlichen Angstminderung unterscheiden: Gewöhnung im Sinne von Flooding und Gewöhnung als längerer Prozess im Sinne einer allmählichen Desensibilisierung.
Beim Flooding erfolgt die Konfrontation mit dem Angstobjekt in einer relativ kurzen Zeitspanne, und zwar recht häufig und mit personeller Stütze. Ziel ist es, eine schnelle Gewöhnung an den Angstfaktor zu erreichen. Der Mutist wird beispielsweise veranlasst, mehrmals am Tage und mehrere Tage hintereinander Tätigkeiten im Beisein der so genannten Angstperson auszuführen. Dabei kann man durchaus auch mit Techniken der Überrumpelung arbeiten, damit der Schüler die erste Hürde mehr oder weniger problemlos überspringt. Beispielsweise kann die Angstperson überraschend eintreten und längere Zeit anwesend sein, wenn der Schüler gerade mit der Kontaktperson ein beliebtes Würfelspiel spielt. Der Schüler kann nicht ausbrechen, er erlebt aber, dass diese Zusammenkunft gar nicht „so schlimm“ war.
In diesem Falle ist ein kleinschrittig gestuftes Vorgehen im Hinblick auf das Belastungspotenzial nicht unbedingt erforderlich. Hier zählt vor allem der Faktor der häufigen Konfrontation im Beisein der Stützperson. Die Häufigkeit der erfolgreichen Bewältigung lässt die auftretende Angst allmählich geringer werden. Diese Art der Gewöhnung führt relativ schnell zum Ausbluten des Angstpotentials, so dass das Kind diese Stressoren schon bald mehr oder weniger problemlos ertragen kann. Gerade in der Anfangsphase des Therapiegeschehens ist es bei einigen Schulmutisten angebracht, eine Art Flooding vorzunehmen, um möglichst schnell zu einer Angstüberwindung in den Sprechangstbereichen zu kommen. Nach unserer Erfahrung reicht bei den meisten allerdings eine kurze und unstrukturierte Flooding-Phase allein nicht aus, um stabile Ergebnisse zu erreichen, so dass sich eine Gewöhnungsphase anschließen muss.

Bei der zweiten Vorgehensweise erfolgt die Gewöhnung in Form eines längeren Prozesses, und zwar nach dem Prinzip steigender Anforderungen. Grundlage für die Festlegung der Stufen ist die vom Psychologen erstellte Angstpyramide (vergleiche Kapitel 4, 2.1). Die Gewöhnung an die Angstfaktoren besteht aus einer Folge des (positiven) Erlebens der Angstbewältigung. Die Häufigkeit des positiven Erlebens macht primär die Gewöhnung aus und dies führt schließlich zu den therapeutischen Effekten, das heißt zum Ausbluten des Angstpotenzials. In der Regel wird gemeinsam mit dem Schüler über den Weg der Vereinbarung der Konfrontationsprozess gestaltet. Bei Schülern, die bereits lesen und schreiben können, kann hierfür ein Floodingvertrag schriftlich vereinbart werden. Ziel ist es, dass der Schüler aktiv den Prozess mitbestimmt.
Begonnen wird mit einer Konfrontation, die nur geringe Angst hervorruft. Bei geringem Angstpotenzial wird der Widerstand bzw. das Streben nach Vermeidung nicht sehr gravierend sein. Bei diesen für den Schüler noch relativ geringen Anforderungen werden zugleich weitere Bewältigungstechniken vermittelt und trainiert, die er dann später

in der realen Alltagsanforderung zur Sprechstabilisierung nutzen kann. Dazu gehören beispielsweise bei Partnerkontakt offensive Partnerzuwendung mit Blickkontakt oder sich symbolisch an etwas (zum Beispiel Bleistift) „festhalten“, die verbalisierte Versachlichung des Ereignisses und die bewusste Gegensteuerung der Angstempfindung mit Hilfe von Entspannungstechniken u.a. Hat der Schüler problemlos die Konfrontationen überstanden, dann wird der Erfolg (verbales Lob, Token) verstärkt. Sofern jene Belastung erfolgreich bewältigt und erlebt wurde, wird die nächste Hürde angezielt usw.
Sowohl beim Flooding als auch bei der allmählichen Gewöhnung kann man auch unstrukturiert vorgehen. Bei einigen Schülern muss die Konfrontation nicht unbedingt nach dem System steigender Anforderungen erfolgen. Gibt die personelle Stütze den erforderlichen Halt, kann man unter Umständen sogar sogleich mit dem höchsten Belastungspotenzial beginnen. Dabei wird erwartet, dass das positive Erleben einer erfolgreichen Angstbewältigung in einer als massiv empfundenen Angstsituation schneller zur Generalisierung führt. Das bedeutet, alle weiteren (geringer graduierten) Angstsituationen werden dann nicht mehr in diesem Maße vom Schüler als bedrohlich empfunden, so dass er eher bereit ist, sich von allein solchen Anforderungen zu stellen. Diese Vorgehensweise hat zweifellos einen großen Vorteil, denn es ist oft schwer, eine individuell wohlabgestufte Angsthierarchie zu erstellen.
Auf der Basis einer emotionalen Enge zwischen dem Schüler und der Kontaktperson wird der Schüler motiviert (auch der Kontaktperson zu Liebe), sich bewusst und systematisch indirekt oder direkt Konfrontationssituationen in der Schule auszusetzen, die er nicht mag und deshalb vermeidet. Bedeutsam für den Gewöhnungsprozess ist, dass die Konfrontation häufig und regelmäßig erfolgt.
Um ein erfolgreiches Handeln zu sichern, erfolgt anfangs die Konfrontation im Beisein einer personellen Stütze (Kontaktperson), die allerdings im Verlaufe des Prozesses systematisch reduziert wird. An Stelle der personellen Stütze soll der Schüler zunehmend und bewusster eigene Stützen einsetzen, beispielsweise die erlernte spannungslösende atemgestützte Entspannungstechnik.
Es werden alle Autoritäten und Motivation sowie Entspannungstechniken eingesetzt, um den Schüler am „Ball“ zu halten und zu sichern, dass er das Geschehen positiv „überlebt“. Der Schüler sollte zwar überzeugt und motiviert werden, die Konfrontationen mitzumachen, dennoch sollte nichts gegen seinen Willen geschehen. Sein Einverständnis bzw. seine aktive Mitmachbereitschaft sollten unbedingt immer vorliegen.

In der darauf aufbauenden Therapiephase geht es um die Stabilisierung der nonverbalen und prosodischen Zeichenverwendung in diesem angstverursachenden schulischen Kontext. Worin besteht nun der Sinn eines solchen Therapieschwerpunktes? Die Notwendigkeit ergibt sich zunächst aus der Tatsache, dass eine große Anzahl von Schülern mit Schulmutismus einen ausgeprägten Förderbedarf im Hinblick auf die Normalisierung der nonverbalen und der stimmlich-prosodischen Zeichengebung haben (vergleiche Ausführungen zur Kennzeichnung der Schüler).
Zwischen den Zeichensystemen, die bei der natürlichen Alltagskommunikation zur Anwendung kommen, besteht nicht nur die dialektische Beziehung von der Qualität des Nebeneinander bzw. der Koexistenz sondern auch die Beziehung der Mitwirkung. Rück-

wirkungen eines Zeichensystems auf andere können sowohl negativer als auch positiver Art sein. Wie unsere Untersuchungen zeigten, zieht eine erlernte sprechsprachliche Hilflosigkeit, die über einen längeren Zeitraum wirkt, eine „Hilflosigkeit" in den anderen Zeichensystemen nach sich (Zerfall der Prosodik, Vereinseitigung bzw. teilweises Erstarren der Mimik). Es ist anzunehmen, dass die beobachtbaren Unsicherheiten primär Folgewirkungen der Sprechunsicherheit darstellen. Nicht auszuschließen ist aber auch die andere Dialektik, dass eine emotional bedingte Verhaltenslabilität in einem oder in zwei Zeichensystemen eine Labilität im kommunikativen Gesamtvollzug, einschließlich des Sprechverhaltens, zur Folge haben kann. Vorsprachliche Zeichensysteme zeigen im Hinblick auf ihre Stabilität ebenfalls eine Abhängigkeit zu den Kommunikationsbedingungen. Kommunikative Angst vor schulischen Bedingungen und Situationen findet ihren Ausdruck auch in der unzureichenden Stabilität des nonverbalen und stimmlich-prosodischen Zeichengebrauchs. Paradoxe Mitbewegungen oder anhaltende muskuläre Verspannungen in der Körperhaltung sowie Stimmflattern, prosodische Verarmung bzw. prosodische Verzerrung sind beredter Ausdruck dafür, wie belastend beispielsweise das Ertragen von bestimmten Umgebungssituationen oder Personen für den Mutisten ist.
Durch das Mitwirkungsprinzip kann deshalb auch umgekehrt davon ausgegangen werden, dass eine Stabilisierung in diesen Bereichen zur Überwindung der verbalen Hilflosigkeit beitragen kann. Das heißt, eine gute Stabilität in den außersprachlichen Zeichensystemen kann sich positiv auf die Sprechstabilität auswirken. In diesem Sinne sehen wir die positive Rückwirkung auch als eine Möglichkeit für die Intervention auf mutistisches Verhalten an. Es gilt, alle Reserven des Mutisten zu erschließen, um seinen Sprechakt stabiler zu machen. Hierbei sollte man auch die Erfahrungen aus der Rhetorik nutzen.
Die rhetorische Wirksamkeit wird wesentlich vom Niveau der eingesetzten einzelnen Zeichen bestimmt. Dies gilt sicherlich nicht nur im Hinblick auf Leistungsparameter sondern auch im Hinblick auf ihre kommunikativ-emotionale Stabilität. In der Regel werden in der mündlichen Alltagskommunikation immer zugleich Zeichen aus den drei natürlichen Zeichensystemen verwendet, aus dem verbalen, dem nonverbalen und dem stimmlich-prosodischen Zeichensystem. Die außersprachliche Zeichengebung ist somit fester Bestandteil der natürlichen Alltagskommunikation der Schule. Aus dem koordinierten Zusammenwirken der Zeichensysteme ergibt sich die informativ-rhetorische Wirkung der Aussage, denn im koordinierten Zusammenwirken entsteht ein so genanntes Superzeichen. Demzufolge dient eine Niveauverbesserung bzw. Stabilitätserhöhung in allen Bereichen der natürlichen Zeichen dem Therapieziel. Eine umfassende Schulung der rhetorischen Fähigkeiten kann sich nur positiv auf das Sprechverhalten des Mutisten auswirken.
Da das Niveau der Zeichengebung in den einzelnen Systemen beim Sprecher nie gleich ist, sich die Gesamtwirkung aber vor allem aus dem einheitlichen Aussagewert der Zeichen ergibt, kann es zu kompensatorischen Wirkungen kommen. So kann beispielsweise eine inhaltlich-argumentative Unsicherheit durch eine gute nonverbale oder stimmlich-prosodische Fähigkeit teilweise kompensiert werden, wie wir es beispielsweise bei einem unsachlichen Disput wiederfinden (übermäßiger Stimmeinsatz oder exten-

sive Gestik). Beherrscht der Mutist andere Techniken, um seine kommunikative Wirkung im Dialog zu steigern, kann er eher auf das rhetorische Extremmittel – Sprechverweigerung – verzichten. In diesem Sinne kann jede wiedergewonnene bzw. stabilisierte kommunikative Teilfähigkeit als Stabilisator in den Gesamtprozess zur Stabilisierung der lautsprachlichen Verhaltensweisen zurückfließen.
Es wäre eine indirekte Vorgehensweise. Ziel ist es, dass aus den ehemals labilisierenden kommunikativen Teilsystemen Stützfaktoren für den Sprechprozess werden. Je stabiler diese kommunikativen Teilsicherheiten sind, um so eher kann wieder eine Sprechsicherheit erreicht werden. Das indirekte Vorgehen ist schon deshalb zu nutzen, weil sich in den nonverbalen und stimmlich-prosodischen Zeichensystemen in der Regel eher eine Stabilität erreichen lässt. Insofern halten wir ein Gewöhnungstraining auf den vorsprachlichen Ebenen für sinnvoll und in vielen Fällen sogar für erforderlich.

In diesem Therapieteil sollten also zwei Schwerpunkte realisiert werden: Einmal soll der Mutist ertragen lernen, dass seine Stimme und er agierend in der Angstsituation offeriert werden. Er soll sich quasi wieder an die eigene vorsprachliche Zeichengebung (im Sinne einer Vorstufe) gewöhnen. Zum anderen soll er seine außerverbalen Zeichensysteme in solchen Situationen stabil gebrauchen lernen. Die Wiedergewöhnung an die eigene partnerbezogene vorsprachliche Zeichengebung in angstbesetzten Kommunikationssituationen in der Schule trägt zum kommunikativen Angstabbau bei. Zugleich wird damit der Tendenz der nonverbalen Verarmung und des stimmlich-prosodischen Zerfalls entgegengewirkt.
Die begonnene Gewöhnungsprozedur auf dem Niveau des bloßen Ertragens wird nun dahingehend erweitert, dass sich der Mutist (wieder) an seine laute Stimme, an seine effektive nonverbale Zeichengebung aber auch an die Belastung kommunikativer Stressoren (zum Beispiel Höreranzahl, bestimmte Umgebungen) gewöhnt. Nicht wenige Mutisten zuckten anfangs regelrecht zusammen, als vor versammelter Mannschaft Tonaufzeichnungen oder Videosequenzen von ihnen abgespielt wurden.

Wie kann dies vorbereitet und realisiert werden? In einer Kleingruppensituation (Freunde als Stützpersonen) in der Therapiestunde agiert der mutistische Schüler, wie alle seine Freunde auch, zunächst nachahmend, vor dem Spiegel, entweder in Form von Karaoke oder nach dem unmittelbaren Vorbild. Er deklamiert beispielsweise (recht theatralisch) Gedichte oder singt sogar. Es macht sich gut, wenn dies mit leicht erhöhter Lautstärke und mindestens zweimal hintereinander erfolgt. Günstig ist es, wenn dabei wiederum viel gelacht wird, was eher dazu anregt, das Ganze locker zu nehmen und die Form zu übertreiben. Unter Umständen ist es ratsam, die Übungen als Stimmtherapie zu tarnen. Unbedingt sollten dazu weitere Schüler aktiv mit einbezogen werden. Das Ganze wird auf Video aufgezeichnet und zu Beginn der nächsten Übungsstunde angeschaut. Der Mutist gewöhnt sich also an seine Stimme und Nonverbalität zunächst im Kreise vertrauter Personen.
Nach einem gewissen zeitlichen Abstand wird nun das Video in Anwesenheit des mutistischen Kindes und später auch in Beisein der „Angstperson" bzw. der ganzen Klasse gezeigt. Zu sehen ist die nonverbale und stimmlich-prosodische „Zeichen-

normalität" des mutistischen Schülers, vielleicht sogar bei unterschiedlichen Kommunikationsanforderungen. Die Demonstration sollte aber keineswegs nach dem Motto geschehen: „Schaut mal, unser Mitschüler X kann schon laut sprechen". Für die Demonstration sollte ein anderer Grund vorgegeben werden. Die sog. Angstperson hospitiert quasi, und Bestandteil der Unterrichtsstunde ist eben die Besprechung der erstellten Videoaufzeichnungen. Der Schüler zeigt damit indirekt seiner Angstperson und den Mitschülern, dass er auch anders kommunizieren kann.
Hierfür können auch andere in der Sprachförderung aufgezeichneten Videokassetten verwendet werden, denn diese sind hervorragend geeignet, weil der Schüler sich ja (im Part Stimmtherapie) stimmlich und nonverbal übermäßig produziert.

Der nächste Schritt ist, dass sich der Mutist wieder an die laute Stimmverwendung, an die Wahrnehmung des eigenen lauten Sprechens oder an seine nonverbale Zeichengebung gewöhnt. Denn es ist zu beobachten, dass sich einige Mutisten, selbst wenn sie sich in einem geschützten Milieu befinden, nicht mehr laut und mimisch und gestisch ausdrucksstark produzieren können. Geübt wird, die eigene Rufstimme sowie das laute, gestenreiche Sprechen „ertragen" zu können, wenn andere zuschauen oder wenn dies in bestimmten Räumen passiert. Gefordert wird noch kein Dialog im eigentlichen Sinne. Damit wäre der Mutist überfordert und würde verstummen bzw. einen solchen verweigern. Deshalb sind für diese Zielerfüllung Gruppenaktivitäten bzw. das Agieren mit der Gruppe vorgesehen. Es werden beispielsweise Bewegungs- bzw. Singspiele mit Dialogcharakter durchgeführt, wo paarweise agiert wird und alle dazu gemeinsam singen (zum Beispiel das Kreisspiel „Dieb, oh Dieb ich will dich haschen"). Geübt und gefestigt wird hierbei auch das dialoge Agieren mit Partnerzuwendung. Solche Spiele lassen sich zum Teil auch an den Angstorten der Schule durchführen, so dass dann sogar die Stabilisierung der vorsprachlichen Zeichen hier erfolgen kann.

Mit den unterschiedlichen Gewöhnungsübungen soll der Mutist also an angstauslösende bzw. angstverursachende Aspekte systematisch herangeführt bzw. mit diesen Faktoren konfrontiert werden. Im Prozess der Konfrontation soll der Schüler systematisch desensibilisiert werden, so dass er seine Angst vor diesen Bedingungen verliert, was sich schließlich in einer stabileren nonverbalen und stimmlich-prosodischen Zeichenverwendung äußert. Solche Gewöhnungsübungen sind jedoch nicht in jedem Falle erforderlich.

3.2.2.2 Die unterrichtsimmanente verhaltenstherapeutisch orientierte Umerziehung

Eine klassische additive Sprachförderung, vor allem in Form von Einzelförderung mit je einer Dauer von 45 Minuten pro Woche, wird sicherlich nicht eine angemessene Zeitdauer für die Veränderung des Sprechverhaltens des mutistischen Schülers auf der Basis der Umerziehung darstellen. Wenn der Schüler (im Idealfalle) ein bis zwei Stunden in der Woche Sprachfördertherapie hat, aber über 30 Stunden in sozialen Interaktionen außerhalb der Therapie im Unterricht sprech-kommunikativ überfordert ist, wird die Negativerfahrung sicher stets überwiegen.

Um dieses Zeit- bzw. organisatorische Problem zu lösen, bieten sich zwei organisatorische Varianten an: Erstens wäre es ratsam, besonders auch am Anfang des Therapieprozesses intensiver zu therapieren (Erhöhung der Anzahl der Therapiestunden), denn mehrstündige, intensive verhaltenstherapeutisch orientierte Therapien an mehreren aufeinander folgenden Tagen führen bekanntlich ebenfalls zu recht günstigen Ergebnissen. Um Unterrichtsausfall zu vermeiden, würde sich für diese Form ein Klinikaufenthalt mit Klinikschule anbieten oder eine intensive ambulante Therapie in Ferienzeiten (täglich 2 bis 3 Sitzungen über mindestens 14 Tage). Nach diesem Modus kann ein Großteil der mutistischen Schüler klinisch recht erfolgreich therapiert werden. Der Nachteil besteht darin, dass das reale kommunikative Anforderungsfeld (wohnortnahe Schule / reale Unterrichtsbedingungen, die Konfrontation mit den Angstlehrern im Unterricht in der Heimatschule) dabei unzureichend berücksichtigt werden kann.

Die zweite Lösungsvariante wäre die Umsetzung eines verhaltenstherapeutischen Förderkonzepts in der wohnortnahen Schule, und zwar vor allem unterrichtsintegriert. Letzteres hat viele Vorteile. Die realen Angstobjekte sind für die Konfrontation vorhanden und im Unterricht fallen Therapieziel und Therapiemittel zusammen. Dieser Förderansatz sondert das Kind nicht aus, drängt es nicht aus seiner gewohnten Umgebung. Die emotionale Stützung durch die Familie ist permanent vorhanden. Wir betrachten deshalb diesen Teil der Förderung als den Kernbereich der pädagogisch-therapeutischen Intervention in der Schule und insofern sollte dieser Aspekt eine zentrale Stellung im schulischen Förderbereich einnehmen und immer Bestandteil der Schulmutismustherapie sein.

Ziel ist es, dass der Mutist im Prozess des angeleiteten kommunikativen Tätigwerdens im Unterricht zielgerichtet und allmählich sein Sprechverhalten verändert. Es ist ein aktives Geschehen, denn der Schüler wird angehalten, bestimmte Sprechhandlungen im Unterricht auszuführen, die er in der Vergangenheit ge- bzw. vermieden hat. Es ist ein angeleiteter Selbstbefähigungsprozess, der auf der Grundlage von In-vivo-Konfrontationen mit den realen schulkommunikativen Anforderungen erfolgt. Therapeutisch dabei ist, dass das Anforderungsfeld nach dem System steigender Anforderungen strukturiert und die Sprechtätigkeit gestützt ist. Dem Schüler wird somit ein erfolgreiches Neu-Lernen möglich.

Die Realisierung ist recht anspruchsvoll. Hier gilt es nämlich, die fördermethodische Kompetenz mit der unterrichtsfachdidaktischen Kompetenz sinnvoll zu verknüpfen, so dass weitgehend das so genannte Normalitätsprinzip gewahrt wird. Für die Umsetzung halten wir folgende Tätigkeiten für erforderlich:

- **Bestimmung der Anforderungsbereiche**

Die Anforderungsbereiche werden aus den vom Psychologen ermittelten Angstbereichen abgeleitet. In den Untersuchungen kristallisierten sich bestimmte Angstbereiche heraus. Da diese Bereiche wesentlich das Sprech-Kommunikationsverhalten des Kindes bestimmen, können sie auch als die planerische Grundlage für das unterrichtsimmanente verhaltenstherapeutisch orientierte Konfrontationsgeschehen gelten. Es handelt sich dabei um Bereiche im gruppenstatistischen Sinne, das heißt, sie müssen keineswegs für alle Mutisten zutreffen. Im Einzelfall können auch andere Bereiche ermittelt werden. Für relevant halten wir nachfolgende Bereiche:

> Hörerbezug – qualitative Belastung
> Hörerbezug – quantitative Belastung
> Grad der Bezogenheit der Äußerung (Sachbezug, Personenbezug)
> Grad der inhaltlichen, kognitiven Belastung
> Sprechleistungsanforderung
> Länge der Äußerung
> Grad der Exponiertheit der Stellung des Kindes im Raum
> Grad der Umgebungsbelastung
> Grad der Bestimmtheit der Anforderung (sozialer Druck)

- **Bestimmung der hierarchischen Struktur innerhalb der Angstbereiche**

Die Bestimmung der Binnenstruktur der Faktoren mit unterschiedlicher Angstbelastung ist wiederum vor allem die Aufgabe des Psychologen. Trotz aller Dynamik lassen sich innerhalb des Angstbereiches bestimmte Niveaustufen ermitteln, die eine gewisse Stabilität hinsichtlich der Angstbelastung aufweisen. Das heißt, es gibt innerhalb des Angstbereiches Stufen, die relativ wenig Angst hervorrufen und zugleich eben auch Stufen, die in einem viel stärkeren Maße in Konfrontationssituationen Angstzustände bewirken. Jeder Schüler weist innerhalb der Angstbereiche seine spezifische Struktur auf. Insofern kann keine allgemeingültige Stufung für die Angstbereiche aufgezeigt werden. Um zu verdeutlichen, wie eine solche Binnenstruktur aussehen kann, sollen die nachfolgenden Beispiele aus der Untersuchung angeführt werden.
Aus diesen Belastungsstufen innerhalb des Angstbereiches werden für die Förderung die jeweiligen Anforderungsstufen abgeleitet. Begonnen wird mit der geringsten Belastungs- bzw. Anforderungsstufe.

Beispiel: **Stufung für den Angstbereich Hörerbezug (qualitative Belastung)**

Die Belastung ergibt sich daraus, an wen sich die lautsprachliche Äußerung richtet, beispielsweise an:

1. bekannte jüngere Kinder
   > gleichen Geschlechts
   > anderen Geschlechts
2. unbekannte jüngere Kinder
3. Gleichaltrige, gleichen Geschlechts
4. Gleichaltrige, anderen Geschlechts
5. erwachsene engere Vertrauensperson (Vertrauenslehrer)
6. bekannte ältere oder überlegene Schüler oberer Klassen
7. unbekannte ältere oder überlegene Kinder oberer Klassen
8. bekannte und positiv bewertete Erwachsene aus der Schule
9. bekannte und neutral bewertete Erwachsene aus der Schule

10. bekannte, aber weniger positiv bewertete Erwachsene aus der Schule
11. unbekannte Erwachsene aus der Schule, weiblichen Geschlechts
12. unbekannte Erwachsene aus der Schule, männlichen Geschlechts
13. bekannte Personen mit großer Autorität (Schulleiter, Hausmeister)
14. Personen mit starker emotionaler Negativbelastung (sog. Angstpersonen)

Beispiel: **Stufung für den Angstbereich Hörerbezug (quantitative Belastung)**

1. Einzelperson
2. Kleingruppe
3. Gesamte Klasse
4. Schüler aus mehreren Klassen

Beispiel: **Stufung für den Angstbereich Umgebungsbelastung**

1. Ort der Kommunikation ist bekannt / vertraut und wird im Allgemeinen mit überwiegend positiver Erinnerung verknüpft.
2. Ort wird im Allgemeinen mit weniger positiver, gar belastender Erinnerung verknüpft.
3. Ort ist unbekannt / weniger vertraut (Angst vor dem Ungewissen).
4. Ort wird mit anhaltender kognitiver Überforderung verknüpft.
5. Ort wird mit einer traumatischen (im Sinne eines Makrotraumas) oder sich wiederholenden mäßigen sozialen Überforderung (im Sinne von Mikrotraumen) verknüpft.
6. Ort wird mit einer massiven (im Sinne eines Makrotraumas) oder mit anhaltender (mäßiger) emotionaler Überforderung (im Sinne von Mikrotraumen) verknüpft.
7. Ort wird mit traumatischer (im Sinne eines Makrotraumas) oder mit permanenter (mäßiger) kommunikativer Überforderung (im Sinne von Mikrotraumen) verknüpft.
8. Am Ort steht dem Kind unmittelbar in seinem Sinne eine massive Überforderungssituation bevor.

Beispiel: **Stufung für den Angstbereich Sprechleistungsanforderung**

1. Flüsterndes Nachsprechen von kurzen semantischen Einheiten
   > neutrale Alltagssprache – einfache Struktur, sachgerichtet
   > neutrale Alltagssprache – komplizierte Struktur
   > Äußerungen mit hoher emotionaler Valenz (sog. „peinliche“ Themen)
2. Flüsterndes Nachsprechen von längeren semantischen Einheiten
   > neutrale Alltagssprache (einfache Struktur, sachgerichtet)
   > neutrale Alltagssprache (komplizierte Struktur)
   > Äußerungen mit hoher emotionaler Valenz (sog. „peinliche“ Themen)
3. Nachsprechen (mit Stimme) von kurzen semantischen Einheiten
   > neutrale Alltagssprache – einfache Struktur, sachgerichtet
   > neutrale Alltagssprache – komplizierte Struktur
   > Äußerungen mit hoher emotionaler Valenz (sog. „peinliche“ Themen)
4. Nachsprechen (mit Stimme) von längeren semantischen Einheiten
   > neutrale Alltagssprache (einfache Struktur, sachgerichtet)
   > neutrale Alltagssprache (komplizierte Struktur)
   > Äußerungen mit hoher emotionaler Valenz (sog. „peinliche“ Themen)

5. Sachgerichtete W-Fragen
   > Benennen von Sichtbarem
   > aus der Vorstellung heraus (Alternativfrage, offene Frage)
6. Bildbeschreibung – konkrete Vorlage
   > benennende Beschreibung
   > Sujetbeschreibung
   > interpretierende Beschreibung
7. Bildbeschreibung – aus der Vorstellung heraus
   > benennende Beschreibung
   > Sujetbeschreibung
   > interpretierende Beschreibung
8. Vortrag von auswendig Gelerntem (Liedertext, Reimsprechen, Deklamieren, Rezitieren)
9. Lautes Vorlesen
   > Beschriftungen (bildhafte Unterstützung)
   > kurze Sätze
   > Text
10. Nacherzählung von Gehörtem, Gesehenem
11. Zusammenhängendes Beantworten von Warum-Fragen
12. Berichten, Schildern von Erlebnissen (aus der Vorstellung)
   > freudige Fremdereignisse
   > freudige eigene Erlebnisse
   > peinliche Fremdereignisse
   > peinliche eigene Erlebnisse
13. Freie zusammenhängende Rede

Beispiel: **Stufung für den Angstbereich Bezogenheit der Äußerung**

Die Angstbelastung ergibt sich in diesem Falle daraus, worauf die Äußerungen bezogen sind:

1. sachgerichtet, benennend (sichtbares Objekt)
2. sachgerichtet, benennend (aus der Vorstellung heraus)
3. sachgerichtet, beschreibend (sichtbares Objekt)
4. sachgerichtet, beschreibend (aus der Vorstellung heraus)
5. handlungskommentierend (fremde sachgerichtete Handlung)
6. handlungskommentierend (eigene sachgerichtete Handlung)
7. von sich vor der Gruppe berichtend
8. beschreibend – Äußerlichkeiten von Personen
9. verhaltensbewertend – Verhalten von anderen Personen (von der Tendenz her positives Verhalten bei Gleichaltrigen, Jüngeren)
10. verhaltensbewertend – Verhalten von anderen Personen (von der Tendenz her negatives Verhalten bei Gleichaltrigen, Jüngeren)
11. verhaltensbewertend von anderen Personen (von der Tendenz her negatives Verhalten bei älteren oder Autoritätspersonen)
12. selbstbewertend – eigenes Produkt

13. selbstbewertend – eigenes aktuelles Verhalten
14. selbstbewertend – Charakter
15. für sich selbst etwas von Anderen fordern, einfordern (von Gleichaltrigen, Jüngeren, Schwächeren)
16. für sich selbst etwas von Anderen fordern, einfordern (von Älteren, Stärkeren, Autoritätspersonen)
17. von sich selbst vor Anderen über „peinliche" oder emotional belastende Angelegenheiten berichten

Beispiel: **Stufung für den Angstbereich inhaltliche, kognitive Belastung**

Die Angstbelastung ergibt sich daraus, ob sich die Inhalte der Äußerungen beziehen auf

1. wiederkehrende Alltagsthemen aus dem unmittelbaren Nahbereich (konkret – situativ)
2. Alltagsthemen, die orts- und zeitfern sind
3. spezielle Sachthemen aus dem Interessen- bzw. Kompetenzgebiet
4. reproduzierende thematische Erläuterungen
5. Erläuterungen, die tendenziell schöpferische Elemente enthalten
6. Sachthemen, bei denen man sich inhaltlich unsicher fühlt (Sachinformationen oder in der Bewertung)

Beispiel: **Stufung des Angstbereiches Exponiertheit der Stellung des Schülers im Raum**

1. Schüler spricht Rollentext vor der Gruppe in einem „verfremdeten" Erscheinungsbild:
   > hinter einer Wand (Puppentheater, Schattenspiel) und mit verstellter Stimme (Fantasiesprache, Mikrofon)
   > hinter einer Wand (Puppentheater, Schattenspiel), mit eigener, nicht verfremdeter Stimme, mit Figuren hantierend
   > vor der Gruppe, aber mit verfremdeter Stimme, dazu Bewegung, verkleidet, Gesichtsmaske, geschminkt und hantierend (Rollenspiel mit Stimmimitation, eventuell Mikrofon, Art Playback-Show)
   > Schüler spricht über fiktive (verdeckte) „Personen", kein Blickkontakt und keine face-to-face-Zuwendung zur anwesenden Person (bewegt dazu Handpuppe, Spielfiguren)
2. Schüler kommuniziert vor der Gruppe zur bevorzugten Person vom gewohnten Platz aus (sitzend, hinter der Bank).
3. Schüler kommuniziert vor der Gruppe zur weniger bevorzugten Person vom gewohnten Platz aus (sitzend, hinter der Bank).
4. Schüler kommuniziert vor der Gruppe vom gewohnten Platz aus (anlehnend stehend, sich symbolisch festhaltend).
5. Schüler kommuniziert vor der Gruppe vom gewohnten Platz aus (frei stehend).
6. Schüler kommuniziert vor der Gruppe vom gewohnten Platz aus (sitzend im Kreis, für alle voll sichtbar).

7. Schüler steht frei im Raum (für alle sichtbar) und trägt vor der Gruppe etwas vor (mit Anderen im Dialog).
8. Schüler steht frei im Raum (für alle sichtbar) und trägt vor der Gruppe etwas vor.
   > reproduzierender Monolog
   > frei gestalteter Monolog (Bericht, Erzählung usw.)

Beispiel: **Stufung des Angstbereiches Bestimmtheit der Anforderungen (Nachdrücklichkeit)**

1. indirekte Aufforderung an alle Gruppenmitglieder bei großer sozialer Stimulierung
2. indirekte Aufforderung an alle Gruppenmitglieder bei mittlerer sozialer Stimulierung
3. direkte Aufforderung zur lautsprachlichen Kommunikation mit dem Charakter einer losen Beauftragung, Bitte (mit gewisser Freiwilligkeit)
4. direkte Aufforderung zur lautsprachlichen Kommunikation mit gewisser eingegrenzter Wahlmöglichkeit (entweder – oder, aber mehrere von der kommunikativen Belastung her mit abgestuften Wahlmöglichkeiten, fordernd vorgetragen)
5. indirekte Aufforderung an die gesamte Gruppe, der Auftrag kommt aber dem Streben des Mutisten sehr entgegen (großer Interessenbezug)
6. direkte Aufforderung zur lautsprachlichen Kommunikation mit stark eingegrenzter Wahlmöglichkeit (eine Entweder-oder-Aufforderung mit Befehlscharakter, unnachgiebig fordernd)
7. direkte Aufforderung zur lautsprachlichen Kommunikation mit stark eingegrenzter Wahlmöglichkeit (eine Entweder-oder-Aufforderung mit Befehlscharakter, unnachgiebig fordernd, mit sozialem Druck der Gruppe – „Erst wenn dies erledigt, dann kann die Klasse ...“)

Ablaufplanung

Bestimmt wird nun das Ziel- bzw. das Anforderungsfeld für den Schüler. Das Anforderungsfeld ergibt sich aus den realen Angstbereichen (A, B, C, D...), die nun die Anforderungsbereiche darstellen, und den Stufen innerhalb dieser (A1, A2, A3..., B1, B2, B3... usw.). Die Anordnung der Anforderungsbereiche wird dann vom Belastungsgrad der Bereiche bestimmt. Begonnen wird in diesem verhaltenstherapeutisch orientierten Förderkonzept mit der geringsten Anforderungsstufe jenes Bereiches, der am niedrigsten belastet ist und dort wiederum mit der geringsten Belastungsstufe (A1). Das bedeutet, das Belastungsniveau ist zunächst für den Schüler recht gering, so dass sich dadurch schon eine hohe Erfolgssicherheit in der Bewältigung ergibt. Das folgende Teilziel ist dann die geringste Anforderungsstufe des Angstbereiches mit dem nächst folgenden Belastungsgrad (B1). So ergibt sich eine Anforderungsspirale (vgl. Abb. 3, Seite 196). Spiralartig werden die Anforderungsbereiche abgearbeitet. Um Überforderungen zu vermeiden, werden die Zielpunkte sowohl im Nebeneinander der Angstbereiche als auch im Nacheinander (Anforderungsstufen des Angstbereiches) abgearbeitet.

Die Festigung des bisher Gelernten ergibt sich dadurch, dass das neu zu realisierende Ziel die Festigung des bisher Erarbeiteten einschließt, zum Beispiel Nachsprechen von kurzen semantischen Einheiten (A1), sachgerichtet, benennend (B1).

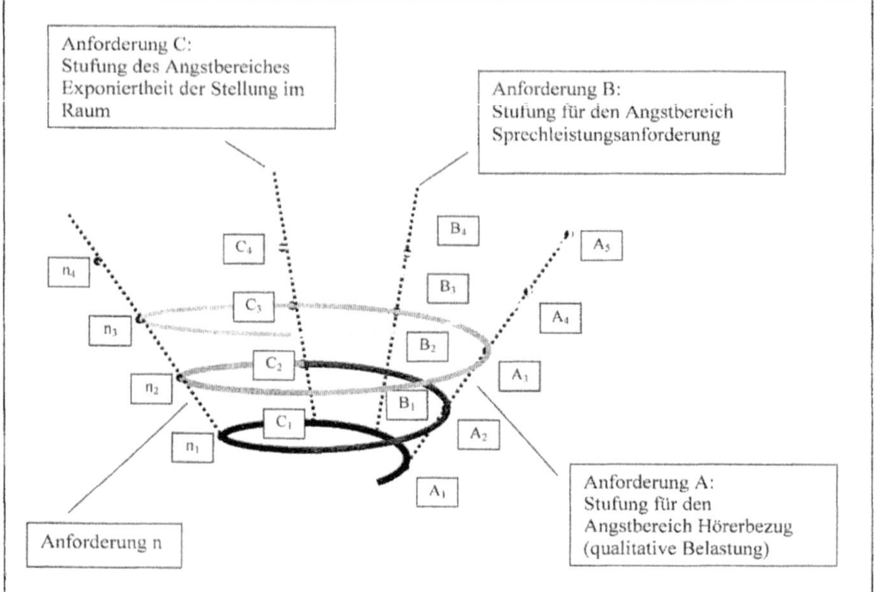

Abb. 3: Anforderungsspirale

Die spiralförmig angeordneten Therapieziele werden nun entsprechend der Zeitschiene abgearbeitet. Eine formale Zeitplanung ist nicht möglich. Das Zeitmaß ergibt sich aus den Fortschritten des Schülers. Es kann durchaus sein, dass ein Teilziel relativ schnell erfüllt wird (vielleicht schon nach zwei Konfrontationen), andere hingegen 6 bis 8 Konfrontationen benötigen, damit die Anforderungsbewältigung angstfrei erfolgt.
Wird das konzipierte Anforderungsfeld mit der Zeitschiene verknüpft, dann entsteht die Abschnittsplanung. Sinnvollerweise sollte aus den oben genannten Gründen der Planungsabschnitt nur einen kurzen Zeitraum umfassen.

Zuordnung der didaktischen Aktivitäten
Nun gilt es festzulegen, wie die unterrichtsimmanente Förderung auf der aktuellen Anforderungsniveaustufe didaktisch zu realisieren ist. Bei der konkreten Inhaltsbestimmung und bei der Festlegung der Einzelmaßnahmen für die unterrichtsimmanente Förderung muss es zu einer echten Zusammenarbeit zwischen den Lehrern und dem Sprachtherapeuten (unter Mithilfe des Psychologen) kommen, denn hier sind die Kompetenzen und die Mitarbeit des Fachlehrers ganz konkret gefragt. Die therapeutische Zielstellung muss mit der Zielstellung einer konkreten Unterrichtsstunde des Fachunterrichts verknüpft werden.
Die Zuordnung der Maßnahmen sollte ganz konkret erfolgen, das heißt, in welchen Unterrichtsfächern und an welchen Unterrichtstagen und bei welchem Lehrer die Konfrontationen erfolgen sollen. In der Regel beginnt man bei dem „beliebten" Lehrer bzw.

bei dem beliebten Unterrichtsfach. Dann werden die Maßnahmen auf „neutrale" Lehrer ausgedehnt, schließlich erfolgen sie beim „Angstlehrer".
Damit sich ein anwendungsorientiertes Sprechverhalten unter den Bedingungen realer kommunikativer Unterrichtsanforderungen herausbilden kann, müssen sich die Fördermaßnahmen in Inhalt und Form des Unterrichts einordnen lassen. Mit anderen Worten bedeutet das: die therapeutischen Ziele müssen materialisiert, das heißt mit Substanz gefüllt werden, ansonsten bleiben sie eine Illusion. Der Inhalt der geforderten Sprechäußerung muss dem Inhalt der aktuellen Stoffvermittlung im Fachunterricht entsprechen. Im Mathematikunterricht sind es beispielsweise Aufgaben oder Formeln, die vom Mutisten abzuverlangen sind und keine Gedichte oder kein Erlebnisbericht. Nur so werden die vom mutistischen Schüler abverlangten sprech-kommunikativen Leistungen auch reale Mittel für die Realisierung des Unterrichtszieles.

Zum anderen müssen auch die Formen stimmig sein, damit der Schüler die von ihm geforderte Aktivität auch akzeptiert, denn der therapeutische Effekt der unterrichtsimmanenten Förderung ist auch davon abhängig, wie es gelingt, die Förderabsicht möglichst eng mit der typischen Unterrichtskommunikation zu verknüpfen. Es würde beispielsweise vom Schüler wohl kaum akzeptiert werden, wenn der Sportlehrer von ihm plötzlich im Sportunterricht das gebundene Sprechen (Reim-, Gedichtsprechen) abverlangen würde. Wohl eher einverstanden wäre er mit speziellen Atemübungen, um ein Extrembeispiel zu nennen.

Wir sehen zwei Möglichkeiten, den „normalen" Fachunterricht als Therapiefeld für den Mutisten zu nutzen, und beide Möglichkeiten sollten bei der Organisierung des Realprozesses jeweils bedacht werden. Zum einen müssen die Unterrichtsinhalte und die Unterrichtsmethodik therapeutisch gefiltert werden. Das bedeutet, das sowieso Geplante wird vom Fachlehrer dahingehend geprüft, welche didaktische Funktion und welche Unterrichtsmethode der Stunde sich für die Umsetzung der therapeutischen Zielstellung eignen. Eine solche Vorgehensweise ist zu Beginn der Zusammenarbeit zu empfehlen. Der Lehrer macht zunächst seine „normale" Vorbereitung für den Fachunterricht, und auf dieser Grundlage wird mit dem Sprachtherapeuten beraten, wie die therapeutische Zielstellung integriert werden kann.
Der andere Weg besteht darin, den Fachunterricht mit didaktischen Mitteln anzureichern, um die Therapieziele besser umsetzen zu können. In diesem Falle wird an Hand der vorliegenden Unterrichtsvorbereitung geprüft, welche methodischen Akzente in der Vorbereitung gesetzt bzw. verstärkt werden können, um das Übungs- und Anwendungsfeld für den mutistischen Schüler noch zu erweitern. Es wird beispielsweise geprüft, ob eine schriftliche Erarbeitung durch eine mündliche Form der Erarbeitung (Gruppendiskussion, Diskussion mit der gesamten Klasse) ohne Effizienzverlust ersetzt werden kann.
Andere Beispiele für die Anreicherung wären: Im Musikunterricht wird das Gruppensingen und Gruppensprechen mit begleitender Gestik oder mit grobmotorischer Begleitung zusätzlich in den Unterrichtsablauf aufgenommen. Therapeutisch dient es der Voraktivierung und Lockerung des Mutisten. In diesem Falle wird das therapeutische

Ziel auf alle Schüler ausgedehnt. Für die anderen Schüler ist diese Aktivität zwar nicht unbedingt für die Unterrichtszielrealisierung notwendig, aber auch nicht „schädlich" oder unnötig. Ähnlich ist es, wenn die Musikstunde durch rhythmisches Gruppensprechen (Liedertexte) im Zusammenhang mit dem Schlagwerkeinsatz therapeutisch „angereichert" wird, oder durch Rap-Gesang, der ebenfalls eine Möglichkeit darstellt, um die Spannung des Mutisten zu regulieren. Bei gestalterischen, künstlerischen Tätigkeiten kann verstärkt das sachgerichtete Beschreiben des hergestellten Produkts gefordert bzw. geübt werden. Im Leseunterricht kann das laute Vorlesen gefestigt werden. Selbst bei der Rechtschreibübung kann die Methodik therapeutisch „angereichert" werden. So kann beispielsweise der Mutist wie alle Schüler gefordert werden, Wörter zu lautieren oder die Kommentare für das kommentierende Schreiben zu geben. Voraussetzung ist allerdings in diesem Falle, dass der Mutist schon mit dem Lehrer spricht und die angebotene Stützmethodik annimmt. Stütze könnte hier sein, dass der Lehrer beispielsweise mitflüstert. In Mathematik kann der Mutist die Aufgabe und das Ergebnis in verdeckter Position vorlesen (Reduzierung der exponierten Stellung). Diese Beispiele ließen sich unbegrenzt weiterführen.

In den praktischen Studien hat sich schon bald gezeigt, dass die Fachlehrer in vielen Fällen schon selbst adäquate Vorschläge für die Umsetzung der therapeutischen Ziele unterbreiteten und ihre Fachmethodik mit therapeutischen Aufgaben anreicherten. Bei all diesen Modifizierungen ist darauf zu achten, dass der Mutist möglichst genauso wie seine Mitschüler behandelt wird. Die Mitschüler sind möglichst zuvor in dieser Art und Weise lautsprachlich zu fordern. Geschieht das, dann empfinden alle Schüler, auch der Mutist, dies als methodische Modifizierung und akzeptieren dies problemlos.
Die Anreicherung des Fachunterrichts mit therapeutischen Zielen bzw. Maßnahmen sollte sich aber in einem annehmbaren Rahmen bewegen. Der Fachunterricht soll in erster Linie Fachunterricht bleiben und keine Therapiestunde. Die Realisierung des Unterrichtsziels darf nicht durch die therapeutische Überfrachtung gefährdet sein, gar vernachlässigt werden.
Insofern müssen die Konfrontationsmaßnahmen, die dann wirklich im Fachunterricht stattfinden, einen Kompromiss darstellen, der sich aus dem Spannungsfeld zwischen dem aktuell therapeutisch Notwendigen und dem didaktisch-methodisch Möglichen ergibt. Es kann nicht allein darum gehen, was therapeutisch mit dem mutistischen Schüler gemacht werden müsste, sondern auch was unter den Unterrichtsbedingungen der Regelschule im Moment möglich ist. Die Unterrichtssprache und das Unterrichtsgespräch sollen – trotz aller therapeutischen Intension – so normal wie möglich bleiben. Der therapeutische Effekt ergibt sich schließlich auch aus der Beachtung des kommunikativen Normalitätsprinzips.

Beachtung des Systems von Stützmaßnahmen

Die pädagogisch-therapeutische Intervention besteht in der Regel aus den Prozessen des Umlernens von Fehlfunktionen und Funktionsabläufen und des Neulernens, wobei das Neulernen meist auf der Basis von mangelhaften Sprach- und Sprechlernvoraussetzungen erfolgt. Auf Grund der spezifischen Lernbedingungen müssen dabei so genannte neurodidaktische Aktionen zur Anwendung kommen. Nachfolgende halten wir für die Förderprozessgestaltung für besonders relevant.

> **Harmonisierung der Anforderungen**

Die Harmonisierung der sprech-kommunikativen und der sprech-kognitiven als auch der sprech-sozialen Anforderungen in der Schule ist eine Grundvoraussetzung. Harmonisierung bedeutet, die Sprechanforderungen müssen mit dem jeweiligen aktuellen Vermögen in Einklang gebracht werden. Zunächst ist der Umstand anzuerkennen, dass der Schüler mit den schulischen Kommunikationsanforderungen überfordert und demzufolge das Überforderungsverhalten des Schülers (das Schweigen) weitgehend auch zu akzeptieren ist. Auf keinen Fall ist durch Versprechungen oder Androhungen von Strafe das Sprechen mit Nachdruck anzumahnen, gar erzwingen zu wollen. Die Akzeptanz des Status quo ist die Grundlage dafür, dass die Strategie „Fördern durch angemessenes Fordern" aufgebaut werden kann.

> **Korrektur von fehlentwickelten Funktionsabläufen und Einstellungen**

Wie bereits ausgeführt, besteht bei einem Großteil der Schulmutisten ein fehlerhafter Funktionsablauf, zum Beispiel manifestierte Atemfehlmuster oder pathologische Stimm- bzw. prosodische Funktionen. Die fehlentwickelten Funktionsabläufe belasten den Sprechakt und müssen demzufolge auf der Grundlage spezieller Übungsverfahren behoben werden. Ein weiterer Korrekturbedarf besteht hinsichtlich seiner verzerrten Antriebsstruktur. Sein fehlangepasstes Reagieren beruht zum großen Teil auf fehlentwickelten Einstellungen und Haltungen zur Sprechkommunikation sowie auf falschen Gewohnheiten. Diese gilt es zu verändern.

Bei der Korrektur erfolgt in der Regel kein Funktionsaufbau in der Weise, dass bestimmte Fähigkeiten erst aus einer Null-Position herausgebildet werden müssen. Der Mutist kann bereits in vielen Situationen richtig, ohne Blockierung sprechen, und auch richtig atmen und auch laut sprechen. In anderen kommunikativen Anforderungssituationen, beispielsweise zu Hause, funktionieren auch die Antriebsstrukturen. Deshalb gilt es, in erster Linie die situativ versagenden Funktionen im Anforderungsfeld zu korrigieren.

> **Die zeitweilige bzw. zeitlich begrenzte Kompensation von zur Zeit nicht realisierbaren Funktionen bzw. Fähigkeiten**

Das markante Zeichen für Schulmutisten ist, dass sie aktuell die geforderten sprechkommunikativen Unterrichtsanforderungen nicht bewältigen können. Um dennoch Kommunikation im Unterricht zu sichern, muss zeitweilig auf andere Kommunikationsformen zurückgegriffen werden. So erfüllt zum Beispiel der Mutist die Aufgabe schriftlich statt lautsprachlich zu antworten oder er antwortet nonverbal. Hierbei können vielfältige Formen eingesetzt werden. Ziel und Zweck dieser Kompensation ist es, den Schüler nicht vom Kommunikationsvorgang im Unterricht auszuschließen, sondern ihn möglichst aktiv einzubeziehen.

> **Aktivierung funktioneller Reserven / Funktionstraining**

Bei vielen der von uns untersuchten Schulmutisten lagen zum Beispiel unterentwickelte sensomotorische Leistungen in einem oder in mehreren sensomotorischen Bereichen vor. In Form eines Trainings, beispielsweise Intervalltraining, Training nach dem System steigender Anforderungen, was regelmäßig, möglichst mehrmals am Tage in kurzen Zeiteinheiten realisiert wird (wie beim Leistungssportler), kommt es zur Funktionssteigerung. Ein Funktionstraining kann auch im Hinblick auf das „Ertragen" von Kommunikationsbedingungen erfolgen (vergleiche die Ausführungen zum Flooding/Gewöhnung).

> **Stützung von labilen Funktionsabläufen**

Damit der Mutist die Bewährungs- bzw. Konfrontationssituationen entsprechend der verhaltenstherapeutischen Intension problemlos meistern kann, müssen Stützen und angstreduzierende Techniken zum Einsatz kommen. Der Sprechvorgang ist vom Lehrer soweit zu stützen, dass dem Kind ein Sprechen möglich wird. Vom Wesen her erfolgt hier ein Lernen am Erfolg. Erfolgt eine angemessene Stützung, wird der mutistische Schüler auch situativ die erwartete altersgerechte Sprechleistung erbringen können.

Die Formen der Stützen können recht vielfältig sein. Der Sprechakt kann gleichzeitig durch mehrere Stützen ge- bzw. unterstützt werden, beispielsweise durch eine personelle Stütze und zugleich durch intermodale Vollzüge. Den Einsatz der Stützen sollte man nicht dem Zufall überlassen. Deshalb ist die Planung der Stützmaßnahmen ein weiterer unbedingt notwendiger Schritt. Bei der Auswahl der Stützmaßnahmen ist wieder stärker die Fachkompetenz des Sprachtherapeuten gefragt. Mit dem Fachlehrer werden die erforderlichen Stützen durchgesprochen, unter Umständen sogar mit ihm geübt.

Gilt bei der Teilzielbestimmung das Prinzip steigender Anforderungen, so sollte hier das Bestreben sein, mit fortschreitender Sprechsicherheit des Schülers die Stützmaßnahmen systematisch zu reduzieren. Art und Tempo der Reduzierung richten sich immer nach der aktuellen Notwendigkeit. Eine Erfolgssicherheit der Sprechbewältigung sollte dabei möglichst immer gewährleistet sein.
Es gibt eine Vielzahl von Stützen und Techniken, die aktuell zur höheren psychischen Stabilität führen bzw. führen können. Es handelt sich dabei sowohl um spezielle Techniken, die über physiologische Funktionen zur Reduzierung der Anspannung führen, als auch um psychische Mittel, die mehr oder weniger über die Suggestion wirken. Der Schüler muss die Stützen und Techniken annehmen, das heißt, sich mit diesen identifizieren können und er muss von der Hilfe bzw. Wirksamkeit des Mittels überzeugt sein. Zugleich sollten die Stützen so beschaffen sein, dass er diese im Unterricht auch nutzen kann. Erfahrungsgemäß favorisiert jeder Schüler seine individuelle Stütze, so dass kaum ein allgemeines Wirkungssystem erstellt werden kann. Deshalb ist eine Absprache mit ihm unbedingt notwendig. Übrigens sollte er auch entscheiden, ob die Klasse in die Vorhaben einbezogen wird. Es müssen also nicht alle der nachfolgend genannten Stützen und Techniken bei jedem Mutisten zur Anwendung kommen.

Bereits die geringen Anforderungsstufen der oben erwähnten sog. Angstbereiche stellen in den meisten Fällen bereits eine Art Stütze dar. Weitere Formen wären beispielsweise das gemeinsame Sprechen, das Echosprechen, das Verfremden der Kommunikationssituation (prosodische Verzerrung bzw. Verfremdung, Kostümierungen, Einsatz von Masken), das sprechbegleitende Handeln usw. Diese wurden bereits an anderer Stelle erläutert.

Sicherung der Bekräftigung und Stimulierung
Für die Erreichung der verhaltenstherapeutischen Wirkung ist die Rückmeldung des Erfolges sehr wichtig. Der Bestätigungsreiz darf auf keinen Fall fehlen (Konditionierung des Erfolges). Und die Bestätigung sollte auch möglichst unmittelbar nach der erbrachten Sprechleistung erfolgen. Grundsatz hierbei ist: Gelungenes sollte wirkungsvoll bestätigt bzw. positiv herausgestellt werden, und weniger Gelungenes wird übergangen bzw. durch Kommentierungen bagatellisiert. Allerdings sollte die Art der Bewertung bzw. Bekräftigung der erfolgreich verlaufenden Sprechanforderungsbewältigung recht vielfältig sein, denn stereotyp wiederkehrende nichtssagende Floskeln erzielen kaum noch eine Wirkung.
Die Bewertung kann stark schülergerichtet sein, aber auch stärker die Schulöffentlichkeit einbeziehen. Formen wären die prompte kurze oder ausführliche positive Kommentierung der Sprechleistung, das Zeigen einer positiven nonverbalen Reaktion (anlächeln, drücken, streicheln...), die Vergabe von Token. Nach einer bestimmten Anzahl gesammelter Token kann es zur größeren Auszeichnung bzw. Belobigung kommen, beispielsweise die Teilnahme am begehrten Spielnachmittag. Auch ein sich anschließendes persönliches Gespräch zur Auswertung kann stimulierend wirken. Vieles klingt sehr banal, aber selbst in einer Zeit, in der viele Kinder im Elternhaus materiell überschüttet werden, können solche „kleinen" Formen der materiellen Stimulierung eine große Wirkung haben. Es sollte auch bewusst der personelle Verstärkereffekt genutzt werden, das heißt, andere Personen sind als Bewerter einzubeziehen. Nach dem abgewandelten Motto „Geteilte Freude, erhöht die Freude" wird der Erfolg anderen mitgeteilt, so dass diese darauf positiv reagieren können. Mögliche Formen wären beispielsweise der Beifall der Mitschüler, ein Anruf an den Psychologen oder an die Eltern im Beisein des Schülers, die Mitteilung an den Schulleiter. Auch die indirekte Mitteilung hat eine positive Wirkung, wie ein Eintrag (Lob) in das „Heft der guten Taten", ein Punkt für die öffentliche Wertetabelle an der Info-Wand im Klassenzimmer usw.
Welche Form der Bekräftigung jeweils vom Lehrer gewählt wird, entscheiden die aktuelle Situation bzw. die Umstände. Auf jeden Fall sollten die Formen kindgemäß und wirksam und nicht dem Schüler unangenehm, gar peinlich sein.

Beachtung der Grundsätze für die Prozessgestaltung
Das pädagogisch-therapeutische Vorgehen ist sehr komplex und vielschichtig. Dadurch besteht die große Gefahr, dass ein solcher Prozess schnell „entgleitet", in Nebensächlichkeiten abgleitet und Wesentliches außer Acht lässt. Gestaltungsprinzipien können zur „Disziplinierung" beitragen. Ihre Umsetzung bestimmt zum großen Teil die Förderprozesskompetenz. Bei vielen Fachlehrern muss quasi im Prozess des Tätigwerdens

erst ein gewisses sprachtherapeutisches Feeling entstehen. Sicher entsteht diese Kompetenz vor allem im Prozess selbst, aber um schneller zu einer sprachtherapeutischen Professionalität zu gelangen, sollten solche Prinzipien Diskussionsgegenstand von schulinternen Fortbildungen oder Teamberatungen sein. Auf einige ausgewählte Prinzipien soll nachfolgend hingewiesen werden.

> **Alle Fördermaßnahmen sollten der Überwindung der Sprechstörung dienlich sein.**

Die therapeutischen Bestrebungen dürfen nicht ausufern. Man sollte sich auf die o.g. Therapieschwerpunkte konzentrieren. Der Mutist darf nicht „übertherapiert" und unter Umständen anderweitig überfordert werden. Eine solche Gefahr besteht vor allem bei mutistischen Kindern mit einer allgemeinen Entwicklungsverzögerung. Zu prüfen ist immer wieder die aktuelle Belastbarkeit. Auf keinen Fall dürfen die Fördermaßnahmen und die didaktisch-therapeutische Realisierung selbst zur weiteren Ausdehnung und Manifestierung der Sprechverhaltensstörung führen. So sind beispielsweise sprechhemmende Konfliktsituationen bzw. relevante sprech-kommunikative Versagenssituationen möglichst zu vermeiden.

> **Alle schulischen kommunikativen Anforderungssituationen sollten zu förderlichen Therapiebedingungen werden.**

Der therapeutische Grundsatz „Fördern und Umerziehung durch systematisches Fordern" darf nicht auf bestimmte Zeiten begrenzt werden. Er muss auf die gesamte Schulsituation ausgedehnt werden. Die sprech-kommunikative Umerziehung und Therapie sollte zwar vor allem eng mit dem Gebrauch der lautsprachlichen Unterrichtskommunikation in allen Fächern verknüpft, jedoch nicht nur auf den Unterricht begrenzt werden. Förderung als Gestaltungsprinzip für das gesamte Schulleben bedeutet beispielsweise:

Die Förderung sollte zum Prinzip der Unterrichtsgestaltung werden!

Der gesamte Lernprozess in der Schule sollte therapieorientiert erfolgen. So hat jegliches Gespräch mit dem Mutisten unter dem Aspekt der Förderung zu erfolgen, das heißt: sprechkommunikative Überforderungen sind immer und überall zu vermeiden, aber was bereits sprech-kommunikativ möglich ist, sollte vom mutistischen Schüler konsequent abverlangt, aber nicht erzwungen werden.

Ferner bedeutet dies, dass jede sich bietende Gelegenheit im Unterricht zur Förderung genutzt wird. Der gesamte Unterricht sollte nicht nur zum Bewährungs-, Übungs- und Anwendungsfeld werden, sondern die Sprechtätigkeit des Mutisten ist dabei erfolgsorientiert und mit positiver Orientierung zu führen. Dies ist zugleich ein wichtiges Ziel im Hinblick auf die Erzielung stabiler Therapieresultate. Die Führung der Unterrichtsgespräche muss dazu beitragen, die hemmenden Aspekte in der Antriebsstruktur des Schülers positiv zu verändern, beispielsweise im Hinblick auf die fehlerhaften Einstellungen und Haltungen, auf das Störungsbewusstsein, die sprech-kommunikative Passivität und das verzerrte Anspruchsniveau.

Das Sprechen des Lehrers ist zum therapeutischen Mittel zu erheben!
Der Lehrer hat sich zu bemühen, seine Sprechverhaltensweisen dem aktuellen Vermögen des Schulmutisten anzupassen. Zum einen sollten Inhalte, Techniken, Gestaltungsweisen usw., die den Schüler aktuell belasten, vermieden werden und zugleich ist die Gestaltung der Redeweise des Lehrers durch stimulierende Elemente anzureichern.

Die Sprechaktivität des Mutisten ist zu erhöhen!
Der Mutist ist nicht nur auf einem angemessenen sprech-kommunikativen Niveau zu fordern, sondern zugleich ist die Übungszeit auszudehnen. Auf Grund der bestehenden Prädispositionen benötigt der Mutist viel Zeit und viel Übung, um sein Sprechverhalten zu verändern. Der Mutist muss in verstärktem Maße auf einem entwicklungsstimulierenden Anforderungsniveau aktiv werden können.

Die Förderung sollte komplex erfolgen!
Stabile Resultate lassen sich nur erzielen, wenn die zu realisierenden Fördermaßnahmen auf die Beseitigung, Minderung sowohl der Haupt-, als auch der Parallel- bzw. Folgesymptome und die Behebung der verursachenden Funktionsschwächen ausgerichtet sind. Alle natürlichen Zeichensysteme sind zu beachten, ebenso der gesamte Sprechakt. Alles, was zur Stabilisierung des Sprechverhaltens beiträgt, sollte mobilisiert werden. Es gilt das gesamte Bewältigungspotenzial für den Sprechakt zu verstärken. Dazu zählen unterschiedliche Teilziele, beispielsweise die Sprachbehinderungen anderer Art zu therapieren, die sprachstrukturellen Leistungen zu erhöhen, Gesprächsstrategien zu trainieren usw. Dazu gehört aber genauso die Stärkung des Selbstbildes des Kindes.
Ferner sind die Therapiemaßnahmen auch auf die schulischen Gesprächspartner auszudehnen, beispielsweise auf die Minderung bzw. Eliminierung belastender Faktoren in der Schule. Die Vielschichtigkeit und Komplexität des Problems muss sich im Therapiekonzept widerspiegeln.

Die Sprechförderung ist vor allem schülerorientiert zu gestalten!
Die Förderung hat der Autonomie des Schülers gerecht zu werden. Ein Vorgehen nach formallogischen Gesichtspunkten (zum Beispiel strukturierter Aufbau der Sprechleistungen) bewirkt wenig. Die Beachtung der Autonomie bedeutet beispielsweise die Selbstheilungskräfte des Mutisten zu aktivieren bzw. seine sprech-kommunikative Eigenaktivität zu stimulieren. Deshalb sollte keine Fördermaßnahme gegen seinen Willen erfolgen, sondern nur gemeinsam mit ihm. Die Förderung hat dem Grundsatz zu folgen: „Hilf mir, es selbst zu sagen“. Damit der Schüler sprech-kommunikativ aktiv werden kann, ist eine für ihn angemessene und ausreichende Stützung seiner Sprechtätigkeit zu sichern.

Die Förderung ist mit präventiven Maßnahmen zu verknüpfen!
Wo intensiv gefördert wird, besteht immer die Gefahr der Überforderung. Aus einer anhaltenden Überforderung können sich schnell Fehlentwicklungen ergeben. So können dadurch auch andere Sprachbehinderungen entstehen. Hin und wieder zeigt ein Mutist nach der Überwindung der mutistischen Sprechhemmung Stotterersymptome. Die Fördermaßnahmen sind deshalb auch auf die altersunabhängige Frühförderung

bzw. Prävention zu richten. Präventive Maßnahmen sollten bereits dann einsetzen, wenn sich erste Symptome einer anderen Sprachbehinderung bzw. andere Folge- bzw. Parallelsymptome zeigen.

Der Förderprozess benötigt ein stabiles Bedingungsgefüge!
Stabile Kommunikationsbedingungen können den Förderprozess nicht nur erleichtern, sie sind sogar eine unbedingte Voraussetzung für die konzipierte Therapie. Der Schulmutist zeigt bekanntlich eine größere Abhängigkeit von kommunikativen Bedingungen. Eine diesbezügliche Instabilität im Sinne von wechselnden, nicht vorhersehbaren kommunikativen Anforderungen kann den Förderprozess erheblich belasten. Umgekehrt können stabile pädagogische Ablaufbedingungen, einschließlich kommunikativer Rituale, oder Sprechhandlungsalgorithmen dem Mutisten das Sprechen erleichtern.

3.2.2.3 Die prozessbegleitende Schülerberatung

Ein großes Problem bei der Rehabilitation mutistischer Schüler ist ihre manifestierte und überzogene Negativsicht in der Beurteilung der schulischen sprech-kommunikativen Anforderungen. Zu einer diesbezüglichen Einstellungs- und letztendlich auch zur Verhaltensänderung kann es nur durch besondere Maßnahmen kommen. Hierbei können Bestandteile der kognitiven Verhaltenstherapie Verwendung finden. Dazu gehören beispielsweise:

a) Veränderungen des kommunikativen Aktivitätsverhaltens des Mutisten in der Schule

Diese erfolgen durch bewusste Aktivitätsvorhaben, durch den Auf- bzw. Ausbau gelungener Sprechaktivitäten und die Verringerung mutistischer Verhaltensereignisse.

b) Kognitive Umstrukturierung des negativen Selbstbildes

Die manifestierte Grundhaltung des Mutisten im Hinblick auf die uneingeschränkte Lautsprachverwendung „Ich-kann-nicht" muss aufgebrochen und positiv verändert werden, denn aus diesem „Ich-kann-nicht" wird bekanntlich schnell ein „Ich-will-nicht". Und eine solche verfestigte Haltung verurteilt zur Passivität und der Mutist hätte kaum eine Chance, im aktiven kommunikativen Tätigwerden seine regressiven Sprechverhaltensprobleme zu überwinden.
Entsprechend der personellen Voraussetzungen des Schülers muss entschieden werden, welche Inhalten ihm bewusst gemacht werden sollten. Eine angemessene kognitive Einordnung seiner Person in das verursachende und pathogenetische Bedingungsgefüge scheint uns erforderlich zu sein. Der Mutist sollte beispielsweise seine Stellung in diesem Bedingungsgefüge begreifen, um sein Selbstbild zu formen. Weil sich vom Selbstbild auch Ansprüche ableiten, führt eine solche Selbstkenntnis häufig nicht nur zur Aktivierung der kommunikativen Steuerungsfaktoren, sondern kann auch präventiv wirken. Die fatale Wirkung von überraschend auftretenden Misserfolgen kann so abgeschwächt werden.
In den beratenden Gesprächen soll der Mutist angeregt werden, dass er selbst eine Realitätsprüfung seiner Aktivitäten, Einstellungen und Haltungen vornimmt. Er selbst

muss im geführten Gespräch seine Negativhaltung ad absurdum führen, weil er in dem Gespräch zahlreiche Beispiele benennen kann, wo sich dieses Bild nicht zeigte. Die über längere Zeit andauernde objektivierte Selbstbeobachtung und Selbstbewertung kann wesentlich dazu beitragen, seine Einstellung und Haltung und schließlich auch sein Sprechverhalten zu verändern.

c) Verbesserung der sozial-kommunikativen Fähigkeiten

Auf der Grundlage veränderter Einstellungen und Haltungen kann dann zielgerichtet die sozial-kommunikative Kompetenz des Schülers, speziell sein Sprechverhalten trainiert werden (siehe unterrichtsimmanente und sprachtherapeutische Förderung).

Wird von den Kollegen in der Teamberatung und vom Psychologen eingeschätzt, dass der Mutist kognitiv in der Lage ist, die Therapiemechanismen zu begreifen, und er für die Anwendung dieser Interventionsmaßnahme geeignet ist, dann sollte auch die kognitiv gesteuerte prozessbegleitende Schülerberatung im Therapiekonzept zur Anwendung kommen. Es ist aber eine Einzelfallentscheidung, denn nach unserer Erfahrung kommen nicht alle Schulmutisten dafür in Frage.
Schüler stimmen häufig beabsichtigten Maßnahmen schnell bzw. formal zu, versagen dann aber, wenn es zur Realisierung kommt. So kann es durch eine Vorankündigung von bestimmten Anforderungssituationen zu einem verstärkten Ausweichverhalten bzw. einem schnellen mutistischen Reagieren kommen. Ist die Wahrscheinlichkeit einer solchen Reaktionsweise recht hoch, sollte man kein Risiko eingehen. Geeignete mutistische Schüler sind allerdings möglichst frühzeitig aktiv und bewusst in den Konfliktlösungsprozess einzubeziehen. Sie werden hier weniger als Symptomträger und Objekt der Therapie gesehen, sondern eher als aktiv handelnde und reflektierende Person. Bei einigen älteren mutistischen Schülern scheint es durchaus möglich zu sein, dass mit ihnen regelmäßig prozessbegleitende Beratungsgespräche durchgeführt werden. Wann mit solchen Gesprächen begonnen wird, hängt auch vom Therapieverlauf ab.
Wir gehen von der These aus, dass Einstellungs- und Haltungsveränderungen nicht nur über Eigenaktivität, sondern auch über die Übernahme von Eigenverantwortung verändert werden. Wirken zugleich noch Verstärker im Sinne von Bestätigung (von positivem Erleben) der Eigenaktivitäten, dann ist uns damit ein sehr wirkungsvolles Gestaltungsmittel für den Förderprozess gegeben. Dies setzt allerdings voraus, dass der Interaktionsprozess mit dem Mutisten in einer Art und Weise gestaltet wird, die Respekt und Akzeptanz seiner Person – aber nicht seines Sprechverhaltens – erkennen lassen, und dennoch seinen aktuellen Voraussetzungen entsprechen.

Die Beratung des Mutisten basiert auf einem vertrauensvollen Verhältnis zwischen dem Sprachtherapeuten und dem Mutisten Die Gespräche sollten pädagogisch-therapeutischen Prämissen folgen, beispielsweise im Sinne einer Arbeitsbeziehung, und unter eindeutiger Führung des Therapeuten ablaufen, aber auch strukturiert und organisiert sowie bewusst und zielgerichtet erfolgen.

Der Mutist muss in diesen Gesprächen mit seinen Problemen und Ängsten ernst genommen, respektiert und akzeptiert werden. Mit einem Bagatellisieren des Problems ist dem Kind nicht geholfen. Zu bedenken ist, dass immer mit subjektiven Maßstäben entschieden wird, wie problematisch ein Erlebnis, ein Konflikt, eine Situation usw. ist. Die bisherige Erfahrung des Mutisten war häufig doch so, dass er gehänselt, lächerlich gemacht (insgesamt also nicht ernst genommen) oder bedroht, gestraft, ignoriert usw. wurde. Umso wichtiger ist nun, dass er und seine Probleme im Therapiegeschehen wahrgenommen werden, dass er über seine Konflikte in irgend einer Weise mit einer Vertrauensperson kommunizieren kann.
Standen bei der psychologischen Therapie mehr die Techniken der Konfliktaufarbeitung und der Desensibilisierung im Mittelpunkt, so kommen hier in verstärktem Maße Elemente der Gesprächstherapie in Form einer prozessbegleitenden Beratung zur Anwendung.
Ziel der Beratungsgespräche mit dem Mutisten sollte es sein, zum einen seine Aktivität und Mitverantwortung für die Therapie zu erhöhen und zum anderen die Techniken der kognitiven Selbststeuerung zu erwerben und zunehmend selbständiger anzuwenden. Die konkreten Inhalte der Beratungsgespräche leiten sich aus dem Therapieverlauf und den damit verbundenen bzw. empfundenen Problemen ab. Über eine kognitiv geprägte Argumentation werden ihm die Folgen seiner Sprechverhaltensweise für die weitere Schullaufbahn klar gemacht, und zwar altersgemäß, das heißt möglichst anschaulich und konkret. Bei einer Schülerin der 10. Klasse mit Schulmutismus zeigte dies beispielsweise durchaus Wirkung.
Zugleich sollten ihm die Überwindungsmechanismen erläutert werden, dabei besonders der Part, an dem er aktiv mitwirken kann und muss, wenn er stabile Therapieergebnisse erzielen will. Soll er Mitverantwortung übernehmen und aktiv werden, dann müssen die einzelnen Maßnahmen mit ihm besprochen bzw. abgesprochen sein und seine grundsätzliche Zustimmung finden. Zugrunde gelegt wird hierfür wiederum das oben erwähnte strukturierte Anforderungssystem. Dem Mutisten muss in den Gesprächen deutlich werden, dass sich nichts verändert, wenn er nicht aktiv mitmacht und Mitverantwortung für die Therapie übernimmt. Ihm muss vor allem klar sein, dass Einstellungs- und Sprechverhaltensänderungen nur durch bewusste und gewollte Realisierung der spezifischen therapeutischen Schritte und Maßnahmen erzielt werden können. Er muss die Veränderung wollen und sich den jeweils notwendigen Sprechanforderungen bewusst stellen.
Dies soll zunächst an einem Beispiel von einem Mutisten der dritten Klasse erläutert werden, bei dem sich das Vorgehen insgesamt als recht erfolgreich erwies: Angeknüpft wurde an die dem Schüler bekannte Wochenplanarbeit. In Absprache mit ihm wurde ein Aktivitätsplan im Hinblick auf Mitarbeit im Unterricht erstellt, der in der Woche von ihm abgearbeitet werden sollte. Im Beratungsgespräch steuerte der Sprachtherapeut die Auswahl der zu erbringenden lautsprachlichen Aktivitäten so, dass diese im Anforderungsniveau angemessen waren. Mit dem Mutisten wurde dann ein Vertrag geschlossen. Seine Aufgabe war es nicht nur den Plan zu erfüllen, sondern dazu auch einen Kontrollplan zu führen. In diesem wurde durch ein Zeichen vermerkt, ob der Plan für die Selbsttherapie eingehalten worden war. Natürlich muss der Lehrer dem Schüler

dann im Unterricht auch wirklich die Möglichkeit einräumen, den Wochenaktivitätsplan zu realisieren.

Der Wochenarbeitsplan enthielt dann die folgende Stufung:

> **Ich werde bei direkten, auch bei unvorbereiteten Aufforderungen durch den Lehrer jeweils eine kurze Antwort geben.**

Den Schüler traf dann die Anforderungskonfrontation im Unterricht dennoch mehr oder weniger unvorbereitet. Durch ein Zeichen (zeigen auf das Heft mit dem Wochenarbeitsplan) wurde die Antwortbereitschaft eingefordert, und es gelang in der Regel, von ihm eine Äußerung zu „erhaschen". Der Lehrer gestaltete sein Unterrichtsgespräch entsprechend. Die gestellten Fragen ermöglichten eine kurze Antwort, beispielsweise Alternativfragen („Warst du allein im Zoo oder mit deinen Eltern?") oder einfache Wissensfragen („Wie heißt der Fluss, der durch unsere Stadt führt?"). So genannte Ja-Nein-Antworten sollten nicht unbedingt dominieren, weil diese zur nonverbalen Zeichenverwendung provozieren.

> **Ich werde etwas für den Unterricht vorbereiten und es dort vortragen.**

Daraufhin stellt der Lehrer für alle Schüler die Aufgabe, eine bestimmte lautsprachliche Aktivität vorzubereiten. Es erfolgt ein Angebotskatalog, beispielsweise ein Gedicht zu rezitieren, einen Liedertext anderen ins Gedächtnis zu rufen, eine Textpassage aus einem Kinderbuch vorzulesen, einen vorgegebenen Textdialog mit dem Nachbarn im Rollentausch zu lesen oder von einem Film zu erzählen. Es können auch mathematische Sachverhalte (das Aufsagen einer bestimmten Folge des kleinen Einmaleins) oder projektvorbereitende Darlegungen (Bundesländer mit ihren Landeshauptstädten) sein. Alle Schüler sind darauf eingestellt, dass diese Aufgabe auch abgefordert wird. Und sie wird auch abgefordert. In diesem Falle wird der genaue Termin mit dem Mutisten abgesprochen. Hierdurch wird zwar eine hohe Erwartungsspannung aufgebaut, was zur erhöhten Bewältigungsangst führt, aber diese Art der Anforderung ist gerade der therapeutische Aspekt.

Dies ließe sich auch mit einer anderen therapeutischen Zielstellung verbinden. Die Kontrollen der lautsprachlichen Aufgaben laufen über eine längere Zeit. Alle Schüler wissen, dass sie mit ihrem Vortrag drankommen, aber sie wissen nicht genau, wann. So ist die Aufforderung dann, wenn sie realisiert wird, doch überraschend. Dies stellt an den Mutisten eine hohe Anforderung. Nicht die Aufgabenstellung ist das Außergewöhnliche, sondern die Ungewissheit, wann die Konfrontation erfolt. Bei solchen Aktionen soll der Mutist erleben: ich kann, wenn ich soll.

> **Ich fordere mich einmal täglich, vor der Klasse stehend, laut zu sprechen.**

Voraussetzung ist hier wiederum, dass der Lehrer die gemeinsam mit dem Mutisten vorgenommenen Ziele auch organisatorisch absichert. Das therapeutische Ziel ist diesmal, dass die regelmäßige Sprechaktivität vor der Klasse, sowohl nach direkter als auch nach indirekter Aufforderung, zur Gewohnheit wird. Angebote des Lehrers für solche Aktivitäten könnten beispielsweise sein: der tägliche Anwesenheitsbericht für den Lehrer, Bericht über den Blumendienst oder das gemeinsame Wiederholen von

Sachverhalten aus dem Unterricht (Gedicht, Liedertext, Einmaleins) oder um das Gedächtnis zu trainieren (Ketten- bzw. Echosprechen, wie das Spiel Kofferpacken oder Stille Post) oder um das Schnellsprechen zu üben (Zungenbrecher).
Es sollte auch zur Gewohnheit werden, dass solche Aktivitäten hin und wieder für die Klassenchronik auf Video aufgezeichnet werden. Dieses Videomaterial lässt sich dann gut für die Auswertung mit dem mutistischen Schüler nutzen. Angeregt wird hierdurch die Eigenaktivität und die Wahrnehmung der Eigenverantwortung. Geprägt wird die Einstellung: ich kann, weil ich will.

> Ich will regelmäßig eine Sprechaktivität selbst vorbereiten und damit meine Klasse und meinen Lehrer überraschen.

Steuerungsmittel ist hierfür das sog. Vorhabenbuch. Der Schüler nimmt eine Art Selbstverpflichtung vor. Er plant in seinem Wochenplan selbständig Sprechaktivitäten, die er auch selbst vorbereitet und ohne Fremdaufforderung realisiert. Allerdings kündigt er vorher dem Lehrer an, dass er etwas vorbereitet hat. Die erfolgreiche Realisierung wird im Kontrollblatt vermerkt.
Die Qualität der lautsprachlichen Aktivität ist dabei unwesentlich. Als Erfolg wird deshalb lediglich verbucht, dass die Aufgabe umgesetzt wurde. Wichtig ist, dass die Aufgabenstellung vom Mutisten konkret benannt und vom Umfang her begrenzt wird. Beispiel:

- für Montag: Ich melde mich, um einen Vorschlag für den Morgenkreis zu machen;
- für Dienstag: Ich melde mich, um ein paar Zeilen laut vorzulesen (als Teilaktivität des Morgenkreises, lesen oder erzählen des Tageswitzes);
- für Mittwoch: Ich hole für alle Mitschüler die Information beim Sportlehrer ein, ob der Sportunterricht im Freien oder in der Halle stattfindet usw.

Natürlich sollte der Sprachtherapeut dem Schüler dabei helfend zur Seite stehen. Gemeinsam sollten mögliche Aktivitäten zusammen getragen werden, so dass er bei der Erstellung seines sog. Vorhabenplanes aus einem Fundus schöpfen kann. Aber realisieren muss er dies dann ohne die Hilfe des Sprachtherapeuten. Natürlich muss vermieden werden, dass vom Schüler Sprechaktivitäten geplant werden, die ihn überfordern oder nicht in den Unterricht passen.
Später, in der speziellen Sprachförderstunde wird dann dieses Vorhabenbuch regelmäßig ausgewertet und selbstverständlich werden die Erfolge bekräftigt. Das Hauptziel solcher Anregungen besteht darin, dem stets latent vorhandenen Ausweichverhalten aktiv gegenzusteuern. Der Mutist wird so mit einer Steuerungstechnik vertraut gemacht, die der Selbstüberwindung der inneren Ablehnungen und Hemmungen dient. Quasi werden so seine Selbstheilungskräfte aktiviert.

> Ich beteilige mich am Unterrichtsgespräch bei Frau X dreimal aktiv.

Bei der Planung und der konkreten Umsetzung sollte der Schüler zunächst größere Freiräume einplanen, die er selbst ausfüllen kann. Es wurde ihm beispielsweise empfohlen, noch offen zu lassen, in welchem Unterrichtsfach, bei welchem Fachlehrer, in welcher Stunde er dieses Vorhaben realisieren wolle. Später sollten dann allerdings diese Freiräume in Absprache mit ihm schrittweise reduziert und ihm auch nahe gelegt werden, dass dabei auch unangenehme Situationen oder weniger beliebte Lehrer bedacht werden sollten.

Der Mutist legt in seinem Vorhabenbuch fest, wie oft er sich in einer konkreten Unterrichtsstunde meldet. Die Schwierigkeit für den Schüler besteht darin, dass er die Aktivitäten inhaltlich nicht vorbereiten kann. Er muss sprachlich situativ reagieren. Die Festlegung, eine bestimmte Anzahl von Aktivitäten zu leisten, zwingt ihn, konzentrierter das Gespräch zu verfolgen und nach Beteiligungsmöglichkeiten zu suchen. Solche eingegangenen Selbstverpflichtungen üben einen gewissen moralischen Druck aus, diese auch zu realisieren. Das gute (Therapeuten) Lehrer-Schüler-Verhältnis veranlasst ihn, den Lehrer nicht enttäuschen zu wollen. Die sich anschließende geteilte Freude über das Erreichte, spornt zu weiteren und anspruchsvolleren Verpflichtungen an.
In der Beratung sollte darauf hingewiesen werden, dass möglichst gleich zu Beginn des Unterrichts die erste Umsetzung erfolgen sollte, weil dies die Realisierung weiterer Aktivitäten erleichtert.
Gerade jüngere Mutisten benötigen zur Planung und Bewältigung der anstehenden sprechsprachlichen Anforderungssituationen konkrete Ratschläge. Weil solche selbst gewählten Sprechaktivitäten aus therapeutischen Gründen regelmäßig stattfinden müssen, verlangt dies, dass die prozessbegleitende Schülerberatung ebenso regelmäßig stattfinden sollte.
Nicht auszuschließen, in einigen Fällen sogar ratsam, ist übrigens eine Beratung, an der alle Betroffenen teilnehmen: der Mutist, seine engeren Freunde in der Klasse und der Lehrer. Einzelne Ereignisse können unter Umständen auch supervidiert werden. Dies setzt aber voraus, dass alle dazu bereit und in der Lage sind, dieses Geschehen kognitiv, kommunikativ und emotional-sozial zu bestreiten.
Die Arbeit mit den Selbstverpflichtungen halten wir für ein wichtiges Mittel, die mutistischen Verhaltensereignisse zu minimieren. Das „Ausweichverhalten" kann dadurch verringert werden und gleichzeitig erhöht sich die Quote der erfolgreich verlaufenden Sprechaktivitäten im Unterricht.

Ein weiteres Ziel der prozessbegleitenden Schülerberatung besteht darin, die Steuertechniken des Schülers weiter zu qualifizieren, bzw. ihm geeignete Selbstkontroll- und Selbststeuerungstechniken zu vermitteln. Man sollte dem Sachverhalt Rechnung tragen, dass bei ängstlich veranlagten Kindern die Sprechangst auch nach der Deblockierung und der verhaltenstherapeutisch orientierten Umerziehung weiterhin latent bestehen bleibt und immer wieder überwunden werden muss. Der Mutist muss mit Hilfe geeigneter Selbststeuerungstechniken befähigt werden, auch später sein regressives, gar mutistisches Sprechverhalten unter Selbstkontrolle zu bringen.
Theoretische Basis hierfür sind Konzepte der Selbstregulation, um das negative Selbstbild umzustrukturieren. Zunächst muss verstärkt die manifestierte negative Grundhaltung im Sinne von „Ich kann nicht" im Hinblick auf das uneingeschränkte laute Sprechen beeinflusst werden. Dies verstärkt die Tendenz zum Ausweichen und zur Passivität und der Mutist hätte eine geringere Chance, im und durch das lautsprachliche

Tätigwerden seine regressiven Sprechprobleme zu überwinden. Mit der Vermittlung solcher Techniken gibt man ihm eine gewisse Hilfe zur Selbsthilfe. Er selbst muss seine Negativhaltung gegenüber dem Sprechen auf Grund von Selbstbeweisen ad absurdum führen, weil er in der gelenkten Selbstbeobachtung feststellt, dass dieses Negativbild nicht zutrifft. In gelenkten Dialogen mit ihm – aufbauend auf seine Selbsterfahrung und der objektiven Selbstregistrierungen der Erfahrung – wird er zur Realitätsprüfung seiner Einstellungen und Haltungen angehalten. Dies hat einen weitaus höheren Stellenwert in der Überzeugungsbildung als jegliche Fremdbewertung.
Da solche Verhaltenssteuerungen auf Grund der vorwiegend innerlich ablaufenden Zustände nur bedingt fremdbeobachtet und damit fremdkontrolliert werden können, beschränkt sich die Rolle des Sprachtherapeuten weitgehend auf die Anregung und Anleitung zu solchen Kontroll- und Steuertechniken. Alle üblichen Selbststeuerungsverfahren beinhalten in der Regel die Aspekte Selbstbeobachtung, das heißt die bewusste Registrierung der Haupt- und Parallelsymptome und die Selbstbewertung sowie die Selbstverstärkung.

Wie lässt sich diese Anforderung in der Schulpraxis realisieren?

- **Qualifizierung der Selbstbeobachtung**

Der mutistische oder latent mutistisch gefährdete Schüler soll durch das Führen eines Beobachtungsheftes bzw. Beobachtungsbogens (Teil des Vorhabenheftes) angehalten werden, sein Sprechverhalten über einen längeren Zeitraum hinweg möglichst differenziert qualitativ und quantitativ zu beobachten. Ohne, dass er gelernt hat, kritische kommunikative Anforderungssituationen sachlich zu reflektieren, dürfte die Therapie eigentlich gar nicht abgeschlossen sein. Es geht um das Bewusstmachen seiner Verhaltensweise bei Sprechanforderungen im Unterricht. Voraussetzung für die Anwendung der Selbstbeobachtungsmethode ist wiederum, dass er dazu in der Lage ist. Für jüngere Mutisten kommt dies deshalb kaum in Frage. Zunächst beurteilt er, ob er in den vorangegangenen Stunden das Sprechen (offen oder durch Ausweichverhalten) verweigert hat. Wenn er meint, dies war nicht der Fall, trägt er in die Tagesspalte beispielsweise ein lachendes Smily ein.
Trat jedoch Sprechverweigerung auf, dann sollten die wahrgenommenen verhaltensbezogenen Begleitsymptome systematisch protokolliert, und zwar in seinem Symptomkatalog angekreuzt werden. Wir nutzten dazu die große Pause, so dass in der Regel die ersten vier Unterrichtsstunden in die Bewertung einbezogen wurden. Ältere Mutisten nahmen die Registrierung selbständig vor. Der Mutist verließ den Klassenraum zur großen Hofpause etwas später und erledigte zunächst erst seine Registrierung. Bei jüngeren Mutisten wurde in den meisten Fällen die Notierung von dem Pädagogen vorgenommen. Zielgerichtet wurde nach seiner Einschätzung bzw. nach bestimmten Begleitsymptomen gefragt.

- **Objektivierung seiner Selbstbewertung**

Vereinzelt konnte bereits mit dieser Vorgehensweise eine Abschwächung der Symptomatik (Sprechverweigerung) beobachtet werden. Als Ursache sehen wir die positive

implizierte Verstärkung, denn durch das Bewusstmachen der Relation von positiven und negativen Ereignissen wurde der Kreis der ausschließlichen Negativreflexion durchbrochen. Dem mutistischen Schüler wurde nun bewusster, dass er häufiger im Unterricht „symptomfrei“ ist, ja dass er eigentlich schon äußerst selten eine Totalblockierung aufweist bzw. ausgeprägte Sprechangstsymptome zeigt. Allein diese objektivierte Feststellung kann Freude auslösen, was die Motivation beflügelt und die Mechanismen der psychischen Blockierung abschwächt.
Ein großes Problem im Förderprozess ist nämlich, dass mutistische Schüler ihr Sprechverhalten nicht mehr objektiv beurteilen können. Es besteht eine manifestierte Negativverzerrung. Je älter und differenzierter die Mutisten sind, um so markanter ist in der Regel dieses Problem ausgeprägt. Eine selbst vorgenommene quantitative Auflistung der Ergebnisse kann dazu beitragen, diese Negativverzerrung abzuschwächen. Natürlich besteht auch die Gefahr, dass durch eine solche Objektivierung erst ein Störungsbewusstsein aufgebaut bzw. ausgebaut wird. Deshalb muss vom Förderteam eingeschätzt werden, ob diese Methode für den Mutisten zu dem konkreten Zeitpunkt angezeigt ist.

Bei jüngeren, weniger differenzierten Mutisten besteht hingegen ein anderes Problem. Auch ihre Selbstbewertung ist nicht unproblematisch. Der suggestive Einfluss ist häufig zu stark oder die Aussagen zur Bewertung sind zu pauschal bzw. zu rigoros. Sie sagen häufig das, was der Sprachtherapeut hören will. Rückschläge werden verschwiegen, um die vertrauten und geliebten Bezugspersonen nicht zu enttäuschen. Die Selbstbewertung setzt also ein bestimmtes Entwicklungsniveau voraus. Liegt eine mangelhafte Fähigkeit zur Selbstreflexion vor, dann sollte darauf verzichtet werden. Die geschilderte Vorgehensweise erwies sich deshalb nur bei Mutisten im mittleren bzw. älteren Schulalter als wirklich anwendbar.

- **Bewusste Verwendung der Selbstverstärkung**

Im Zusammenhang mit dem Ausbau der Fähigkeit zur Selbstbewertung muss ein weiterer Steuerungsmechanismus entwickelt werden: die Selbstverstärkung. Die Selbstverstärkung soll dazu beitragen, die verzerrte Negativreflexion weiter zurückzudrängen und ein Positivdenken in Bezug auf uneingeschränktes Sprechen-Können anzubahnen. Um dies zu realisieren, wurde im Schulversuch mit dem Mutisten zunächst eine Art Zielprämie vereinbart. Was dabei materiell zur Auswahl steht, muss konkret an der Schule geprüft werden bzw. mit den Eltern abgestimmt sein. Auf jeden Fall sollte die vereinbarte Prämierung für ihn lukrativ sein, so dass es sich für ihn lohnt, das Ziel zu erreichen. Die Dinge, die als Ziel ausgeschrieben sind, müssen keineswegs immer materieller Art sein, wie gemeinsames Eisessen, ein Buch, ein neues Computer-Spiel. Auch öffentliche Belobigungen (Urkunde, Medaille, schriftlicher Eintrag, Brief an die Eltern u.ä.) können durchaus für das Kind erstrebenswert sein.
Vereinbart wird ferner, bei welcher Punktzahl das Ziel erreicht ist. Pro Unterrichtstag können beispielsweise maximal zwei Punkte erreichbar sein. So wird ein Punkt vergeben, wenn keine Sprechverweigerung vorlag, aber es gab auch einen Punkt, wenn von ihm bewusst der Versuch unternommen worden ist, trotz der Sprechverweigerung,

durch den Einsatz der erlernten Technik, der aufkommenden bzw. blockierenden Erregung entgegen zu steuern. Die Selbstverstärkung der „Erfolge" gelang zum einen durch das Quantifizieren, d. h. durch die Auflistung der gelungenen Aktionen bzw. der Versuche dem entgegen zu wirken. Der Mutist ermittelte selbst sein Wochenresultat bzw. das Monatsergebnis. Es kann eine einfache Punktaddition oder eine graphische Darstellung des Zuwachs (Streifendiagramm) erfolgen.
Zum anderen erfolgte eine Verstärkung der Erfolge durch die Vergabe von Sonderpunkten. Wurde das Ergebnis der Vorwoche übertroffen, gab es einen oder zwei Sonderpunkte.
Bei der Erteilung der „Selbstbelohnung" in Form von Smilies oder Punkten kommt es zunächst weniger darauf an, dass der Mutist sein Sprechverhalten bzw. seine verhaltensbezogenen Symptome objektiv bewertet bzw. bewerten lernt, sondern dass er eine positive Sicht bzw. Zuversicht bekommt, seine Äußerungsprobleme zu überwinden.
Mit einer Gymnasiastin, die auch nach der Deblockierung nach wie vor schulmutistische Tendenzen aufwies, wurde die kontrollierte Eigenwahrnehmung in Form eines kommentierten Tagebuches durchgeführt. Zum einen wurden von ihr eine Zeitlang nur die Erfolge notiert, später, als die Konfliktsituationen immer seltener wurden, erfolgte die Notierung bzw. die wertende Beschreibung der Versagenssituationen. In den Therapiesitzungen erfolgte dann die sachliche Erörterung dieser Versagenssituationen und auf dieser Grundlage wurden mit ihr ihre nächsten Therapieschritte besprochen.

Die Wirkung solcher Selbstverstärkungsmittel lässt sich durch eine explizite Fremdbelohnung weiter verstärken. So konnten bei unserer Erprobung von dem Schülern auch Sonderpunkte erworben werden, wenn er eine herausragende Sprechaktion in Bezug auf sein aktuelles Vermögen bewältigt hatte, beispielsweise das laute Lesen vor der Klasse, ein Gedichtsprechen beim Schulfest, Vorlesen vor einer fremden Klasse usw. Hat der Schüler diese Aktion selbst als Erfolg registriert, dann konnte der Sprachtherapeut bzw. der Lehrer ihm dafür Zusatzpunkte geben.

4 Sprachtherapeutisch-sprecherzieherische Intervention

Schüler mit einem ausgeprägten Schulmutismus werden auch nach dem Deblockieren der psychogenen Sprechhemmung weiterhin eine latente bzw. erhöhte Bereitschaft zeigen, bei auftretenden kurzzeitigen kognitiv-kommunikativen, sozial-kommunikativen oder emotional-kommunikativen Überforderungen erneut mutistisch zu reagieren. Ihre prädestinierenden Bedingungen und ihre aktuelle sprech-kommunikative Kompetenz wirken weiterhin labilisierend. Aus diesem Grunde scheint es dringend erforderlich, den mutistischen Schüler nach dem Deblockieren der Sprechhemmung in lautsprachlich-kommunikativer Hinsicht insgesamt zu stabilisieren. Die spezielle sprachheilpädagogisch-sprecherzieherische Intervention (sprachtherapeutisch wird synonym gebraucht) muss der Prävention (Resilienz) dienen. Man sollte sich allerdings darüber im klaren sein, dass man mit sprachtherapeutischen Maßnahmen eine vollständige Neutralisierung der inneren Belastungsfaktoren nicht erreichen kann. Man kann lediglich einzelne

Teilbereiche stärken und somit das Kind insgesamt stabiler machen. Es wird davon ausgegangen, dass

> stabilere lautsprachliche Fähigkeiten auf allen sprachstrukturellen Ebenen, einem Sprechversagen vorbeugen,
> die Beseitigung bzw. Minderung von Sprach-, Sprech- und Stimmstörungen den Schüler insgesamt sprech-kommunikativ stabiler werden lassen,
> Kenntnisse und Fähigkeiten im Hinblick auf lautsprachliche Verhaltensweisen (Art und Weise des lautsprachlichen Reagierens bei subjektiv empfundenen Überforderungssituationen) dem Schüler die Dialoggestaltung in wechselnden kommunikativen Anforderungssituationen leichter fallen wird,
> die Kenntnis der Mechanismen des Entstehens übermäßiger Erregungszustände in Einheit mit der erworbenen Fähigkeit, solchen Mechanismen offensiv zu begegnen, ebenfalls die Dialogstabilität erhöht.
> vorhandene kommunikative Mängel zuvor behoben werden sollten, die die freie und flexible lautsprachliche Kommunikation behindern bzw. belasten. Oftmals treten diese manifestiert auf, so dass sie zum Gegenstand einer speziellen Förderung werden müssen. Dazu gehören beispielsweise
  - eine falsche oder eingeengte Sprechatmung,
  - eine mangelhafte Stimmgebung (stimmliche Enge) und
  - eine eingeengte prosodische Gestaltungsfähigkeit,
  - das Verkümmern der Rufstimme und
  - der Verlust des festen Stimmeinsatzes,
  - eine stimm- bzw. atemhemmende Körperhaltung.

Das Ziel der speziellen sprachtherapeutischen Intervention besteht also darin, bei dem mutistischen Schüler durch Unterweisung und Training (Modelllernen) effektive und alternative Sprechverhaltensstrategien herauszubilden, Defizite bei den sprachstrukturellen Leistungsparametern sowie Mängel bei den stimmlich-prosodischen Fähigkeiten zu mindern bzw. zu beseitigen und zugleich Techniken zur Erhöhung der emotional-kommunikativen Stabilität zu vermitteln.

Inhalte der speziellen sprachtherapeutischen Intervention sollten unter anderem sein:

- spezielle Stimmtherapie zur Erreichung einer selbstsicheren Stimme,
- kommunikatives Selbstsicherheitstraining,
- Aneignung von Kommunikationsstrategien, insbesondere zur Bewältigung von Konflikt- und sprachlich-emotionalen Überforderungssituationen,
- Übungen zur Entwicklung der lautsprachlichen Kompetenz sowie zur Überwindung möglicher Sprach- bzw. Sprechstörungen.

Hauptanliegen und zugleich Prinzip aller sprachtherapeutischen Aktivitäten muss es sein, die Dialogvoraussetzungen zu stabilisieren. Insofern sollten diese speziellen Übungen nach Möglichkeit dialogorientiert gestaltet werden.

4.1 *Spezielle Stimmtherapie*

Das Ziel dieser speziellen Stimmtherapie ist weniger die Wiederherstellung einer funktionstüchtigen Stimme, obwohl dies in dem einen oder anderen Falle durchaus auch erforderlich werden kann, sondern die Maßnahmen zielen vor allem auf eine Aktivierung der Stimmfunktionen ab, damit die Stimme selbstsicherer klingt. Es geht dabei also weniger um eine rehabilitative Stimmtherapie, sondern mehr um eine stimmgestalterische Unterweisung zur Erhöhung der rhetorischen Wirksamkeit.
Inhalte dieser speziellen stimmtherapeutischen Übungen sind beispielsweise:

- der Erwerb aktiver Lockerungs- und Entspannungstechniken,
- die Korrektur der Sprechatmung, vor allem aber
- eine Rufstimmerziehung und Stimmkräftigungsübungen sowie
- dynamische und melodische Akzentübungen.

Vom inhaltlichen Ablauf her sollten nach unserer Erfahrung zunächst Entspannungs- und Entladungstechniken geübt werden. Durch bewegungsgestützte Übungen zur vertiefenden, spannungslösenden Ausatmung (das Seufzen und später das Stöhnen) wird ein entspannter Zustand hergestellt. Vermittelt werden sollte in diesem Zusammenhang auch die so genannte Abblasetechnik und die Technik des so genannten Lungenfegers, denn besonders Letzteres ist für viele Schüler später die Haupttechnik, die bei der Desensibilisierung als Entspannungsinstrumentarium eingesetzt wird. Diese Übungen zur vertiefenden Ausatmung lösen recht effektiv innere, psychisch bedingte Verspannungen.
Es schließen sich Korrekturübungen zur Sprechatmung an. Vereinzelt sind sogar Übungen zur Korrektur des Atemgrundmusters notwendig. Bestandteile der Atemkorrektur bzw. der Aktivierung der Sprechatmung sind Übungen zum Training des so genannten Atem- und Tonwurfes sowie insbesondere die Lachschlagübung mit den methodischen Zwischenschritten. Der Lachschlag erschüttert bzw. aktiviert das Zwerchfell, dient der Verbesserung der reflektorischen Atemergänzung und stabilisiert den Aktionsbereich im Atemmittelfeld. Auch so genannte Abspannübungen zeigen positive Wirkungen im Hinblick auf die reflektorische Atemergänzung, was wiederum positiv auf die Spannungsregulierung wirkt.
Außerdem sollten Ruf- bzw. Schrei-Übungen stattfinden. Die Notwendigkeit solcher Übungen zeigte sich in unserer Population sehr deutlich, denn in den meisten Fällen konnten die mutistischen Schüler nicht mehr befreiend schreien und wirklich laut rufen. Sie mussten diese Fähigkeit erst wieder erlernen. Diese Übungen sind aber auch gut geeignet, damit der Schüler seinen angestauten inneren Frust loswerden kann.
Bei den Ruf- bzw. Schreiübungen hat sich nicht bewährt, wenn sie allein mit dem Schüler durchgeführt wurden. Die Übungen sollten stets kommunikativ orientiert und in der Gruppe erfolgen. Eine spielerisch gestaltete Gruppenaktivität (beispielsweise eine Rakete starten lassen, die Fußballspieler anfeuern usw.) bringt auf jeden Fall viel mehr Lockerheit und führt schneller zum Ziel als formale Übungen in der Einzelförderung. Eine unterstützende entladende Gestik (zum Beispiel Stoßbewegungen nach Fröschel) ist hierbei angezeigt.

Um der melodischen Verarmung der Sprechweise entgegen zu wirken, wird ferner eine melodisch bewegte Sprechweise in Verbindung mit dem Puppenspiel trainiert. In einigen Fällen ließen wir die Dialoge zwischen den Puppen nur stimmlich bzw. mit Hilfe einer Kunstsprache (Vokalsprache) gestalten. Nach anfänglichen Hemmungen bewältigten die Schüler solche „Dialoge" im Rollenspiel besser als verbal gestaltete Dialoge. Der stärkere Einsatz des melodischen, temporalen und dynamischen Akzents knüpft an phylogenetisch alte Mittel der Verständigung an, lässt demnach Gefühlsregungen deutlicher werden und besser verarbeiten. Mimische und gestisch-gestalterische Mitbewegungen und das Hantieren mit den Puppen sind weitere Möglichkeiten, die Emotionalität der Stimmgebung zu unterstreichen.

Vor allem jüngere mutistische Schüler sollten bei all diesen Übungen nicht auf ihr Sprechen orientiert werden. Für sie ist das Ziel, ihre Stimme – die momentan recht „schwach" ist – zu trainieren, um diese zu stärken, damit sie „auf dem Hof und im Sportunterricht lauter schreien können", oder die „Atmung ist für das Schwimmen zu trainieren" usw. Zugleich wird der Schüler beruhigt, dass hierbei nicht gesungen wird, schon gar nicht allein, sondern die Stimme lediglich in Verbindung mit dem Rufen und Sprechen trainiert wird. Diese bewusste Fehlorientierung halten wir für notwendig, um Eingangshemmungen zu reduzieren. Um die „Fehlorientierung" zu verstärken und glaubhaft zu bleiben, sollte man in den ersten Sitzungen gänzlich auf laute Sprechübungen verzichten und die Übungen in der Flüsterform durchführen (zum Beispiel Seufz-, Atem- und Abspannübungen).
Als günstig hat sich erwiesen, wenn die meisten Übungen zur speziellen Stimmtherapie Bestandteil des regulären Musik- oder Sportunterrichts oder der Arbeitsgemeinschaft „Theater" sein konnten. Wenn alle Schüler der Klasse diese Übungen mitmachen, gerät der Mutist weniger in eine Sonderrolle. Für einige Übungen ist es allerdings zweckmäßig, wenn diese zunächst nicht im Unterricht, sondern in Form einer Förderstunde durchgeführt werden, beispielsweise Atem- und Tonwurf-Übungen. Andere Schüler sollten möglichst mit einbezogen werden.

4.2 Kommunikativ-pragmatisches Training

Bevor ein kommunikativ-pragmatisches Selbstsicherheitstraining durchgeführt wird, ist es oftmals erforderlich, vielfältige stabilisierende Maßnahmen vor allem im allgemeinen Leistungsbereich zu organisieren, um die allgemeine Selbstsicherheit des mutistischen Schülers in der Klasse zu erhöhen. Dabei gilt grundsätzlich auch für mutistische Schüler die allgemeine Erkenntnis, dass die Selbstsicherheit steigt, wenn er sich in seiner Lerngruppe bzw. in seinem Klassenverband anerkannt, akzeptiert und angenommen fühlt. In einer solchen harmonischen Atmosphäre traut sich jeder Schüler selbst in den unterschiedlichsten Leistungsbereichen mehr zu, so auch in lautsprachlich-kommunikativer Hinsicht. Einige mutistische Schüler überwanden in der Therapiegruppe recht schnell gegenüber ihren Mitschülern ihre Sprechscheu bzw. Sprechhemmung. Sie kommunizierten häufiger und offensiver. Ihr lautsprachliches Funktions- bzw. Aktionsfeld erweiterte sich.

Gelingt die soziale Harmonisierung, dann ist nicht nur eine allgemeine lautsprachliche Aktivitätssteigerung zu beobachten, sondern in diesem Zusammenhang zeigt sich in der Regel auch eine Qualitätssteigerung der Dialoggestaltung. Vor allem erweiterte sich bei den beobachteten mutistischen Schülern das Dialogspektrum. Einige sprechgehemmte Schüler holten beispielsweise nun in verstärktem Maße Informationen ein, stellten Fragen, baten um Hilfe, legten sogar vereinzelt lautstark Widerspruch ein. Weil man dies von ihnen bisher nicht kannte und deshalb auch nicht erwartete, löste es bei allen große Verwunderung aus.

In den meisten Fällen reicht eine allgemeine sozial-emotionale Harmonisierung allein nicht aus, um die verfestigte Sprechzurückhaltung zu überwinden. Ein zusätzliches spezielles kommunikatives Selbstsicherheitstraining ist erforderlich. Es geht meistens um den Abbau der kommunikativ-pragmatischen Wissens- und Könnensdefizite. Sinn und Zweck eines solchen Selbstsicherheitstrainings ist es deshalb, im strukturierten Übungsfeld in der vertrauten Umgebung die Verhaltensdefizite zu mindern und die neu erworbenen Gestaltungsformen in einer geschützten, emotionsneutralen kommunikativen Anforderungssituation zu üben. Die Erhöhung dieser Kompetenz ist eine wichtige Voraussetzung für die nachfolgenden Stufen.
Wie unsere Analysen zeigten, haben die meisten mutistischen Schüler beispielsweise oftmals noch nicht in ausreichendem Maße gelernt, sich im gemeinsamen kooperativen Spiel, bei der Projektarbeit, beim gemeinsamen Lernen mit Gleichaltrigen abzusprechen, Bewertungen zu geben oder eine fremde Person um Hilfe zu bitten. Es sind nicht nur Hemmungen, die das Unvermögen hervorrufen, sondern auch die mangelnde Gestaltungskompetenz, wobei Letzteres die Hemmung verstärkt. Solche Mängel treten mit zunehmendem Alter verstärkt zu Tage, denn nun sind die Erwartungen und damit auch die Anforderungen hinsichtlich der lautsprachlichen Gestaltung und der kommunikativen Stabilität höher (Referat vor der Klasse, Telefonieren, Umgang mit fremden Autoritätspersonen usw.). Wird sich der Schüler seiner diesbezüglichen lautsprachlichen Schwächen bewusst, dann labilisiert dies erheblich sein gesamtes Kommunikationsverhalten.

Diese Schwächen verschwinden nicht von selbst, zumal sich der Schüler nicht bewusst und von selbst offensiv damit auseinander setzt. Das Gegenteil ist eher typisch. Eine emotional anspruchsvolle Kommunikation wird in der Regel von ihm vermieden. Der Schüler wird tendenziell immer passiver, so dass er schließlich kaum noch diesbezügliche Eigenaktivität zeigt. Somit wird Fremdhilfe notwendig, um ihn wieder in entwicklungsstimulierende kommunikative Aktivität zu bringen.
Da es sich um eine aufholende Fähigkeitsentwicklung handelt, bedarf es einer systemischen und komplexen lautsprachlich orientierten Fördertherapie. Genutzt werden hierfür kommunikative Situationen in der Schule, in denen der Schulmutist (bereits) spricht. Dies wird vor allem die Förderstunde sein, aber auch einzelne Unterrichtsfächer, die Arbeitsgemeinschaft Theaterspiel oder Pausensituationen können hierfür genutzt werden. In diesen Situationen werden andere Schüler mit einbezogen. Methodische Grundlage der Förderung ist das Modelllernen im Rahmen des Rollenspiels. Die

Schülergruppe sollte vom gestalterischen Niveau her eine gesunde Leistungsmischung aufweisen. Wichtig ist, dass in der Spielgruppe so genannte „Zugpferde" sind, die dem Geschehen eine gewisse Eigendynamik geben. Zumindest von einem Teil der Schüler müssen auch Initiativen und Spielideen ausgehen.
Vom Sprachtherapeuten oder einem Lehrer werden Übungssituationen initiiert. In diesen werden – auch abgeleitet aus den aktuellen Notwendigkeiten des mutistischen Schülers – zielgerichtet einzelne sprachgestalterische, inhaltliche Aspekte sowie die Formsicherheit geübt. So kann der Unterricht beispielsweise mit Formen des szenischen Spiels angereichert werden. Gelesenes und Vorgelesenes wird von den Schülern im Unterricht in verstärktem Maße selbst oder mit Handpuppen gespielt. Angeboten werden sollten dazu vor allem lustige oder für die Schüler interessante Inhalte. Häufiges und vor allem lautes Lachen ist erwünscht und sollte gefördert werden, weil dies für die notwendige psychische Lockerheit des Mutisten sehr wichtig ist. Das Spiel sollte den Schülern vor allem Spaß machen, zum aktiven Mitspielen motivieren und weniger Kontrollcharakter tragen.
Im Rahmen des Wochenarbeitsplanes oder durch Binnendifferenzierung des Unterrichtsgeschehens kann dazu vorher in kleineren Gruppen geübt werden. Die Gruppe muss sich zuvor einigen, wie der Inhalt umgesetzt werden soll und wer die Rollen übernimmt. Solche Diskussionen zur Gestaltung verlangen auch vom mutistischen Schüler nicht nur lautsprachliche Reaktionen, sondern auch offensives lautsprachliches Agieren. Die Stützperson an seiner Seite (meist der Schulfreund), die natürliche und spaßige Situation, die Kind-Kind-Kommunikation in der kleinen Gruppe ermöglichen ihm auch in den meisten Fällen eine aktive Diskussionsteilnahme. Mitschüler sind oftmals hervorragende „Pädagogen" und fordern den Mutisten angemessen und zielgerichtet, ohne dass sie dazu eine Unterweisung oder einen Auftrag erhalten. Im Verlaufe der Förderung werden dann die Bedingungen modifiziert, so dass der mutistische Schüler auch mit Hilfe dieser methodischen Vorgehensweise allmählich eine gewisse allgemeine kommunikativ-pragmatische Sicherheit erlangt.
Ferner wird eine selbstsichere verbale Kommunikationshaltung im Rollenspiel entwickelt. Geübt werden hier beispielsweise der offensive Blickkontakt, die unterstützende (und zugleich entladende) Gestik und der feste Stimmeinsatz sowie das Sprechen in einer angemessenen Lautstärke. Das Rollenspiel erlaubt und wünscht sogar, dass das Ganze in der Gestaltung prosodisch und pantomimisch übertrieben wird. Dadurch kommt eine gewisse Verfremdung zustande, die für den Mutisten wiederum hilfreich ist. Der Schüler behält so seine innere Lockerheit und dies trägt wiederum dazu bei, dass die Formelemente der Dialoggestaltung optimal geübt und automatisiert werden können. Außerdem besagt die Erfahrung, dass die Schüler es ohne Weiteres akzeptieren, wenn bestimmte Szenen mehrmals geprobt werden, so dass sich aus der mehrmaligen Wiederholung ein Übungseffekt ergibt.

Das Rollenspiel wird dadurch Therapiemittel, bei dem die genannten Übungsaspekte durch die Verknüpfung mit kindgemäßen spannungslösenden Techniken ergänzt werden. Es geht hierbei darum, die so genannte Eingangserregung zu reduzieren, so dass einer Blockierung vorgebeugt wird. Wir verwendeten hierfür zwei Techniken, die unter-

schiedlich von den Schülern angenommen wurden. Zum einen wurden Übungen zur bewussten Aktivierung des positiven emotionalen Gedächtnisses durchgeführt. Der mutistische Schüler sollte sich gemeinsam mit anderen Mitschülern vor dem Spiel „frei lachen“, das heißt von inneren Verspannungen durch lautes Lachen befreien. Dabei kamen Elemente der Lachtherapie zur Anwendung. Vom Lehrer wurde beispielsweise an komische Übungssituationen erinnert. Ein (lautes oder leises) Vorab-Lachen, schon wenn man an den zu spielenden oder zu erzählenden Witz denkt, senkt erheblich den inneren Erregungsgipfel. Genutzt wurde hierbei bewusst der Gruppeneffekt, denn emotionale Zustände sind bekanntlich „ansteckend“. So wurden alle Schüler mit der notwendigen innerer Lockerheit auf die Anforderungssituationen eingestimmt. Diese Technik beugt aufkommenden Erregungen vor.
Zum anderen wurden mit allen Schülern – ergänzend dazu – spezifische spannungslösende Atem- und Sprechtechniken trainiert. Diese Techniken wurden in spaßiger Form angeboten, um den Erregungszustand zusätzlich zu senken. Vor jede Äußerung wurde das so genannte Abblasen gesetzt (vertiefendes, stummes Ausatmen mit leicht vorgestellten Lippen) oder am Äußerungsende ein so genannter Lungenfeger (spannungslösende vertiefende, leicht hörbare Ausatmung) platziert. Ferner wurde mit allen Schülern trainiert, mit ovaler Mundöffnung und leicht vorgestülpten Lippen zu sprechen (das so genannte „Schnute-Sprechen“). Dies wirkte dem Entstehen der faukalen Enge im Hals entgegen und führte zu einer Art Verfremdung der kommunikativen Anforderungssituation, was sich positiv auf den inneren Erregungszustand des Mutisten auswirkte.
Vom Inhalt her werden zunächst und vor allem lustige Sketche und Witze gespielt. Später können zielgerichtet auch Inhalte angeregt werden, die stärker den Alltagsanforderungen entsprechen. Beispielsweise kann es dann beim Rollenspiel um das Einholen von Informationen gehen, um Termine abzusprechen, um Dienstleistungen zu erbitten, um die Lautsprache als Regulierungsmittel zur Verhaltenssteuerung anderer Kinder einzusetzen usw. Gut geeignet erweisen sich beispielsweise telefonische Terminverlängerungen in der Bibliothek oder das Einholen der Auskunft, ob ein bestimmtes Buch vorrätig ist. Auch Terminabsprachen beim Zahnarzt waren für Schüler im mittleren Schulalter alltagsnahe Übungsfelder.
Das Rollenspiel ist aus therapeutischen Gründen nach steigenden Anforderungen zu strukturieren. Anfangs nimmt der Mutist im Dialog den reagierenden Part ein, das heißt, er wird auf die Fragen bzw. Aufforderungen des Anderen nur einfach mit Ja oder Nein antworten. Allmählich wird die Antwortlänge verlängert. Ist er hierbei sicher, dann werden im folgenden Schritt Etüden ausgewählt, in denen er offensiv reagieren soll. Gefordert werden nun das Zurückfragen, die längere Beschreibung und Erklärung. Erst wenn der Mutist diese reagierenden Aufgaben bewältigt, sollte er im Rollenspiel auch den agierenden Part übernehmen.
Es kann notwendig sein, dass diese Szenarien zunächst nach fester Textvorlage gespielt werden müssen. Für die Schüler ist es meistens leichter, wenn sie sich wörtlich an die Textvorgabe halten können und der Lehrer soufflieren kann. Unter Umständen kann sogar ein flüsterndes Mitsprechen praktiziert werden. Das Auswendiglernen trainiert zugleich auch die verbale Merkfähigkeit. Im folgenden Schritt lesen sich die Schü-

ler den Text mehrmals durch und gestalten dann das Spiel mehr oder weniger frei, das heißt mit eigenen Worten. Den Schülern, die in der Lesetechnik noch nicht so weit sind, wird dafür mehrmals der Text vorgelesen. Zum Schluss sollte nur noch das Thema besprochen werden und die Schüler denken sich selbst die Gestaltung und die lautsprachlichen Gestaltungsmittel aus.
Diese Art des szenischen Spiels (lustig, wenig Konfliktpotenzial) sollte unbedingt genutzt werden, um die äußere Dialogform (face-to-face-Zuwendung, Blickkontakt, fester Stimmeinsatz, prosodische Modifikationen, agierende und reagierende Mimik und Gestik, Anzeigen der Zuhörbereitschaft, Rückfragen) zu trainieren. Vor allem ist darauf zu achten, dass auch die offensive nonverbale und prosodische Zeichengebung vom Mutisten praktiziert wird.
Auch sollte das allgemeine kommunikative Selbstsicherheitstraining nicht auf den Klassenraum oder Therapieraum beschränkt bleiben. Die vertraute Umgebung sollte bald verlassen und das Ganze in eine reale Situation übertragen werden, um die kommunikativ-situative Stabilität zu erhöhen. Beispielsweise werden in der Realität mit dem Schüler das Kaufen einer Fahrkarte oder von Speiseeis, das Bestellen von Getränken, das telefonische Erkunden von Öffnungszeiten in der Schwimmhalle, die telefonische Verlängerung des ausgeliehenen Buches, die telefonische Absprache des nächsten Zahnarzttermins u.ä. geübt. Dieser anwendungsorientierte Übungspart muss nicht unbedingt vom Sprachtherapeuten realisiert werden, sondern kann durchaus auch von anderen Personen (zum Beispiel den Eltern, vom Einzelfallhelfer, Sozialarbeiter) übernommen werden.
Als Therapiemittel hat sich auch die Technik bewährt, den Mutisten in eine „leitende“ Rolle außerhalb seiner vertrauten Klasse zu drängen, beispielsweise als Aufsichtsperson für jüngere Schüler (Rolle des Hilfslehrers). Die Stütze, ein vertrautes kommunikatives Milieu, fällt hier weg. Er „beaufsichtigt“ beispielsweise über eine gewisse Zeitspanne die Pause in einer unteren Klassenstufe. Ist diese Rolle angemessen für ihn, dann zeigt er nicht nur eine gesteigerte kommunikative Aktivität, sondern es wirkt sich auch positiv auf sein allgemeines Selbstbewusstsein aus.

Auf diese Einzelkompetenzen baut später die Vermittlung bzw. das Training von offensiven Bewältigungsstrategien auf, die den Schüler befähigen, sich in konfliktbehafteten Dialogen behaupten zu können. Erst dann erfolgen die zielgerichteten sprech-kommunikativen Konfrontationen des Schulmutisten mit den so genannten sprechblockierenden Angstfaktoren in der Schule. Dieses kommunikativ-pragmatische Selbstsicherheitstraining stellt also ein wichtiges Kettenglied im Therapiekonzept dar.

4.3 Training der lautsprachlichen Gestaltungsfähigkeit von Konfliktsituationen

Eine Grundregel der sonderpädagogischen Umerziehung besagt, dass man einem Schüler nie seine Abwehrmechanismen nehmen sollte, wenn man ihm dafür nichts Besseres bieten kann. Das bedeutet: Kann man dem Schulmutisten keine von ihm

akzeptierte Alternative im Sprechverhalten aufzeigen, dann wird die Überwindung der schweigenden Kommunikation nicht gelingen. Will man dem Mutisten seinen „Abwehrmechanismus“ nehmen, dann muss man ihm demzufolge Hilfen geben, damit er seine Dialogfähigkeit stabilisieren und qualifizieren kann. Die Alternativen müssen realistisch und für das Kind erfüllbar sein, ansonsten werden sie nicht angenommen. Da der Mutist allein nicht bzw. nur bedingt in der Lage ist, sich diese spezielle Dialogfähigkeit anzueignen, muss ein Dialogtraining im Hinblick auf soziale Konfliktlösung unbedingter Bestandteil der Therapie sein.
Dazu wird das oben bereits bemühte szenische Spiel inhaltlich dahingehend akzentuiert, dass nun vor allem Konfliktsituationen gespielt werden. Es sollten möglichst schülernahe Konfliktsituationen thematisch zu einem Übungsprogramm verdichtet werden, was systematisch nach der subjektiven Relevanz und nach steigenden Anforderungen strukturiert ist. In der Übungssituation soll das Kind lernen, soziale Konflikte effizienter als durch Vermeidungsverhalten zu lösen. Das Kind erwirbt in den gestellten Interaktionssituationen, Strategien und Prinzipien der Problemlösung, insbesondere auch Formen der verbalen Auseinandersetzung.

Inhalte dieser szenischen Spiele sind soziale Konflikt-Etüden, beispielsweise:
a) allgemeine Konfliktsituationen, wie:
- Dialog zwischen dem Besitzer einer Wohnung und dem Jungen, der soeben mit dem Ball ein Fenster der Wohnung zerschossen hat, oder
- Vorhaltungen der Sprechstundenhilfe, weil der vereinbarte Termin nicht eingehalten worden ist, oder
- Widerspruch gegenüber der Bibliothekarin zum Vorwurf, das geliehene Buch nicht sorgfältig behandelt zu haben,

b) schulspezifische Konfliktsituationen, wie:
- Dialoge, die sich aus allgemeinen schulischen Konfliktsituationen auf der Kind-Kind-Ebene ergeben, beispielsweise: ein Kind wurde zu unrecht geschubst, da hat sich jemand vorgedrängelt, es wurde einem etwas weggenommen u.ä. Aus dem sog. Schülerschiedsgericht der Schule lassen sich realistische Themen aufgreifen und nachspielen.
- Dialoge zwischen dem Lehrer und einem Schüler, der gegen Regeln bzw. Abmachungen verstoßen, beispielsweise zum dritten Mal etwas vergessen, seine Hausaufgaben nicht erledigt, etwas zerstört hat usw.
- spezifische Dialoge, das heißt Konfliktsituationen auf der Kind-Lehrer-Ebene, die den Mutisten belastet haben bzw. ihn aktuell belasten. Die Auswahl erfolgt in Anlehnung an die Angstpyramide.

Zunächst werden allgemeine, verfremdete fiktive Schulkonfliktsituationen gespielt, später nähert man sich dann den eigentlichen „Knackpunkten“ des Schülers (zum Beispiel der Streit mit dem Hausmeister). Sollte der Mutist im direkten Rollenspiel emotional überfordert sein, kann zusätzlich mit Verfremdungen gearbeitet werden, beispielsweise durch Verkleidung oder in Form von Schattenspielen oder Handpuppen.

Solche Übungen lassen sich nicht bzw. nur bedingt in der Einzeltherapiesituation mit dem Sprachtherapeuten, sondern eigentlich nur in der Gruppe durchführen. Der Therapeut kann schlecht den Konfliktpartner spielen. Wiederum muss hierfür eine Übungsgruppe gefunden werden. Da sich in der Schule aber kaum über einen längeren Zeitraum eine „reine" Therapiegruppe mit den erforderlichen Förderstunden einrichten lassen wird, muss man andere Formen wählen. In der Praxis hat sich bewährt, bestimmte Therapieinhalte in eine „normale" Arbeitsgemeinschaft der Schule oder in den Unterricht zu integrieren. Die Einbeziehung der Mitschüler in ein solches Training ist nicht nur für die Therapie des Mutisten wichtig, sondern kann auch für die Mitschüler durchaus nützlich sein.
Therapeutischen Charakter bekommen diese szenischen Spiele dadurch, weil sie dazu dienen, angestaute Konflikte in der Schule zu bereinigen und bestimmte kommunikative Verhaltenstechniken zu erwerben bzw. zu trainieren. Der Umgang damit muss zu einer gewissen Routine bzw. Gewohnheit geworden sein. Die häufige Wiederholung bestimmter Szenen und die Kommentierungen zur Gestaltung, die komisch wirkenden Übertreibungen reduzieren allmählich die emotionale Belastung. Damit der Spaß am Spiel erhalten bleibt, sollten die Dialoge von der Form her stark überzogen sein und wiederum verstärkt Schülerwitze gespielt werden, die Konfliktsituationen enthalten, die hier allerdings spaßig gelöst werden. Erst später sollten in zunehmendem Maße die relevanten Sachverhalte den Spielinhalt bestimmen.

Eine Möglichkeit für solche Etüden-Spiele könnten auch so genannte Metapher-Geschichten sein. Dem Schüler wird zunächst im Beisein einer Stützperson (meist der Schulfreund) eine illustrierte Metaphergeschichte zum Problem Schweigen bzw. erhebliche Sprechhemmung vorgetragen. Enthalten sind hier die wesentlichen Verhaltensweisen, die Beschreibung der Angstzustände, die Reaktionsmuster der Kontaktpersonen und das Reagieren der betroffenen Person in unterschiedlichen Angstsituationen, so dass sich das mutistische Kind mit dieser Situation gut identifizieren kann.

Dazu ein Beispiel einer Metaphergeschichte aus einem Versuch:

„Die Sprache der Fische – ein stilles Märchen für stille Augenblicke"

Siehst du die Fische in jenem klaren Gebirgssee? An einem Sommerabend zwitschern die Vögel ihr Gutenachtlied, zirpen die Grillen ihr Sommerabschlusskonzert, schallt das freche „Brekekes" der heranwachsenden Froschkinder über das Wasser.
Allein die schillernden Fische schweigen.
Meinst du, sie können nicht sprechen? Sieh, wie sie miteinander spielen, wie flink sie um die Wette schwimmen, wie aufmerksam sie ihre kleine Lebenswelt betrachten.
Sie schweigen nicht wirklich, denn auch ihre winzigsten Glitzerschuppen sind angefüllt mit Leben und Sehnsucht.
Die Sprache der Fische kann nicht jeder verstehen, denn sie ist sehr, sehr leise.
Komm mit mir hinunter an den tiefen See. Wir wollen den Fischen zuhören, denn sie erzählen uns die Geschichte von der Sorgenfee Matilda, die sich irgendwann wirklich zugetragen haben soll.

Aber jetzt müssen wir ganz still sein und für einige Augenblicke tief in die Geschichte der Fische eintauchen.

Wie die Sorgenfee Matilda Heinrichs Schweigen heilte

Die Familie der Nasefanten Habmichlieb hatte große Sorgen. Ihr jüngster Sohn Heinrich Habmichlieb ging in die erste Klasse. Aber das war nicht das Problem. Heinrich Habmichlieb schwieg in der Schule. Und das war nun wirklich ein Problem, ein saftiges Problem war das sogar.

Heinrich wurde von Doktor Schlaubart sorgfältig untersucht, aber der Kleine hatte keine Halsentzündung und auch keine andere Krankheit, die der Nasefantenkunde bekannt gewesen wäre. Er war kerngesund und auch wieder nicht, denn sobald am Morgen der Wecker klingelte, vollzog sich die tägliche Veränderung in ihm.

Zunächst verengte sich sein kleiner Hals so, dass er seine Honigmilch und die Schokoladenbrötchen beim besten Willen nicht schlucken konnte. Nichts passte mehr in diesen Enghals hinein. Als es Zeit wurde, in die Schule zu gehen und seine großen Brüder Klaus-Günther und Erik-Otto bereits ungeduldig maulten, klammerte sich Heinrich fest an Mama Wilmas Hals und hunderte brillant klarer Tränen purzelten auf Mamas karierte Schürze. Zunächst versuchte seine Mama ihn zu trösten, aber er ließ sich nicht trösten sondern zwickte sich fest wie eine Schraube an Wilmas Hals. In ihrer Hilflosigkeit begann sie den kleinen Heinrich zu schelten, so dass er nun laut und klagend zu brüllen begann. Klaus-Günther und Erik-Otto zerrten den kleinen Bruder von Wilma fort, nahmen ihn in ihre Mitte und eilten in die Schule. Noch aus der Ferne konnte Mama Wilma das bitterliche Schluchzen hören, was sie so traurig stimmte, dass sie selbst einige Tränen in das große, gepunktete Taschentuch setzte. Die Familie war sehr unglücklich und ratlos.

Inzwischen war es Herbst geworden. Heinrich sprach in der Schule kein Wort.

Zusammen gekauert saß er auf seinem Platz und dachte an den warmen, samtweichen Hals seiner Mama. Auch in der Hofpause schlich er sich in eine kleine Ecke, faltete sich zu einer Kugel zusammen und seufzte. Die anderen Nasefantenkinder wollten mit ihm spielen, mit ihm lachen. Immer wieder versuchten sie ihn freundlich mit ihren Rüsseln zu stupsen. Aber Heinrich kannte keine anderen Kinder außer Klaus-Günther und Erik-Otto. Er hatte Angst, schreckliche Angst und verkroch sich tief in sich selbst. Schließlich gaben die anderen Kinder auf und spielten ohne ihn. Die Schultage erschienen ihm unendlich lang, er dämmerte in den Stunden dahin und träumte von seinem weichen Schmusekissen und seinem kuscheligen Bett. Die junge Lehrerin Frau Glanzauge zog irgendwann ihre hübsche Stirn in Falten und runzelte ihren grazilen Rüssel. „Heinrich lernt nicht", beklagte sie sich bei Mama Wilma, „ich weiß nicht mehr, was ich tun soll. Er spricht kein Wort und wenn ich ihn anspreche, weint er bitterlich."

Dichte Schneeflocken fielen gemächlich auf die Erde. Das Nasefantendörfchen bekam über Nacht schneeweiße Mützen. Auch die großen Blautannen am Wäldchen trugen weiße Mäntel. Heinrich ging an diesem Morgen nicht in die Schule, denn er hustete und hatte Fieber bekommen. Obwohl er sich krank und schwach fühlte, war er sehr glücklich. Er brauchte nämlich die nächsten Tage nicht in die Schule zu gehen. Seine Mama versorgte ihn liebevoll mit heißer Zitrone und später wollte sie in die Stadt gehen, um einzukaufen.

Heinrich wusste, dass ein krankes Sorgenkind in Familie Habmichlieb immer eine kleine Überraschung bekommt. Und er fand es toll, dass er endlich eine Krankheit hatte, die jeder sehen konnte.

Als Mama Wilma aus der Stadt heimkehrte, hatte sie für Heinrich eine kleine Sorgenfee mitgebracht. Die Sorgenfeepuppen sind bei den Nasefanten allseits beliebt, denn man sagt ihnen wundersame Heilkräfte nach. Jedes Nasefantenkind wünschte sich sehnlichst eine Sorgenfee. Aber sie waren schwer zu bekommen und kosteten viel Geld. Wilma hatte die gesamten Spielwarenläden der Stadt durchwühlt, um eine solche Puppe für den kleinen Heinrich zu erstehen. Jedoch nirgendwo gab es eine Sorgenfee zu kaufen. Es dunkelte bereits und dicke Schneeflocken purzelten auf Wilmas durchfrorenen Rüssel. Als sie im letzten Laden ankam, einem Kramlädchen mit allerlei hölzernem Spielzeug, Schaukelpferden und Kuscheltieren, bediente sie ein sehr alter Verkäufer. Er trug eine winzige Brille mit runden Gläsern, durch die er sehr ernst über den Ladentisch blickte. Als Wilma ihren Wunsch vortrug, schüttelte er bedauernd den Kopf. Obwohl Wilma schon eine erwachsene Mama war, kullerten ihr plötzlich die Tränen über die Wangen. „Ich bin so verzweifelt“, schluchzte sie, „mein jüngster Sohn Heinrich spricht in der Schule kein Wort. Was soll aus ihm werden, er wird so nicht lernen können wie meine anderen Jungen.“ Der Verkäufer nickte nachdenklich. „Ich denke, es wird vorbeigehen“, sagte er leise. „Euer Sohn hat sein Leben noch vor sich, es eilt nicht mit dem Lernen. Heinrich ist sicher anders als seine Brüder, aber man kann ihn verstehen lernen. Gebt euch die Zeit zu warten und ihm das Gefühl, dass ihr ihn immer lieb habt, egal wie weit er entfernt ist.“ Der alte Mann verschwand in einem Hinterkämmerlein und kam mit einem kleinen Karton in den Laden zurück. Darin lag die lieblichste Sorgenfee mit tief dunkelblauen Augen und langen, braunen Zöpfen. Sie trug ein rubinrotes Seidenkleid, ein spitzenbesetztes weißes Höschen und winzige, schwarze Schnürstiefel. „Das ist Matilda, die mich über einige Zeit begleitet hat. Ich habe von Matilda wieder Lachen gelernt, sie hat mir Mut und Lebensfreude geschenkt. Es wird Zeit, dass wir einander Lebewohl sagen.“

Heinrich schlug vor Freude zehn Purzelbäume, als er Matilda entdeckte. Was für eine gelungene Überraschung! Mit vor Freude klopfendem Herzen lag er mit Matilda im Arm in seinem Bett.

Das Gefühl verlassen und einsam zu sein, war wie weggeblasen. Matilda blickte ihm mit ihren ernsten dunkelblauen Augen mitten ins Herz. Heinrich fühlte eine wohlige Wärme und er fiel in einen schweren, heilsamen Schlaf.

Im Traum sah er Matilda, wie sie auf seinem Kinderstuhl saß. Ihr Körper leuchtete, als wäre sie ganz aus Licht. „Ich bin vor vielen Jahren aus dem Land der Sorgenfeen zu den Nasefanten geschickt worden“, sagte sie mit verhauchter, weicher Stimme. „Im Feenland bekamen wir Mädchen Unterricht im Glücklichsein. Es war mein Lieblingsfach, denn Stunde für Stunde lernte ich mehr über das Wörtchen Glück. Wir Feenmädchen lachten, tanzten und tollten ohnedies den ganzen Tag im Himmel umher, so dass wir das Unterrichtsfach Sorgenkunde nicht wirklich begreifen konnten. Wir wurden zur Sorgenfee ausgebildet, ohne dass wir selbst Sorgen kannten. Schließlich wurden wir auf die Erde gebracht und ich bekam die Familie der Nasefanten zugewiesen. Hier erlebte ich die ersten Tränen, den ersten Kummer, denn ich sehnte mich nach meinen Schwestern und fand es dunkel, kalt und einsam auf der Erde. Aber die schweren Monate gingen vorbei und jetzt, wo ich auch die Tiefe der Traurigkeit kannte, konnte ich den Nasefanten, die Sorgen hatten, wirklich helfen. So kann ich auch deine Sorgen fühlen, du hast Angst deine Mama zu verlassen, du hast Angst etwas Falsches zu sagen, du hast Angst, weil in der Schule alles so fremd ist. Deshalb schweigst du und bist allein. In den Hofpausen faltest du dich zu einer Angstkugel zusammen und so entgeht dir die Freude, die andere Nasefantenkinder beim Spielen erleben. Ich bin zu dir gekommen, um dir dabei zu helfen, deine Angst zu überwinden. Du wirst mich die ersten Wochen mit in die Schule nehmen. Mit gemeinsamer Kraft können wir deine Stimme hörbar machen und du wirst sehen, wir werden gewinnen." Heinrich fiel wieder in tiefen Schlaf und als er am Morgen erwachte, fühlte er sich kraftvoll und gesund.

Es wurde Frühling. Die ersten Vögel kehren aus dem Land der Zitronen heim. Neugierige Blüten lugten aus dem Boden. Heinrich fühlte sich in der Schule immer noch sehr ängstlich, aber er flüsterte nun seine Antworten im Unterricht, er schwieg nicht mehr und die Ohren der Lehrerin schienen sagenhaft gut zu hören. Zufrieden nickte Frau Glanzauge ihm zu.
Manchmal vernahm Heinrich ein Wispern aus seiner Schultasche. „Sag es lauter", bat ihn Matilda, „deine Stimme möchte ich hören, deine schöne Stimme..."
Heinrich lernte rechnen, schreiben und lesen. In den Hofpausen spielte er mit den anderen Nasefantenkindern und obwohl er sehr leise sprach, konnten ihn die anderen verstehen. Ein neues Mädchen saß nun in der Schule neben Heinrich. Anna-Maria Habdichlieb war ein wunderschönes Nasefantenmädchen.
Zunächst begegnete Heinrich ihr mit Vorsicht, denn sie war ein kleiner Wildfang und sprudelte nur so beim Erzählen aus sich heraus. Eine die so viel schwatzt, erschien ihm zunächst unheimlich. Anna-Maria mochte ihren stillen Banknachbarn. Seine großen Augen erinnerten sie an das Hasenmädchen Pelzlippe, das früher einmal bei ihnen gelebt hatte. Eines Nachmittags besuchten sich die Nasefantenkinder und tobten in den weiten grünenden Wiesen hinter dem Dörfchen. „Du quasselst ja noch mehr als ich!" rief Anna-Maria erstaunt aus, als die beiden vom Herumtollen erschöpft ins Gras plumpsten und die untergehende Sonne betrachteten. „Klar, ich bin eine richtige Schwatzdrossel", entgegnete ihr Heinrich stolz und kniff sie mit seinem Rüssel ins Ohr. (mit freundlicher Genehmigung der Autorin Henriette Nestler).

Die Hauptfiguren aus der Geschichte sollten für die folgenden Gespräche und szenischen Spiele als Handpuppen zur Verfügung stehen. Auf der Grundlage der Illustrationen kommt es zunächst zu individuellen Gesprächen, in denen der Schulmutist mit seinem situativ motivierten regressiven Sprechlösungsverhalten konfrontiert wird. Dies erfolgt zum einen durch den Vortrag und zum anderen – quasi als Verstärker – in Form einer kommentierenden Bildbetrachtung. Dem Schüler wird hierbei indirekt aufgezeigt, dass stets vielfältige Reaktionsmöglichkeiten bestehen, die auch vom Schüler prakti-

ziert werden könnten. Vor allem wird er aber mit seiner individuellen und situativ bedingten Motivation für das Sprechfehlverhalten konfrontiert.
Das Gehörte soll der Mutist zunächst verinnerlichen bzw. verarbeiten. Die Konfrontation wirkt erst einmal für sich durch den Vortrag und durch die Bildbetrachtung. Man sollte den Inhalt wirken lassen und nicht zu schnell „zerreden". Ist der Schüler beim Anhören sehr verspannt, innerlich sehr bewegt, dann kann sich als erste Entäußerung ein bildnerisches Gestalten von relevanten Konfliktsituationen anschließen. Das szenische bildnerische Gestalten muss aber nicht in jedem Falle durchgeführt werden.
Letztendlich muss es gelingen, dass sich der Mutist zu den Sachverhalten artikuliert. Er soll die dargestellten sprech-kommunikativen Konfliktsituationen in seine Worte fassen und das Verhalten der Figuren beurteilen. Indem er zu den Verhaltensmöglichkeiten Stellung bezieht, positioniert er sich direkt oder indirekt (indem er die verfremdete Figur vorgibt) auch zu seinem Sprechfehlverhalten.

Im nächsten Schritt werden nun die Szenen mit Handpuppen nachgespielt. Als Stütze können die Bildillustrationen dienen. Spielpartner kann dabei die Freundin oder der Sprachtherapeut sein. Die Rollen sollten wechseln. Wenn der Schüler dazu bereit und in der Lage ist, kann er die Szenen auch allein mit zwei Handpuppen (oder Spielpuppen) mit unterschiedlichen Stimmen spielen.
Erfahrungsgemäß ist der Redefluss bei den meisten Schülern dabei zunächst sehr stockend. Als Stütze hat sich bewährt, wenn der Therapeut das erforderliche Stützwort einwirft, um ein längeres Stocken zu verhindern. Zusätzliche Ermunterungen, Nachfragen oder auch Wiederholungen sind meistens erforderlich und zerstören keineswegs das Spielgeschehen.
Durch gezielte und wiederkehrende Konfrontationen und die darauf aufbauenden Gespräche wird die Motivation für das Schweigen des Schülers aufgedeckt. Es wird herausgearbeitet, dass sich oftmals ein regressives Alternativverhalten gar nicht erforderlich macht. Zu dieser Einsicht muss der Schüler aber selbst kommen, es muss seine eigene Erkenntnis sein.
Dieses Vorgehen kann als eine spezifische Form der „Verhaltenstherapie" angesehen werden. Hierbei handelt es sich um eine rein verbal verlaufende Konfrontation mit der kommunikativen Angstsituation, ähnlich wie in der Gesprächstherapie beim Psychologen. Dabei kann es auch zu einer gewissen kognitiven Desensibilisierung kommen, denn die Angstsituationen werden durch die eigene differenzierte Darstellung und durch die differenzierte Bewertung schließlich versachlicht und damit wird die Wirkung der Angstfaktoren „entschärft". Kombiniert man die Erörterung mit den o.g. spezifischen spannungslösenden Atemübungen, dann gelingt es meistens, dass der Mutist bei der Besprechung innerlich ruhig bleibt.

Spezifisch ist vielleicht, dass der Mutist nicht primär mit seinem regressiven Sprechfehlverhalten an sich konfrontiert wird, sondern mit seinem *konkret-situativ motivierten* regressiven Sprechlösungsverhalten. Sinn und Zweck dieser differenzierten Vorgehensweise ist es, zu einer Modifikation der undifferenzierten verfestigten hemmenden Einstellung bzw. der negativ geprägten Erlebnisreflexion zu kommen. Die Vorgehensweise kann dazu beitragen, dass das einseitige undifferenzierte regressive Reagieren (die negative Generalisierung der Einstellung zur schulischen Sprechkommunikation) so überwunden wird. Voraussetzung für die Anwendung dieser Therapiemethode ist natürlich, dass der Mutist seinen Zustand, sein Selbst bereits im Gespräch verbal reflektieren kann.

Die Identifikationsgeschichten sind sinnvoll für den Einstieg. Aber allmählich sollten sich die Inhalte des Rollenspiels dem Realitätsbereich des Mutisten nähern, so dass auch mehr und mehr eigene Konflikte gespielt werden, die irgendwann in der Pause oder im Unterricht auftraten. Dabei muss sich der Mutist nicht immer selbst spielen, sondern im Sinne eines Modelllernens kann es auch günstig sein, wenn solche Konfliktsituationen ein anderer Schüler spielt und der Mutist zuschaut. Der Nicht-Mutist bietet dabei seine Konfliktlösung an. Die angebotene Lösungsvariante wird nun mit allen im Sinne einer Spielberatung diskutiert. Dabei werden auch andere Lösungsvarianten in Erwägung gezogen und teilweise versuchsweise nachgespielt. Natürlich müssen dafür in der Klasse bzw. in der Gruppe die entsprechenden Voraussetzungen bestehen. Nur wenn die Mitschüler in der Lage sind, die hemmende Spielweise des mutistischen Schülers zu kompensieren bzw. mit dieser gut umgehen können, erst dann kann diese Therapiestrecke in den Unterricht bzw. in die Arbeitsgemeinschaft „Theater" integriert werden.
Es wird davon ausgegangen, dass es durch das Nachspielen von Konfliktsituationen bei dem mutistischen Schüler zum Nacherleben und durch die versachlichte Diskussion auch zum Überdenken seiner gezeigten Reaktion bei diesem Konflikt kommt. Die noch unverarbeiteten Konflikte werden hierbei zum Teil mit bereinigt (kognitive Verarbeitung). Später, wenn er bereit und dazu in der Lage ist, sich selbst nachzuspielen, sollte er natürlich auch im Spiel andere Lösungsvarianten als das Verstummen anbieten.
Ohne Problembewusstsein ist ein Nachspielen nicht möglich und kann auch kein Problemlösungsvorschlag eingebracht werden. Deshalb muss zunächst das Problemverhalten mit allen beteiligten Schülern erarbeitet werden. Jeder Schüler wird dabei seine Sichtweise haben und damit auch seine Lösungsvariante. Diese werden nun im Rollenspiel dargestellt. Die Schüler erleben die Wirkung der einzelnen eingesetzten Strategien bei anderen und bei sich selbst und müssen darauf adäquat reagieren. Die selbst erlebte bzw. bei anderen beobachtete Wirkung und die Folgen der gespielten Verhaltensweisen werden anschließend diskutiert, wobei die annehmbaren Lösungen herausgestellt werden. In einigen Fällen können die akzeptierten Formen noch einmal gespielt werden.
Das Nachspielen von relevanten Konfliktsituationen kann den Mutisten stark belasten. Umso wichtiger ist es, dass das Spiel nicht als „Therapie" empfunden wird. Positive Rahmenbedingungen sind zu sichern, beispielsweise muss ein gutes Gruppenklima bestehen, es müssen zur Verfremdung Verkleidungen, Requisiten und Schminke in ausreichendem Maße eingesetzt werden und vor allem darf der Pädagoge nicht „mit erhobenem Zeigefinger" operieren. Er sollte überzeichnete Formdarstellung tolerieren und fördern, möglichst sogar selbst aktiv mitspielen. In diesem Gestaltungsrahmen spielen sich die Schüler recht schnell frei, äußern offen in ihrer Umgangssprache ihre

Ansichten und Meinungen über Schüler und Lehrer und verlieren dabei auch ihre sozial-kommunikativen Ängste. Das Nachspielen wird vom Sprachtherapeuten dahingehend gesteuert, dass systematisch Elemente einer effektiven Bewältigungsstrategie geübt werden, beispielsweise

- in sachlicher Form ein empfundenes Unbehagen zu artikulieren,
- auf unsachliche Beschimpfung mit Sachargumenten zu reagieren bzw. mit sachlichen Argumenten zu streiten,
- einer Unterstellung energisch zu widersprechen,
- einen unsachlichen Streit abzubrechen usw.

In diesen Spielen geht es verstärkt um die Qualifizierung der Streitkultur. Die Widerrede sollte sowohl bei normaler, aber auch bei einer (gespielten) erregten Verhaltensweise des Partners geübt werden, bei „kleiner" Ungerechtigkeit aber auch bei massiver Konfliktlage. Dabei belehrt der Therapeut nicht, sondern gibt lediglich Hinweise zur „Regie" zur Veränderung der Verhaltens- und Reaktionsweise im Spiel. So soll der Spieler beispielsweise nicht schreiend antworten, sondern weiter im gedämpften energischen und sachlichen, unter Umständen im zurechtweisenden Ton sprechen usw. In diesem Zusammenhang sind auch eindeutige Widerspruchsgesten zu üben. Der Mutist sollte die Szenen solange wiederholen, bis er sich frei gespielt hat und locker mit der gespielten Konfliktsituation umgehen kann. Er erlebt im darstellenden Spiel, dass es auch andere wirksame Formen gibt, überfordernde kommunikative Anforderungs- und Konfliktsituationen zu meistern. In einigen Fällen war es in unseren Versuchen sogar notwendig, erst einmal mit kräftiger bestimmender Stimme das Nein-Sagen zu üben oder mit fester bzw. mit energischer Stimme jemanden aufzufordern oder einen unangenehmen Sachverhalt noch einmal laut und deutlich zu wiederholen oder eine wütende Äußerung langsam und mit gedämpfter Stimme zu sprechen usw. Inwieweit ein solches Modelllernen in die Alltagssituation übertragen wird, ist bekanntlich schwer zu sagen. Zumindest kann angenommen werden, dass ein erweitertes Fähigkeitspotential sich nicht hemmend auf den Umerziehungsprozess des Mutisten auswirken wird.

4.4 Spezielle Lautsprachförderung im Hinblick auf lautsprachliche Leistungsparameter

Wie bereits erwähnt, haben die meisten der von uns erfassten mutistischen Schüler zum Teil erhebliche Defizite bei den lautsprachlich-kommunikativen Fähigkeiten. Dies gilt zwar vor allem in Bezug auf lautsprachliche Verhaltensweisen und Gestaltungsstrategien, aber auch im Hinblick auf lautsprachliche Leistungsparameter in den sprachstrukturellen Ebenen. Bei einigen wenigen Schülern zeigte sich sogar das Bild einer Sprach- bzw. Sprechbehinderung (Stottern, Palatolalie).
Sprachtherapie im klassischen Sinne ist notwendig. Obwohl wir der Steigerung der lautsprachlichen Kompetenz durchaus einen Stellenwert im therapeutischen Konzept für mutistische Schüler beimessen, sei aber ausdrücklich darauf hingewiesen, dass eine solche Sprachtherapie allein nicht das mutistische Problem lösen kann. Im Gegen-

teil, es besteht in Einzelfällen sogar die Gefahr der Kontraindikation. Es sollte deshalb sehr sensibel mit der sog. klassischen Sprachförderung umgegangen werden, denn eine Hinwendung der Aufmerksamkeit des Schülers auf seine defizitäre lautsprachliche Gestaltungsfähigkeit kann unter Umständen zu einer Verstärkung des Störungsbewusstseins führen und indirekt das mutistische Problem verstärken.
Ziele und Inhalte der speziellen Lautsprachförderung sollten natürlich vor allem auf die individuelle sprachtherapeutische Notwendigkeit des Schülers ausgerichtet sein. Aber vor dem Hintergrund des mutistischen Problems sollte diese stets mit der Festigung von erworbenen Sprechverhaltensstrategien erfolgen. Dieses Therapieziel ist eng mit den anderen Therapiezielen zu verknüpfen und sollte zum Prinzip der methodischen Gestaltung der speziellen Sprachtherapie werden. Die interaktionistische Gestaltungsweise ist zu favorisieren, das heißt, dialoge Gestaltungsformen mit wechselndem agierendem und reagierendem Part zwischen dem Sprachtherapeuten und dem Mutisten sollten das therapeutische Geschehen tragen, auch wenn hierbei andere sprachtherapeutische Schwerpunkte im Vordergrund stehen, beispielsweise Übungen zur Entwicklung der grammatischen Kompetenz. Äußerlich zeigt sich dies beispielsweise durch das gerichtete Ansprechen des Gesprächspartners, die Gesichtszuwendung mit Blickkontakt, das bewusste Antworten auf die Fragen des Partners bzw. das Eingehen auf seine Äußerungen und wechselnde Sprachformen (Fragen, Fordern, Bitten, Befehlen usw.). Der Einzelunterricht ist dafür kaum geeignet, deshalb sollte die Kleingruppenarbeit unbedingt favorisiert werden.
Eine weitere methodische Besonderheit sollte darin bestehen, dass das Sprechen des Mutisten vor allem sach- bzw. gegenstandsorientiert und handlungsbegleitend realisiert wird. Wie bereits erwähnt, kann dadurch bei ihm ein Anstieg der inneren Erregung gemindert werden. Somit wird einer Sprechblockierung vorgebeugt.

Nach unserer Erfahrung beschäftigen sich die meisten mutistischen Schüler nicht gern mit dem Bildungsgegenstand Sprache. Umso wichtiger ist es, dass die speziellen Sprachtherapiestunden ihm Spaß machen, dass quasi eine „Lernzugsituation“ besteht. Nicht nur eine erfolgsorientierte Führung und eine wirksame Belobigung und Motivierung sind hierfür erforderlich, sondern die Schüler sollten auch in gewissem Maße aktiv Einfluss auf die inhaltlich-methodische Gestaltung des Förderprozesses nehmen können.
Dazu folgendes Beispiel: Jeder Schüler der Fördergruppe formulierte schriftlich auf mehreren Zetteln (Häufigkeit entsprechend der Anzahl der beteiligten Schüler) seine inhaltlichen und gestalterischen Wünsche für die Förderstunde. Die Zettel waren farblich gekennzeichnet, so dass jeder Schüler seine Zettel wiederfand. Die Zettel wurden in eine Schachtel getan. Nun wurde mit den Schülern vereinbart, dass in einem Teil der Förderstunde – meistens jedoch am Ende der Stunde – ein Zettelwunsch realisiert werden sollte. Der Reihe nach wurden die Wünsche realisiert. Die Akzeptanz und die aktive Mitbestimmung bei der Gestaltung der Förderstunde wirkten sich recht positiv auf das Selbstbewusstsein des mutistischen Schülers aus.

Kapitel 5
Zusammenfassende Schlussbemerkungen

1 Bestimmung der pädagogisch-therapeutischen Ausgangssituation

Schulmutismus ist eine Unterkategorie des Störungsbildes selektiver Mutismus. Er tritt zwar am häufigsten in der Schuleingangsphase auf, kann aber auch im mittleren, in Einzelfällen sogar im älteren Schulalter vorkommen. Charakteristisch ist, dass das Kind zwar zu Hause oder in außerschulischen Situationen spricht, das Sprechen aber nicht in schulischen sprech-kommunikativen Anforderungssituationen möglich ist. Das reaktiv bedingte und neurotisch geprägte Schweigen kann sich auf die gesamte schulische Situation beziehen, aber auch nur bei bestimmten schulischen sprech-kommunikativen Anforderungen auftreten. Vor allem tritt es im Unterricht bei bestimmten Lehrern auf. Der so genannte partielle Schulmutismus ist häufiger als der komplexe. Der partielle Schulmutismus kann sich über Wochen, mehrere Monate, bei Nicht-Behandlung sogar über Jahre hinziehen. Oftmals wird ein partieller Schulmutismus gar nicht von den Lehrern registriert bzw. erfasst, weil das Störungsbild meistens den Grundschulpädagogen unbekannt ist und er deshalb diese Verhaltensweise anders deutet.
Beim Schulmutismus können wichtige Sprachfunktionen nicht mehr ungehindert realisiert werden. Wirkt dieser Zustand über eine längere Zeit, hat dies mehr oder weniger starke negative Auswirkungen auf die schulische bzw. auf die gesamte psychische, soziale, kognitive und kommunikative Entwicklung des Kindes. Der Mutist wird in eine soziale Sonderrolle gedrängt bzw. er drängt sich selbst dahinein und wird in der sozialen Lern- und Lebensgemeinschaft der Schule zum Außenseiter. Oftmals leidet das Kind unter seiner Störung, besonders auch, weil seine soziale Stellung in der Klasse und seine kommunikative Wirksamkeit beeinträchtigt sind.
Sein aktuelles Sprechunvermögen hat aber auch negative Auswirkungen auf die Unterrichtskommunikation. Es belastet den Lehrer, weil dieser sich gegenüber dem Schweigen machtlos, zumindest stark verunsichert fühlt. Der Lehrer kann den Mutisten nicht mehr im Dialog unvoreingenommen begegnen. Das hat zur Folge, dass der Lehrer, aber zum Teil auch die Mitschüler, den Dialog mit dem Mutisten meiden bzw. den Dialog mit ihm unnatürlich werden lassen. Der Sprechdialog in seiner gesamten rhetorischen Formenvielfalt kann im Unterricht nicht mehr uneingeschränkt verwendet werden, was zur didaktischen Einengung führt. Um diese Belastung für den mutistischen Schüler aber auch für die Mitschüler auszugleichen, ist ein sonderpädagogischer Mehraufwand erforderlich.
Durch die neurotische Prägung der Wahrnehmung von kommunikativen Anforderungssituationen ist das Reaktionsverhalten des mutistischen Schülers bei sprech-kommunikativen Anforderungen häufig paradox. Die sprech-kommunikative Anforderung im Unterricht wird vom Kind ausschließlich negativ reflektiert und von der Anforderung her

überbewertet. Entsprechend sind seine Antwortreaktionen. Die Reiz-Reaktions-Konstellation ist kaum noch stimmig, sondern mit zunehmender Tendenz verzerrt. Schon bei geringsten „normalen" Sprechanforderungen im Unterricht kommt es schließlich zu sprechblockierenden Angstzuständen. Und die Fehlreaktionen verfestigen sich sehr schnell. Bald ist der Schüler nicht mehr in der Lage, von selbst seine Blockierung zu überwinden.

Das Hauptsymptom beim Schulmutismus ist die schnell einsetzende und länger anhaltende situative Sprechblockierung, was dem Lehrer als Schweigen begegnet. Ein länger andauerndes Schweigen kann negative Auswirkung auf die gesamte Kommunikation des mutistischen Schülers haben. So kann auch die Sprachperzeption in Anforderungssituationen mehr oder weniger stark blockiert sein. Es kann zum Zerfall der stimmlich-prosodischen Fähigkeiten kommen. Zerfallserscheinungen lassen sich auch im Bereich der nonverbalen Kommunikation feststellen. Bei ausgeprägtem Schulmutismus ist das flexible Zusammenspiel der natürlichen Zeichensysteme zur Erhöhung der kommunikativen Wirksamkeit der Äußerung nur noch bedingt gegeben. Das Sprechen erfolgt nicht mehr vollständig in funktioneller und semantischer Einheit mit der nonverbalen und stimmlich-prosodischen Zeichengebung.

Die Verursachung des Schulmutismus ist polyfaktoriell und das aktuelle Zustandsbild das Ergebnis des Zusammentreffens und längeren Wirkens von ungünstigen inneren (den so genannten Prädispositionen) und äußeren, speziell den sozial-kommunikativen Bedingungen. Dies gilt in dieser allgemeinen Form für alle Mutisten und nicht nur für Schulmutisten. Das Spezifische in diesem Bedingungsgefüge gegenüber dem frühkindlichen Mutismus scheint zu sein, dass die Schule ein spezifisches kommunikatives, kognitives und soziales Anforderungsgefüge aufweist. Das Kind benötigt hierfür ein spezifisches Bewältigungspotenzial, was bei Mutisten offensichtlich nicht in ausreichendem Maße vorhanden zu sein scheint. Dadurch spitzt sich die Konfliktlage zu, denn der Widerspruch zwischen dem Kommunizieren-Sollen und dem Kommunizieren-Können wird für den Mutisten unüberbrückbar, so dass er in der Schule bzw. im Unterricht permanent sprech-kommunikativ überfordert zu sein scheint. Um aus dieser permanenten Überforderung herauszukommen, lernt er in seiner Not eine für ihn effektive Verhaltensstrategie: er verweigert sich in dem wichtigen Äußerungsbereich Sprache, er schweigt.

Im anhaltenden Überforderungsprozess entwickelt und verfestigt das Kind Fehleinstellungen und Fehlhaltungen im Hinblick auf die schulische Sprech-Kommunikation, was nicht ohne Auswirkung auf seine gesamte sprech-kommunikative Antriebsstruktur und Aktivität bleibt. Die negative Einstellung, wie: „Ich kann nicht, ich will nicht, ich brauche bzw. muss nicht", wird schließlich bestimmend für sein gesamtes Sprechverhalten in der Schule. Durch die Negativprägung der Antriebsstruktur wird die Besorgniskognition zunehmend verzerrter und es dominiert schließlich die Haltung: „Ich schaffe es sowieso nicht."

Die empirisch ermittelten Daten belegen, dass die kognitiv-kommunikativen Fähigkeiten der Schulmutisten, ihre sozial-kommunikative Kompetenz bzw. Stabilität, ihre aktuellen nonverbalen und stimmlich-prosodischen Fähigkeiten und natürlich die laut-

sprachlichen Fähigkeiten zur Gestaltung des Sprechaktes objektiv nicht bzw. nur bedingt ausreichend sind, die schulischen sprech-kommunikativen Anforderungen zu erfüllen. Insbesondere wurde die Sprechaktgestaltung der mutistischen Schüler analysiert, und zwar auf der Grundlage bzw. in Anlehnung an die Sprechakttheorie von Austin (1972). Festgestellt werden konnte, dass sich bei ihnen ein begrenztes Bewältigungspotential im Hinblick auf das sprachliche Leistungsverhalten und in besonderem Maße im sprech-kommunikativen Verhalten zeigt. In den genannten Untersuchungsbereichen weisen sie – im gruppenstatistischen Sinne – zum Teil erhebliche Defizite auf. Damit kann die Defizithypothese – insbesondere im Hinblick auf komplexe kommunikative Fähigkeiten – gestützt werden. Bei der therapeutischen Vorgehensweise muss dies unbedingt bedacht werden.
Deshalb kann nach unserem Verständnis in den meisten Fällen nicht auf die Mitwirkung des Sprachtherapeuten verzichtet werden. Eine solche Mitwirkung stellt nicht nur eine Bereicherung der Therapiemöglichkeiten dar, sondern wird in vielen Fällen sowohl aus der Sicht des Symptomprofils als auch im Hinblick auf das verursachende Bedingungsgefüge zur unbedingten therapeutischen Notwendigkeit.
Das verzerrte Sprechangstverhalten der Schulmutisten bestimmt ihre aktuelle schulische Sprechkommunikation. Angst führt zu Blockierungen, einhergehend mit panikartigen vegetativen Attacken. Diese Symptome können nur in der aktiven Auseinandersetzung des Betroffenen mit den Angstfaktoren überwunden werden, beispielsweise auf der Grundlage der kognitiven Verhaltenstherapie, der In-sensu-Konfrontationen oder der In-vivo-Konfrontationen. Bei Schülern, insbesondere bei jüngeren, wirken auf Grund ihrer mentalen Beschaffenheit vor allem In-vivo-Verfahren.
Zugleich muss es im Rehabilitationsgeschehen, wenn wir der Defizithypothese folgen, zu einer Minderung der verursachenden Funktionsschwächen kommen, aus sprachheilpädagogischer Sicht vor allem im Hinblick auf die gesamten vorhandenen sprechkommunikativen Defizite. Die Unterweisung von schulmutistischen Kindern in Bezug auf sprech-kommunikative Sachverhalte geht über das „Normalpädagogische" in der Schule hinaus. Auf Grund des aktuellen Zustandsbildes kann der Mutist selbst und allein nicht mehr die verfestigte Fehlentwicklung unter den üblichen schulischen Bedingungen korrigieren. Es bedarf einer speziellen Korrekturmethodik. Bedenkt man die Vermittlungsinhalte und die dominierende Therapiemethodik, dann scheint der Sprachtherapeut von seiner Professionalität her für die schulintegrierte Therapie am geeignetsten zu sein.

2 Pädagogisch-therapeutisches Förderkonzept

2.1 Anlage des Therapiekonzeptes

Mutismus ist ein Störungsbild vom Grad einer Behinderung. Der betroffene Schüler ist allein nicht mehr in der Lage, sein Problem zu überwinden. Er benötigt therapeutische Hilfestellungen und ein spezifisches therapeutisches Bedingungsgefüge, um seine Störung zu überwinden bzw. zu mindern. Dieses Bedingungsgefüge schließt psychotherapeutische, sonderpädagogische und sprachtherapeutische Sachverhalte ein, denn beim Schulmutismus handelt es sich um ein Fehlverhalten, was in den meisten Fällen nicht allein mit psychotherapeutischen aber auch nicht allein mit sonderpädagogischen, speziell sprachtherapeutischen Mitteln zu verändern ist. Insofern ist ein therapeutisches Zusammenwirken mehrerer Experten erforderlich.

Das Wesen der Störung verlangt zunächst und vor allem zwingend die Professionalität des Psychologen. Seine Fachkompetenz ist in der Doppelfunktion gefordert: zum einen im Hinblick auf den diagnostischen und psychotherapeutischen Prozess und zum anderen sollten alle therapeutischen Maßnahmen unter der fachlichen Obhut des Psychologen erfolgen, auch jene, die in den Schulbereich hinein verlagert werden. Ausgehend vom Wesen des Störungsbildes muss die fachpsychologische Therapie dominieren. Der psychotherapeutische Part stellt im komplexen Therapieansatz ein Handlungsfeld dar. Die getrennte Darstellung dieses Parts in Abbildung 1 (vgl. S. 119) und auch die gesonderte textliche Darstellung erfolgt aus didaktischen Gründen und soll nicht so verstanden werden, dass die psychotherapeutischen Interventionen lediglich einen Teil im Gesamtkonzept darstellen und ausschließlich neben den anderen Aktivitäten stehen. Die fachliche Leitung und Verantwortung für den gesamten Therapie- und Förderprozess sollte in jedem Falle der Psychologe haben. Auch in der Schule sollte nichts geschehen, was nicht mit dem Psychologen beraten und abgestimmt worden ist. Das sprachtherapeutische und unterrichtsimmanente Tun muss immer vor dem psychotherapeutischen Hintergrund gesehen werden und sich in das psychotherapeutische Therapiekonzept einordnen lassen.
Das zweite Wirkungsfeld in diesem komplexen Förderansatz ergibt sich aus der Erkenntnis, dass sich Fähigkeiten, Haltungen und Einstellungen vor allem in der entsprechenden Tätigkeit und unter spezifischen Bedingungen herausbilden bzw. verändern. Deshalb gilt, dass der Mutist zunächst durch eine entsprechende Gestaltung seiner schulischen Kommunikationsbedingungen kontinuierlich und systematisch zur entwicklungsfördernden lautsprachlichen Kommunikation angeregt wird. Kernpunkt des pädagogischen Parts des Förderkonzeptes ist daher die Förderung der Sprechverhaltensweise in der Schule, insbesondere im alltäglichen sprech-kommunikativen Anforderungsfeld des Unterrichts. Hierfür wurden Vorschläge unterbreitet.
Veränderungen im Sprechverhalten können nicht an sich erfolgen, quasi losgelöst von den Gesprächspartnern. Ein kommunikatives Fehlverhalten resultiert nicht zuletzt aus dem kommunikativen Fehlverhalten der Kommunikationspartner. Um aus der verfestigten kommunikativen Negativkonstellation herauszukommen, müssen deshalb die wichtigsten Kontaktpersonen in der Schule ihr Kommunikationsverhalten dem betroffenen Kind gegenüber verändern. Solche Veränderungen lassen sich in der Schule zuerst bei den erwachsenen, pädagogisch geschulten Kommunikationspartnern erreichen. Daraus resultiert eine wichtige Interventionsmaßnahme: die Problemerläuterung bis hin zum Kommunikationstraining der engeren Kommunikationspartner des Schülers. Diese und vor allem die so genannten Angstpersonen und kommunikativen Leitpersonen, müssen befähigt werden bzw. sich selbst befähigen, ihr eigenes Sprechverhalten so zu verändern, dass es nicht mehr zur Belastung für den mutistischen Schüler wird. Es darf

nicht mehr mit dem Mutisten in der üblichen, belastenden Art und Weise kommuniziert werden und man darf ihn nicht permanent überfordern. Belastendes muss vermieden und Stimulierendes gefördert werden. Der Mutist muss nicht nur auf seinem aktuellen sprechkommunikativen Niveau gefordert werden, sondern zugleich sollte der Lehrer zielgerichtet Stützen anwenden.

Der schulisch integrierte therapeutische Part ist dominant ein sonderpädagogisch-sprachtherapeutischer Prozess. Zur Problemüberwindung bzw. Problemminderung werden deshalb vor allem pädagogische Mittel eingesetzt. Dies wäre in unserem Falle vor allem die spezielle Erziehung, hier vor allem die Umerziehung (Verlernen durch Neulernen), und die Unterweisung, einschließlich der Übungs- und Anwendungskomponente vor allem im realen schulischen Anforderungsfeld. Die Umerziehung (Korrektur) von auffälligen neurotisch geprägten Verhaltensweisen bekommt in diesen Fällen allerdings eine besondere Komponente: die Umerziehung muss verhaltenstherapeutisch orientiert erfolgen. Daraus folgt, dass die Umerziehung nicht „rein" sonderpädagogisch, sondern nur in enger Zusammenarbeit mit einem Psychotherapeuten erfolgen kann. Der Sprachtherapeut erfüllt in dieser Hinsicht die Funktion eines Ko-Therapeuten.
Der dargelegte Förderansatz favorisiert die schul- bzw. unterrichtsintegrierte verhaltenstherapeutisch orientierte Umerziehung in Einheit mit der systematischen spezifischen sprachtherapeutischen Förderung. Nach unserem Verständnis kann eine blockierende, lähmende Sprechangst bei Mutisten in erster Linie durch das Sprechen in sprechkommunikativen schulischen Anforderungssituationen überwunden werden, also in so genannten In-vivo-Konfrontationen. Dafür müssen aber die üblichen schulischen Bedingungen modifiziert werden.
Zugleich muss das dafür erforderliche sprech-kommunikative Bewältigungspotential des Schülers in speziellen Übungen außerhalb des Unterrichts erweitert werden. Dies ist die Zielstellung des dritten Handlungs- bzw. Interventionsfeldes. Die hierfür notwendigen Übungen tragen vor allem sprachtherapeutischen Charakter. Die Erfahrungen der Sprachtherapie besagen, dass sich bestimmte kommunikative Grundfähigkeiten auch unter Sonderbedingungen (im geschützten Raum, in der Therapiesituation, beim Lernen am Modell) trainieren lassen und sich eine Stabilisierung von grundlegenden sprech-kommunikativen Teilfähigkeiten positiv auf den gesamten Rehabilitationsprozess auswirkt. Allerdings sollten solche Maßnahmen in der Bedeutung nicht überbewertet werden. Sie sind mehr im Sinne einer förderlichen, einer hinreichenden Bedingung anzusehen, weniger als eine unbedingt notwendige.
Die genannten Handlungsfelder des komplexen Therapieansatzes werden durch eine Vielzahl von unterschiedlichen Einzelaktionen realisiert. Es sei ausdrücklich festgestellt, dass nicht immer alle in den Handlungsfeldern genannten einzelnen Interventionsmaßnahmen bei allen Schulmutisten zur Anwendung kommen müssen. Notwendig scheint zu sein, dass die komplexe therapeutische Grundstruktur aufrechterhalten wird. Unter Umständen kann sich sogar herausstellen, dass weitere therapeutische Maßnahmen (beispielsweise zeitweilige medikamentöse Therapie) notwendig sind, um dem Kind wirksam zu helfen.

Welche Relevanz die einzelnen vorgestellten Interventionsmaßnahmen bzw. bestimmte Kombinationen von Maßnahmen im Hinblick auf die Überwindung der mutistischen Sprechverhaltensweise haben, kann gegenwärtig nicht exakt bestimmt werden. Die Erfahrungen der Praktiker gehen diesbezüglich weit auseinander. Da die Maßnahmen von der therapeutischen Zielstellung her einander nicht ausschließen, sind vielfältige Kombinationen möglich. Ungünstige Wirkungen von Einzelmaßnahmen bzw. Konstellationen konnten bisher nicht ermittelt werden.
Bei allen bisher von uns experimentell durchgeführten Förderversuchen ist Folgendes deutlich geworden: Für die spezifische Vorgehensweise bei der Überwindung der Sprechfehlverhaltensweise im Schulalltag kann es kein Patentrezept geben. Die Erscheinungsbilder und die einzelnen Problemlagen sowie der daraus resultierende Förderbedarf sind zu unterschiedlich. Wie es nicht ***den*** Schulmutisten gibt, so kann es auch nicht ***das*** Förderkonzept geben. Der vorgestellte pädagogisch-therapeutische Förderansatz ist deshalb weit davon entfernt, ein konsistentes und in sich abgeschlossenes oder gar dogmatisches Sprachtherapiekonzept für Kinder mit dieser Art von Sprechproblem zu sein. Dies ist auch auf Grund unseres fördermethodischen Grundverständnisses weder möglich noch wünschenswert. Trotz des Versuchs eines systemischen Förderansatzes bleibt bei der realen Umsetzung im Einzelfall letztendlich immer ein gewisser Anteil von Versuch-Irrtum-Verhalten bestehen. Deshalb kann ein verallgemeinertes Förderkonzept nur die Invarianten der Förderung bzw. das Bedingungsgefüge benennen, die bei Schulmutisten Sprechverhaltensveränderungen hervorrufen. Die bisherigen Therapieerfahrungen und die Ergebnisse der pädagogischen Einzelexperimente (Pilotstudien) erlauben eine gewisse Verallgemeinerung von bestimmten Wirkaspekten. Die wichtigsten davon haben wir im vorliegenden Therapiekonzept dargelegt. Als Resümee der exemplarischen praktischen Erprobung kann festgehalten werden: die drei Interventionsbereiche (die therapeutischen Handlungsfelder bzw. die „Säulen" der ganzheitlichen Förderung) können als die tragenden Strukturen in der symptom-, ursachen- (im Sinne von Funktionsschwächen und sozialer Verursachung), und prozessorientierten Förderung von Kindern mit Schulmutismus angesehen werden. Eine solche ganzheitliche Art des Herangehens ist bei Schulmutisten nicht nur zweckmäßig, sondern sie ist auch bei den meisten unbedingt erforderlich. Deshalb sollte dieses Grundkonzept vom Wesen her stets beibehalten werden, obwohl eine ganzheitliche Vorgehensweise zeit- und kraftaufwendig ist.

Für Lehrer und Eltern stellt sich immer wieder die Frage, wie lange der Rehabilitationsprozess dauert. Die Erfahrungswerte sind diesbezüglich recht unterschiedlich. Dies kann nicht verwundern, denn die Variablen bei den personellen Bedingungen (sowohl bei den Lehrern, Therapeuten als auch bei den mutistischen Schülern) sind zu komplex und dynamisch. Eine quantitative Angabe bzw. eine diesbezügliche Prognose für den einzelnen Schüler ist mit hohem Risiko behaftet, denn die Behandlungsdauer und die Erfolgsaussicht hängen entscheidend davon ab, in welchem Maße das Störungsbild verfestigt und wie groß die Therapiebereitschaft des Schülers ist. Einflussgrößen sind weiterhin, wie bereit und fähig das schulische Umfeld ist, eigene Verhaltensveränderungen vorzunehmen, das Niveau der therapeutischen Kompetenz sowie die organisa-

torische Stabilität des Geschehens (Häufigkeit und Regelmäßigkeit der einzelnen Interventionen).
Die Erfahrungswerte aus unserer Untersuchung besagen Folgendes: Mittelfristige Erfolge werden mit weniger als 50 Förderstunden (additive Therapieform, ein- bis zweimal wöchentlich neben dem Unterricht) nur dann erreicht, wenn die Therapie eng mit dem Unterricht verknüpft wird. Es ist durchaus auch realistisch, dass selbst über 100 additiv gehaltene Förderstunden nur eine geringfügige Verbesserung bringen können. Auf keinen Fall darf die Phase der Stabilisierung/Generalisierung des neu erworbenen Sprechverhaltens zu kurz sein. Es gilt den therapeutischen Grundsatz zu bedenken, dass jeder Rückfall die nachfolgende Therapie zum Teil erheblich erschweren kann.

Die spezielle Förderung sollte so natürlich wie nur irgend möglich erfolgen und deshalb möglichst in den Schulalltag integriert sein und weitgehend im Kontext mit allen bzw. mit nicht sprechauffälligen Schülern erfolgen. Bewährt hat sich das Umlernen bzw. die verhaltenstherapeutisch orientierte Umerziehung im realen sprech-kommunikativen Anforderungsfeld, besonders im Unterricht. Dieses ist als Lern-, als Übungs- und auch als Bewährungsfeld zu konzipieren. Die neu erworbene Sprechverhaltensweise muss allmählich auf unstrukturierte sprech-kommunikative Anforderungssituationen in der Schule übertragen werden. Für die Generalisation ist ein allmähliches Ausblenden der Stützmethoden und Stützmittel sowie der Strukturhilfen im Unterricht erforderlich. Zugleich sollte es im Prozess der Generalisierung zu einer Zurücknahme der Therapiekontakte beim Psychologen und beim Sprachtherapeuten kommen, da zu einem bestimmten Therapiezeitpunkt intermittierende Therapiekontakte für die Aufrechterhaltung von Therapieeffekten günstiger sein dürften als kontinuierliche. Die Therapiekontakte sollten deshalb allmählich „ausgedünnt“ werden.

2.2 Anspruch an die pädagogische Führung

Von der Qualität der inhaltlich-methodischen Ausgestaltung des Handlungsrahmens hängt letztendlich der Therapieerfolg ab. Einsichten und Haltungen allein reichen nicht aus. Der mutistische Schüler benötigt auf Grund der Spezifik der Konfliktlage professionelle Hilfe: neben der psychologischen auch eine spezielle sonderpädagogische Fachkompetenz. Letztere zeichnet sich unter anderem durch eine soziale Kompetenz, eine spezielle Sachkompetenz (Sachwissen), eine fördermethodische und durch die prozessgestalterisch-organisatorische Kompetenz aus. Ein Grundvertrauen ist wie immer die Grundvoraussetzung für pädagogische Einflussnahme, denn bei mangelndem Vertrauen wird das Kind nicht mit dem Pädagogen sprechen wollen und können und der Pädagoge kann sich bei gestörtem Vertrauensverhältnis auch nicht als Stützperson aufbauen.
Die Sachkompetenz beinhaltet die Kenntnis der Problemlage (Symptomkette der Verhaltensmerkmale, die Ursachen der Entstehung und die Faktoren der Pathogenese) sowie das Wissen, wie die Blockierung überwunden werden kann. Die Kenntnis der spezifischen Fördermethoden, die zur Lösung des speziellen pädagogischen Problems

notwendig sind, ist erforderlich, um den schulintegrierten Förderprozess zu konzipieren.
Vor allem benötigen die Pädagogen und der Sprachtherapeut die Fähigkeit, solche Fördermethoden auch zu praktizieren und die notwendigen Fördermaßnahmen in den Schul- bzw. Unterrichtsablauf zu integrieren, das heißt, die Fachdidaktik mit der Fördermethodik zu verknüpfen. Da die Sprechverhaltensveränderung vor allem durch ein gestütztes Umlernen, zum Teil durch Neulernen, von sprech-kommunikativen Verhaltensweisen erfolgen soll, müssen die dafür erforderlichen Voraussetzungen geschaffen werden. Die Planung und didaktische Umsetzung der sprech-kommunikativen Schüleraktivitäten im und außerhalb des Unterrichts ist Kernstück der fördermethodischen Kompetenz. Diese Kompetenz muss vor allem in kooperativer Zusammenarbeit zwischen dem Sprachtherapeuten und den unterrichtenden Lehrern entwickelt werden. Meistens werden diese speziellen fördermethodischen Kompetenzen von den Kollegen im Prozess „learning by doing" erworben. Letztlich hilft jedoch jegliche Kompetenz nicht, wenn es nicht auch gelingt, die Fördermaßnahmen konsequent und mit der erforderlichen Häufigkeit und Regelmäßigkeit durchzusetzen.

Das schulisch integrierte therapeutische Geschehen ist dominant ein sonderpädagogisch-sprachtherapeutischer Prozess. Die Wahrscheinlichkeit einer erfolgreichen pädagogisch-therapeutischen Intervention erhöht sich, wenn vor allem folgende inhaltlich-methodischen Gestaltungsaspekte Beachtung finden:

> **Die pädagogisch-therapeutische Intervention sollte ganzheitlich bzw. komplex organisiert sein.**

Zum einen sollte die Sprechblockierung in Einheit mit der Verbesserung der sprech-kommunikativen Voraussetzungen bei systematischer Erhöhung der lautsprachlich-kommunikativen Stabilität überwunden werden. Zugleich wird Einfluss auf das Kommunikationsverhalten der engeren Kontaktpersonen in der Schule genommen.
Ganzheitlich sollte das therapeutische Einwirken im Hinblick auf die Qualifizierung der gesamten Kommunikation sein. So sind beispielsweise alle natürlichen Zeichensysteme des Schülers im Hinblick auf Inhalt und Form und alle Formen der Informationsvermittlung (Sach-, Beziehungs- und Prozessbotschaften) zu qualifizieren. Bei den Sprechanforderungen sind wiederum sowohl die Leistungs- als auch die Verhaltensparameter zu beachten. Vor allem sollte dabei auch das koordinierte Zusammenwirken der Zeichensysteme bedacht werden, denn die kommunikative Wirksamkeit ergibt sich aus dem harmonischen Zusammenwirken aller verwendeten Zeichen, und zwar im Hinblick auf Inhalt und Form. Die Zeichensysteme bedingen einander, so dass eine uneingeschränkte Anwendung der Lautsprache nicht losgelöst von den anderen natürlichen Zeichensystemen möglich ist.
Vielgestaltig muss das sprech-kommunikative Anforderungsfeld sein. Es ist systematisch zu erweitern, beispielsweise im Hinblick auf

- Sprechleistungs- bzw. kommunikative Belastungsstufen
- die Verwendung unterschiedlicher Informationsarten (Sach-, oder Prozess- oder Beziehungsbotschaften)

- wechselnde Kommunikationsbedingungen
- die unterschiedliche Gerichtetheit der Äußerung
- unterschiedliche Aktivitätsaspekte (agierend, reagierend, gestaltend, reproduzierend).

Die therapeutischen Maßnahmen sollten den gesamten Schulalltag (unterrichtliche und außerunterrichtliche Schulstrukturen) des Schülers durchdringen und sich keineswegs nur auf einzelne Organisationsformen beschränken (zum Beispiel nur auf den Förderunterricht, auf ausgewählte Unterrichtsstunden oder auf die Arbeitsgemeinschaft). Die zeitliche Eingrenzung der Therapiemaßnahmen ist zu durchbrechen. Der mutistische Schüler soll möglichst über den gesamten Tag in der Schule therapeutisch vielfältig, regelmäßig und kontinuierlich beeinflusst werden. Das gesamte schulische Leben sollte vom therapeutischen Anliegen durchdrungen sein. Dennoch ist erforderlich, dass die immanente Förderung nach einem festen organisatorisch-methodischen Programm erfolgt und mit der entsprechenden konkreten personellen Verantwortung geregelt wird. Dabei sollten die sprech-kommunikativen Anforderungen nach einem einheitlichen Anforderungssystem gestaltet werden. Dadurch verbessert sich für den mutistischen Schüler nicht nur die Orientierungsgrundlage, sondern auch das System der Hilfestellungen und Stützen kann besser genutzt werden. Je zielgerichteter, je konzentrierter, je unausweichlicher die Einflüsse auf das Kommunikationsverhalten des mutistischen Kindes wirken, natürlich immer vor dem Hintergrund der erforderlichen emotional-sozialen Einbettung, um so wirksamer sind diese. Der Mutist lernt so, sich in seinem Kommunikationsverhalten „programmgemäß" zu verhalten und durchbricht eher fehlentwickelte Gewohnheiten seines regressiven kommunikativen Verhaltens.

> **Der schulische Interventionsprozess ist dominant als sonderpädagogisch-sprachtherapeutischer Prozess zu gestalten.**

Vom Wesen her handelt es sich bei der schulintegrierten Förderarbeit zum Zweck der Sprechverhaltensveränderung vor allem um pädagogisch gelenkte Lernaktionen zum Zweck der Umerziehung mit den Elementen Verlernen und Neulernen. Der mutistische Schüler muss zur Überwindung seiner sprech-kommunikativen Probleme in verstärktem Maße zu speziellen Sprechtätigkeiten angeregt werden. Deshalb wird er vor allem im schulischen Förderprozess von dem Sprachbehindertenpädagogen geführt. Von ihm wird das spezielle Tun des Schülers angeleitet, angeregt und während der Durchführung geführt und die involvierten Aktivitäten werden ge- bzw. unterstützt. Die therapeutischen Lernaktionen erfolgen zielorientiert, systematisch, planmäßig und bewusst, denn eine verhaltenstherapeutisch orientierte Umerziehung setzt dieses voraus. Ein solcher Umerziehungsprozess verlangt stabile Rahmenbedingungen. Um eine regelmäßige Durchführung und stabile räumliche, zeitliche, personelle und sächliche Bedingungen zu sichern, erfolgt das Vorgehen organisiert. Zu sichern ist ferner ein erfolgsorientierter Verlauf des Umlernprozesses.

Deshalb erfolgt die Organisation der Lerntätigkeit zur Sprechverhaltensveränderung nach dem Prinzip steigender Anforderungen und außerdem ge- bzw. unterstützt. Weil ein pädagogischer Mehraufwand erforderlich ist und es sich um eine Behinderung handelt,

erfordert das Lernen ein sonderpädagogisches Bedingungsgefüge, beispielsweise die sog. Doppelsteckung im Unterricht, zusätzliche Einzelförderung, stärkere didaktische Untersetzung, Einsatz neurodidaktischer Interventionen.
Das Vorgehen erfolgt dominant mit sprachheilpädagogischer Methodik. Der Mutist soll primär über das eigene aktive sprech-kommunikative Handeln vor allem in der In-vivo-Konfrontation seine Fehleinstellung und sein Sprechverhalten verändern. Der Abbau der Sprechangst bzw. der Aufbau der sprech-kommunikativen Fähigkeit erfolgt mit der bewährten sprachtherapeutischen Vorgehensweise: die Arbeit mit kommunikativen Belastungsstufen verknüpft mit einer Stützmethodik. Dadurch wird das sprech-kommunikative Anforderungsfeld für den Mutisten harmonisiert und er kann jeweils auf der ihm möglichen Niveaustufe seine sprech-kommunikativen Fähigkeiten und Funktionen trainieren. Dabei werden ihm Wege zur Selbsthilfe aufgezeigt und zugleich in ausreichendem Maße Übungs- und Anwendungs- bzw. Bewährungsfelder dafür organisiert. Parallel dazu erfolgt ein Selbstsicherheits- und Kommunikationstraining in Form des Modelllernens.
Indem sich der Mutist mit seinem Problem aktiv und offensiv auseinandersetzt, verändert er sich selbst: er vollzieht einen Wandel in seiner Einstellung und Haltung zur schulischen Sprechkommunikation und praktiziert ein verändertes Sprechverhalten. Im Prozess des aktiven sprech-kommunikativen Tätigseins therapiert er sich quasi unter Anleitung selbst.

> **Das Vorgehen erfolgt dominant persönlichkeitszentriert.**

Ausgangspunkt für das sprachtherapeutische Handeln sind die aktuellen kindlichen Ausgangsbedingungen. Die Förderung erfolgt sowohl syndrom- als auch ursachenzentriert, entsprechend des individuellen Profils des Mutisten. Aus sprachtherapeutischer Sicht sind es vor allem Sachverhalte, die den Sprechakt kennzeichnen und bedingen.
Die Förderaktivitäten zielen darauf ab, die Kommunikationsbedingungen für den Schüler in der Schule zu verändern und zugleich an der Aufhebung der Sprechblockierung und der allgemeinen sozialen und lautsprachlich-kommunikativen Stabilisierung des Schülers zu arbeiten. Stärker bedacht wird das aktuelle Sprechverhalten in der sozialen Dialektik. So kommt es zunächst primär darauf an, durch die Veränderung des Kommunikations- und Anforderungsverhaltens zum Kind, durch Veränderung der Erwartung und des kommunikativen Anforderungsniveaus die allgemeine Kontaktbereitschaft und -fähigkeit des Schülers zu erhöhen. Ihm muss das Gefühl der sozialen Geborgenheit gegeben werden. Durch die zielgerichtete Stärkung seiner Stärken wird seine allgemeine Selbstsicherheit erhöht. All dies trägt dazu bei, seine kommunikative Eigenaktivität, seine Äußerungsbereitschaft, seinen kommunikativen Ehrgeiz u.a. anzuregen, auszubilden bzw. zu stabilisieren. Erst in einem rundum stimulierendem sozial-kommunikativen Klima in der Klasse bzw. der Schule wird dann an der Überwindung der Sprechhemmung gearbeitet. Der Weg zur Zielerreichung ist so sicher länger, dafür erscheinen uns aber die Resultate stabiler zu sein. Die Förderung erfolgt also auch persönlichkeitszentriert, das heißt unter bewusster Beachtung der Stärken, der aktuellen Bedürfnisse und der Interessen des Mutisten.

> **Der schulintegrierte Förderprozess sollte mit stimulierenden Faktoren angereichert sein.**

Die meisten Mutisten sind aktuell sozial und kommunikativ sehr gehemmt, zum Teil massiv selbstunsicher und weisen ein mangelndes Selbstwertgefühl auf. Bei einigen besteht bereits ein Störungsbewusstsein bzw. ein Leidensdruck. Bestimmend sind belastende Fehlhaltungen und Fehleinstellungen. Die Mutisten meinen häufig, dass sie in der Schule nicht reden können und deshalb auch nicht mehr reden wollen. Eine Veränderung solcher Einstellungen und Verhaltensweisen gelingt primär über eine Veränderung der Erfahrungen, in diesen Fällen vor allem über andere Erfahrungen, die in der Schule gemacht werden. Für das Umdenken sind zum einen positive Reflexionen (bewertendes Feedback) und Bekräftigungen unbedingte Voraussetzungen und zum anderen bedarf es einer erfolgsorientierten Führung des Therapieprozesses. Gelingt dem Schüler regelmäßig und mit ausreichender Häufigkeit die lautsprachliche Kommunikation mit allen Mitschülern und den erwachsenen Personen der Schule, dann entsteht bei ihm das Gefühl und die Überzeugung: „Ich kann sprechend kommunizieren." Allmählich entsteht daraus dann auch der Wille, wieder mit allen Personen der Schule sprechen zu wollen und dies erhöht seine sprech-kommunikative Aktivität. Im verstärkten sprech-kommunikativen Tätigsein stabilisiert sich die Fähigkeit wieder (Lernen am kontinuierlichen Erfolg) und es kommt zur Einstellungsänderung. Das hauptsächliche Stimulierungsmittel ist die erfolgreiche Bewältigung der fremd oder selbstgestellten sprech-kommunikativen Anforderung. Das Kind erlebt nicht nur, dass es die Sprechanforderungen bewältigen kann, sondern es erfährt durch seine verstärkte sprech-kommunikative Aktivität auch mehr nützliche Zuwendung von Lehrern und Mitschülern.
Darüber hinaus sollten auch andere, mehr kindgemäße Stimulierungsmittel verwendet werden. Die Stimulierung muss auf jeden Fall wirksam sein. Für ältere Schüler sind es beispielsweise interessante Gesprächsinhalte, für jüngere können und sollten auch Token oder materielle Zuwendungen als Verstärker eingesetzt werden. Bei ihnen beruht die Motivation, in der Schule (wieder) zu sprechen, weniger auf kognitiven Einsichten. Motiviert werden sie stärker durch mehr Zuwendung oder zusätzliche „Geschenke".

3 Bewertung des Förderansatzes

3.1 Ergebnisse im Hinblick auf die mutistischen Schüler

Zunächst sei vermerkt, dass sich die dargestellte Vorgehensweise zur Rehabilitation von Kindern mit Schulmutismus bewährt hat. Die nach diesem Konzept betreuten mutistischen Schüler haben im Verlaufe der unterschiedlich akzentuierten pädagogisch-therapeutischen Intervention ihr Sprechverhalten in der Schule im erwarteten Sinne verändert. Da dieselben Schüler vorher an der Schule ihr mutistisches Sprechverhalten erlernt oder ein bereits bestehendes dort manifestiert haben, kann gefolgert werden, dass das Förderkonzept wesentlich, wenn nicht gar entscheidend den Veränderungsprozess bewirkt hat. Nur bei wenigen Einzelfällen gab es lediglich eine leichte Verbesserung (intermittierendes Schweigen), aber keinen deutlichen Durchbruch im Hinblick auf verändertes Sprechverhalten in der Schule. Bei den Schülern, die nicht die Therapieerwartungen in vollem Maße erfüllten, schienen andere Bedingungen die positive Wirkung aufzuheben. So konnte festgestellt werden, dass bei ihnen der Therapieverlauf und die Therapiegestaltung nicht der geplanten Vorgabe entsprachen: die einzelnen Aktionen erfolgten unregelmäßig und weniger systematisch oder die Therapiebedingungen waren labil. Diese Schüler waren meist durch Krankheit wiederholt abwesend oder es erfolgte während der Therapiephase ein Lehrer-, gar Schulwechsel. Besonders negativ wirkte sich auch aus, dass durch Ausfall der vorgesehenen Förderstunden nur wenige außerunterrichtliche Förderaktionen stattfanden.

Um differenzierter die Wirksamkeit der konzipierten komplexen pädagogisch-therapeutischen Interventionen einzuschätzen, wäre es sicher recht sinnvoll, vor allem Selbsteinschätzungen durch den Betroffenen selbst vorzunehmen. Dies gelang aber nur bedingt, weil das jüngere mutistische Schulkind – und dies machte die Hauptgruppe aus – nicht bzw. nur bedingt in der Lage war, sich selbst mitzuteilen bzw. den Prozess und den Erfolg zu beurteilen. Nur einzelne Schüler äußerten sich hinreichend, ob das, was mit ihnen und von ihnen getan wurde, als gut oder schlecht, als ausreichend oder zu wenig, als bedeutsam oder überflüssig, gar hemmend usw. zu bewerten war. Schüler im mittleren und älteren Schulalter hingegen konnten die Sachverhalte in der Mehrheit recht gut beurteilen, und ihr Urteil war keineswegs negativ. Um eine Beurteilung der Wirksamkeit der Maßnahmen vorzunehmen, mussten wir deshalb neben der Selbsteinschätzung eine Fremdeinschätzung durchführen. Die Fremdbewertung erfolgte zum großen Teil in Form der Selbstevaluation, also im Team der beteiligten Pädagogen und Therapeuten (Psychologe, Sprachtherapeut, Klassen- und Fachlehrer).

Bei den Bewertungen orientierten sich die beteiligten Experten zum einen an dem Entwicklungsfortschritt im Sprechverhalten des Schülers. Hierfür konnten aber nur bedingt standardisierte Verfahren eingesetzt werden (beispielsweise der Angstfragebogen). Deshalb erfolgte die Einschätzung vor allem auf der Grundlage der spezifischen individuellen Angstpyramide, das heißt, ob bzw. wie das Kind die erstellte Therapiespirale erfolgreich bewältigt hat. Bewertet wurde also insbesondere der individuelle Entwicklungsverlauf der Sprechangstbewältigung. Allerdings galt es dabei folgenden Sachverhalt zu beachten: Je ausgeprägter der Schulmutismus war (Umfang der Angstfaktoren und Manifestierung der Sprechangst), um so kleiner war in der Regel auch der Spielraum für wesentliche Niveauverbesserungen im zeitlich begrenzten Therapieprozess. Eine alleinige Orientierung am Veränderungsfortschritt, beispielsweise am Grad der Veränderungen oder wie viele kritische Therapiepunkte bewältigt worden sind, ist nicht zweckmäßig, da Therapieeffekte nur unzureichend quantifiziert werden können.

Aus diesem Grunde sollen nachfolgend einige qualitative Merkmale herausgestellt werden, die Klassen- und Fachlehrer, Sprachtherapeuten und Psychologen von einzelnen Schülern genannt haben.

– Zugewinn an kommunikativ-lautsprachlicher Selbständigkeit

Beobachtungen in den Pausen ließen erkennen, dass die Mutisten im Vergleich zu früher in ihrem Sprechverhalten insgesamt aktiver waren. Sie kommunizierten auch mit

Mitschülern (jüngeren und älteren) ohne direkte Aufforderung und ohne Vereinbarungen mit dem Sprachbehindertenpädagogen. Es gab Einzelfälle, in denen sie auch gegenüber weniger vertrauten Lehrern lautsprachlichen Kontakt herstellten.
Diese Feststellungen sollen keineswegs überbewertet werden. Es handelt sich um erste „zarte" Durchbrüche im Hinblick auf verändertes Sprechverhalten. Im Vergleich zu den Mitschülern gab es immer noch im Sprechverhalten gravierende Unterschiede, und zwar hinsichtlich der kommunikativ-lautsprachlichen Eigenaktivität. Insgesamt wurden diese Schüler von allen Lehrern immer noch als recht schüchtern und zurückhaltend eingeschätzt.

– Zugewinn an verbal-kommunikativen Durchsetzungsstrategien

Es wurde bereits an anderer Stelle darauf hingewiesen, dass die mutistischen Schüler vor ihrer Therapie weitgehend auf verbal-kommunikative Durchsetzungsstrategien verzichteten. In dieser Hinsicht gab es im Verlaufe des Förderprozesses positive Veränderungen. Offensichtlich wirkte sich insbesondere das Rollenspiel hierbei günstig aus. Das Modelllernen zeigte einen Fähigkeitszugewinn. Es kam sogar vereinzelt vor, dass die Kinder im Konflikt ihre Schreistimme gebrauchten, sich lautstark durchsetzten. Trotz dieser erkennbaren Fortschritte war ein solches Verhalten keineswegs schon für alle therapierten Schüler charakteristisch.

– Stabilität des neu erworbenen Sprechverhaltens

Da es in der Versuchspopulation in den zwei Jahren nach Durchführung der Studie keinen nennenswerten Rückfall gab, zeugt dies davon, dass mit dem Förderansatz stabile Resultate erzielt werden konnten.
Die mutistischen Schüler waren auch zunehmend weniger anfällig im Hinblick auf ungünstige kommunikative Anforderungen. In der kommunikativen Alltagssituation der Schule lassen sich nicht immer lautsprachliche Überforderungen vermeiden, zumal wenn eine Strukturierung nach Anforderungsstufen im Unterricht nicht mehr praktiziert wird. Natürlich bleibt ein von der Sprechkommunikation her unstrukturierter Unterricht nach wie vor eine ungünstige Situation für den ehemals mutistischen Schüler.
Früher fielen die Schüler schon bei geringfügigen sprech-kommunikativen Überforderungen sogleich zurück in die Sprechverweigerung. Aktuell war dies nicht mehr so. Sie „wehrten" sich durchaus schon vereinzelt verbal, wenn sie meinten, nicht sprechen zu wollen. Nach einer Aufforderung, das Gedicht vorzutragen, sagte beispielsweise ein therapierter mutistischer Schüler laut vor der Klasse, dass er jetzt nicht möchte, weil er heute „nicht gut drauf sei". Ein anderer Schüler brach seinen Vortrag ab und begründete dies mit unzureichender Vorbereitung.

– Gebremst werden konnte der Prozess der negativen Ausweitung

Zu beobachten war nicht nur eine Verminderung bzw. Beseitigung der schulmutistischen Verhaltensweise, sondern festzustellen war auch eine Reduzierung bzw. gar ein Verschwinden von Parallel- und Folgesymptomen. Die Stimme wurde mit festeren Stimmeinsätzen gebraucht und es wurde lauter und deutlicher gesprochen. Eine behauchte Stimme, gar ein Stimmversagen wurde nicht mehr in der Nachuntersuchung registriert.

Von den Fachlehrern wurde eingeschätzt, dass die Förderung positive Auswirkungen auf das schulische Lernen und die allgemeine kindliche psychische Entwicklung brachte. Mit dem Schwinden der Sprechverweigerung kam es bei den meisten mutistischen Schülern zu deutlichen Fortschritten in ihrem Gesamtverhalten. Das Training einiger sprech-kommunikativer Basisfähigkeiten (Stimm- und Atemtraining, Kommunikationsstrategien, Entspannungstechniken u.a.) wirkte sich auch positiv auf die weitere schulische Entwicklung des Kindes aus.
Die erzielten Therapieresultate sind – insgesamt gesehen – also durchaus beeindruckend. Abgesehen von den o.g. wenigen Einzelfällen sprachen alle Schulmutisten schon nach relativ kurzer Zeit (nach zwei bis fünf Monaten), und es kam auch zu keinem von uns bemängelten Bruch zwischen der Übungssprache beim ambulant tätigen Psychologen bzw. Logopäden und dem Sprechen in der Schule bzw. Klasse. Es konnte auch relativ schnell eine Vielfalt der sprech-kommunikativen Aktionen beobachtet werden: die meisten Kinder sprachen recht bald mit vielen bzw. allen Lehrern, die bei ihnen unterrichteten, zu allen Themen und Inhalten, vor der Klasse genau so wie vom Platz aus, bestanden den Dialog (Unterrichtsgespräch) ebenso wie den Monolog (Rezitieren, Nacherzählen usw.).

3.2 Auswirkungen auf die sonderpädagogische Kompetenz der Lehrer

Die am Vorhaben beteiligten Lehrer, die erwachsenen schulischen Kontaktpersonen und die Sprachbehindertenpädagogen schätzen übereinstimmend ein, dass sie im Hinblick auf die Problematik ihre pädagogische Kompetenz erheblich gesteigert haben. Eine verhaltenstherapeutische Kompetenz in Bezug auf die Therapie von mutistischen Verhaltsweisen fußt auf mehreren Sachverhalten. Dazu gehören beispielsweise:

- **Wissenszuwachs über Erscheinung und Ursachen regressiver Sprechverhaltensweisen, insbesondere Mutismus und Schulmutismus**

Eine solche Thematik für die Fortbildung wurde einmütig von allen begrüßt und als sinnvoll erachtet. Bemängelt wurde lediglich, dass eigentlich eine solch thematisierte Fortbildung zu spät kam. Die intensive Zusammenarbeit mit den Lehrern hatte einen positiven Einfluss auf ihren Wissenszuwachs.

- **Zugewinn im Hinblick auf das eigene sprechkommunikative Verhalten**

Ein solcher Zugewinn war schlecht prüfbar. Viele Kollegen schätzten zwar ein, dass sie aktuell viel überlegter ihr Sprechverhalten steuern würden, aber objektiv nachprüfbar war dies nicht, wenn man von wenigen Ausnahmen absieht (Kollegen, die ihren Unterricht supervidieren ließen).

- **Zugewinn im Hinblick auf die allgemeine Umgangsweise der Lehrer mit sprechgehemmten Kindern**

Verändert hat sich nach Informationen der Sprachbehindertenpädagogen und Lehrer beispielsweise ihr Anforderungsverhalten, sowohl in kognitiv-kommunikativer und kommunikativ-sozialer Hinsicht, aber insbesondere im Hinblick auf die Sprechleistung. Es wurde von mehreren Lehrern eingeschätzt, dass sich allein schon dadurch das Sprechverhalten der mutistischen Schüler verändert hat.

- **Zugewinn im Hinblick auf die methodische Gestaltung des unterrichtsimmanenten Förderprozesses**

Die Lehrer entwickelten in der Prozessgestaltung eine beachtliche Kompetenz, vor allem im Hinblick auf die zielgerichtete und bewusste Gestaltung der lautsprachlich-kommunikativen Anforderungssituationen im Unterricht. Dies sehen wir im Nachhinein als die entscheidende Bedingung für die erfolgte Sprechverhaltensveränderung an.
Es wurde von den Beteiligten eingeschätzt, dass es gelang, im Interventionsfeld Unterricht dem Kind in angemessener Form Raum und Gelegenheit zugeben, seine Sprechaktivität zu entwickeln.

- **Zugewinn hinsichtlich ihrer Fähigkeit, positive Sprechverhaltensweisen zu stimulieren**

Für die Wirksamkeit von Interventionsmaßnahmen ist entscheidend, ob die gestalteten Kommunikationsbedingungen dem Schüler die erforderliche positive soziale Resonanz bieten. Bei einem stimulierenden Bedingungsgefüge greift das mutistische Kind eher die Anregungen und Angebote zur lautsprachlichen Kommunikation auf.
Nach Aussagen der Sprachbehindertenpädagogen zeigten die Fachlehrer im Unterricht insgesamt im Hinblick auf eine angemessene Dialogführung ein stärkeres Bemühen. Ihre gewachsene soziale Kompetenz führte zu einer Atmosphäre der sozialen Geborgenheit. Ihre Bereitschaft und Fähigkeit zur Dialoggestaltung hatten sich im Verlaufe des Prozesses positiv verändert. Sie hörten geduldiger zu und konnten sich auch besser auf das Dialogniveau der Kinder einstellen. Die mutistischen Schüler wurden weitgehend auf einer erfüllbaren Anforderungsebene geführt (sachgerichteter Dialog in Einheit mit dem gegenständlichen Handeln). Ferner war zu beobachten, dass sie sich um ein angemessenes Niveau im sprachlichen Ausdruck und der Form bemühten. Zunehmend besser wurden die Schüler auch außerhalb des Unterrichts zum Sprechen angeregt, wobei alters- und interessenadäquate Inhalte besser genutzt wurden. Dies trug wesentlich zur Überwindung der Äußerungsschwäche bei. Eine erhöhte Äußerungsbereitschaft zeigte sich bei den mutistischen Schülern besonders dann, wenn das Lehrerverhalten weder hochkontrolliert noch sehr direkt war, sondern wenn der Lehrer die sprechsprachliche Aktivität des Mutisten permanent unterstützte.
Die für die Sprechverhaltensveränderung wirklichen Einflussfaktoren scheinen weniger auf der kognitiven sondern mehr auf der Beziehungsebene zu liegen. Insofern ist die soziale Kompetenz der Lehrer ein wesentlicher Therapiefaktor.

3.3 Bewertung der Anlage des Förderprozesses

Die erzielten Therapieerfolge führen wir in erster Linie darauf zurück, dass der konzipierte Förderansatz in ausreichendem Maße die Komplexität des Problems (Symptom-

kette und multifaktorielle Verursachung) berücksichtigt hat. Indem die Einzelmaßnahmen nicht nur auf das Hauptsymptom, sondern auch auf die unterschiedlichen und vielschichtigen Parallelsymptome abzielten, minderte bzw. beseitigte sich zugleich die Breite der Funktionsursachen. Zugleich trugen die Maßnahmen dazu bei, die verursachenden sprech-kommunikativen Bedingungen in der Schule zu neutralisierten. Die Förderung war dominant als Umerziehungs- und Befähigungsprozess angelegt und erfolgte vor allem schul- bzw. unterrichtsimmanent, was einen kontinuierlichen Verlauf sicherte. Insofern sind wir der Meinung, dass es sich um ein tragfähiges Konzept handelt.
Als positiv ist zweifellos zu werten, dass es sich bei diesem Ansatz weitgehend um ein natürliches, kindgemäßes Therapiefeld handelt (keine Klinik). Die schulische Umgebung und die Kontaktpersonen sind den Kindern weitgehend vertraut, dadurch sind die sprech-kommunikativen Anforderungssituationen für den Schüler besser kalkulierbar. Der Therapieort befindet sich im unmittelbaren sozialen Nahbereich, so dass die familiäre sozial-emotionale Verankerung im Therapieprozess erhalten bleibt und als Stütze wirken kann. Im Regelfall wirkt eine solche soziale Verankerung während des Therapieprozesses recht positiv auf den Verlauf.
Vom Wesen her basierte der Erfolg durch Lernen am Erfolg (erfolgsorientierte Prozessführung), durch Lernen am Modell (gestellte Übungssituationen, Unterricht, der nach sprech-kommunikativen Leistungsstufen strukturiert wurde) und durch gestütztes Lernen in der Konfrontation von realen sprech-kommunikativen Anforderungssituationen, vor allem im Unterricht.
Das Verhältnis Aufwand zu Resultat kann kaum mit der notwendigen Solidität beurteilt werden. Sicher mag vielen der therapeutische Aufwand recht groß erscheinen – zumindest in Bezug auf einige Schüler –, aber der Aufwand relativiert sich, wenn in diesem Zusammenhang wiederum andere Einzelfälle betrachtet werden, die einen mehrmonatigen Klinikaufenthalt oder jahrelange Psychotherapie hinter sich bringen mussten, um ihr Problem zu entschärfen bzw. zu überwinden.
Auch lässt sich nur schwer ein Effizienzvergleich zwischen unterschiedlichen Ansätzen vornehmen. Dabei kann es nicht nur um die Überwindung des Hauptsymptoms gehen, sondern es müssen auch andere Aspekte Berücksichtigung finden, zum Beispiel wie sprech-kommunikativ stabil das Kind nach der Therapie war. Vergleichende Studien im Hinblick auf Effizienz wurden von uns nicht vorgenommen.

Trotz aller guten Erfahrungen mit dem Förderkonzept in den vielen Einzelversuchen soll betont werden, dass im vorgestellten Ansatz ein direkter Ursachen-Wirkungszusammenhang der einzelnen definierten Interventionsmaßnahmen zu der Veränderung der Symptomatik im Sinne eines kausal-deterministischen Konzeptes nicht auszumachen war. Dies ist wahrscheinlich auch gar nicht möglich. Hinzu kommt, dass die Therapiebedingungen bei den mutistischen Schülern zu unterschiedlich waren, um einen Vergleich vorzunehmen, obwohl vom Wesen her das Grundkonzept stets beibehalten wurde.
Das bedeutet letztendlich, dass die Aussagen zu den erreichten positiven Therapieresultaten auf einer Vielzahl unterschiedlicher Einzelfallstudien beruhen, bei denen jeweils ein unterschiedlich akzentuiertes therapeutisches Bedingungsgefüge wirkte.

Jeder Fall ist anders. Dies zwingt geradezu zur Modifizierung des Konzeptes. Nur vor dem Hintergrund der individuellen Bedingungen des Schülers kann ein adäquates und damit effizientes Therapiegefüge konzipiert und organisiert werden.
Eine Verallgemeinerung der positiven Wirkung des Gesamtkonzepts ist also nur vor diesem Hintergrund der Vielfalt der Modifizierungen möglich. Insofern lässt sich auch nicht ein berechenbarer Effekt von jeder Teilmaßnahme im Hinblick auf die Überwindung der mutistischen Verhaltensweise eineindeutig ermitteln. Der Effekt scheint sich nicht aus einer Einzelmaßnahme des Gesamtkonzeptes zu erklären, sondern er ergibt sich wahrscheinlich vor allem aus dem harmonischen und koordinierten Zusammenwirken der unterschiedlichen Einzelmaßnahmen.
Bedacht werden muss außerdem, dass während des Therapieprozesses zugleich eine Vielzahl von Faktoren wirksam geworden ist. Insofern war das realisierte Förderkonzept nur ein Faktor unter vielen Einflussfaktoren im gesamten Entwicklungsbedingungsgefüge. Beispielsweise konnten wir die Einflüsse, die in dieser Zeit aus der Familie oder dem Freundeskreis der Mutisten kamen, nicht genau kalkulieren. Es wirkten also stets viele Bedingungen zugleich, und jede Bedingung hat den Verlauf geprägt. Anzunehmen ist, dass daraus nicht nur positive Beeinflussungen resultieren, auch wenn wir solche als dominant ansehen.

Welche Faktoren im Einzelfalle wirkten und in welchem Maße, kann auf Grund der Anlage unserer Untersuchung nicht bewertet werden, zumal es auch keine Vergleichsgruppe gab. Insofern ist sogar ein solcher Extremfall nicht auszuschließen, dass sich auch ohne spezielle pädagogisch-therapeutische Intervention das Sprechverhalten positiv verändert.

Bei der bisherigen Erprobung zeigten sich aber auch gewisse fördermethodische Lücken, insbesondere im Hinblick auf präventive und situativ einsetzbare Interventionsmethoden. Die Praxis hat gezeigt, dass sich der Unterricht trotz großer Bemühungen nicht immer nach sprech-kommunikativen Anforderungsstufen strukturieren lässt und Stützmethoden nicht immer vom Lehrer eingesetzt werden können. Dennoch muss der Schüler sprech-kommunikativ gefordert werden. Wie dieses Problem besser gelöst werden kann, muss weiter durchdacht werden.
Stärker bedacht werden sollte auch die Dynamik im vorgestellten Förderkonzept. Auch in dieser Hinsicht muss die Fördermethodik flexiblere Formen finden. Bei einigen mutistischen Schülern verlief die Verhaltensveränderung relativ kontinuierlich, und zwar trotz zeitweilig instabiler Rahmenbedingungen (beispielsweise durch schulorganisatorische Veränderungen, Krankheit usw.). Bei anderen Schülern wiederum stellten wir erhebliche Stabilitätsschwankungen (gar Veränderungssprünge) in ihrem sprech-kommunikativen Verhalten fest, obwohl die Förderbedingungen relativ stabil waren. Manchmal schien es, dass der Schulmutismus schon überwunden ist, dann kam es jedoch erneut zu einem zeitlich begrenzten Rückfall, das heißt zu einer ausgeprägten Sprechverweigerung, die nicht nur eine Unterrichtsstunde betraf, sondern sogar ein bis zwei Tage anhielt. Solche Versagens- bzw. Vermeidungssituationen waren schlecht von allen vorhersehbar.

Wie die o.g. Einzelerscheinungen zeigen, ist es wahrscheinlich nicht in jedem Falle erforderlich, dass der pädagogisch-therapeutische Förderprozess im Schulalltag in dieser Komplexität und disziplinierten Systematik bei allen Schülern realisiert werden muss. Bei anderen Schülern wiederum scheint besonders die disziplinierte Systematik der entscheidende Faktor zu sein. Dies deutet darauf hin, dass eine gewisse Dynamisierung zulässig ist.
Und dies kommt der Realität im Schulalltag entgegen, denn gegenwärtig sind an den wenigsten Schulen „ideale" Bedingungen für eine solche anspruchsvolle ganzheitliche Förderung anzutreffen. Selbst in unseren Studien ließ sich dieser Förderansatz nur in einzelnen Fällen annähernd vollständig realisieren. Die Regel war eher, dass Modifizierungen und Abstriche vom Gesamtkonzept vorgenommen werden mussten. Immer wieder sind sowohl personelle als auch objektive Schwierigkeiten deutlich geworden. Insofern wurde zwar ein idealisierter ganzheitlicher Förderansatz konzipiert, der bisher aber nur vereinzelt in dieser Vollständigkeit erprobt worden ist.
Erfolgreich erprobt wurde aber in mehreren Fallbeispielen das unterschiedliche Zusammenwirken bzw. die unterschiedlichen Konstellationen der dargestellten Bestandteile. Auf Grund der Vielzahl der Variablen und der Konstellationen kann bisher aber nicht gesagt werden, welche Konstellation von Interventionsmaßnahmen die effizientere war und demzufolge auch nicht, welche Konstellation hinreichend und welche unbedingt notwendig sein muss. Solange uns aber die Effizienznachweise für die verschiedenen Interventionskonstellationen fehlen, sollte das Gesamtkonzept eine Art Richtschnur für das therapeutische Handeln sein.
Die betroffenen Schüler können nicht auf „ideale" Förderbedingungen warten. Man sollte deshalb nach unserem Verständnis nicht primär nach den Schwierigkeiten sondern vor allem nach den Möglichkeiten suchen, die die Schule für die spezielle Förderung bietet. Und hierbei sollte der dargestellte idealisierte Förderansatz als Orientierungsgröße gelten.

Unbeschadet der insgesamt positiven Bewertung der erprobten Interventionsmaßnahmen erachten wir es als dringend erforderlich, die einzelnen Handlungsfelder und die einzelnen Interventionsaktivitäten zu ergänzen und diese weiter inhaltlich-methodisch zu qualifizieren. Als Problem hat sich beispielsweise das Zurückfallen in die mutistische Verhaltensweise herausgestellt. Der Lehrer sollte bei Rückfällen möglichst sofort präventiv reagieren, denn jeder einzelne Rückfall belastet den rehabilitativen Gesamtprozess. Aber dazu benötigt der Lehrer entsprechende Präventionsmethoden. Auch hierzu muss weiter geforscht werden, um die gegenwärtig noch bestehenden erheblichen Defizite in dieser Hinsicht zu beseitigen. Insgesamt muss angestrebt werden, dass der Lehrer ein breites Methodenarsenal zur Verfügung hat, um individuell auf den mutistischen Schüler einwirken zu können.
Noch weitgehend ungeklärt ist, wie die Eltern bzw. andere Kontaktpersonen in diesem Therapiekonzept mitwirken können. Bisher bleiben ihre speziellen Kompetenzen für die Rehabilitation weitgehend ungenutzt. Sie lediglich als Stützperson in der Anfangsphase einzusetzen, schöpft sicherlich noch nicht das therapeutische Potenzial aus. Auch hierzu sollte weiter geforscht werden.

Setzt man die Ergebnisse, die in der Therapie erreicht wurden, zu der Zeit in Beziehung, in der keine Therapie stattfand, dann lässt sich die Veränderung – bei aller Vorsicht – zum großen Teil auch auf die veränderten Förderbedingungen bzw. auf das Förderkonzept zurückführen. Sicher beruht diese positive Wertung nicht auf „sauberen" qualitativen Einzelfallstudien, aber diese Basis scheint uns ausreichend zu sein, um zumindest eine Tendenz im Wirkungsgefüge auszumachen. Weitere Studien werden diese Einschätzung sicher präzisieren müssen.

Literaturverzeichnis

Ackermann, H., Ziegler, W. (1994): Mutismus bei zentralmotorischen Störungen – Eine Literaturübersicht. Fortschritte der Neurologie, Psychiatrie 62, 337–344.

Altshuler, L.L., Cummings, J.L., Mills, M.J. (1986): Mutism: review, differential diagnosis, and report of 22 cases. American Journal of Psychiatry 143, 1409–1414.

Austin, J.L. (1972): Zur Theorie der Sprechakte. Stuttgart: Reclam

Bahr, R. (1996): Elektiver Mutismus: Biographie und Therapie am Beispiel zweier Mädchen. In: Grohnfeldt, M. (Hrsg.): Lebenslaufstudien und Sprachheilpädagogik. Grundlagen und Beispiele einzelfallorientierten Vorgehens. Dortmund: verlag modernes leben, 87–112.

Bahr, R. (1998): (S)Elektiver Mutismus. Eine systemische Perspektive für Therapie und Beratung. Die Sprachheilarbeit 43, 28–36

Bahr, R. (2002 a): Schweigende Kinder verstehen. Kommunikation und Bewältigung beim selektiven Mutismus. Heidelberg: C. Winter.

Bahr, R. (2002 b): Wenn Kinder schweigen. Redehemmungen verstehen und behandeln. Ein Praxisbuch. Düsseldorf: Walter.

Barthel, V. (1999): Symptomatiologie, Ätiologie und Therapie des Mutismus. Unveröffentlichte Wissenschaftliche Hausarbeit, Berlin: Humboldt-Universität.

Brack, U.B. (1986): Leitsymptom: Kommunikationsstörungen. In: Brack, U. B. (Hrsg.): Frühdiagnostik und Frühtherapie. München: Psychologie Verlagsunion, 329-345.

Bröcher, J. (2001): Unterrichten aus Leidenschaft? Eine Anleitung zum Umgang mit Lernblockaden, widerständigem Verhalten und institutionellen Strukturen. Heidelberg: C. Winter.

Cairns, H., Oldfield, R.C., Pennybacker, J.B. (1941): Akinetic mutism with an epidermoid cyst of the 3m ventricle. Brain 64, 273–290.

Caner, H., Altinoers, N., Benli, S., Calisaneller, T., Albayrak, A. (1999): Akinetic mutism after fourth ventricle choroid plexus papilloma: treatment with a dopamine agonist. Surgical Neurology 51, 181–184.

Coplin, W.M., Kim, D.K., Kliot, M., Bird, T.-D. (1997): Mutism in an adult following hypertensive cerebellar hemorrhage: nosological discussion and illustrative case. Brain and Language 59, 473–493.

Davison, G.C., Neale, J.M. (1979): Klinische Psychologie. München Wien Baltimore: Urban & Schwarzenberg.

Davison, G.C., Neale, J.M. (1998[5]): Klinische Psychologie. Weinheim: Psychologie Verlags Union.

Dobslaff, O. (2002): Schulmutismus – Pädagogisch-therapeutische Intervention. In: Phänomen Sprache. Laut- und Schriftsprachstörungen unter veränderten Kommunikationsbedingungen. Kongressbericht der XXV. Arbeits- und Fortbildungstagung der dgs. Würzburg: Edition von Freisleben.

Ehlers, B. (1996): Störungskonzept und personzentrierte Behandlung des elektiven Mutismus. In: Boeck-Singelmann, C., Ehlers, B., Kemper, F., Hensel, T. & Monden-Engelhardt, C. (Hrsg.): Personzentrierte Psychotherapie mit Kindern und Jugendlichen. Bd. 1 Göttingen: Hogrefe, 247–266

Funke, P., Schlange, H. & Ulrich, I. (1978): Klinische Untersuchungen und Therapie bei Kindern mit elektivem Mutismus. Acta Paedopsychiatrica 43, 47–56

Gregor, I. (1998): Schweigen – eine Fremdsprache? Nachdenken über den mutistischen Rückzug. Der Sprachheilpädagoge 30, 1–19.

Hagerman, R.J., Hills, J., Scharfenaker, S., Lewis, H. (1999): Fragile X syndrome and selective mutism. American Journal of Medical Genetics 83, 313–317.

Hartmann, B. (1992): Zur Pathologie und Therapie des Mutismus. In: Grohnfeldt, M. (Hrsg.): Handbuch der Sprachtherapie, Band 5 (491–507). Berlin: Edition Marhold im Wissenschaftsverlag Volker Spiess.

Hartmann, B. (1996): Menschenbilder in der Sprachheilpädagogik – Ein kasuistischer Beitrag zur systemischen Aphasietherapie. Grohnfeldt, M. (Hrsg.): Schriften zur Sprachheilpädagogik, Band 7. Berlin: Edition Marhold im Wissenschaftsverlag Volker Spiess.

Hartmann, B. (1997[4]): Mutismus. Zur Theorie und Kasuistik des totalen und elektiven Mutismus. Berlin: Spiess.

Hartmann, B. (1997 a): Anmerkung zur Abhandlung von Udo Schoor: Mutismus – eine Kommunikationsstörung der Mädchen? Die Sprachheilarbeit 42, 37–38.

Hartmann, B. (2002): Plädoyer für eine Forschungsoffensive innerhalb der Sprachheilpädagogik/Logopädie. In: Grohnfeldt, M. (Hrsg.): Lehrbuch der Sprachheilpädagogik und Logopädie, Band 3. Stuttgart: Kohlhammer.

Hartwich, P. (1999): Welchen Einfluss haben kognitive Störungen auf die Psychotherapie bei schizophrenen Erkrankungen? In: Lasar, J., Ribbert, H. (Hrsg.): Kognitive und motivationale Prozesse bei schizophrener Erkrankung (1–15). Regensburg: Roderer.

Heinerth, K. (2002): Symptomspezifität und Interventionshomogenität. Gesprächspsychotherapie und Personzentrierte Beratung, 33, 1, 23–26.

Heuser, I., Benkert, O. (1986): Lorazepam for a short-term alleviation of mutism. Journal of Clinical Psychopharmacology 6, 62.

Hill, L. & Scull, J. (1985): Elective mutism associated with selective inactivity. Journal of Communication Disorders 18, 161–167.

Isensee, B., Haselbacher, A., Ruoss, M. (1997): Elektiver Mutismus: Ein Überblick zu Therapie und Praxis. Zeitschrift für Kinder- und Jugendpsychiatrie und Psychotherapie 25, 247–262.

Kracht, A., Schümann, H. (1994): Kommunikationsprobleme zweisprachiger Kinder unter den Bedingungen der Immigration – ein Fall von „elektivem Mutismus"? Die Sprachheilarbeit 39, 280–287.

Kramer, J. (2001): „Warte auf mich". Individuelle, psychomotorisch orientierte Sprachförderung für ein Mädchen, das unter bestimmten Bedingungen nicht spricht. L.O.G.O.S. interdisziplinär 9, 94–105.

Kristensen, H. (2000): Selective mutism and comorbidity with developmental disorders/delay, anxiety disorder, and elimination disorder. Journal of The American Academy of Child and Adolescent Psychiatry 39, 249–156.

Kroppenberg, D. (1998): Wenn Kinder ihre Sprache verlieren – über kindliche Aphasien. Zeitschrift für Heilpädagogik 49, 322–327).

Kürschner, U. (1998): Wege aus dem Schweigen – Therapie bei selektivem Mutismus. Systema 12, 160–171.

Lesser-Katz, M. (1986): Stranger reaction and elective mutism in young children. American Journal of Orthopsychiatry 56, 3, 458-469.

Lóránd, B. (1960): Katamnese elektiv mutistischer Kinder. Acta Paedopsychiatrica 27, 273–289.

Muchitsch, E. (1979): Der Mutismus aus psychologischer Sicht. Der Sprachheilpädagoge 11, 3, 8–14.

Nestler, H. (2002): Zur Therapie eines Schülers mit Schulmutismus. Unveröffentlichte Hausarbeit. Universität Potsdam.

Neyer, F.L., Schäfer, M., Asendorpf, J.B. (1998): Bindung, Gehemmtheit, soziale Netzwerke und die Entwicklung sozialer Netzwerke und die Entwicklung sozialer Beziehungen im Kindergarten. In: Zeitschrift für Entwicklungspsychologie und Pädagogische Psychologie, 30, 2, 70–79.

Nunnemacher, S. (2000): Kommunikation ohne Ängste? Dokumentation über ein ehemals selektiv mutistisches Mädchen. Reutlingen: Wissenschaftliche Hausarbeit für die Diplomprüfung. Fakultät für Sozial- und Verhaltenswissenschaften der Eberhard-Karls-Universität Tübingen und der Fakultät für Sonderpädagogik der Pädagogischen Hochschule Ludwigsburg.

Peter, U., Widmer, A. (2001): Schädel-Hirntrauma bei Kindern: Behandlung und Verlauf. In: Sprache–Stimme–Gehör, 25, 180–184.

Rachman, S. (2000): Angst. Diagnose, Klassifikation und Therapie. Bern: Huber.

Reed, G. (1963): Elecitve mutism in children. A re-appraisel. Journal of Child Psychology and Psychiatry 4, 99–107.

Remschmidt, H. (1987): Alterstypische, neurotische und neurotische Störungen. In: Remschmidt, H. (Hrsg.), Kinder- und Jugendpsychiatrie, Stuttgart: Thieme, 197–233.

Rösler, M. (1981): Befunde beim neurotischen Mustismus der Kinder. Eine Untersuchung an 32 mutistischen Kindern. Praxis der Kinderpsychologie und Kinderpsychiatrie 30, 187–194

Saloga, H.W. (1983): Probleme des elektiven Mutismus bei Jugendlichen. Praxis der Kinderpsychologie 31, 4, 128–132.

Saß, H., Wittchen, H.U., Zaudig, M. (1998[2]): Diagnostisches und Statistisches Manual Psychischer Störungen DSM-IV. Göttingen/Berg/Toronto/Seattle: Hogrefe.

Schaller, S., Schmidtke, A. (1975): Mutismus bei Kindern. Der Kinderarzt 6, 1025–1026

Schoor, U. (1996): Mutismus – eine Kommunikationsbehinderung der Mädchen? Die Sprachheilarbeit 41, 215–227.

Schoor, U. (1999): Elektiver Mutismus: eine Verhaltensstörung „typisch" Mädchen. In: Rolus-Borgward, S., Tänzer, U. (Hrsg.): Erziehungshilfe bei Verhaltensstörungen (433–443). Oldenburg

Schoor, U. (2000): Psychologische Grundlagen. In: Grohnfeldt, M. (Hrsg.): Lehrbuch der Sprachheilpädagogik und Logopädie. Band 1: Selbstverständnis und theoretische Grundlagen (184–216). Stuttgart: Kohlhammer.

Schoor, U. (2001): Mutismus. In: M. Grohnfeldt (Hrsg.): Lehrbuch der Sprachheilpädagogik und Logopädie, Band 2: Erscheinungsformen und Störungsbilder. Stuttgart: Kohlhammer, 183–197.

Schoor, U. (2001 b): Persönlichkeitspsychologische Konstrukte in der Sprachbehindertenpädagogik: Psychopathologisches Grundmodell der Entwicklung von selektiv mutitischem Verhalten. In: dgs-Landesgruppe Berlin (Hrsg.): Sprachheilpädagogik im Spannungsfeld von Wissenschaft und Praxis (476–482). Würzburg/Rimpar: edition von freisleben.

Schoor, U. (2001 c): Schweigende Kinder in der Schule. Grundschule, 5. Mai, 24–26. Braunschweig: Westermann.

Schoor, U. (2001 d): Die „Rote Wand". In: Schell, H. (Hrsg.): Selbstgestaltung in der Sonderpädagogik. Begegnungen mit Hansjörg Kautter (75–79). Heidelberg: Universtitätsverlag C. Winter.

Schwarzer, R. (1993): Streß, Angst und Handlungsregulation. Stuttgart: Kohlhammer.

Segal, N.L. (1999): Silent partners: twins with selective mutism. Twin Research 2, 235–239.

Simons, D., Goode, S., Fombonne, E. (1997): Elective mutism and chromosome 18 abnormality. European Child and Adolescent Psychiatry 6, 112–114.

Sokolowski, K. (1999): Bewusste und unbewusste Motive menschlichen Handelns – neue Entwicklung in der Allgemeinen Psychologie und Diagnostik. In: Lasar, M., Ribbert, H. (Hrsg.): Kognitive und motivationale Prozesse bei schizophrener Erkrankung (164–181). Regensburg: Roderer.

Strehlow, U., Kirchmann, H.M.A., Schäfer, H. (1993): Ein ungewöhnliches Zusammentreffen: Elektiver Mutismus und Syndrom des schlafgebundenen bioelektrischen Krampfstatus (ESES). Praxis der Kinderpsychologie und Kinderpsychiatrie 42, 157–160.

Stephan, S. (2001): „Aber zu Hause spricht sie doch –" Selektiver Mutismus am Beispiel eines Mädchens in der ersten Klasse der Sprachheilschule. Reutlingen: Wissenschaftliche Hausarbeit an der Fakultät für Sonderpädagogik der Pädagogischen Hochschule Ludwigsburg.

Strunk, P. (1980): Psychogene Störungen mit vorwiegend körperlicher Symptomatik. In: Harbauer, H., Lempp, R., Nissen, G. & Strunk, P. (Hrsg.): Lehrbuch der speziellen Kinder- und Jugendpsychiatrie, 4. Auflage, Berlin/Heidelberg/New York: Springer.

Süss-Burghard, H. (1999): Elektiver Mutismus – Kasuistik und Übersicht. Frühförderung Interdisziplinär 18, 116–125.

Turgut, M. (1998): Transient "cerebellar" mutism. Childs Nervous System 14, 161–166.

Weltgesundheitsorganisation/WHO (2000[4]): Internationale Klassifikation psychischer Störungen, ICD-10, Kapitel V: klinisch-diagnostische Leitlinien. Deutsche Übersetzung: Dilling, H., Mombour, W., Schmidt, M.H. (Hrsg.). Bern/Göttingen/Toronto/Seattle: Huber.

Werder, H. (1992): Kasuistik zum „Mutismus". In: Grohnfeldt, M. (Hrsg.): Handbuch der Sprachtherapie, Band 5 (508–528). Berlin: Edition Marhold im Wissenschaftsverlag Volker Spiess.

Wernitznig, H. (1993): Stationäre Behandlung eines elektiv mutistischen Kindes – eine Fallstudie. Praxis der Kinderpsychologie und Kinderpsychiatrie 42, 160–167.

Wilber, K. (2001): Integrale Psychologie. Geist, Bewusstsein, Psychologie, Therapie. Freiamt: Arbor.

Ziegler, W., Ackermann, H. (1994): Mutismus und Aphasie – Eine Literaturübersicht. Fortschritte der Neurologie, Psychiatrie 62, 366–371.

Margit Datler

Die Macht der Emotion im Unterricht

Eine psychoanalytisch-pädagogische Studie

2012 · 244 Seiten · Broschur
ISBN 978-3-8379-2186-1

Emotionen beeinflussen unser Wahrnehmen, Denken und Handeln, wenngleich wir uns dessen oft wenig bewusst sind.

Emotionen haben daher auch einen bedeutenden Anteil daran, ob schulische Prozesse – im Großen wie im Kleinen – gelingen oder misslingen. Welche Einflüsse haben dabei die Gefühle der Lehrerinnen und Lehrer? Welcher Zusammenhang besteht zwischen ihren Emotionen und denen der Schülerinnen und Schüler? Und wie kann man zu diesen emotionalen Prozessen Zugang finden?

Im vorliegenden Buch wird dargestellt, in welcher Weise sich die Psychoanalytische Pädagogik seit ihren Anfängen mit diesen Fragen auseinandergesetzt hat. An vielen konkreten Beispielen aus dem Schulalltag wird gezeigt, wie mithilfe aktueller Konzepte die Dynamik schwieriger schulischer Situationen besser verstanden und die Professionalität schulischen Denkens und Handelns gesteigert werden kann.

Walltorstr. 10 · 35390 Gießen · Tel. 0641-969978-18 · Fax 0641-969978-19
bestellung@psychosozial-verlag.de · www.psychosozial-verlag.de

Heike Schnoor (Hg.)

Psychodynamische Beratung in pädagogischen Handlungsfeldern

2012 · 293 Seiten · Broschur
ISBN 978-3-8379-2193-9

Beratung ist eine Dienstleistung, die auch im pädagogischen Bereich zunehmend an Bedeutung gewinnt.

Dabei zählt der psychodynamische Beratungsansatz zu den bewährten Methoden. Im vorliegenden Band geben namhafte Autorinnen und Autoren Einblicke in das Selbstverständnis, die aktuelle Forschung und die Praxis der psychodynamischen Beratung in pädagogischen Handlungsfeldern. Sowohl individuelle als auch institutionelle Aspekte von Problemkonstellationen werden beleuchtet und der Umgang damit erörtert. Anschaulich aufbereitete Praxisbeispiele aus den Bereichen Schule, Kinder- und Jugendhilfe sowie Weiterbildung vervollständigen die aktuelle Bestandsaufnahme.

Mit Beiträgen von Wolfgang Balser, Burkhard Brosig, Margit Datler, Wilfried Datler, Friederike Felbeck, Urte Finger-Trescher, Usha Förster-Chanda, Annette Frontzeck, Antonia Funder, Maria Fürstaller, Christoph Geist, Susanne Graf-Deserno, Bernhard Grimmer, Nina Hover-Reisner, Heinz Krebs, Barbara Lehner, Martin Merbach, Vera Moser, Katrin Nävy, Heinz-Peter Pelzer, Sandro Sardiña, Jochen Schmerfeld, Heike Schnoor, Irmtraud Sengschmied, Kornelia Steinhardt, Ingeborg Volger, Jean-Marie Weber, Beate West-Leuer, Christina Winners und Angelika Wolff

www.ingramcontent.com/pod-product-compliance
Ingram Content Group UK Ltd.
Pitfield, Milton Keynes, MK11 3LW, UK
UKHW040024200726
13854UKWH00001B/338